智能网联和新能源汽车

战略性新兴领域"十四五"高等教育系列教材

智能网联汽车系统安全技术

主　编　李　骏　杨世春

副主编　王　红　张玉新　曹耀光

参　编　张晓飞　赵　鑫　杨　虎　赵兴臣　陈海军

机械工业出版社

CHINA MACHINE PRESS

发展智能网联汽车的初衷是降低占总数约94%的人为失误导致交通事故的发生率，然而，智能网联汽车在感知、决策、控制等多方面存在性能不足，反而又为人类带来新的交通事故，暴露了智能网联汽车安全问题的严峻性。本书重点围绕智能网联汽车系统安全的功能安全、预期功能安全和信息安全三大关键研究领域展开内容，介绍了智能网联汽车系统安全定义与内涵、重要意义以及体系架构；阐述了系统工程理论、系统危害机理、系统安全保障理论及安全可接受性理论；系统地介绍了功能安全、预期功能安全和信息安全；调研了国内外自动驾驶汽车厂家以及行业专家在功能安全、预期功能安全、信息安全以及融合安全方面的实践案例；总结了智能网联汽车系统安全面临的安全挑战以及学界和企业界提出的一些前沿解决方案。

本书适用于智能交通系统、汽车安全和自动驾驶等领域的有关人员学习参考，也可作为高等院校车辆工程相关专业师生的参考教材。

图书在版编目（CIP）数据

智能网联汽车系统安全技术/李骏，杨世春主编.
北京：机械工业出版社，2024. 12. --（战略性新兴领域"十四五"高等教育系列教材）. -- ISBN 978 - 7 - 111 - 77208 - 8

Ⅰ. U463.67
中国国家版本馆 CIP 数据核字第 2024V5R657 号

机械工业出版社（北京市百万庄大街22号　邮政编码100037）
策划编辑：舒　恬　　　　　　责任编辑：舒　恬　高孟瑜
责任校对：曹若菲　丁梦卓　　封面设计：张　静
责任印制：刘　媛
涿州市般润文化传播有限公司印刷
2024 年 12 月第 1 版第 1 次印刷
184mm×260mm · 19.5 印张 · 489 千字
标准书号：ISBN 978-7-111-77208-8
定价：79.90 元

电话服务　　　　　　　　　网络服务
客服电话：010-88361066　　机 工 官 网：www.cmpbook.com
　　　　　010-88379833　　机 工 官 博：weibo.com/cmp1952
　　　　　010-68326294　　金 书 网：www.golden-book.com
封底无防伪标均为盗版　机工教育服务网：www.cmpedu.com

全球汽车产业正快速进入以电动化、智能化为主的转型升级阶段，汽车产业生态和竞争格局正加剧重构，中国汽车强国之路面临着前所未有的机遇与挑战。智能网联新能源汽车产业的快速变革，推动汽车产业对人才能力需求的根本性改变。作为人才培养过程中的基础性核心要素，专业教材建设工作应为高质量人才培养体系提供坚实支撑，为人才培养提供知识载体，促使学生在知识学习中通过实践获得智慧，进而实现人才驱动产业高质量发展的倍增效应。

为全面贯彻党的二十大精神，深入贯彻落实习近平总书记关于教育的重要论述，深化新工科建设，加强高等学校战略性新兴领域卓越工程师培养，在教育部高等教育司和中国汽车工程学会的指导下，我们联合车辆工程相关专业的二十余所院校、十余家汽车及科技公司，共同开展了智能网联和新能源汽车战略性新兴领域"十四五"高等教育教材的建设工作。

本系列教材内容贯穿智能网联新能源汽车的全产业链，紧紧围绕立德树人的根本任务，用心打造培根铸魂、启智增慧的精品教材。同时结合信息时代、数字时代的学习特点，在教材建设过程中积极推进数字化转型，以更丰富的教材形态和内容供给助推育人方式变革。本系列教材建设旨在充分发挥教材作为人才培养关键要素的重要作用，着力破解战略性新兴领域高等教育教材整体规划性不强、部分内容陈旧、更新迭代速度慢等问题，加快建设体现时代精神、融汇产学共识、凸显数字赋能、具有战略性新兴领域特色的高等教育专业教材体系，牵引带动相关领域核心课程、重点实践项目、高水平教学团队建设，着力提升人才自主培养质量。特别值得指出的是，在本系列教材建设过程中，智能网联新能源汽车头部企业以极大的热情积极投入教材建设工作中，以丰富的工程实践反哺人才培养，高校和企业优势互补、加强协同，共同大力推进新时代、新形势下的汽车人才培养工作。

在智能网联新能源汽车高速发展的阶段，技术积累、梳理、传播和创新非常重要。本系列教材不仅可以为高等院校、汽车研究机构和企业工程技术人才培养提供非常有价值的内容，而且可以直接服务于电动汽车产业的自主创新，对深入推进供给侧结构性改革、提高我国电动汽车产业自主研发创新能力、提升自主品牌零部件和整车企业的竞争力、培育智能网联新能源汽车行业新动能，都具有非常重要的价值。

中国工程院院士

孙逢春

2024 年 6 月

前　言

随着科技的飞速发展，智能网联汽车已经成为汽车工业和信息技术融合的典范，其不仅代表了未来汽车产业的发展方向，更在提升交通效率、保障行车安全、优化用户体验等方面展现出巨大潜力。然而，智能网联汽车的高度智能化和网联化也带来了前所未有的安全挑战。如何确保智能网联汽车在复杂多变的交通环境中安全、可靠地运行，已成为业界关注的焦点。因此，智能车辆工程等相关专业的学生了解并掌握智能网联汽车的安全技术变得尤为重要。

本书入选了教育部战略性新兴领域"十四五"高等教育教材体系"智能网联和新能源汽车"建设项目。作为"智能网联汽车系统安全技术"课程的教材，本书旨在全面、系统地探讨智能网联汽车系统安全的关键技术、理论框架及实践案例。全书分为7章，分别为绪论、系统安全理论、智能网联汽车功能安全、智能网联汽车预期功能安全、智能网联汽车信息安全、智能网联汽车安全典型实践以及智能网联汽车安全技术展望。

本书不仅注重理论知识的传授，更强调实践应用的指导。通过对来自科研机构和企业的大量案例进行分析和技术解读，读者可以更加直观地理解智能网联汽车系统安全技术的实际应用场景和解决方案。同时，本书还展望了智能网联汽车安全技术的未来发展趋势，为行业内的创新和发展提供了有益的参考。

本书由中国工程院院士、清华大学车辆与运载学院李骏教授和北京航空航天大学交通科学与工程学院院长杨世春教授担任主编，清华大学王红副研究员、吉林大学张玉新副教授、北京航空航天大学曹耀光副研究员担任副主编，清华大学的张晓飞、上海禾赛科技有限公司赵鑫、北京地平线机器人技术研发有限公司杨虎、安准起元科技（上海）有限公司赵兴臣、德国布伦瑞克工业大学陈海军参与编写。具体的编写分工如下：第1章由张晓飞编写，第2章由王红编写，第3章由张玉新、陈海军、赵鑫、杨虎编写，第4章由王红和赵兴臣编写，第5章由曹耀光编写，第6章和第7章由张晓飞、张玉新和曹耀光编写，全书由李骏和杨世春统稿。

在编写本书的过程中，我们得到了王明强、于文浩、彭亮、邵文博、刘家欣、张凌骏、郑博文、颜祥宇、吴奕佳、许佳慧、张明、王晴等同学的大力帮助和众多业内专家和学者的支持与帮助。他们无私的分享和宝贵的建议，使本书的内容更加丰富、实用。在此，我们向所有为本书付出努力的同仁和相关参考文献的作者表示衷心的感谢。

由于智能网联汽车系统安全技术涉及面广、发展迅速，书中难免存在不足之处，恳请广大读者批评指正。

编　者

目 录

缩略语对照表

缩略语	英文全称	中文对照
INCOSE	International Council on Systems Engineering	国际系统工程协会
DoS	Denial of Services	拒绝服务攻击
TARA	Threat Analysis and Risk Assessment	威胁分析与风险评估
FTA	Fault Tree Analysis	故障树分析
FMEA	Failure Mode and Effect Analysis	失效模式及影响分析
STAMP	System-Theoretical Accident Modeling and Process	基于系统理论的事故模型和过程
DHR	Dynamic Heterogeneous Redundancy	动态异构冗余架构
ALARP	As Low as Reasonably Practicable	最低合理可行性
GAME	Globalement au Moins Equivalent	整体安全水平相当性
MEM	Minimum Endogenous Mortality	最小内源性死亡率
GAMAB	Globalement au moins aussi Bon	至少在全球范围内一样好
ETA	Event Tree Analysis	事件树分析
MBSA	Model-Based Safety Analysis	基于模型的系统安全分析
HAZOP	Hazard and Operability Study	危害与可操作性研究
STPA	Systems-Theoretic Process Analysis	系统理论过程分析
DFMEA	Design Failure Mode and Effects Analysis	设计失效模式与影响分析
PFMEA	Potential Failure Mode and Effects Analysis	潜在失效模式与影响分析
FMECA	Failure Mode, Effects and Criticality Analysis	失效模式、影响与关键性分析
FMEDA	Failure Modes Effects and Diagnostic Analysis	失效模式、影响与诊断分析
ASIL	Automotive Safety Integrity Level	汽车安全完整性等级
E/E/PE	Electrical/Electronic/Programmable Electronic	电气、电子、可编程电子
CPU	Central Processing Unit	中央控制单元
QM	Quality Management	质量管理
CMMI	Capability Maturity Model Integration	能力成熟度模型集成

缩略语	英文全称	中文对照
ASPICE	Automotive Software Process Improvement and Capability Determination	汽车软件过程改进及能力评定
HARA	Hazard Analysis and Risk Assessment	危害分析和风险评估
SG	Safety Goal	安全目标
FSR	Functional Safety Requirement	功能安全需求
UML	Unified Modeling Language	统一建模语言
SysML	Systems Modeling Language	系统建模语言
AAAM	Association for the Advancement of Automotive Medicine	汽车事故医学高级协会
FSC	Functional Safety Concept	功能安全概念
FTTI	Fault Tolerant Time Interval	故障容错时间间隔
MBSE	Model Based System Engineering	基于模型的系统工程
SOA	Service-Oriented Architecture	面向服务的架构
TSR	Technical Safety Requirement	技术安全需求
EOTTI	Emergency Operation Tolerance Time Interval	紧急运行容错时间间隔
CRC	Cyclic Redundancy Check	循环冗余校验
LBIST	Logic Built-in Self-Test	逻辑内置自测试
MBIST	Memory Built-in Self-Test	存储器内置自测试
CAN	Controller Area Network	控制器局域网络
E2E	End to End	端到端
RTE	Runtime Environment	运行时环境
FFI	Freedom from Interference	免于干扰
DFA	Dependent Failure Analysis	相关失效分析
HWSR	Hardware Safety Requirement	硬件安全需求
SPFM	Single-Point Fault Metric	单点故障度量
LFM	Latent-Fault Metric	潜伏故障度量
PMHF	Probabilistic Metric for random Hardware Failures	随机硬件失效概率度量
MCU	Micro Controller Unit	微控制器

缩略语	英文全称	中文对照
RAM	Random Access Memory	随机存取存储器
ROM	Read-Only Memory	只读存储器
PCB	Printed Circuit Board	印制电路板
WdgM	Watchdog Manager	看门狗管理器
WdgDriver	Watchdog Driver	看门狗驱动器
WdgIf	Watchdog Interface	看门狗接口
SWC	Software Component	软件组件
Q&A Mode	Question and Answer Mode	看门狗问答模式
SWSR	Software Safety Requirement	软件安全需求
ASIC	Application Specific Integrated Circuit	专用集成芯片
MBD	Model-Based Development	基于模型开发
SiL	Software in Loop	软件在环
MiL	Model in Loop	模型在环
HiL	Hardware in Loop	硬件在环
HSI	Hardware-Software Interface	软硬件接口
OEM	Original Equipment Manufacture	整车厂
SOTIF	Safety of the Intended Functionality	预期功能安全
DDT	Dynamic Driving Task	动态驾驶任务
ODD	Operational Design Domain	运行设计域
AEB	Autonomous Emergency Braking	自动紧急制动
GSN	Goal Structuring Notation	目标结构表示法
OTA	Over-the-Air Technology	空中下载技术
RSS	Responsibility Sensitive Safety	责任敏感安全
SSD	Safety Sensitive Distance	安全敏感距离
LTL	Linear Temporal Logic	线性时序逻辑
MTL	Metric Temporal Logic	度量时序逻辑
TTC	Time to Collision	碰撞时间

缩略语	英文全称	中文对照
IoV	Internet of Vehicles	车联网
SAE	Society of Automotive Engineers	汽车工程师协会
OBD	On-Board Diagnostics	故障诊断系统
LIN	Local Interconnect Network	局部互联网络
API	Application Programming Interface	应用软件接口
SCI	Serial Communication Interface	串行通信接口
EMC	Electro - Magnetic Compatibility	电磁兼容
TCP	Transmission Control Protocol	传输控制协议
IP	Internet Protocol	网际互联协议
RTR	Remote Transmission Request	远程发送请求
IDE	Identifier Extension	标识扩展位
DLC	Data Length Code	数据长度码
MQTT	Message Queuing Telemetry Transport	消息队列遥测传输协议
T-Box	Telematics Box	车载网联通信终端
DSRC	Dedicated Short Range Communications	专用短程通信技术
C-V2X	Cellular Vehicle to Everything	蜂窝车联网
WiMAX	World Interoperability for Microwave Access	全球微波接入互操作性
WLAN	Wireless Local Area Network	无线局域网
AP	Access Point	接入点
NHTSA	National Highway Traffic Safety Administration	（美国）国家公路交通安全管理局
ENISA	European Union Information Security Agency	欧盟网络和信息安全署
UNECE	the United Nations Economic Commission for Europe	联合国欧洲经济委员会
CSMS	Cyber Security Management System	网络安全管理体系
VTA	Vehicle Type Approval	型式认证
DES	Data Encryption Standard	数据加密标准算法
IDEA	International Data Encryption Algorithm	国际数据加密算法

缩略语	英文全称	中文对照
OSI	Open System Interconnect Reference Model	开放式系统互联参考模型
FTP	File Transfer Protocol	文件传输协议
HTTP	Hypertext Transfer Protocol	超文本传输协议
HWP	Highway Pilot System	高速公路巡航系统
ODC	Operational Design Conditions	运行设计条件
HMI	Human Machine Interface	人机界面
ATC	Automatic Traction Control	牵引力自动控制
ESC	Electronic Stability Control	车身稳定控制系统
ABS	Antilock Braking System	防抱死制动系统
VMPS	Vehicle Motion and Position Sensor	车辆运动和位置传感器
GNSS	Global Navigation Satellite System	全球导航卫星系统
TISAX	Trusted Information Security Assessment Exchange	可信信息安全评估交换
ADAS	Advanced Driver Assistance Systems	高级驾驶辅助系统
LEO	Low Earth Orbit	低轨道
SDDP	Sensitive Data Discovery and Protection	敏感数据的发现与保护
SHAP	Shapley Additive explanation	Shapley 加法法则
TSP	Telematics Service Provider	通信服务提供商
IVIDS	In-Vehicle Intrusion Detection System	车载入侵检测系统
TEE	Trusted Execution Environment	可信执行环境
FL	Federated Learning	联邦学习
SMC	Secure Multi-Party Computation	多方安全计算

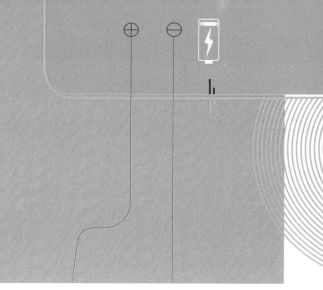

第 1 章　绪论

📖 本章导学

随着汽车智能化、网联化的发展，驾驶员行为特性逐渐多元化，交通参与者之间的耦合关系进一步增强，在多变的交通环境与出行工况中保障智能网联汽车的安全性至关重要。汽车智能安全是指通过先进理论方法和技术，实现智能网联汽车安全性能可靠、运行风险可控及碰撞防护有效的全过程安全保障，系统安全、运行安全、智能防护和安全测评等四个方面。本章介绍了智能网联汽车系统安全的定义以及重要意义，引出了智能网联汽车系统安全体系与关键组成。

📖 学习目标

1. 掌握智能网联汽车等级以及系统安全的定义。
2. 掌握智能网联汽车安全体系中的功能安全、预期功能安全、信息安全。
3. 了解系统安全的不同之处以及面临的挑战和产生的经济价值。

微课 1：智能汽车
系统安全概述

智能网联汽车安全依据作用对象、作用时间、安全目标、技术手段等维度可以划分为系统安全、运行安全、智能防护和安全测评四个方面。功能安全、预期功能安全和信息安全是系统安全的三大关键研究领域，它们既存在共性特征，又对应不同的危害机理、技术特性和设计保障思路。智能网联汽车系统安全的开发理论、设计方法、保障技术和典型系统，能够保证系统开发的科学性、可靠性和全面性。

1.1　智能网联汽车系统安全定义与内涵

1.1.1　智能网联汽车系统安全定义

汽车智能安全以人 - 车 - 路微观交通系统中的智能网联汽车为核心要素，基于系统思想、协同理论和智能技术等，建立汽车在设计、开发及运用阶段中体系化的安全基础理论、核心方法、关键技术和应用系统，并对其进行综合测评，从而实现汽车的系统安全、运行安全和防护安全等[1]。按照微观交通的人-车-路系统作用对象、作用时间、安全目标、技术手段等不同维度，汽车智能安全领域可划分为系统安全、运行安全、智能防护和安全测评四个层面。在系统安全方面，研究重点是如何通过合理的保障技术改善功能安全、预期功能安全和信息安全。

汽车系统安全（System Safety of Vehicles，SSV）是指在汽车系统生命周期内应用安全系统工程等相关理论和系统安全设计等方法，辨识整车、零部件及算法等的潜在危害，并采取有效的安全保障措施及技术将其系统风险降至可接受水平，从而使汽车在规定的性能、时间和成本范围内达到最佳安全状态[1]。

1.1.2　智能网联汽车系统安全内涵

智能网联汽车是汽车、交通、信息等方面深度融合的典型复杂系统，各组成要素间以复杂关系相连接。系统安全研究是系统工程和安全工程的有机结合，主要用于解决复杂系统的安全性问题，其相关安全活动贯穿系统生命全周期，是开发具备高可靠性与高安全性的智能网联汽车的重要保证。智能网联汽车系统安全的研究重点是如何通过合理的保障技术改善功能安全、预期功能安全和信息安全。

│1.2│ 智能网联汽车系统安全的重要意义

1.2.1　交通强国建设

发展智能网联汽车安全是降低道路交通事故率、改善道路交通安全的重要措施，符合国家汽车产业发展规划，具有重要的社会经济意义。2019 年，工信部发布的《新能源汽车产业发展规划（2021—2035 年）》[2]指出，要坚持创新、协调、绿色、开放、共享的发展理念，坚持电动化、网联化、智能化发展方向。智能化、网联化技术的逐渐普及，为智能网联汽车安全的理论发展和技术应用奠定了良好的基础。

智能网联汽车安全是保障交通出行的重要基础，也是推进交通强国建设的关键需求，然而由于其理论复杂性、技术交叉性及系统多样性，目前尚未形成系统的、成熟的研究体系和最佳实践。智能网联汽车安全技术相关系统与产品的研发和部署，从正面促进了汽车智能化和网联化技术的发展和应用，能够带动智能制造与加工、整车系统设计、智慧道路建设等关联产业的发展和成果落地应用，满足人民出行需求，服务交通强国建设。

1.2.2　人民生命财产安全

发展智能网联汽车的初衷是减少超 94% 的由人为失误导致的交通事故[3-4]。然而，智能网联汽车在发展过程中仍存在感知度量以及验证技术方面的难题，反而又为人类带来新的交通事故[5]。

与传统的汽车主、被动安全相比，智能网联化道路交通中的智能网联汽车安全性能不再局限于单纯的碰撞保护，而是包括功能安全、预期功能安全、信息安全、运行安全、智能防护等面向汽车设计、开发、运用全阶段的诸多要素。交通对象间的耦合关系不断增强，人、车、路在交互过程中构成了一个实时变化的非线性系统，传统的主、被动安全技术已经难以满足对人身和财产的新安全性能要求。

当智能网联汽车发生系统性失效或随机硬件失效时，所引发的功能异常可能会导致潜在风险，例如运行过程中的制动转向失效、安全气囊弹出失效等非预期行为，进而造成严重的危害事件。

即使智能网联汽车的软硬件未发生失效，运行场景中恶劣的天气环境、不良的道路条件、其他交通参与者的动态行为以及驾乘人员对系统合理可预见的误操作都可能触发潜在风险，例如感知、决策算法的不完备，进而容易导致严重交通事故。

智能网联汽车的信息漏洞也可能引发系统性风险，比如犯罪分子可能通过控制智能网联汽车进行恐怖袭击，造成财产安全受损、人身安全伤害，甚至导致社会安全问题。面向智能网联汽车安全这一重大需求，基于智能网联汽车安全基础理论、方法与技术，开发并应用新型安全保障系统，能够更有效地降低交通事故发生率，实施智能化保护，有效保障人民生命财产安全。

1.2.3　产业链成熟保障

汽车智能安全研究本身可形成一套系统完备的、自我强化的体系架构，依据作用对象、作用时间、安全目标、技术手段等因素可以划分为系统安全、运行安全、智能防护和安全测评四个方面[4]，各部分之间彼此关联、相互促进，通过硬件和软件的研发可建成新一轮科技变革的汽车安全系列产品的全新形态、商业模式及全产业链，能够牵引形成更加完善的综合理论方法体系，促进各项子技术的快速、成熟发展。

1.3　智能网联汽车系统安全体系

1.3.1　智能网联汽车系统安全关键组成

智能网联汽车涉及多方面安全问题，其中系统安全问题主要分为三类，即系统故障导致的功能安全（Functional Safety，FuSa）问题、功能不足导致的预期功能安全（Safety Of The Intended Functionality，SOTIF）问题以及网络攻击导致的信息安全（Cybersecurity）问题[6]，如图 1-1 所示。其中，预期功能安全是智能网联汽车研发与商业化的最大难题之一。

1. 系统故障与功能安全

系统故障是指能够引起部分元器件功能失效而导致整个系统功能恶化的异常情况，此时系统一般处于不能执行规定功能的状态。按照显现失效方式的不同，电气、电子和可编程系统中的故障可分为系统性故障和随机硬件故障两类。

系统性故障是设计或生产流程、操作规程、文档以及其他相关因素的规范不足导致的，以确定方式显现失效，如软件错误、硬件设计期间引入的故障、开发工具引入的故障等。由于系统性故障是以确定的方式产生的，所以如果存在系统性故障，则系统性失效一定会发生。

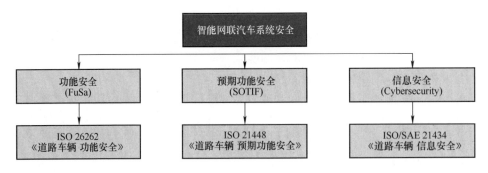

图 1-1　智能网联汽车系统安全

例如，如果存在软件漏洞，那么程序每次运行到漏洞处必定会产生错误；如果选错电阻阻值，那么做出的硬件电路设计必然不符合预期。正因如此，系统性失效是容易复现的，只需要通过更新优化设计或生产流程、操作规程、文档或其他相关因素就可以避免。

随机硬件故障是部分材料缺陷、制造、老化等造成的部件故障所导致的，起因于物理过程，如疲劳、物理退化或环境应力，在硬件要素的生命周期中非预期发生并服从客观的概率分布。然而，不是所有的随机硬件故障都会导致危害事件，应关注对于整车安全来说关键的随机硬件故障或故障的组合。例如，一块电子控制单元（Electronic Control Unit，ECU）由数以万计的元器件组成，虽然每个元器件都可能随机发生故障，但只有部分元器件的故障会直接影响安全性，而另一些元器件只有在与其他元器件同时发生故障时才会影响安全性。降低硬件故障导致的风险可以通过提升针对残余故障、单点故障以及潜在多点故障的安全机制覆盖率来实现。

功能安全在相关标准 ISO 26262[7] 中被定义为避免电气或电子（Electrical/Electronic，E/E）架构的功能异常表现引发危害所产生的不合理风险，其中功能异常表现为系统性失效和随机硬件失效。该标准旨在应用于一个或多个安装在除轻型摩托车以外的道路车辆上的 E/E 架构，消除安全相关系统故障可能造成的危害。例如，当车辆处于自适应巡航模式时，自动制动系统、防抱死制动系统、车身电子稳定系统、乘员约束辅助系统等都可能面临系统层、硬件层和软件层的功能安全挑战，在运行过程中可能发生制动失效、转向失效、安全气囊弹出失效等非预期表现，进而引起严重的安全危害。

2. 功能不足与预期功能安全

随着自动驾驶技术不断发展，智能算法逐渐替代人类完成感知与决策等关键任务，仅考虑系统故障造成的功能安全问题已无法满足智能网联汽车系统的安全性要求，在系统不发生故障时，由于功能不足或性能局限而引发的安全风险越来越受到重视。

感知算法的功能不足可以分为传感器感知与算法认知两方面。传感器感知性能局限主要来自两个方面：一是在雨、雪、雾、强光等不利环境条件下，能见度范围降低和目标物被遮挡等因素造成感知能力变弱；二是传感器自身原理限制了对某些特定目标物的检测，如激光雷达扫描到镜面、毫米波雷达探测到特定材质时会出现漏检或误检。算法认知性能局限主要来自深度学习算法的不确定性，其学习过程基于大量标注数据，内部运行过程往往被当作"黑盒"，可解释性、可追溯性较弱，实际应用过程中遇到训练数据分布以外的情况时表现往往很差，从而引发安全风险。

决策算法主要分为基于规则和基于学习两种。基于规则的方法通常因考虑不够全面而无法覆盖真实驾驶环境中的所有潜在危害场景。其功能不足还包括状态切割划分条件不灵活、行为规则库触发条件易重叠、场景深度遍历不足等问题。基于学习的方法依赖大数据训练，其功能不足包括训练过程不合理导致的算法过拟合或欠拟合，以及样本数量不足、数据质量交叉、网络架构不合理等问题。

控制算法的功能不足主要来源于车辆动力学层面，例如在大曲率弯道、高侧向风速及低路面附着系数等非线性极限工况下，现有的线性车辆动力学模型能力边界有限，不足以表征车辆的动态特性，会产生较大的偏差。

预期功能安全在相关标准 ISO 21448[8] 中被定义为避免以下两类问题引发危害所产生的不合理风险：①在车辆级别上预期功能的规范不足；②在 E/E 架构要素实现过程中的性能局限。该标准指出恶劣天气、不良道路条件、其他交通参与者的极端行为、驾乘人员对车辆系统合理可预见的误操作等都是场景中的潜在触发条件，而系统的功能不足会被这些特定条件触发从而造成危险。

3. 网络攻击与信息安全

智能网联汽车信息安全的概念由传统互联网行业引申而来。传统互联网行业在安全领域的攻、防两端技术均已得到十分充分的发展，其安全相关概念也较为清晰，而汽车领域目前尚未对安全领域相关概念进行细致划分，而是统一称之为"汽车信息安全"，也有人称之为"汽车网络安全"。"汽车信息安全"的概念实际上涵盖上述计算机安全、网络安全、数据安全、信息安全及应用安全等多个方面，是一个整体性的概念[9]。信息安全在相关标准 ISO/SAE 21434 中被定义为汽车及其功能被保护以使其电子或电气组件不受网络威胁的状态[10]。该标准为确保车辆不会成为黑客攻击的受害者，并在概念、开发、验证、生产、运行、维护以及报废的全生命周期中都可获得有效的保护，要求相关企业开发全面的信息安全保障策略，对网络攻击做出敏捷的反应。

依据攻击目标，可以将车联网中的网络攻击分为以下三类。

其一是针对智能网联汽车本身的网络攻击。软件系统、电子电气硬件、车内数据、车内通信等系统薄弱环节中都有潜在的信息安全威胁，车载网关、传感器、ECU、车载智能互联终端 T-Box 等功能部件都是潜在的入侵接口。例如网关、ECU 和 CAN 总线受到的网络攻击威胁以干扰软件系统、篡改通信数据包为主。

其二是针对车联网中的人、车、路、云多方通信的网络攻击。例如 V2X 通信域的 V2V、V2I 等通信容易受到窃听、干扰、伪造身份等威胁，而信号灯、基站等交通基础设施与通信基础设施则容易受到拒绝服务、数据窃取等威胁。

其三是针对提供导航、娱乐、管控等功能的汽车远程服务商平台的网络攻击。由于车联网服务平台的开放性，攻击者和用户拥有相同的权限，可以共享平台提供的各种资源和数据，因此这种攻击成本低、接触少、危害大。例如在使用移动端 APP 时，攻击者可以介入移动端与车辆的蓝牙或 WiFi 通信，实现界面劫持、越权控制等。

1.3.2 智能网联汽车系统安全体系架构

系统安全研究内容包括系统安全开发理论、系统安全设计方法、系统安全保障技术和系统安全典型系统。智能网联汽车系统安全体系架构如图 1-2 所示。

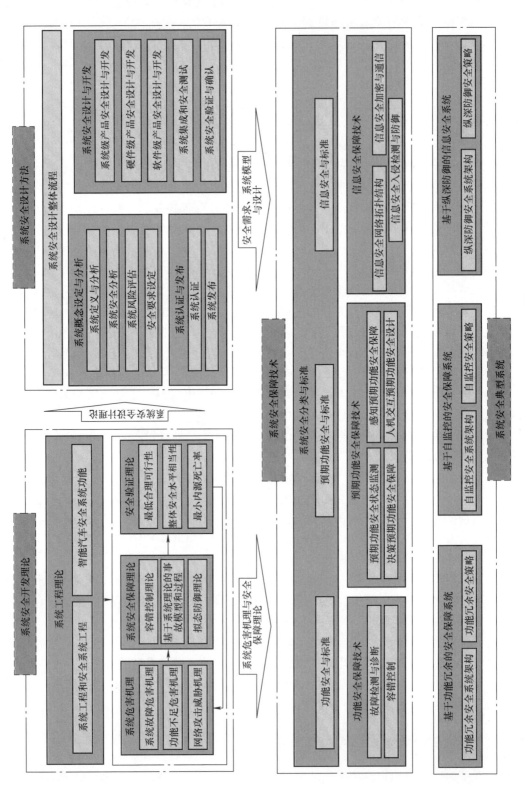

图1-2 智能网联汽车系统安全体系架构[1]

系统安全开发理论以系统工程理论为基础，探究复杂系统的危害机理，研究安全保障和安全验证等理论，并将其作为设计和保障的理论基础。智能网联汽车安全系统工程是安全系统工程在智能网联汽车中的具体应用。系统危害机理主要是对系统危害的形成原因和演进过程进行原理性分析。在系统工程理论和系统危害机理的基础上，分析得出的系统安全保障理论包括容错控制理论、基于系统理论的事故模型和过程以及拟态防御理论。安全可接受理论是安全系统工程 V 模型右侧的重要组成部分，用于确认系统是否能够达到可接受的安全水平，进而决定是否允许其进入最终的产品安全发布环节。

系统安全设计方法是研究和保障系统安全的核心方法，基于 V 模型，依次开展系统概念设定与分析、系统安全设计与开发和系统认证与发布，为系统安全保障技术提供安全要求、系统模型与设计依据。首先，从系统概念出发，通过智能汽车相关项的设定和分析，明确潜在的系统风险和安全要求；随后，基于系统安全概念，分别从智能汽车的软件级、硬件级进行安全设计开发，并同步进行系统级的设计开发与集成；最后，基于智能汽车产品的相关安全标准进行认证并发布产品，完成系统整体安全设计流程。

系统安全保障技术针对三类危害机理，分别衍生出功能安全、预期功能安全和信息安全三项关键技术，形成相应的实现方法、特点和标准框架。功能安全保障技术的主要目标是针对由电子电气系统的功能异常引发的风险，实现故障检测及隔离，以控制故障对系统的影响。成熟的功能安全保障体系通常包含两部分，即故障检测与诊断模块和容错控制模块。智能网联汽车预期功能安全设计改进主要考虑三类原则：系统改进、功能限制、驾乘人员接管与误操作处理。结合汽车各功能子系统的特点，预期功能安全保障技术还可以分为预期功能安全状态监测、感知预期功能安全保障、决策预期功能安全保障和人机交互预期功能安全设计。信息安全保障技术可归纳为信息安全网络拓扑结构、信息安全入侵检测与防御和信息安全加密与通信。

系统安全典型系统是以上理论、方法与技术集成应用的载体。基于系统安全开发理论和设计方法，将系统安全保障技术融入具体设计中，以开发能够保障系统安全的车辆系统。由于设计依据的主要原则不同，可分为三类典型系统：基于功能冗余的安全保障系统、基于自监控的安全保障系统和基于纵深防御的信息安全系统。基于功能冗余的安全保障系统可通过重复配置智能网联汽车系统的一些部件，并结合相应的监视器和管理器，降低单功能模块潜在故障和功能不足所造成的风险，以提高系统整体容错能力，实现对系统安全，尤其是对功能安全和预期功能安全的综合保障。基于自监控的安全保障系统重点关注对系统"自我意识"的提升和利用。智能网联汽车是一个复杂的安全关键系统，如感知、决策和控制等不同层间"自我意识"的冲突可能导致灾难性的后果，因此必须考虑跨层的解决方案，确保来自不同层次的指标能够聚合成系统的一致性自我表示，以实现整体安全监控。在外部世界威胁和车联网之间建立尽可能多层次的防护，通过部署多层次的、具有不同针对性的安全措施，可以保护关键的智能网联汽车通信与控制等应用的安全。

1.4 本书结构

本书针对智能网联汽车的系统安全，主要讲解功能安全、预期功能安全以及信息安全三方面的相关知识，分为绪论、系统安全理论、智能网联汽车功能安全、智能网联汽车预期功能安全、智能网联汽车信息安全、智能网联汽车安全典型实践和智能网联汽车安全技术展望7章，本书结构如图1-3所示。

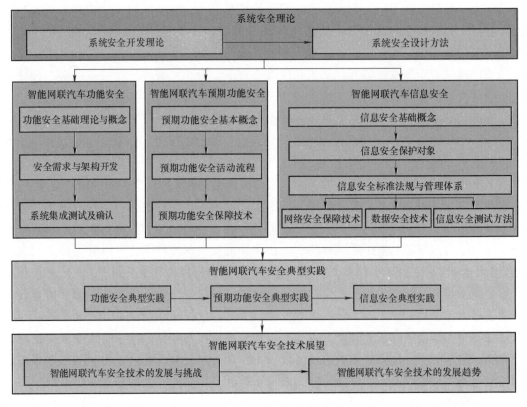

图1-3　本书结构

习　题

一、选择题

1. 下列哪一个选项不属于系统安全的三大关键研究领域？（　　）

A. 运行安全　　　B. 功能安全　　　C. 预期功能安全　　　D. 信息安全

2. 下列哪一个选项不是系统安全研究的研究内容？（　　）

A. 系统安全开发理论　　　　　　B. 系统安全设计方法

C. 系统安全保障技术　　　　　　D. 智能防护

二、判断题

1. 智能网联汽车系统安全的研究重点是如何通过合理的保障技术改善功能安全、预期功

能安全和信息安全。　　　　　　　　　　　　　　　　　　　　　　　（　　）

2. 智能网联汽车安全依据作用对象、碰撞阶段、开发周期等因素可以划分为系统安全、运行安全、智能防护和信息安全四个方面。　　　　　　　　　　　　　　（　　）

3. 系统安全设计是研究和保障系统安全的核心方法。　　　　　　　　　（　　）

三、填空题

1. 智能网联汽车系统安全包括（　　）。

2. 发展智能网联汽车的初衷是降低占总数（　　）的驾驶员人为失误导致交通事故的发生率。

3. 感知算法的功能不足可以分为（　　）与算法认知两方面。

四、问答题

1. 什么是汽车智能安全？

2. 什么是系统安全？

3. 什么是汽车系统安全？

4. 什么是预期功能安全？

五、综合实践题

人类在长期的生产实践活动中，逐渐形成了朴素的系统思想——把事物的各个组成部分联系起来，从整体上进行综合分析。系统思想古已有之，但是"系统工程"这个概念出现的时间还不到一百年，其主要起源于20世纪40年代以来定量化系统思想方法的实际应用。作为新兴专业，系统工程处在快速发展过程中，相关的方法和技术还在不断涌现和改进，应用领域不断拓展。系统工程是实现系统安全的前提，而安全系统工程是其典型专业工程之一。

安全系统工程是系统工程面向安全特性的重要专业工程，即在系统思想指导下，运用先进的系统工程的理论和方法，对安全及其影响因素进行分析和评价，建立综合集成的安全防控系统并使之持续有效运行。安全系统工程的科学理论基础包括系统论、控制论、信息论、运筹学优化理论、可靠性工程、人机工程、行为科学、工程心理学等。安全系统工程的具体研究内容主要包括：危险的识别、分析与事故预测；消除、控制导致事故的危险；分析构成安全系统各单元间的关系和相互影响，协调各单元之间的关系，取得系统安全的最佳设计；通过对安全设计和措施的验证和确认，证明相应安全需求得到了实现，最终实现系统设计和运行安全化，使事故减少到可接受的水平范围内。

面向智能网联汽车应用领域，系统工程理论依次衍生出系统工程、安全系统工程和智能网联汽车安全系统工程。智能网联汽车安全系统工程是安全系统工程在智能网联汽车中的具体应用，请搜集相关知识，总结智能网联汽车安全系统工程相关知识。

参 考 文 献

[1] 王建强，聂冰冰，王红. 汽车智能安全 [M]. 北京：人民交通出版社，2022.

[2] 国务院办公厅. 国务院办公厅关于印发新能源汽车产业发展规划（2021—2035 年）的通知 [EB/OL]. (2020-11-02) [2024-05-14]. https：//www. gov. cn/zhengce/content/2020/11/02/content_5556716. htm.

[3] SINGH S. Critical reasons for crashes investigated in the national motor vehicle crash causation survey［R/OL］. (2015-02-08)［2024-02-27］. https：//trid. trb. org/View/1346216.

[4] WANG H，ZHANG X，LI J. An FNIRS dataset for driving risk cognition of passengers in highly automated driving scenarios［J］. Scientific Data，2024，11（1）：546-555.

[5]《中国公路学报》编辑部. 中国汽车工程学术研究综述. 2023［J/OL］. 中国公路学报，2023，36（11）：1-192. https：//doi. org/10. 19721/j. cnki. 1001-7372. 2023. 11. 001.

[6] 李骏，王长骏，程洪. 智能网联汽车预期功能安全测试评价关键技术［M］. 北京：机械工业出版社，2022.

[7] ISO. Road vehicles-Functional safety：ISO 26262［S］. Geneva：ISO，2021.

[8] ISO. Road vehicles-Safety of the intended functionality：ISO 21448：2022［S］. Geneva：ISO，2022.

[9] 李骏，李克强，王云鹏. 智能网联汽车导论［M］. 北京：清华大学出版社，2022.

[10] ISO. Road vehicles—Cybersecurity Engineering：ISO/SAE 21434［S］. Geneva：ISO，2021.

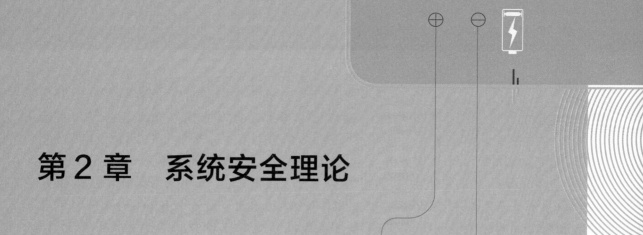

第2章 系统安全理论

🔖 本章导学

　　智能网联汽车作为复杂的系统工程，涉及多个领域的技术和安全要求。系统安全理论是指通过系统化的理论方法识别、分析并缓解潜在的安全威胁，确保系统能够在复杂和动态的环境中安全运行。本章介绍了系统工程理论、系统危害机理、系统安全保障理论以及安全可接受性理论等系统安全开发理论，同时系统化地阐述了整体设计流程、系统概念设定、安全设计与开发以及系统认证与发布等系统安全设计方法，为智能网联汽车安全系统开发提供了全面的理论框架和实践指导。通过学习本章内容，读者将掌握智能网联汽车系统安全的基本理论和设计方法，理解并分析智能网联汽车面临的各种安全威胁和风险，最终具备设计、实施和验证系统安全性的能力，为智能网联汽车的安全性开发和研究夯实基础。

🔖 学习目标

　　1. 掌握智能网联汽车中系统工程与安全系统工程的应用。

　　2. 掌握智能网联汽车受到系统故障、功能不足和网络攻击的危害机理。

　　3. 掌握智能网联汽车应对上述三类主要危害机理的系统安全保障理论。

微课2：系统理论
过程分析方法

　　4. 了解基于安全可接受性理论的安全性评估和优化流程。

　　5. 掌握系统安全设计的整体设计流程及关键步骤。

　　6. 掌握安全分析、风险评估及安全要求设定等系统概念设定流程。

　　7. 掌握系统级、硬件级及软件级产品的安全设计、开发与验证流程。

　　8. 了解智能网联汽车系统认证与发布的流程。

　　系统工程理论在智能网联汽车应用领域包括系统工程、安全系统工程和智能网联汽车安全系统工程三个方面，共同构成智能网联汽车系统安全开发的理论基础。系统危害机理主要划分为系统故障、功能不足和网络攻击，对智能网联汽车的危害有不同技术特性。系统安全保障理论可分为容错控制理论、基于系统理论的事故模型和过程、拟态防御理论，针对不同危害设计缓解策略，保障系统安全。安全可接受性理论部分将安全目标具体化，包括最低合理可行性、整体安全水平相当性和最小内源性死亡率等，可提高智能网联汽车的安全性评估和优化能力，实现可接受的安全水平。整体设计流程部分从全局出发，系统化地规划系统安全设计的关键步骤和实施路径，确保设计方案具有逻辑性和可操作性。系统概念设定部分涉及系统定义与描述、系统安全分析、系统风险评估和安全要求设定等流程，需全面、科学、有针对性地分析系统的安全需求并设定目标。安全设计与开发部分针对系统级、硬件级和软件级的产品安全，提供分层设计与开发的具体技术路径，能够实现多层次的安全防护，通过安全测试对系统整体的安全可靠性进行验证与确认。系统认证与发布部分规范了系统的认证标准和发布要求，能有效保证安全设计的合规性和实用性，确保系统在实际应用中的安全性与可控性。本章整体知识框架如下图所示，通过系统地学习这些知识点，读者将全面掌握从系统工程理论到具体系统安全保障理论的全流程理论基础，深入理解和应用系统安全开发理论，能够分析和应对智能网联汽车的多种安全威胁，具备设计、开发、评估与发布智能网联汽车安全系统的能力，为其安全性研究和工程实践奠定坚实的理论基础与技术支撑。

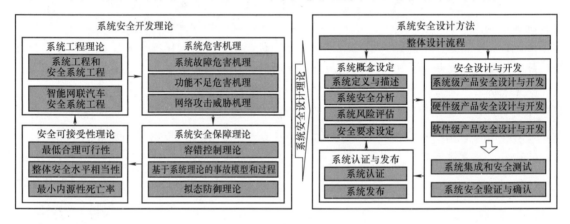

2.1 系统安全开发理论

2.1.1 系统工程理论

系统工程理论支撑系统安全分析、安全保障和验证技术，是实现系统安全开发的基础。

1. 系统工程和安全系统工程

系统工程是保障系统安全的基础，而安全系统工程则是其典型的专业分支之一。为了确保安全系统工程的高效推进，当前行业的最佳实践推荐采用基于模型的系统工程方法来实现系统开发过程的可追溯性和一致性。

（1）系统工程

在人类在长期的生产实践活动中，逐步形成了朴素的系统思维——将事物的各个组成部分相互关联，从整体上进行综合分析。作为一门新兴学科，系统工程正处于快速发展阶段，其相关方法和技术不断涌现和优化，应用领域也在不断拓展。在系统思维指导下，系统工程综合运用自然科学和社会科学中的相关理论、方法和工具，旨在实现最优规划设计和控制管理，对系统的功能、结构和信息流等实际问题进行深入分析和处理。系统工程不仅是一门统筹全局综合协调研究系统的科学，也是一项涵盖系统开发、设计、测试验证、实施和应用的工程技术。其涉及的基础学科包括系统论、控制论、运筹学优化理论和信息论等，这些学科的进展极大地推动了系统工程的实际运用。

系统工程的主要研究对象是复杂的大型系统。在其早期发展阶段，美国航空航天及相关武器领域对其起到了重要的推动作用。如今，系统工程广泛应用于交通运输、能源动力、军事、农业及社会经济等多个领域，并形成相应的专业工程系统，新的应用领域也在不断地被开拓和扩展。

自 1994 年起，国际系统工程协会（International Council on Systems Engineering，INCOSE）开始发布《系统工程手册》（*Systems Engineering Handbook*，SEH），现已更新到 5.0 版。该手册系统性地介绍了系统工程领域的理论基础、方法论及其实际应用[1]。系统工程利用 V 模型来描述其分解与集成的过程，如图 2-1 所示，并在文字说明中进一步涵盖了安全性与可靠性的考虑。

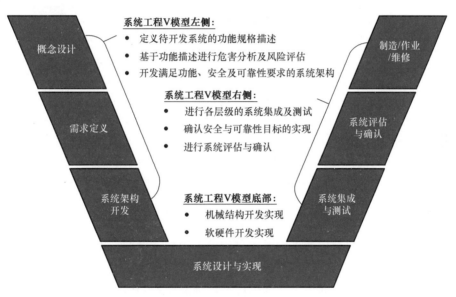

图2-1　系统工程 V 模型

随着信息技术的进步，系统之间的交互与耦合导致系统整体复杂度提升。20 世纪 90 年代末期，受复杂自适应理论影响，系统的系统（System of Systems，SoS），也称分布式复杂系统概念应运而生，体系及其相应的体系工程成为系统工程的核心研究方向。典型的体系包括军事体系、计算机体系、全球地面观测体系、智能交通体系以及社会体系等。当前迅速发展的智能网联汽车、车联网及智能交通系统等也可视为由多个协同工作的子系统集成的庞大且结构复杂的体系。

（2）安全系统工程

系统工程将知识维度分为传统学科工程与专业工程两个大类。传统学科工程涵盖力学、热学、电学等各个学科的专门技术，主要从自然科学的视角出发，强调由人类设计的工程系统必须遵循的基本规律。而专业工程则基于系统中各利益相关者之间的关系冲突，通过跨学科地运用特殊专业知识和理论方法以增强系统的功能特性[2]。根据 INCOSE《系统工程手册》对不同专业工程的简要介绍，这些专业工程可依据具体内涵分为 6 类，见表 2-1。

表 2-1　INCOSE《系统工程手册》中的专业工程分类

序号	分类	专业工程
1	与经济、价值有关的专业工程	经济可承受性（Affordability）；价值工程（Value Engineering）
2	与系统本身特性有关的专业工程	物量特性工程（Mass Property Engineering）；电磁兼容性（Electromagnetic Compatibility）
3	与型号系统的环境有关的专业工程	环境工程/影响分析（Environmental Engineering／Impact Analysis）；互操作性分析（Interoperability Analysis）
4	与制造相关的专业工程	制造与可生产性分析（Manufacturing and Producibility Analysis）
5	与使用和操控有关的特性	易用性/人-系统集成（Usability Analysis/Human-Systems Integration）；训练需求分析（Training Needs Analysis）；系统安全性工程（System Safety Engineering）
6	与可用性有关的专业工程	可靠性、可用性、维修性（Reliability, Availability, and Maintainability，RAM）；安全系统工程（Safety Systems Engineering）；后勤工程（Logistics Engineering）；弹性（抗灾性）工程（Resilience Engineering）；安保工程（System Security Engineering）

安全系统工程（Safety Systems Engineering）是系统工程中专注于安全特性的关键专业工程。它在系统思维的指导下，运用先进的系统工程理论与方法，对安全及其影响因素进行深入分析与评估，构建并维持一个全面集成的安全防控体系。安全系统工程的科学理论基础包括系统论、控制论、信息论、运筹学优化理论、可靠性工程、人机工程、行为科学以及工程心理学等多个学科。

安全系统工程的具体研究内容主要涵盖：危险的识别、分析与事故预测；消除或控制引发事故的危险因素；分析安全系统各组成单元之间的关系和相互影响，协调各单元的互动，以实现系统安全的最优设计；通过对安全设计和措施的验证和确认，确保相关安全要求得到满足，从而实现系统设计与运行的安全化，将事故率降至可接受的范围内。在国际上，安全系统工程的研究与运用已有悠久历史，广泛应用于军工、航天航空、化工石油、铁路以及公路交通等安全关键系统（Safety – Critical Systems）中。

2. 智能网联汽车安全系统工程

智能网联汽车安全系统工程（Intelligent Connected Vehicle Safety Systems Engineering）是系统工程与安全系统工程在智能网联汽车专业领域的具体应用和工程实践，是指在系统思想的指导下，综合运用智能化、数字化、信息化等现代技术手段，对智能网联汽车在研发、设计、生产、测试、运营全生命周期中的安全性进行系统化分析、设计和验证的工程技术。它旨在通过系统性的科学方法和技术手段识别、评估、控制和降低智能网联汽车可能面临的安全风险，从而确保系统运行的可靠性和安全性，最终达到人、车、环境的协调统一。

智能网联汽车安全系统工程将系统论、控制论、信息论、运筹学、人工智能、大数据分析以及人机交互等多学科的理论和方法融合到具体应用中，以系统化的手段实现复杂功能和高安全性的协调统一。该工程以整体性、适应性和可靠性为原则，聚焦于对车辆运行环境中的复杂交互进行高效感知和精准响应，同时在控制策略上实现动态调整，从而保证系统的稳定性。针对智能网联汽车领域的具体需求，必须充分考虑车辆与外部环境的实时信息交互、车联网的协作通信以及自主决策系统的高效性与鲁棒性。在这一过程中，危险的识别与风险的动态管理成为关键，因此该工程的核心在于建立面向风险的全生命周期安全管理体系，通过严格的验证和确认手段，将潜在安全风险降至最低，从而确保在多变的交通环境中，系统能够以可接受的安全水平运行。

2.1.2　系统危害机理

1. 系统故障危害机理

系统故障危害机理主要研究系统自身的物理特性和设计缺陷引起危害的因果关系。一般来说，故障是指由于系统中某些元器件功能失效导致整个系统性能下降的事件，以及可能导致要素或相关项失效的异常情况。根据不同的危害机理，故障可分为系统性故障和随机硬件故障。

系统性故障是由设计或生产流程、操作规程、文档等方面设计规范不充分，以及其他相关因素引起的，包括软件故障和部分硬件故障。此类故障以确定方式发生，即当存在系统性故障时，系统性失效必然会出现，容易被复现，因此，通过改进和优化设计或生产流程、规范操作流程等措施可以相对容易地避免这些故障。

随机硬件故障源自物理过程，例如疲劳、物理退化或环境应力等因素，它们在硬件要素的生命周期中，以非预期方式发生并遵循概率分布的客观规律。例如，某些硬件可能由于氧化作用而意外失效，最终导致组件无法正常运行。由于并非所有的随机硬件故障都会引发危害事件，重点在于它们是否会违背整车安全的目标。因此对随机硬件故障进行了分类，如图 2-2 所示。

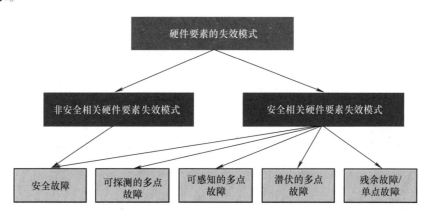

图2-2　随机硬件故障分类

在研究随机硬件失效时，明确区分并理解"故障（fault）"、"错误（error）"和"失效

（failure）"这三个概念之间的区别和联系是至关重要的，这是深入理解相关理论和概念的基础。

1）故障：指系统中可能导致要素或相关项发生失效的异常状态或潜在缺陷，可能源于设计缺陷、制造问题、材料老化或外部环境因素等。

2）错误：指在计算、观测或测量过程中，所得的值或条件与真实、规定或理论上正确的值或条件之间存在差异，这种差异可能导致系统行为偏离预期。

3）失效：指要素失去了按要求执行其功能的能力，即系统功能的终止，失效通常是由故障引发的，并可能伴随着错误的产生。

同一层级上，故障是引发失效的根本原因，失效是故障的结果，而错误则是故障的具体表现形式。当跨越不同的层级时，组件级的失效可能被视为系统级的故障。

故障、错误和失效之间的关系如图2-3所示，从系统性软件问题、随机硬件问题和系统性硬件问题三个不同类型的原因深入，形象而具体地描述了从故障到错误，再从错误到失效的发展过程。系统性故障源自设计和规范中的缺陷，包括软件故障和某些硬件故障，这些故障具有确定性。随机硬件故障则由于物理现象引起，例如材料疲劳、物理退化或环境应力，这些故障在硬件生命周期中以不可预测的方式发生。

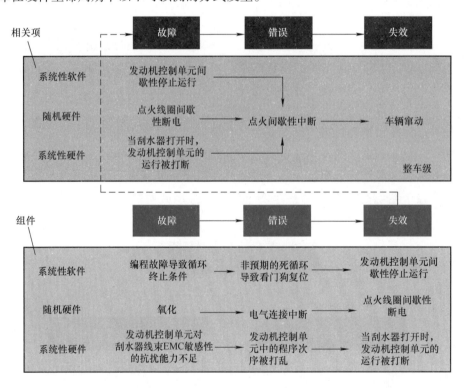

图2-3 故障、错误和失效之间的关系

2. 功能不足危害机理

随着智能网联汽车的功能架构日益壮大，单纯考虑系统故障风险所导致的安全问题已不足以满足高度复杂系统的安全性需求，在系统无故障的情况下引发的安全风险也越发受到关注。当智能网联汽车在其设计范围内正常运行时，如果自动驾驶系统声明的功能未能达到预期水平，就可能会造成功能不足的危害，需要驾驶员及时介入，并进行更新迭代以确保安全。

（1）功能不足危害的表现

自动驾驶系统中的功能不足可能会带来严重的危害，直接影响系统的性能、可靠性和安全性等各方面。

从系统性能角度来讲，功能不足可能导致自动驾驶系统在执行特定任务时性能下降，如在复杂环境中的行驶能力受限。进一步地，功能不足可能使系统无法处理极端或罕见情形，遭遇边界条件下的失败，如异常天气、道路状况或其他不寻常事件等。

从系统可靠性角度来讲，功能不足可能导致自动驾驶系统的稳定性受损，例如在软件设计上的缺陷可能导致系统在特定场景下接收特定信息时崩溃或死锁，从而影响整个系统的可靠性。功能不足也可能影响自动驾驶系统的用户体验，例如在人机交互中的导航功能不足可能导致路径规划不准确，或者语音识别功能不足导致交互困难。

从系统安全性角度来讲，系统性能下降和可靠性不足最终会增加安全风险，功能不足可能导致自动驾驶系统在某些情况下无法正确识别道路、车辆或其他障碍物，从而增加交通事故发生的风险。

美国加州 2020 年自动驾驶系统路测接管情况统计如图 2-4 所示，由车管局收录的 BMW、Waymo、DiDi、Lyft、Benz、Toyota 等路测车辆的 3695 条接管报告统计而成，其中有超过 90% 的安全员接管发生在系统无故障运行时[3]。

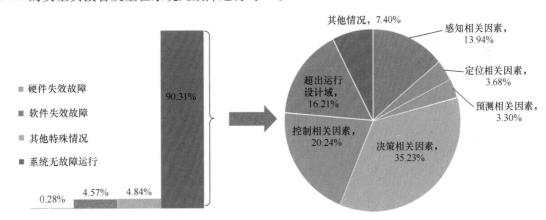

图 2-4　美国加州 2020 年自动驾驶系统路测接管情况统计

综上所述，自动驾驶系统在系统无故障运行时，其中的功能不足和性能局限也会严重影响安全性，因此在设计和开发阶段必须充分考虑和解决功能不足的问题。

（2）功能不足危害的机理

当涉及分析自动驾驶系统中的功能不足时，需要考虑一系列潜在的危害机理，如图 2-5 所示，可能作用于感知、定位、预测、决策、控制、运行设计域识别等子系统之中，从内部物理原理出发，结合外部触发环境的诱导，阐明两者交互耦合条件下系统功能不足导致系统危害形成的机理[4]。

智能网联汽车依赖传感器来感知周围环境，如果传感器出现功能不足，可能会导致系统无法获取有效的感知输入，并前馈到感知算法中，从而增加事故的风险。传感器的功能不足可以从如下三个方面考虑：其一是传感器自身物理原理限制，如摄像头面对高强度眩光、激光雷达探测到水洼等强反射镜面、毫米波雷达探测到非金属等特定材质时，容易出现数据质量局部变差或丢失的后果；其二是传感器自身视野限制，物体在视野盲区内或被其他物体遮挡时不会被传感器探测到有效信息；其三是恶劣环境干扰造成数据噪声增大，例如降雨、降雪、雾霾、弱光等条件下的感知数据较为模糊，影响传感器有效获取外部信息的能力。

感知算法功能不足主要源于深度学习算法的泛化性不足和弱可解释性。车载感知算法基本使用大型的深度学习感知模型，通过在训练中标注大量数据来优化网络参数，但面临的现实问题是无法遍历所有可能遇到的驾驶场景，表2-2列举了部分传感器和感知算法功能不足的诱因。因此，在外部环境干扰感知输入时，在感知算法面对未曾见过的物体或者已知物体呈现异常的形态和姿态时，泛化性不足可能会导致误识别、鬼影检测和漏检的结果。此外，感知模型往往是以"黑盒"的形式运行的，人们很难理解每一个隐藏层、神经元以及激活函数对所产生结果的贡献，这使得模型的可解释性和可追溯性受到了限制。在实际应用中，一些不良输出结果可能引发严重的交通事故，对于环境干扰和物体异常等较为明显的场景可以返回进行针对性训练和强化，但仍有不少情况难以准确找到错误的根本原因。

表2-2　基于内部物理原理和外部触发诱导的传感器与感知算法功能不足危害机理分析

一级标签	二级标签	三级标签	含义
传感器功能局限	盲区	视野盲区	传感器视场角范围外盲区，障碍物遮挡形成盲区
		道路盲区	坡道、弯道等道路几何条件形成盲区
	距离限制	近距离极限	传感器近距离处物体信息采集过程中可能失真
		远距离极限	传感器远距离处物体分辨率不足导致信息丢失
传感器表面问题	视野一致性	脏污和划痕	传感器被泥沙等污渍覆盖，或有划痕和裂纹损伤
	视野完整性	传感器遮挡	镜头、防护壳体等传感器遮罩被不透光物体覆盖
数据质量问题	图像质量	明暗对比	由于眩光或逆光，图像中亮、暗部形成强烈反差
		图像过暗	图像整体亮度不足，难以探测到足够的环境信息
		局部反光	图像中存在大楼、水面等局部反射形成的强光
		清晰度差	雨、雪、沙尘、柳絮等杂质干扰导致画面不清晰
		色温异常	图像中存在暖色或冷色光源，导致画面色温异常
		图像拖影	光照变化时自动调整的快门速度不足，造成拖影
	点云质量	点云缺失	反射激光因散射、能量耗散等问题未返回接收器
		强度异常	反射点云的点云强度与目标物实际反射率不一致
		多重反射	点云在高反射物体表面二次反射形成虚假目标
		点云噪声	雨、雪、沙尘、柳絮等杂质干扰激光不正常反射
		点云拖影	点云刷新频率不足造成点云拖影
	毫米波质量	强度异常	毫米波的回波强度与目标物实际反射率不一致
		多重反射	毫米波在高反射物体表面二次反射形成虚假目标
		回波噪声	大气中的杂质、强反射率干扰物形成毫米波噪声

（续）

一级标签	二级标签	三级标签	含义
目标识别问题	目标罕见	类型罕见	非常规交通参与者，如掉落的轮胎、闯入的动物
		姿态罕见	常见目标物的特殊姿态，如车辆侧翻、行人摔倒
		形态罕见	常见目标物特殊形态，如广告车辆、行人抱箱子
	目标相似	真阳相似	特征相似造成误分类，如将清洁工识别为交通锥
		假阳相似	非目标物误识别，如将公交海报画像识别为行人
	目标消融	特征消融	目标物颜色和纹理与环境背景极其相似，易漏检
	目标遮挡	部分遮挡	目标物被车辆、基础设施等障碍物不完全地遮挡
目标跟踪问题	跟踪一致性	目标跳变	检出的目标物在跟踪过程中位置和类别发生跳变
		目标中断	检出的目标物在跟踪过程中有中断，或完全丢失

　　定位算法功能不足主要源于传感器的鲁棒性不足。信号在隧道、高架、高楼林立、地下停车场等场景中较弱，所引起的间断性数据丢失容易出现定位错误。同时，惯性传感器的物理原理决定其对环境干扰的鲁棒性也较差，容易受到环境振动、温度变化等因素的影响，导致定位精度下降或出现漂移。由于惯性导航信息经过积分而产生，在没有其他系统进行定位校正的情况下，上述定位错误和漂移随着时间的推移会逐渐累积，尤其是在长时间使用和高动态环境下。

　　对场景的感知与理解的功能不足，以及车辆定位的功能不足，可能会进一步导致运行设计域识别的功能不足，使得自动驾驶功能在错误的地点与环境条件下开启或关闭。不恰当的人机交互设计也可能导致驾驶员在错误的地点与环境条件下误开启自动驾驶功能，以及在应当退出自动驾驶功能时未能及时接管。

　　预测算法功能不足主要源于深度学习算法对非预期行为的应变能力有限。理想的预测算法既能根据较长的历史信息预测交通参与物的轨迹，也要能捕捉短期历史信息中的意图突变。输入层面，预测算法需要的大量历史数据或高精度感知数据可能不易获取。模型层面，预测算法可能无法充分理解复杂的交通场景和交互行为，同时可能无法有效处理感知误差、环境变化或他车行为的不确定性，导致结果不稳定或不可靠。输出层面，预测算法可能仅考虑单一的轨迹预测模式，缺乏对多种可能行为的有效预测，例如对于突然变道、停车或加速等情况的预测不足。

　　决策算法功能不足主要源于未能考虑各种潜在风险和危险情况。系统的决策规划能力不足可能会导致复杂交通情况下做出错误的驾驶决策，危及自身安全。现有决策算法分为基于规则的方法和基于学习的方法。其中，基于规则的方法通常无法覆盖智能网联汽车在真实道路上可能遇到的所有潜在危害场景，无法有效处理感知数据的不确定性以及环境变化带来的不确定性。同时，状态切割划分条件细粒度太粗、不同触发条件下的行为规则库易重叠、与其他交通参与者的交互能力不足、安全舒适高效的多目标优化不足等问题也使得该方法存在功能不足。基于学习的方法依赖模型架构、数据质量、学习策略等因素，网络设计不恰当、场景数量不丰富、奖惩机制不合理等原因会导致学习算法的过学习或欠学习，从而导致算法对拥堵、交叉口、无人车混行等复杂情况下的处理能力不足。同时，该方法还缺乏透明性和可解释性，制定的规划路径可能不易被人类理解，难以与驾驶员或其他交通参与者有效交流。

控制算法功能不足主要来源于车辆动力学层面的物理限制。在面对大曲率弯道、强侧风或路面湿滑等极限工况的挑战时，车辆动力学模型往往无法充分描述车辆的动态特性，从而难以给出最优控制参数。对于利用线性二自由度模型进行控制器设计从而实现横、纵向控制的智能网联汽车，只能在正常行驶的小曲率条件下进行较好的控制，因为该模型是在假设小转角条件下的一种近似模型，在大曲率特征的轨迹下模型并不适用，会导致较大的跟踪偏差。此外，侧向力大时会使车辆的质心侧偏角变大，地面附着率低时会导致轮胎抓地力变弱，这些因素都会影响车辆的稳定性和控制性能。

智能网联汽车依赖执行器来控制车辆的加速、转向和制动等操作，如果执行器出现功能不足，可能会导致系统无法有效控制车辆，造成失控的危险。执行器的功能不足主要体现在精准度不足和反应速度慢等方面，使得车辆行为不够准确或不够及时。

综上所述，智能网联汽车中的功能不足可能会对系统的各个方面产生严重影响，从而增加交通事故的风险，降低系统的安全性和可靠性。因此，在设计和开发自动驾驶系统时，需要充分考虑和解决各种功能不足问题，以确保系统能够安全、可靠地运行[5]。

3. 网络攻击威胁机理

古往今来，信息的价值不言而喻。纵观量子网络问世以前的人类历史，只要出现一种传播信息的渠道，就会立刻产生无数针对这种渠道的攻击方式。网络攻击的主要目的是窃取信息获取利益和破坏信息传播渠道。网络如今已经承载了太多的信息，对于那些渴望通过破坏信息安全来获取利益的人来说，对网络安全进行破坏也拥有了无穷的吸引力。

如果把美国国家科学基金网的问世视为互联网诞生的元年，那么网络攻击也几乎是在同一时期成为一项有利可图的产业。在过去30余年的时间里，IT领域的大量成果在造福人类的同时，也大量转化为攻击者手中的利器。世界经济论坛在2018年的报告中提到："发起网络攻击的能力，比应对这些攻击的能力发展得更快。"随着网络技术的发展和人们对各类网络应用依赖的加深，网络安全威胁也在同步发生变化。在过去一段时间里，威胁事件发生变化的趋势包括（但不限于）下述几种。

攻击方式变化小：攻击的方式仍然是常见的病毒、窃听、资料修改、拒绝服务（DoS）攻击、中间人攻击、欺骗攻击、溢出攻击、网络钓鱼等，在形式上并没有太大变化。

攻击目的多样化：与20年前相比，当今网络更加安全了，由地址解析协议（Adress Resolution Protocal，ARP）攻击导致的断网也不再频繁。但实际情况是，网络攻击的数量和带来的损失都在以超过摩尔定律的速度增长。这种主客观的认知差异在于，如果过去的攻击主要以简单的恶作剧和炫耀为主，那么如今的网络攻击已经完全是由利益驱动的行为了，动机从经济、政治、战争到能源不一而足。因此，如果不是高净值人群，体验到网络攻击的机会反而没有过去多。

攻击手段由单一变得复杂：由于网络攻击的目的性远比过去更强，攻击成功带来的利益和攻击失败带来的后果也与之前不可同日而语，因此往往在执行网络攻击之前都需要经过精密的部署和长期的潜伏，最终采取多种技术、非技术的攻击手段来达到最终目的。

在汽车网络安全领域，"安全需求分析"一词不能全面概括对威胁的分析，取而代之的

是 "威胁分析与风险评估"（Threat Analysis and Risk Assessment，TARA）。TARA 是方法论的总称，不指向具体的技术，常见的有可操作的关键威胁、资产和漏洞评估，网络安全能力成熟度模型，通用漏洞评分系统，STRIDE 威胁模型和安全汽车风险分析。本节主要介绍 STRIDE 威胁模型。

为了对网络安全威胁进行分析，微软公司在 2017 年曾经把安全威胁分为 6 大类，合称为 "STRIDE 威胁模型"（STRIDE Threat Model）。STRIDE 中定义的 6 种安全威胁分别为身份欺骗（Spooling，S）、篡改数据（Tampering，T）、抵赖（Repudiation，R）、信息泄露（Information Disclosure，I）、拒绝服务（Denial of Services，D）和提权（Elevation of Privileges，E）。本节会结合微软公司提供的思路，对几种常见的威胁类型进行介绍和延伸。

（1）身份欺骗

按照微软公司的说法，身份欺骗的典型案例是非法访问并使用合法用户的认证信息，比如用户名和密码。通过冒用用户名和密码，被登录的设备就会为攻击者赋予合法用户的一切权限。智能网联汽车的身份验证尤其重要。在车与车、车与路、车与平台、车与设备的连接通信过程中，需要为车辆和路侧计算单元等赋予可信的数字身份，以确保各类主体的身份鉴别。一旦发生身份欺骗，汽车就没有安全运行的环境，将无法安全可靠地运行，甚至将严重影响驾乘人员及道路交通安全。这种威胁可能会发生在车端和云端。在云端，攻击者通过冒充身份进行攻击，例如无钥匙攻击，利用假冒的钥匙来偷车。在车端，攻击者通过身份认证欺骗，使用车端的支付功能，损害用户的经济利益。

获取合法用户认证信息的方法有很多，其中社会工程学是很常见的手段。社会工程学是指通过周围的人来获取信息或者得到想要的结果。这也就是说，社会工程学采用的不是攻击计算机、网络系统软硬件的技术手段，它的目标是那些有权限使用目标系统的人，攻击的手段也是利用社会场合在人身上寻找漏洞。社会工程学的手段如下所述。

（2）篡改数据

篡改是指对数据进行恶意修改，包括对持久数据进行未经授权的更改，以及对数据通过开放网络在两台计算机之间流动时进行更改等。注入攻击就是一种常见的篡改数据威胁。在云服务平台利用 SQL 注入进行安全测试，能获取数据库中的表信息。CAN 总线通信缺乏认证及消息校验机制，因此不能对攻击者伪造、篡改的异常消息进行识别和预警。结合逆向分析和重放攻击，攻击者可以通过发送精心设计的报文，导致某品牌电动汽车在行驶途中突然断电，失去动力。这是因为这条报文中包含了能够触发断电的指令。攻击者发送这条指令后，电子计算单元会执行该指令，使得汽车失去动力。

（3）抵赖

网络安全的原则包含 "抗抵赖性"。抵赖作为一种安全威胁，是指攻击者不承认自己曾经在网络中进行过任何非法的操作，从而从一次攻击行为中全身而退。因此为了针对非法行为发起司法起诉、防御系统遭到进一步的入侵等，一个网络系统中应该拥有相应的机制来保证可以跟踪这样的行为，证明用户执行了某项操作。

公钥基础设施是利用密码学、公钥理论和技术建立的提供安全服务的基础设施。公钥基础设施技术已成为国际认可、汽车网络安全标准推荐的汽车网络安全基础设施。公钥基础设施有公钥加密技术、数字证书、认证中心和注册中心等部分，其中包含的数字签名技术可以用于实现抗抵赖性，即防止实体抵赖其行为。

（4）信息泄露

信息泄露是指信息被原本无权浏览信息的人员所浏览。如果泄露的信息与用户的登录信息有关，那么信息泄露也可能造成前面介绍过的身份欺骗。所以，信息泄露这种威胁既有可能通过技术手段来发起，也有可能通过非技术手段来发起。汽车不仅仅是一个交通工具，还是一个私人空间，承载了个人的地理位置、私密谈话等信息。为了更好地为用户提供便利，智能网联汽车配备了 GPS、摄像头和行车记录仪等一系列电子设备，随时记录发生的一切。尤其是在车联网环境下，信息泄露可能造成很大的危害。

（5）拒绝服务

顾名思义，DoS 攻击的目的就是让被攻击的对象无法正常提供访问，从而达到破坏网络和系统可用性的目的。这种攻击方式可以消耗全部的重要资源，从而导致系统崩溃。

为了大量消耗目标系统的资源，攻击者常常需要入侵大量系统（称为僵尸设备），并且同时发起拒绝服务。这种入侵大量系统并同时发起攻击的攻击方式称为分布式拒绝服务（Distributed Denial of Service，DDoS）攻击。在针对车辆这种特殊目标的情况下，拒绝服务攻击的危害显著增加。动力和制动系统拒绝服务攻击是一个非常典型的场景。在车辆行驶过程中，制动系统受到拒绝服务攻击导致制动系统失灵，或动力系统受到拒绝服务攻击导致急停等，都会造成严重的人身安全和财产安全后果。

（6）提权

最低权限原则指在一切情况下，网络中只应该给用户分配必要程度上的最低权限。提权则是指在一些网络中，具有最低权限的用户可能会突破系统的防御，从而获得更高的权限，让自己有能力对整个系统构成破坏。

智能网联汽车通常具有云端控车的功能，即通过手机向云端发送指令，再由云端向车辆发送指令来实现远程控制，例如解锁车门或开关空调等。云端控车的漏洞大多是提权问题，比如利用某个用户的令牌（Token）越权访问其他用户、登录验证存在缺陷等。

2.1.3 系统安全保障理论

1. 容错控制理论

自从 1971 年 Niederlinski 提出完备性控制的概念以来，容错控制（Fault Tolerant Control，FTC）逐渐成为学术界关注的焦点之一[6]。作为系统故障危害处理技术的一块重要基石，容错控制是一门融合了多学科理论的综合性学科，其理论基础涵盖现代控制理论、信号处理、最优化方法、决策理论和统计数学等领域。在系统运行过程中，部件故障的发生是不可避免的，并且某些故障还会进一步导致功能降级。然而，只要不影响系统的稳定性，这种功能降级通常是可以接受的。容错控制的主要目标是在运行期间，当部件发生故障时，确保系统仍能保持稳定，并将功能降级控制在较小或可接受的范围内。

在复杂系统的容错控制中，通常采用硬件冗余和解析冗余两种方法。其中，硬件冗余容错控制的理论基础源于可靠性分析理论。根据该理论，采用并联结构的系统可以有效提升安

全性，因为在并联系统中，即使某个部件失效，其他并联部件仍能承担其功能，确保系统的正常运行。因此，并联部件的故障不会对系统的整体性能产生影响。然而，由于空间和成本等限制，某些系统部件（如执行器）并不适合采用硬件冗余的容错控制策略。

当关键部件发生失效导致系统功能降级并且无法达到预期性能时，容错控制的目标则是将系统状态维持在可接受的范围内。解析冗余通过控制算法，以被动或主动的方式实现系统的容错控制。被动的解析冗余方法在控制算法设计阶段就考虑了系统的不确定性、潜在的干扰和可能的故障，旨在降低系统对单个部件运行状态的依赖性，增强系统对故障的鲁棒性。然而，这种方法需要预先了解影响系统稳定性的干扰和故障。主动的解析冗余方法通过对系统故障的检测和诊断，识别和定位故障，然后根据具体的故障情况对控制器进行在线重构和更新，以保持系统的稳定性。因此，故障检测和诊断对于主动的解析冗余方法至关重要，来自故障检测与诊断模块的任何错误信息都会降低容错控制的效果。由于主动的解析冗余方法不受限于对故障的先验知识，因此在在线处理复杂故障系统时，其效果优于被动的方法。

2. 基于系统理论的事故模型和过程

智能网联汽车的系统安全分析是 V 模型的关键环节之一，处于概念设计阶段，基于初始的系统设计输入，针对系统故障、功能不足、网络攻击等不同类型的系统危害机理，采用适当的事故因果关系模型，进行各种系统安全的问题分析和需求导出。

（1）因果关系模型

建立合适的因果关系模型可以为系统安全分析提供良好的理论基础与支撑。传统的因果关系模型通常采用事件链模型（Chain of Events，CoE），将事故发生的过程建模为一系列随时间推移的独立事件，其中每个事件是下一个事件的直接诱因。在采用传统模型分析系统时，按照系统运行的先后顺序，将物理或功能组件分解为更小的子系统，假设它们直接以已知的方式相互作用，然后单独检查分析各部分的潜在危害，并最终组合在一起，从而将复杂系统的事故处理分解下去，能够较好地应对复杂性。以传统因果关系模型为基础，还衍生出了一系列安全分析方法，如 FTA、FMEA 等，但它们往往假设系统各部分之间相互独立，并对危害事件之间的直接相关性做出了较强的假设。

智能网联汽车采用先进的通信、网络、计算机和控制技术，实现了智能感知、定位、预测、决策、控制和人机交互等功能。增加了系统复杂度和耦合度，也使得人机交互变得更加复杂，这导致事故本质发生了变化。这些系统属性的改变给具体的系统故障、功能不足和网络攻击等系统危害的充分与深入分析带来了更大的挑战。因此，传统因果关系模型在分析智能网联汽车系统安全时已难以完全适用，需要更有效的模型才能提供适当的理论基础。

21 世纪初期，美国麻省理工大学提出了基于系统理论的事故模型和过程（System-Theoretical Accident Modeling and Process，STAMP）[7]。STAMP 是一种基于系统理论的新型事故模型，与传统因果关系模型对系统进行分解，并且子系统之间直接连接的假设不同，系统理论将系统视为整体而不是各部分的简单总和，其主要关注点是系统的应急属性，而它源于系统各组件之间的相互作用和组合效果。从系统理论的角度出发，STAMP 不仅仅局限于传统因果关系模型中一系列直接相关的危害事件或组件故障之间的关联，还扩展到更广泛的因果关系，包括系统组件之间的相互作用、综合影响以及潜在的不安全交互，以涵盖更复杂的系统架构和运行流程，通过考虑更大范围的系统性因素，从而提供了更全面、更系统的事故建模和分析方法。

（2）系统理论相关概念

STAMP 强调了系统内部各部分之间的相互作用和动态变化，以及事故发生的多因素性和渐进性。通过对系统内部的结构、功能、状态和相互作用，以及系统与外部环境之间的关系进行分析，可以更好地理解事故发生的机理和规律，从而采取有效的预防和应对措施。

系统结构包括系统的组成部分以及它们之间的关系和连接方式。这些组成部分可以是硬件、软件或人员，它们共同协作以实现系统的功能。系统功能是指系统被设计或预期执行的任务或操作。每个组成部分都有其独特的功能，而系统的整体功能是由这些部分协同工作而实现的。系统通过输入从外部获取信息或能量，并通过输出向外部传递结果或影响。输入和输出是系统与环境之间交互的桥梁，也是系统功能实现的重要手段。系统的状态随着时间的推移而变化，反映了系统内部各部分之间的相互关系和相互作用。系统状态的变化可能是周期性的、随机的或根据特定规律而变化的。

以一个智能网联汽车系统为例，其系统结构包括传感器、控制器、执行器和车辆本身，传感器用于感知周围环境，控制器综合了感知、预测、决策算法，用于处理传感器数据并做出决策规划，执行器用于控制车辆的操作，它们之间通过网络连接。系统功能包括感知周围环境、理解道路情况、规划行驶路径和控制车辆操作等，这些功能需要各个组成部分协同工作才能实现。系统的输入包括来自传感器的环境信息和来自用户的指令，输出包括发送给执行器的控制指令和反馈给用户的交互信息。系统状态包括传感器数据、控制器的决策状态和车辆的实际状态等，会随着车辆行驶和时间推移而变化，反映了系统内部各部分的相互作用和受到外部环境的影响。如果系统的传感器失效，可能导致无法正确感知环境，进而影响规划和控制，最终可能导致事故发生。

基于以上概念，可以将事故看作系统失效的结果。系统失效是指系统无法继续执行其预期功能的状态。失效可以是部分的，也可以是完全的，而失效的影响可能是局部的或者波及整个系统。基于系统理论的事故过程可以分为起因、发展、扩展、结果等阶段，每个阶段描述了事故发生的不同方面和影响。事故起因阶段描述了事故发生的根本原因，包括系统内部的故障或失效、外部环境的变化，或者人为因素。事故发展阶段逐渐显现出事故对系统本身造成的后果，系统可能出现异常状态或行为，这些异常可能导致系统逐渐失控或无法正常工作。事故扩展阶段进一步描述事故的演变，可能迅速扩大影响范围至系统与外部环境的不安全交互。事故结果阶段则描述了事故最终对系统可靠性和安全性造成的结果和影响。

以一个智能网联汽车系统为例，事故起因可能是传感器故障、控制器错误决策、执行器故障等，事故发展可能是传感器数据异常、控制器产生冲突决策、执行器无法正确执行命令等，事故扩展可能是车辆偏离车道、异常加速至超速等，事故结果可能包括人员伤亡、车辆损坏、财产损失等，最终系统需要停止运行或进行大规模修复。例如，传感器故障导致无法正确感知周围环境，控制器做出了错误的驾驶决策，最终导致车辆与障碍物相撞。这个事故可以用系统理论来分析：事故起因是传感器故障，事故发展是控制器做出错误决策导致车辆失控，事故扩展是车辆离开当前车道并与障碍物相撞，事故结果是车辆损坏和可能的人员伤亡。

（3）STAMP 的工作机制

STAMP 将安全视为一个需要通过有效的控制结构来管理的问题，其目的是对可能导致危害事件的系统设计和操作施加约束。当控制系统不能充分解决外部干扰、组件故障或系统组件之间功能失调的相互作用时，就会发生事故。因此，在这个框架中，预防潜在事故需要设计控制结构来实施必要的约束，而了解事故原因则需要确定控制结构失效的原因。

STAMP 的基本概念包括约束、控制循环、过程模型和控制结构。约束在系统安全中起着核心作用，不应从一系列事件的角度来理解事故的原因，而应将其视为对系统设计和操作缺乏约束的结果。系统安全工程师的职责是确定维护安全所必需的设计约束，并确保系统设计能够执行这些约束。

控制循环和过程模型是 STAMP 的建模形式，与将系统和事故解释分解为结构组件和事件链的传统模型不同，STAMP 基于自适应反馈机制的控制层次来描述系统和事故。开放系统被认为是相互关联的组成部分，通过信息和控制的反馈回路保持动态平衡状态。当对复杂系统进行建模时，它被进一步细分为合理的层次结构，其中每一层都对下一层施加约束，同时每个控制结构的层级之间都需要有效的沟通渠道，向下的参考渠道提供必要的信息来对下层施加约束，向上的测量渠道则提供如何有效执行约束的反馈。在每个层级上，控制结构失效可能是缺乏约束、沟通渠道缺陷导致未充分传达约束、较低级别的约束执行不正确等而产生的。

在系统理论的框架下，约束和控制结构共同构成了对自动驾驶汽车系统的管理和控制。约束规定了系统的行为范围，而控制结构则负责实施这些约束，并确保车辆的行驶安全可控。图 2-5 所示是智能网联汽车系统的控制循环及过程模型示例。其中，自动控制器由人工控制器进行监督，两者根据各自的过程模型联合监测和控制受控过程。这个循环对应的是驾驶员和自动驾驶系统在智能网联汽车中共同控制车辆的过程。虚线表示驾驶员可以直接访问系统状态信息，并且可以通过手动操作直接控制受控过程。

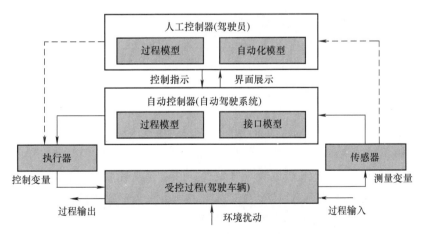

图 2-5　智能网联汽车系统的控制循环及过程模型示例

基于 STAMP 对事故原因的基本假设，控制结构失效可进一步归类为以下问题：①安全约束不足，系统中可能存在不完善或不充分的约束，无法有效地限制系统的行为，导致潜在的不安全操作，具体原因包括未能识别危害及其相关约束，这可能是由控制算法缺陷、控制算法使用不一致、过程模型不正确、多个控制器和决策者之间协调不足等因素造成的；②控制执行不足，系统的控制结构可能存在缺陷或故障，对可能发生的失控事件缺乏有效管理和应对措施，或控制命令的传输或执行过程中出现问题，无法及时控制和化解事态发展，导致事故的发生；③监测与反馈不足，系统中可能缺乏有效的监测和反馈机制，或监控和反馈沟通渠道存在缺陷、反馈不及时、传感器运行问题等，无法及时发现和识别潜在的安全问题或异常情况，导致事故风险的积累。

STAMP采用自上而下的工作机制，从整体系统的角度出发，着眼于系统的整体结构和功能，以及系统组件之间的相互作用和关联，与传统的因果关系模型相比，更适用于复杂的系统。它倾向于从高层次的系统视角来分析和理解事故的发生机制，而不是仅仅关注单个组件或事件的细节。在分析事故及损失的致因因素时同时包含系统因素和人类因素，不需要以不同方式处理多种因素，适用于包含系统故障、功能不足、网络攻击等各种类型的系统危害分析。此外，基于STAMP可进一步创建更强大的分析工具，如系统理论过程分析（Systems-Theoretic Process Analysis，STPA）等。

3. 拟态防御理论

沙箱、蜜罐、防火墙等第1代安全技术和入侵检测等第2代安全技术，其本质是安全与功能松耦合的外壳式被动防御[8]。信息海量、异构、高维、动态的大数据时代，面临高计算复杂度挑战、大规模存储量瓶颈和威胁泛在不确定性难题；靠封"门"、堵"漏"、杀"毒"、灭"马"，难以闭合安全链，使网络获取"后天免疫"；若强行推行复杂且无部署激励的安全套件，又将因有损网络性能而难以推广。为实现网络安全、功能深耦合，业界以中国工程院院士邬江兴教授提出网络空间拟态防御（Cyberspace Mimic Defense，CMD）等第3代内生式主动防御技术[9]，旨在解决网络空间中的不确定性威胁，特别是基于未知漏洞和后门的攻击。拟态防御概念源于自然界中条纹章鱼、竹节虫等生物模仿其他生物特征的拟态现象，这些生物通过改变自身行为、形态等表征特征，或通过提升威胁来源对自身的认知难度来化解威胁。拟态防御技术机理尝试将自然界的模式应用于信息安全防护中，即在不改变网络功能本质的前提下，动态改变其攻击表面[10]。拟态防御理论以其独特的防御机制和理念，有望为网络安全领域带来革命性的变革。

该理论的核心思想是利用动态异构冗余架构（Dynamic Heterogeneous Redundancy，DHR）来构建一个能够在运行时可以动态变化的系统，从而增加攻击者的不确定性，提高系统的安全性。DHR架构是拟态防御理论的技术基础。它通过构建多个功能等价但结构不同的执行体（执行单元），在运行时动态选择这些执行体来处理请求，从而实现系统的动态变化[11]。这种架构允许系统在不同的时间和环境下呈现出不同的状态，使得攻击者难以构建稳定的攻击链，难以通过单一的漏洞或后门实现对系统的控制。

尽管在拟态防御理论的具体实现方式还没有一致的结论，但是可以发现拟态防御的实现依赖于以下几个关键机制：异构执行体、多模裁决和动态调度。其大致关系如图2-6所示。

（1）异构执行体

异构执行体是拟态防御系统中的不同实体，它们在结构、实现或供应商等方面存在差异，

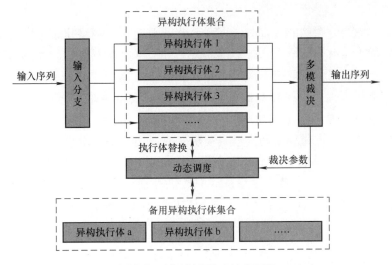

图2-6 拟态防御核心技术原理

以提供多样化的处理路径和系统行为。执行体在设计时考虑引入不同厂商、不同版本的软件或硬件组件，以形成异构执行体集合。尽管结构不同，所有异构执行体的功能都是等价的，即都提供相同的功能输出，确保系统的服务连续性。但是在物理上他们是相互隔离的，这么做是为了减少潜在的协同攻击风险。从整体上来看，数量众多的异构执行体提供了天然的抗攻击能力，攻击者难以找到所有执行体的共同漏洞。系统的容错能力得到增强，即使部分执行体出现故障，系统仍能继续运行。

（2）多模裁决

多模裁决机制是拟态防御系统中的一个关键组成部分，它通过收集来自多个异构执行体的执行结果，并使用决策算法来确定最终的输出。当外部请求到达系统时，输入代理将请求分发给所有在线的异构执行体。每个执行体独立处理请求，并生成相应的输出。表决器收集所有执行体的输出结果，并根据预设的裁决算法（如多数表决、加权表决等）决定最终的系统输出。如果裁决过程中发现异常或不一致的输出，系统将启动异常处理流程，比如重新调度执行体、隔离可疑执行体等措施。多模裁决机制能够显著提高系统对未知攻击和内部故障的抵抗力。即使部分执行体出现故障或被攻击，系统仍能通过其他正常执行体的输出得出正确结果。同时，该机制还具有较高的灵活性，裁决算法可以根据系统的具体需求和安全策略进行定制，通过补丁形式进行补强或维护。

（3）动态调度

动态调度策略是拟态防御系统中用于管理和调整异构执行体运行状态的机制，它允许系统根据实时的安全状况和资源状况动态地调整异构执行体的组成和运行环境。通常来说，动态调度系统实时监控执行体的运行状态和外部安全威胁，并根据监控结果和预设的安全策略，动态更换执行体，以响应安全威胁或优化资源利用。除了异构执行体外，系统可能还会调整异构执行体的运行环境，如资源配置、网络连接等，以增加攻击者的不确定性。这种动态调度策略正是拟态防护理论的核心所在，它使系统能够适应不断变化的安全环境，提前防范潜在的攻击，同时通过优化异构执行体的运行环境和资源配置，兼顾系统的整体防护能力和正常功能的运行效率。

智能网联汽车作为物联网的一部分,同样面临着智能化、网络化带来的安全风险,这些风险威胁着人们的生命财产安全。在智能网联汽车中,可以通过在控制器运行嵌入式脚本实时监控终端环境,并将采集的环境、风险、异常、性能信息上传至云端风控预警中心。云端服务器将监测信息作为输入,在异构执行体中模拟格式安全策略,并获得最优方案。同时,智能网联汽车本身可以通过动态构建网络、平台、环境、软件、数据等多样化的拟态环境,以防御者可控的方式在多样化环境间实施主动跳变或快速迁移,对攻击者表现为难以观察和预测的目标环境变化,从而增大攻击难度和代价[12]。拟态防御理论能够赋予智能网联汽车"先天防御力",即在不可信的数字生态系统中提供有安全性承诺的应用和服务,具有抵御"未知风险""未知的未知威胁"的能力,并一体化解决功能安全、网络安全、数据安全等多重安全交织问题。

2.1.4　安全可接受性理论

智能网联汽车作为复杂系统,无法确保做到绝对安全,避免一切交通事故的发生。智能网联汽车的安全可接受性理论是"V"字开发流程的关键环节之一,处于系统评估与确认阶段,用于评估系统是否达到预期的安全标准,从而确定是否允许其进入最终的产品安全发布。该理论在自动驾驶系统的安全开发中扮演着重要的角色,可以帮助开发团队评估系统的安全性能,并制定相应安全策略和措施,确保其达到预期水平,最大程度地降低事故发生的风险。

安全可接受性理论是在工程和风险管理领域中,对于系统或活动的安全性进行评估和决策时所采用的一种理论框架,核心概念包括残余风险、安全目标和接受水平等。其中,残余风险指采取了一系列安全措施后仍然存在潜在事故的可能性以及发生事故后可能造成的损失程度,安全目标指特定条件下对系统安全性能设定的期望水平,接受水平指给定条件下对系统的安全性能所能接受的最低水平。该理论强调在确定安全性接受水平时,需要考虑风险、社会价值观、技术能力、成本等因素,由于智能网联汽车系统本身的复杂性和驾驶环境的不确定性,确定其安全可接受水平也颇具挑战性。

一般情况下,真实的交通事故数据、试验场测试数据、相关统计数据等能够为车辆系统的安全可接受水平提供一定程度的参考。然而,智能网联汽车领域缺乏准确而全面的碰撞事故数据统计,因此需要采用适当的安全可接受性理论来进行评估。可参考的可接受性准则包括最低合理可行性(As Low As Reasonably Practicable,ALARP)、整体安全水平相当性(Globalement Au Moins Equivalent,GAME)和最小内源性死亡率(Minimum Endogenous Mortality,MEM)。

1. 最低合理可行性

ALARP可接受性准则是指在资源有限的情况下,达到一定标准或目标所必需的最低要求或最低水平。这个概念通常用于评估项目、计划或政策的可行性,以确定是否值得继续投入资源。ALARP的确定通常需要综合考虑技术、经济、社会和环境等多方面因素,并与利益相关者进行充分讨论和协商。确定ALARP后,团队可以根据这些要求来制定开发计划、安全策略和性能测试方案,以确保系统能够达到预期的安全性和性能水平。

在自动驾驶系统的开发中,ALARP可以涵盖以下5个方面。

1）安全性要求，确定系统的最低安全性要求，以确保系统在各种情况下能够安全运行，这可能包括对传感器、控制器和执行器等关键组件的最低性能要求，以及对系统的故障检测和容错机制的要求，例如，要求系统在感知到障碍物时能够及时停车或避让。

2）性能要求，确定系统的最低性能要求，以确保系统能够满足基本的功能和性能需求，这可能包括对系统的感知、决策和控制能力的要求，以及对系统在不同环境条件下的适应能力的要求，例如，要求系统能够稳定地在高速公路上行驶，并能够正确识别并遵守交通规则。

3）成本要求，确定系统开发和运营的最低成本要求，以确保系统在资源有限的情况下仍然是可行的，这可能包括对系统开发和部署的成本估算，以及对系统维护和更新的成本估算，例如，要求系统的开发和部署成本不超过一定的预算限制。

4）时间要求，确定系统开发和部署的最低时间要求，以确保系统能够在合理的时间内完成并投入使用，这可能包括对系统开发各个阶段的时间限制，以及对系统测试和验证的时间要求，例如，要求系统在一定时间内完成关键功能的开发和测试。

5）法律和道德要求，确定系统在法律和道德方面的最低要求，以确保系统在运行过程中遵守相关法律法规和道德标准，这可能包括对系统数据隐私保护、道路交通法规遵守等方面的要求，例如，要求系统在收集和处理用户数据时遵守相关隐私法规。

ALARP 中的残余风险需要被降低到合理可行范围之内的最低水平，该概念将风险分为三类：首先是高风险，即根据当前社会标准，风险过高无法接受，必须采取安全措施予以减轻；其次是低风险，即可以忽略的风险，在系统部署的社会体系中可以被广泛接受，系统可以直接投入使用，但一旦风险被识别，需记录并监测此类风险是否会增加；最后是介于高风险和低风险两者之间的 ALARP 风险，即在"收益-成本"平衡的前提下可以容忍的风险水平。作为一种理论，各个项目企业单位可结合本行业或企业本身的实际情况制定具体的风险分级和相应的可接受水平。但不变的是，高风险和 ALARP 风险是项目风险辨识的重点所在，必须尽可能地找出这两个区域的所有风险。ALARP 的原则是采取一切合理措施以降低风险，对于高风险必须采取安全措施，对于没达到广泛可接受水平的 ALARP 风险也要在合理可行的前提下毫不犹豫地缓解，直到结合定性与定量分析后，判定进一步降低风险所消耗的时间、成本等资源与收益严重不成比例为止。

在自动驾驶系统的开发中，首先要识别、分析潜在风险，协商讨论使得对 ALARP 区域的边界划分达成一致，随后从严重程度和发生概率等维度进行残余风险的分级分类，再通过制定风险管理计划、实施风险管理措施等相应的流程将风险最小化，持续改进直至安全性达到可接受水平。如图 2-7 所示，风险区域被分为三部分，其中处于高风险区域的风险必须采取安全措施使其降低。对于图中 A 处 ALARP 风险的处理，可以通过三种方式使其过渡到可被广泛接受的风险状态：一是通过降低风险导致伤害的严重程度，将其转变为风险 B；二是通过降低风险事件发生的概率，将其转变为风险 C；三是结合这两种手段，将其转变为风险 D。在降低 ALARP 风险区域内风险的过程中，需要考虑成本与效益之间的平衡，即风险发生造成的损失与应对风险消耗的成本之间的平衡，当采取措施进一步降低风险的成本已经远大于降低风险后所得的效益时可以停止。

2. 整体安全水平相当性

整体安全水平相当性（Globalement Au Moins Equivalent，GAME）可接受性准则的前身是

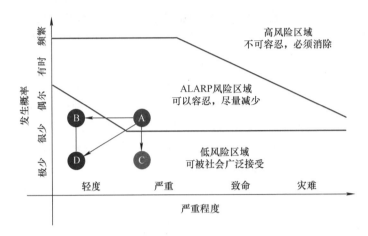

图2-7 智能网联汽车系统开发中 ALARP 的风险区域划分示例

GAMAB（Globalement Au Moins Aussi Bon），这句法语的意思是"在全球范围内至少一样好"。该原则假设已经存在一个可接受的解决方案，任何新的发展整体上都应该至少与现有的解决方案一样好。其中，"至少"意味着新系统有隐含的进步，需要持续改进，"整体上"意味着考虑集成后的系统总体风险而不是某种特定风险。GAME 是 GAMAB 的一个变体，意思是"总体上大体相当"，对持续改进的要求没有 GAMAB 那么强。该原则没有依靠特定的风险级别来评估安全性，而是通过全局的使用要求来评估系统的整体安全性水平，这使得设计人员可以自由地将风险分配给系统内具有相似安全性水平的子系统，也为应采取的措施提供了权衡的空间。根据产品的不同，全局安全指标可以是每年的人员伤亡人数，也可以是每小时使用该系统的受伤人数，或者其他适量的衡量指标。

通过定义和优化自动驾驶系统的整体安全水平相当性，可以提高系统的安全性和可靠性，从而保障行人和乘车人员的生命安全。在自动驾驶系统中，GAME 可接受性准则将系统的整体安全性能与某种基准或标准进行比较，以确定系统的安全性能是否达到了可接受的水平。这种比较可以帮助评估系统的安全功能、预期性能、法规遵守等方面是否符合预期要求，并采取相应的措施来提高系统的安全性。

在安全层面，智能网联汽车所对标的首要基准就是人类驾驶员。残余风险接受准则要求系统引起的危害事件的可能性不大于由人类引起同样危害事件的可能性。根据 GB/T 43267—2023《道路车辆 预期功能安全》附录 C. 2，GAME 安全可接受性理论的要求如下[13]：

$$P_{\text{hazard,ADS}} \leq P_{\text{hazard,human}} \tag{2-1}$$

式中，$P_{\text{hazard,ADS}}$ 和 $P_{\text{hazard,human}}$ 分别为自动驾驶系统和人类驾驶员在驾驶汽车时造成危害事件的概率，在测试评价阶段，这通常指的是车辆碰撞事故率。因此，通过对交通事故统计数据进行分析计算，得出人类驾驶员驾驶车辆发生碰撞事故的基准概率，就能确定智能网联汽车安全可接受性水平[14]。可以通过事故里程间隔 Δ_S 来描述碰撞事故发生率，其计算方法如下：

$$\Delta_S = \frac{N\overline{K}}{C} \tag{2-2}$$

式中，N 为车辆总数；$\overline{K}$ 为每辆车每年平均行驶里程；C 为每年碰撞事故总量。由于难以获取准确而全面的行驶里程和碰撞事故数据，需要结合统计数据与经验进行若干恰当的假设来确认上述参数[15]。此外，整车层面的接受准则也可展开到自动驾驶系统的感知、规划、控制等各个关键子系统通过建立分解模型用于指导各个子系统的开发。

3. 最小内源性死亡率

最小内源性死亡率（Minimum Endogenous Mortality，MEM）是德国的一项风险可接受性评估原则，指在某种特定条件下，系统或组织内部因素导致的死亡率的最低水平，常用于轨道交通领域，在其他技术领域的应用没有上述两种方法广泛。该原则要求，新开发的技术系统不得导致任何人的个人风险显著增加，它对标的是死亡率随年龄变化的事实，基于特定年龄段的人类自然死亡率得出风险接受绝对值。不同于 ALARP 和 GAMAB 站在系统整体的角度考虑，MEM 是针对平均的用户个体风险来进行评估的，提供了一个通用的量化风险接受标准。这里的"内源性"指的是与技术系统相关的性质，而外源性死亡率是由事故的外部影响引起的。

该理论假设每个个体死亡率的一部分是由所开发的技术系统引起的，这些数值同样可以进一步分解到子系统。对于个人来说，所承受的各个系统的风险总和不得大于人类的自然死亡率，对于单个系统来说，带给个人的致命风险不得大于一定值。在西方国家，5~15 岁儿童的 MEM 为平均每人每年约 2×10^{-4}，是最小的人群内源性死亡率值，用 R_m 表示。而根据铁路应用标准 EN 50126：1999《铁路应用—可靠性、可用性、可维护性和安全性》，人类接触包括运输、能源生产、化学工业、休闲活动等约 20 种技术系统，假设总技术风险是可接受的，每种系统贡献的显著增长仅限于 MEM 的 5%，即平均每人每年约 10^{-5}。因此，对于单个系统来说，带给个人的致命风险不得大于 10^{-5} 次/年，如果该系统导致个人风险增加超过 MEM 的 5%，则构成不可接受的风险。实际上可使用的数据包括系统平均带给个人的致命风险 R_1 不超过 10^{-5} 次/年、重伤风险 R_2 不超过 10^{-4} 次/年、轻伤风险 R_3 不超过 10^{-3} 次/年。需要强调的是，这一标准涉及任何个人的风险，而不仅仅是提供参考价值的年龄组。

2001 年，英国健康与安全执行局（Health and Safety Executive，HSE）发布了降低风险、保护人民的相关报告，其中包括一项拟审议的社会风险标准，该标准规定，"对于任何一个工业装置，如果事故发生的频率估计每年超过五千分之一，那么在一次事故中造成 50 人或 50 人以上死亡的风险应被视为不可接受"，这是第一个广泛咨询和公布的相关标准，其中的数据与 MEM 中的 R_m 值相对应[16]。

在自动驾驶系统的开发中，最小内源性死亡率可以指系统运行过程中内部故障或失效导致的事故死亡率的最低水平。为了降低最小内源性死亡率，开发团队可以采取系统设计优化、故障检测和容错机制、全面的安全性测试和验证、驾驶员安全培训和意识提升、定期监控与持续改进等措施与手段，提高系统的安全性和可靠性，保障行人和乘车人员的生命安全。开发阶段中定义和优化最小内源性死亡率非常重要，例如，要将智能网联汽车部署在 MEM 值为 R_m 的区域中，每年容忍增加的死亡概率为 R_1，注意到轻伤、重伤、死亡之间的十倍换算假设，则在发生涉及 100 万人的所有交通事故中，致死交通事故的比率必须降低到 10^{-9} 以下才能符合最小内源性死亡率的接受准则。

2.2　系统安全设计方法

2.2.1　整体设计流程

在包括智能网联汽车设计在内的各类系统设计与研发过程中，安全性始终是基本要求和关键指标。采用标准化的系统设计流程和原则，可以有效降低软硬件失效或性能不足的概率。目前，ISO 26262、ISO 21448 等一系列国际标准对汽车设计开发过程中的安全相关流程进行了明确规定。如图 2-8 所示，智能网联汽车系统安全的整体设计流程分为三个阶段：系统概念设定与分析、系统安全设计与开发、系统认证与发布。首先，从系统概念入手，通过设定和分析智能网联汽车的相关项，识别潜在的系统风险和安全要求。然后，基于系统安全概念，分别在软件和硬件层面对智能网联汽车进行安全设计与开发，同时进行系统级的设计、开发与集成。最后，按照相关的安全标准，对智能网联汽车产品进行认证与发布，完成整个系统的安全设计流程。

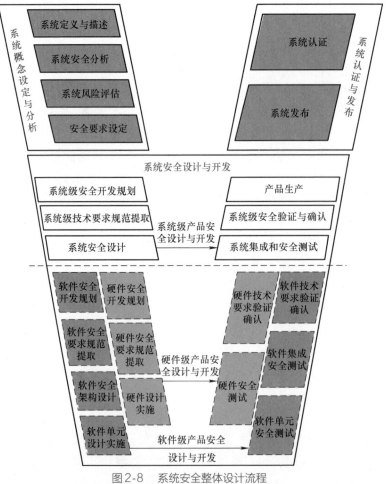

图 2-8　系统安全整体设计流程

系统概念设定与分析由三个关键子阶段组成，即项目安全定义、危害分析和风险评估、安全概念确定：

1）项目安全定义：在此阶段，对智能网联汽车的开发项目（包含至少一个系统）进行全面描述，明确相关项的定义内容，包括系统的范围、功能、预期用途和运行环境等，初始化产品安全生命周期的活动。

2）危害分析和风险评估：识别智能网联汽车系统中可能存在的潜在危害，根据特定原则，对风险进行量化和分级，考虑其严重程度、可预见性和可控性，以便针对不同等级的风险设定相应的安全目标。

3）安全概念确定：基于已设定的安全目标，结合智能网联汽车的基本架构和设计原则，细化各系统要素的安全要求，形成完整的安全概念。这一阶段为后续的系统设计和开发提供了明确的指导方针，确保安全要求在各个层面得到有效落实。

在智能网联汽车的安全生命周期规划中，系统定义与描述阶段至关重要。

系统安全设计与开发由三个关键环节组成，即系统级产品安全设计与开发、软硬件级产品安全设计与开发、系统集成与测试，各环节均遵循 V 模型。

1）系统级产品安全设计与开发：首先，制定智能网联汽车的安全开发规划，提取技术要求规范，基于这些规范，开展系统设计工作，包括系统架构的设计等。

2）软硬件级产品安全设计与开发：在系统设计的同时，进行软件和硬件产品的开发，其中，软硬件的设计和要求规范的提取位于 V 模型的左侧分支，侧重于要求分析和设计阶段，软硬件的测试、验证和确认则位于右侧分支，对应于验证和确认阶段。

3）系统集成与测试：最后，进行系统级的功能集成和测试，对系统进行全面的验证与确认，完成这些步骤后，可开展相关的试生产工作，确保产品满足预期的安全和性能要求。

系统认证与发布是智能网联汽车安全设计的最终阶段。在系统发布之前，必须依据预先设定的智能网联汽车通过准则进行审核和认证。通过相关审核并取得必要的许可后，提供相应的文档资料，从而使产品进入批量生产、销售和应用阶段。

2.2.2　系统概念设定

在智能网联汽车的安全设计与开发中，系统概念起着关键的基础作用。通过对系统概念定义和深入分析，可以全面理解系统的功能和安全需求。图 2-9 所示为系统概念设计与分析的逻辑流程，该流程包括以下四个主要部分：第一部分从智能网联汽车的相关项出发，确定项目安全定义的关键内容，明确系统安全生命周期规划的核心要点；第二部分阐述了系统安全分析的经典方法，如失效模式与影响分析、故障树分析等，用于识别系统潜在的安全问题和薄弱环节；第三部分介绍了用于系统风险评估的重要工具，帮助量化和评估风险的严重度、暴露概率和可控性，从而确定风险等级；第四部分说明了如何将安全目标逐一分配给项目定义的相关项，并进行相应的安全等级匹配，进而制定详细的安全要求，形成完整的系统安全概念。

1. 系统定义与描述

在此阶段，需要从安全角度对智能网联汽车计划开发的系统（如决策系统、底盘控制系统或整车系统）进行全面而详尽的定义和描述，并初始化系统相关项的概念，确保设计人员

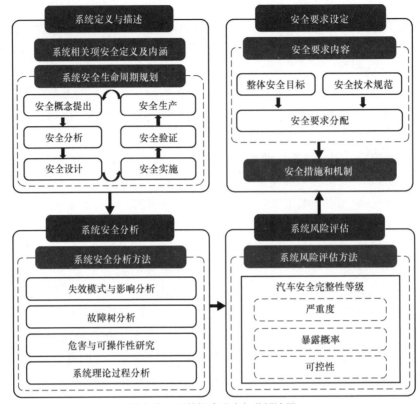

图2-9 系统概念设定与分析流程

对系统有深入理解，从而为安全设计和开发奠定坚实的基础。

（1）系统相关项安全定义及内涵

系统相关项（Item）是指实现智能网联汽车的功能或部分功能的系统或系统组合，包含架构（Architecture）、组件（Component）、单元（Unit）等要素。在传统汽车架构上，智能网联汽车主要系统一般分为感知系统、定位系统、通信系统、决策系统、控制系统和人机交互系统。此外，系统相关项则包含电气架构、底盘、传感器、音响、车载计算机等关键部件。

在系统定义与描述的初期阶段必须对相关项信息进行安全定义，定义的内容包括相关项目的、功能要求、非功能性要求（如操作要求、环境限制等）、适用的法规要求、国家标准和国际标准、对系统预期行为的构想，以及已知的失效模式和功能局限造成的潜在影响等。此外，对于智能网联汽车，相关项安全定义还需要包括项目边界条件和相关项之间的接口条件，其中包括相关项自身要素与其他相关项要素或者环境要素的相互影响和约束、各要素间功能定位和资源分配，以及各要素交互关系对相关项功能运行情况的影响等。

在正式进行智能网联汽车分析设计前，必须对相关项的安全性进行定义并对系统概念进行全面而深入的描述。这一过程确保设计人员能够充分理解智能网联汽车设计需求和边界，为待开发内容规划合理的安全生命周期，也为后续安全分析和设计开发提供基础。

（2）系统安全生命周期规划

在系统安全设计过程中，安全生命周期（Safety Lifecycle）是一个关键概念，涵盖了安全相关项以产品概念提出到制造完成的全部安全相关阶段，通常包含六个阶段，即安全概念提出、安全分析、安全设计、安全实施、安全验证和安全生产。在系统定义与描述阶段，需要对智能网联汽车进行安全生命周期的规划，即落实细化相关项具体流程。在细化过程中，需要区分智能网联汽车项目开发是全新系统开发还是对既有系统改造：如果是全新系统开发，则需要从系统相关项安全定义开始进行，对安全生命周期的所有子阶段都需要执行完整的安全流程；如果是既有系统的改造，那么在安全生命周期的规划中可以采用既有审核认证文件对项目安全流程进行调整定制，省略部分不必要的重复流程。例如，在智能网联汽车软件升级或更新中，则只需要针对接口部分定制安全流程，并执行软件安全生命周期规划，无需重新执行硬件安全生命周期流程。

在对系统的升级改造过程中，首先，必须对系统及其应用环节进行全面的安全评估，以明确系统需要执行的升级改造内容，并进一步评估系统升级改造对智能网联汽车所造成的安全影响。其次，应详细说明系统改造前后的条件差异，如运行条件、操作模式、环境接口、安装特征等，从而确定需要更改或补充的安全流程。此外，必须明确系统变更的具体情况及其对安全的影响程度。如果不能明确系统变更内容对智能网联汽车相关要素及其运行环境的安全影响，则应记录相关安全测试数据，以供进一步分析。在上述过程中，与变更相关联的项目环节也需要满足智能网联汽车的安全要求。

2. 系统安全分析

系统安全分析阶段对于避免不合理的风险至关重要，主要任务是识别、分类和分析智能网联汽车的安全问题，是预防或减轻相关危害的关键步骤。如图 2-10 所示，该系统的安全分析的逻辑流程图以系统相关项的定义与描述为基础，对智能网联汽车的安全问题进行深入分析，评估潜在的危险源，并对由此产生的风险进行定量评估。在后续阶段，实施适当的危害控制措施，确定控制后的风险是否可被相关人员接受。如果风险被认为不可接受，则需要考虑修改或限制智能网联汽车的设计运行条件；如果风险可接受，则继续进行后续的安全设计和开发工作，并在生产和使用过程中进行周期性的系统评估。如果在后续的开发或使用过程中发现了之前未识别的危害，则应采取相应的风险管理措施，重新启动系统安全分析流程。

危害分析：目标是识别可能导致伤害（Harm）的潜在危害（Hazard），这些危害通常源自系统相关项的功能异常。在系统安全分析中，通过应用特定的方法，对智能网联汽车的系统和部件进行深入研究，寻找可能引发伤害的潜在原因，如失效、功能不足等。常见的危害风险分析方法有失效模式与影响分析（Failure Mode and Effect Analysis，FMEA）、事件树分析（Event Tree Analysis，ETA）、故障树分析（Fault Tree Analysis，FTA）、基于模型的系统安全分析（Model-Based Safety Analysis，MBSA）、危害与可操作性研究（Hazard and Operability Study，HAZOP）、系统理论过程分析（Systems-Theoretic Process Analysis，STPA）等。

FMEA 是美国国家航空航天局在 20 世纪 60 年代基于多米诺骨牌理论开发的一种系统性、归纳式的安全分析方法，其逻辑流程如图 2-11 所示。在开发阶段，首先依据系统的安全定义与描述，系统地列出所有潜在的失效模式，分析每种失效模式可能引发的后果和原因。随后，评估这些失效模式的影响程度，进行优先级排序，逐一实施改进措施，并评估改进后的效果。在智能网联汽车的开发和生产运营过程中，需要持续记录、分析和管理新出现的失效情况，收集和整理用户的质量反馈和建议，并对系统安全产生最大影响的项目采取相应的安全控制措施，以提高系统的安全性和可靠性。

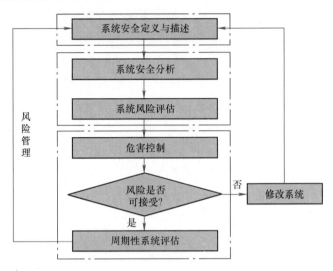

图 2-10　系统安全分析逻辑流程

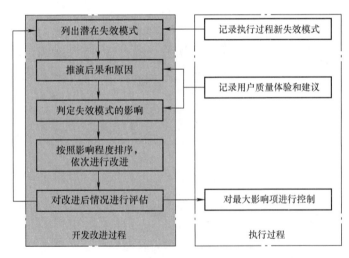

图 2-11　FMEA 逻辑流程

　　FMEA 可以进一步分为设计失效模型与影响分析（Design Failure Mode and Effects Analysis，DFMEA）和潜在失效模式与影响分析（Potential Failure Mode and Effects Analysis，PFMEA）。DFMEA 主要应用于智能网联汽车的设计过程，对软件、硬件、算法、功能、整车的失效情况进行分析，评估系统设计是否满足所有安全要求，而不考虑智能网联汽车制造过程中的失效。PFMEA 则侧重于生产环节包括装配和制造，分析可能影响智能网联汽车性能和交付能力的生产因素，识别潜在风险并提出改进措施。二者的区别详见表 2-3。

　　失效模式、影响与关键性分析（Failure Mode，Effects and Criticality Analysis，FMECA）和失效模式、影响与诊断分析（Failure Modes Effects and Diagnostic Analysis，FMEDA）是基于 FMEA 进一步衍生出来的定量分析方法。FMECA 在 FMEA 的基础上增加了关键性分析（Criticality Analysis，CA），对产品所有潜在的失效模式进行分析评估，确定其对正常运行的影响，并根据失效模式的严重性和发生概率评估其关键性，从而选择相应的优化和补偿措施。FME-DA 则将在线诊断技术引入标准的 FMEA，通过分析技术质量文件、历史数据和客户需求等综合信息，对智能网联汽车的系统组成、维护和运行环节进行评估，识别潜在的危害场景，分析导致危害的原因，采用统计方法估算危害程度，并通过比较危害程度来确定改进措施的优先级别。

表 2-3　DFMEA 和 PFMEA 区别

分析方法	负责部门	启动节点	完成节点	假设
DFMEA	产品设计	概念定义前	生产图样正式发放	制造无失效
PFMEA	制造工艺	可行性分析前	生产用工装制造完成前	设计无误

　　ETA 也是一种归纳分析方法，按照事件发展的时间顺序，利用树状事件图从初始事件推导可能的危害，为制定安全策略提供依据。ETA 的逻辑流程如图 2-12 所示。首先，基于系统设计、系统危险性评估、智能网联汽车的运行经验或传统车辆事故数据，确定初始事件。从初始事件出发，按照事件的发展过程，从左至右绘制事件树，用树枝表示事件发展的路径。能够发挥设计功能的状态绘制在上分支，无法发挥功能的状态绘制在下分支，直至达到系

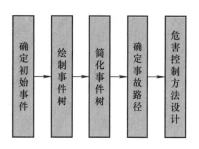

图 2-12　ETA 逻辑流程

统故障或整车事故。绘制完事件树后，运用专家知识，剔除与系统安全无关的事件分支，对事件树进行简化。事件树中的分支代表从初始状态到相应事件的发展路径，其中导致事故的分支即为事故路径，通常不止一条。通过分析事故路径，可以为危害控制方法提供指导。增加安全保障路径以预防事故的发生是事件树分析的重要手段。例如，在智能网联汽车中引入冗余电源路径，可以在主电池系统进入失效事故路径时避免危害事件的发生。此外，可以基于事件树定量计算事故发生的概率，即导致事故的各发展路径的概率之和。ETA 可应用于智能网联汽车的故障诊断、薄弱环节分析和交通事故概率计算等领域，从而提升智能网联汽车的优化设计，预防事故发生，延长系统连续安全运行的时间。

　　以智能网联汽车的感知系统误将侧翻车辆识别为正常车辆的情况为例，将其定义为一种危害事件。首先，从感知系统的结构和工作流程出发，按照从摄像头获取数据到计算单元进行判断的顺序，对感知过程进行拆解，绘制出所有可能的事件分支图。对于诸如风力、道路宽度等未对事故路径产生影响的因素，可予以简化处理。在构建事件树后，重点搜索可能导致感知错误的潜在路径，例如交通参与物的异常外形、非正常的观测角度等。针对这些潜在风险，通过改进感知算法、优化系统设计或补充训练数据集，可以实现对感知系统误识别的危害控制。

　　FTA 是由美国贝尔实验室的沃森（Watson）和默恩斯（Mearns）于 1961 年提出的一种演绎式安全分析方法。FTA 将事故视为按照特定时间顺序发生的离散事件结果，其逻辑流程如图 2-13 所示。首先，根据系统的定义与描述，确定潜在的危害事件，并将其作为故障树的顶事件。然后，对影响该顶事件的所有可能原因和历史记录进行系统安全分析，研究各因素之

间的关联性和发生概率，构建相应的故障树模型。故障树通常采用自上而下的方式，利用事件符号和逻辑门逐级建立，用基本事件或底事件来表示系统中原始部件的状态，顶事件则代表危害事件下系统的总体状态。路径交叉点处使用传统的逻辑门符号进行标注。完成故障树的构建后，需要对系统的改进措施进行分析和评估，以控制已识别的风险，降低危害事件发生的概率。

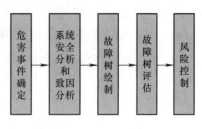

图 2-13　FTA 逻辑流程

FTA 以其直观的可视化和严密的逻辑结构而著称，适用于定性和定量分析。当已知各组件的故障率时，FTA 可进行定量分析，其过程涉及对故障树的数学建模。该数学模型可以根据底事件的发生概率或最小割集来计算顶事件的发生概率，并评估底事件的重要度。根据故障树中不同的逻辑结构，顶事件（即危害事件）的发生概率计算可以划分为以下几种情况：

1）与门结构顶事件发生概率 $F_s(t)$ 的计算公式为

$$F_s(t) = F_1(t)F_2(t)\cdots F_n(t) \tag{2-3}$$

2）或门结构顶事件发生概率 $F_s(t)$ 的计算公式为

$$F_s(t) = 1 - [1 - F_1(t)][1 - F_2(t)]\cdots[1 - F_n(t)] \tag{2-4}$$

3）任意结构顶事件发生概率 $F_s(t)$ 的计算公式为

$$F_s(t) = \sum_{j=1}^{r} \left[\prod_{i \in k_j} F_i(t) \right] \tag{2-5}$$

式中，r 为互不相交的最小割集数；$F_i(t)$ 为时刻 t 第 j 个最小割集中第 i 个分支故障发生的概率。

此外，为了判别分支事件影响顶事件发生的程度，可以计算分支事件概率重要度。概率重要度定义为分支事件由正常状态转为故障状态时造成顶事件发生概率的变化。概率重要度 $I_p(i)$ 的计算公式为

$$I_p(i) = \frac{\partial g(Q)}{\partial q_i} = g(1_u, Q) - g(0_u, Q) \tag{2-6}$$

式中，$g(Q)$ 为顶事件发生概率函数；q_i 为基本事件发生概率；$g(1_u, Q)$ 为第 u 个分支事件一定发生时，顶事件的发生概率；$g(0_u, Q)$ 为第 u 个分支事件一定不发生时，顶事件的发生概率。

随着智能网联汽车算法和模型的应用，传统的安全分析方法发展出基于模型的系统安全分析（Model-Based Safety Analysis，MBSA）方法。MBSA 在对系统构成要素进行建模的基础上，进一步对安全要素（如故障模式、故障影响等）进行系统化建模，通过将物理模型抽象成由系统及其组件的故障行为组成的形式化模型，并结合各个相关项的相互联系与逻辑关系，提取系统特性，描述系统在出现一个或多个故障时的行为特征。利用这些系统模型及行为特征，可以自动生成 FTA 和 FMEA。MBSA 的应用不仅促进了智能网联汽车开发过程中不同工程师之间的协作，还能借助自动化工具开展安全分析工作，从而节省人力物力资源，提高智能网联汽车的安全性。

为了建立包含安全组件模型的系统安全模型，对象管理组织（Object Management Group，OMG）基于系统建模语言（System Modeling Language，SysML）开发了安全建模语言（Safe

Modeling Language，SafeML）。此外，其他相关机构也提出了用于安全建模和分析的方法。例如，基于架构分析与设计语言（Architecture Analysis & Design Language，AADL）和分层危险源与传播研究（Hierarchically Performed Hazard Origin and Propagation Studies，HiP-HOPS）的安全性分析方法，以及用于描述和分析系统安全行为的形式化语言 AltaRica 等。这些方法和工具在系统安全性建模和分析中发挥了重要作用。

HAZOP 的逻辑流程如图 2-14 所示，主要包括以下步骤。首先，针对待开发的系统，构建其描述性模型，并将系统分解为基本的逻辑单元，这些逻辑单元可以组合成组件或子系统。其次，为每个组件或系统明确设计要求和相关参数，并为每个参数指定若干引导词。随后，根据参数与引导词的组合，逐一审查系统各单元可能产生的偏差，分析这些偏差的原因和可能的后果。最后，针对识别出的偏差，制定相应的控制措施，并将所有分析结果和控制策略汇总，详细记录在 HAZOP 分析表中。在填写分析表时，应确保信息完整、准确，避免任何遗漏。通过以上流程，HAZOP 方法能够系统地识别和分析潜在的危险和可操作性问题，为系统安全设计提供重要的依据。

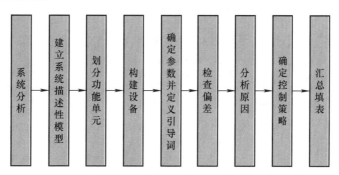

图 2-14　HAZOP 逻辑流程

在 HAZOP 中，引导词是用于定性或定量描述设计和开发指标的简明术语，旨在辅助识别系统开发过程中的潜在危险。通过对每个分析节点的参数应用引导词，可以发现指标与设定值之间的偏差，即参数偏离预期值的程度。常见引导词及其含义见表 2-4。

表 2-4　常见引导词及其含义

引导词	偏差	含义	说明
No	否	对设计意图的否定	设计或操作要求的指标/事件完全不发生
Less	少	数量减少	与标准值相比数值较小
More	多	数量增加	与标准值相比数值较大
Part of	部分	仅有部分操作被完成	只能完成既定功能的一部分
As well as	伴随	出现噪声或执行额外操作	完成既定功能同时伴随多余事件发生
Reverse	相逆	设计意图的逻辑反面	出现与设计要求完全相反的事物
Other than	异常	与设计意图相异	出现与设计要求不同的事物

例如，在智能网联汽车的自动巡航控制系统中，当车距监控模块未能将数据传输至计算单元时，适用的引导词为"No"，表示数据缺失；当跟车距离的输入值超过计算单元建议的

阈值时，适用的引导词为"More"，反之如果低于建议阈值，则适用的引导词为"Less"；若在当车距过近而应当减速的情况下，系统却发出了加速控制信号，此时适用的引导词为"Reverse"，表示功能反向。再例如，在智能网联汽车的自动驾驶行人辨识模块中，当由于摄像头损坏导致采集的数据中含有大量噪声时，适用的引导词为"As well as"，表示附加异常；当传感器无法识别未知物体，需要同时提供声音和图像警示的情形下，系统仅提供了图像警示，则适用的引导词为"Part of"，表示功能部分缺失。

在智能网联汽车专业领域，随着智能化水平的不断发展，系统复杂性和人机交互要求也在逐渐提升。复杂系统内外部的多维度交互使得安全问题不再仅仅来源于单一组件的故障，而是可能因多系统协作、控制逻辑失误等导致的全局性失效；多样且动态的人机交互，如高级辅助驾驶中的角色切换和突发事件反应能力，也对安全分析提出了全新挑战。传统安全分析方法通常依赖于线性因果关系和组件失效分析，虽然在相对简单的系统中具有一定优势，却难以全面识别智能网联汽车系统中的潜在风险。系统理论方法在这种背景下有更好的应用前景，其优势在于从全局视角出发，综合考虑功能、控制与交互的复杂性，以动态、非线性、全系统的方式剖析潜在的安全问题。

STPA 的具体步骤如图 2-15 所示。首先，针对已识别的高层次危害，确定对应的高层次安全约束，以限制系统行为避免潜在风险。其次，构建系统的层次化控制结构，明确各相关项和不同层级之间的控制和反馈关系。然后，基于该控制结构，识别可能导致系统危害的不安全控制行为。接下来，对这些不安全控制行为进行深入分析，结合系统原有的安全要求，进

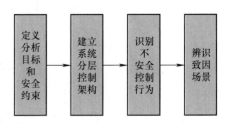

图2-15　STPA 理论过程分析具体步骤

一步细化和完善安全约束。最后，对不安全控制行为进行致因场景分析，找出在整个控制回路中可能引发这些行为的所有具体原因。对于 STPA 理论过程分析得出的最终要求，采用形式化语言进行描述，建立形式化约束模型，以进一步验证模型设计的正确性和完整性。

3. 系统风险评估

系统风险（Risk）是对伤害在系统层面发生的概率、伤害的可控性以及其发生后严重程度的综合评估。在智能网联汽车的危害事件中，风险通常与系统危害事件的发生频率（f）、通过特定手段避免对系统造成伤害的能力（C），以及系统危害事件的严重程度（S）等因素密切相关。

在智能网联汽车的系统风险分析中，汽车安全完整性等级（Automotive Safety Integrity Level，ASIL）是用于量化系统实现特定安全目标概率的重要指标，对系统风险的分级具有关键作用。风险评估主要涉及以下三个关键因素：暴露概率（Exposure）指系统在特定环境和操作条件下遭遇危险的可能性，可以作为衡量系统危害事件发生频率的依据；可控性（Controllability）评价事件相关人员（包括驾驶员、乘客或车外邻近人员）通过及时反应来避免特定伤害或损失的能力；严重度（Severity）用于评估潜在系统危害事件可能对一个或多个相关目标造成的伤害程度。通过对以上三个因素进行定量评估，可以实现对系统风险的分类和分级。其中一种量化评估和分级的方法见表2-5。

表 2-5 系统风险指标量化评估分级

风险指标	量化评估分级及含义				
暴露概率	E0	E1	E2	E3	E4
	几乎不发生	发生概率极低	发生概率低	发生概率中等	发生概率高
可控性	C0	C1	C2	C3	
	通常可控	简单可控	正常可控	很难控制或不可控	
严重度	S0	S1	S2	S3	
	无伤害	轻微有限伤害	严重或危及生命（幸存）	危及生命或致命伤害	

根据暴露概率、可控性和严重度，并结合实际的设计运行条件与操作模式，可以确定相应的 ASIL 等级，进而制定安全目标。ASIL 等级划分为 A、B、C、D 四个级别，其中 ASIL A 为最低安全等级，ASIL D 为最高安全等级。此外，还有一个 QM（质量管理）等级，表示对安全无影响。在风险评估过程中，可以合并相似的安全目标，但合并后的 ASIL 等级应取合并项中最高的等级。相应地，安全目标也可以逐步细化，落实到智能网联汽车运行环境的具体要求。关于严重度 S、暴露概率 E、可控性 C 与 ASIL、QM 之间的关系，详见表 2-6。

表 2-6 S、E、C 与 ASIL、QM 之间的关系

严重度等级	暴露概率等级	可控性等级		
		C1	C2	C3
S1	E1	QM	QM	QM
	E2	QM	QM	QM
	E3	QM	QM	A
	E4	QM	A	B
S2	E1	QM	QM	QM
	E2	QM	QM	A
	E3	QM	A	B
	E4	A	B	C
S3	E1	QM	QM	A
	E2	QM	A	B
	E3	A	B	C
	E4	B	C	D

除了上述通过 ASIL 进行风险量化评估的方法外，还可以采用其他定量分析技术，以精确描述系统风险。这些方法包括历史数据分析法、专家评分法、理论分解法、外推法、敏感性分析法、决策树分析法以及模拟方法等。

4. 安全要求设定

在系统概念设定和分析阶段，通过开展危害分析和风险评估，确立了智能网联汽车整车的安全目标，并明确了系统及软硬件的具体技术安全要求规范。随后，将这些安全要求分配到初步设计的架构中。最后，制定必要的安全措施和机制，以满足相关的安全要求，形成完

整的安全概念。这个过程确保了安全目标在设计和开发的各个环节都得到充分落实。

（1）安全要求内容

安全要求定义了独立于具体实现方式的安全行为或安全措施，涵盖安全目标和安全技术规范的概念，规定了与安全相关的属性要求，最终分配到具体的系统和软硬件中。安全目标是通过整车层面的危害分析和风险评估得出的最高层次的安全要求，安全技术规范则是基于指定的安全要求形成的技术约束条件。例如，智能网联汽车的整体安全目标是在设计运行条件下，实现比人类驾驶员更低的事故发生率。因此，感知系统的安全要求是准确识别所有实体，决策系统的安全要求是正确处理所有行为轨迹以避免碰撞。相应地，这些安全要求可以进一步细化为安全技术规范，例如对计算单元的处理速度、摄像头的分辨率、训练数据集的样本数量等提出具体要求。设定安全要求的目的是通过考虑已识别的危害事件，使系统相关项达到或维持在安全的运行状态。

基于分析所得的具体安全要求，结合外部预期的架构、功能、操作模式和系统状态等因素，适当地分配安全要求，将所设定 ASIL 合理地分配到子系统中。对所有具有关联性的元素，应根据其安全重要性和相互关联性来分配安全要求。在分配过程中，ASIL 和安全要求考虑的内容在传递过程中被继承，即子元素必须要保留或超越上级元素安全要求中的相关内容。如果多个安全要求被分配给同一个系统要素，那么该要素应采用所有安全要求中最高的 ASIL。由于智能网联汽车通常由多个系统组成，每个独立系统及其相互关联的接口安全要求都需要从预先设定的系统安全要求中获得，并进一步分配到对应系统和功能中去。对于已经确定的要素和设计，其 ASIL 要求无需再考虑，为实现其安全要求，可以通过冗余或其他途径来保障。对于与外部风险降低措施相关的安全要求，其技术安全规范也应从相应的外部风险降低措施中获得，并进一步分配到对应部件中。此外，必须明确与外部风险降低措施相关的接口安全要求，确保所实施的外部风险降低措施能够被正确执行。

在智能网联汽车的开发过程中，安全要求源自整车的安全目标，并在各个阶段被逐层分解和传递。作为安全目标的属性，ASIL 将在每一个后续的安全要求中被继承。从初始的系统架构到最终的软件和硬件组件，功能和技术的安全要求被分配到各个元素。在 ASIL 分解过程中，若一个 ASIL Z 被细化为新的 ASIL X 和 ASIL Y，则应标注为 ASIL X（Z）和 ASIL Y（Z）；若 ASIL X（Z）继续被分解为 ASIL X1 和 ASIL X2，则应保留原有的标记，分别记为 ASIL X1（Z）和 ASIL X2（Z）。具体的分解策略如图 2-16 所示。

在进行 ASIL 等级的分解时，必须单独考虑每一项初始安全要求，确保每个分解后的安全要求都遵循其原有的安全要求。当在软件和硬件层级执行 ASIL 分解时，应在系统级别检查软件和硬件要素之间的独立性是否充分。如果独立性不足，则需要在软件、硬件和系统层面采取适当措施以实现充分的独立性。如果对初始安全要求的 ASIL 分解导致了项目功能和相关安全机制的重新分配，那么这些安全机制应被分配到更高一级的 ASIL。在每个分解和继承的阶段，相关分解要素的集成和后续的安全活动都应基于分解前的 ASIL 要求逐步实施。

（2）安全措施和机制

相比于传统汽车，智能网联汽车的开发涉及更广泛的领域，相关的软硬件系统也更加复杂。因此，其具体的安全要求必须通过一系列专门的措施和机制来加以保障。通过实施基础

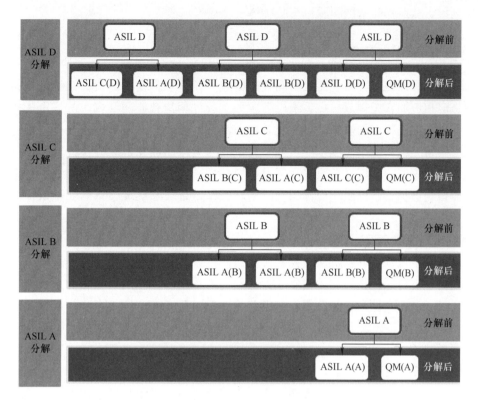

图 2-16　ASIL 分解策略

性的安全机制和措施，能够有效确保安全要求在智能网联汽车的系统开发和设计过程中得到充分满足。

　　故障容错机制是一种广泛应用的安全保障措施，其通过采取特定手段（如功能降级），确保系统在发生故障时仍能维持安全运行状态，防止故障直接导致违背安全目标的事件。例如，通过增加电源冗余系统，可以在电力传输或电气化故障时提供可靠的保护，确保系统的持续安全运作。

　　为了降低或消除由失效引发的风险，故障检测和失效缓解机制要求在系统识别到相应故障信号时采取必要的应对措施。例如，当系统检测到暴雨或轮胎打滑时，会自动降低车速。故障检测及驾驶员警示装置是实现这一目标的常用手段，这些装置确保在危害发生之前，系统能够向驾驶员发出明确的警告。例如，当智能网联汽车进入未知环境并需要驾驶员接管时，系统会在进入前通过语音提示驾驶员进行接管。

　　安全运行状态切换机制旨在应对可能引发系统危害的情境，确保智能网联汽车能够转换至有效保障安全运行的状态。例如，当智能网联汽车需要临时紧急停靠或进行远程接管时，系统会自动切换到安全运行模式。当多个系统功能同时发出任务请求时，系统通过逻辑仲裁机制确定任务执行的优先顺序，以避免出现任务冲突和资源竞争等潜在风险。例如，在音乐播放、地图语音导航和接管语音提示同时需要使用智能网联汽车的音响系统资源的情况下，系统应根据任务与安全的优先级，首先应依次执行接管语音提示和地图语音导航任务，待这两项任务完成后再恢复音乐播放。通过这种机制，能够有效防止资源抢占，确保关键安全功能的优先执行，从而保障智能网联汽车的整体安全运行。

2.2.3　安全设计与开发

在系统级产品开发过程中，需要明确并规划各个子阶段的安全活动，详细说明技术安全要求，并制定相应的安全规范。在系统设计阶段，首先构建智能网联汽车的安全架构，并将技术安全要求分配到相应的软硬件组件及其接口部分。接着，对这些技术安全要求进行具体细化，根据体系结构的复杂性逐步导出各要素的安全要求。在完成软硬件设计后，进行软硬件部分的集成与测试，随后进行系统和项目的整体集成与测试。通过验证和确认活动，生成相关记录和客观证据，以证明所设计的智能网联汽车系统能够实现整车的安全目标并满足所有相关的安全要求。

1. 系统级产品安全设计与开发

在系统级安全设计与开发阶段，首要目标是制定系统架构并开发符合项目技术安全规范的功能。其次，需对系统设计和功能要求进行验证与评估。智能网联汽车的系统架构设计与开发必须同时考虑安全性和功能性要求。因此，在此阶段，安全性要求和功能性要求均得到同步处理和落实。

（1）系统安全开发规划

在制定系统安全开发规划时，必须考虑将安全性分配给系统设计各要素，确保系统设计能够满足具体的技术安全规范。为实现这些技术安全规范，系统设计过程中应注重系统设计的可验证性、软硬件的技术实现可行性以及系统集成阶段的测试执行能力。此外，应预先设定相关运行场景，作为智能网联汽车运行操作条件的代表，以支持系统测试的规划。

系统及其子系统的架构设计需符合各自 ASIL 等级的安全目标和技术安全要求。同时，安全相关的软硬件接口必须明确界定，并按照既定标准规范接口特性、交互模式、资源分配、运行机制、配置及约束等，以防止接口匹配问题对软硬件运行、交互及接口本身造成安全隐患。

（2）系统技术要求规范

除了功能性规范和设计准则，系统技术规范还应根据智能网联汽车的架构设计和安全目标，明确影响系统或其组成要素实现安全目标的相关机制。这些机制包括安全相关的工作模式、系统定义的失效状态以及导致这些状态的系统要素组合。安全技术规范所要求的安全机制通常通过一系列措施来实现，例如：系统自身的检测、指示和故障控制措施，包括对随机硬件故障的检测以及系统的自我监控功能；在系统交互过程中，对外部设备的故障进行检测与指示；在检测到故障发生时，采取相应的控制措施以确保系统安全运行；通过实施警告和降级机制，细化并落实相关措施，确保系统达到或维持安全运行；采取措施确保所有故障都能被及时发现和处理，避免故障被掩盖或隐藏等。通过这些措施，系统技术规范能够有效保障智能网联汽车在设计和运行过程中满足既定的安全要求，确保系统在出现故障时依然能够维持安全状态。

由于智能网联汽车系统的复杂性，故障探测与解决的时序显得尤为重要。故障时间间隔的相关概念构成了故障处理的基础，具体包括以下几个基本概念：故障探测时间间隔（Fault

Detection Time Interval），指从故障发生到被检测出来之间的时间间隔；故障响应时间间隔（Fault Reaction Time Interval），指从故障被探测到系统开始进入安全运行或紧急运行（Emergency Operation）状态之间的时间的时间间隔；故障处理时间间隔（Fault Handling Time Interval），指故障探测时间间隔与故障响应时间间隔的总和；故障容错时间间隔（Fault Tolerant Time Interval），指在安全机制未被激活的情况下，从相关项内部发生故障到可能引发危害事件的最短时间间隔；诊断测试时间间隔（Diagnostic Test Time Interval），指安全机制执行在线诊断测试的时间间隔。这些故障时间间隔概念对应的时序关系如图 2-17 所示，展示了各时间间隔之间的相互关联和顺序。通过明确这些时间间隔的定义和关系，智能网联汽车系统能够更有效地检测和响应故障，确保在复杂的运行环境中维持系统的安全和稳定。

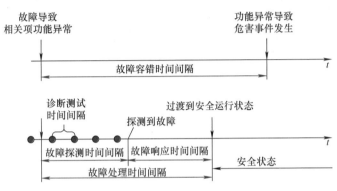

图 2-17　故障时间间隔概念对应时序关系

　　为了确保智能网联汽车能够实现或维持安全运行，必须制定安全状态切换的规范、容错时间间隔以及维持安全运行的措施。在故障容错时间间隔内，如果系统相关项能够继续保持在安全运行状态，或者在过渡到安全运行状态及紧急运行模式的过程中，则表明安全机制已及时响应并处理了故障。通常，故障容错时间间隔在项目层面上进行定义，而在具体要素层面上则规定最长的故障处理时间间隔以及故障处理后需达到的安全运行状态，以满足安全要求。此外，当诊断测试时间间隔显著短于故障探测时间间隔，即在故障探测期间可以进行多次诊断测试时，能够进一步消除错误扰动的边缘效应，从而增强系统的整体安全性。通过这些规定和措施，智能网联汽车系统能够在面对故障时迅速响应，确保系统在任何情况下都能保持或迅速恢复到安全运行状态，满足设计和操作中的安全要求。

　　如果无法立即恢复到安全运行状态，智能网联汽车必须切换至紧急运行模式。紧急运行模式是指在系统发生故障后，从故障发生到恢复安全运行之间的过渡期间内所执行的功能操作。其中，远程接管是紧急运行模式的一种常见形式。紧急运行时间间隔（Emergency Operation Time Interval）是指维持紧急运行模式所需的持续时间间隔。紧急运行容错时间间隔（Emergency Operation Tolerance Time Interval）则是指在不引发额外不合理风险的情况下，系统能够持续处于紧急运行模式的特定时间间隔，即允许维持紧急运行模式的最大时间间隔。在这个容错时间内，紧急运行模式能够确保智能网联汽车的安全性。紧急运行的时序关系如图 2-18 所示。通过这些机制，智能网联汽车在面对突发故障时，能够及时切换到紧急运行模式，保障系统的安全运行，避免因故障导致的严重后果。

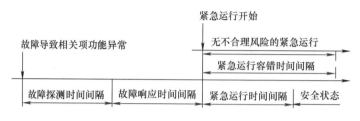

图2-18 紧急运行对应时序关系

在紧急运行模式下，警示与降级（Warning and Degradation）是两种常见的操作方式。当系统检测到功能出现非预期的潜在异常时，会通过特定手段向驾驶员发出警示，并实施适当的功能降级以确保安全运行。例如，当智能网联汽车在暴雨中导致摄像头识别功能失效时，系统会通过语音提示驾驶员接管，并自动减速至路边停靠，直至驾驶员安全接管车辆。警示与降级的策略包括使用触觉、声音或视觉信号来提醒驾驶员，具体提醒内容涵盖即将进行的功能降级、当前的安全运行状态描述、进入安全运行状态的条件、从安全运行状态恢复的条件，以及在适用情况下的紧急运行和相应的紧急运行容错时间间隔等信息。

2. 硬件级产品安全设计与开发

在进行硬件级产品的安全设计与开发时，首先需对软件开发中的安全活动进行系统规划，并提取相应的安全要求规范，以指导硬件的设计与开发工作。完成硬件设计后，必须对涉及安全的部分进行测试，并验证技术要求是否得到满足。在硬件层面，关键的产品开发活动和流程包括将技术安全概念转化为硬件实现，分析潜在的硬件故障及其影响，以及与软件开发的协调工作。在提取硬件安全要求规范的阶段，首先要依据技术安全要求和系统安全规范制定具体的硬件安全要求；其次，验证这些硬件安全要求与技术安全要求及系统安全规范的一致性；最后，详细描述硬件接口的安全要求。

依据硬件设计的安全要求规范，硬件及其相关安全机制必须具备控制内部故障的能力，确保与外部单元的安全要求相匹配，并有效应对潜在故障带来的影响。此外，系统还需具备检测并提示硬件相关的内外部故障的功能。例如，在智能网联汽车的热管理系统中，硬件应能监测电池温度，并在温度过高时通过物理措施防止电池爆炸。

在硬件设计阶段，首要目标是依据系统设计规范和硬件安全要求进行硬件设计，第二目标是对设计进行验证。硬件设计包括硬件架构设计和硬件单元设计。硬件架构设计需展示所有硬件单元及其相互关系，而硬件单元设计则涵盖相关单元的原理、结构、时序和电气设计；硬件架构设计应遵循分层设计、减少冗余等安全设计原则。

除了上述六项设计内容外，对于安全相关硬件组件的潜在故障，硬件设计过程中的非功能性条款还需考虑温度、振动、湿度、灰尘、电磁干扰及其他来自硬件或环境的干扰因素。

同时，硬件的安全分析应涵盖单点故障、多点故障、安全故障及残留故障。在大多数情况下，分析可以集中在双点故障上。识别双点故障需要对每个硬件组合的潜在故障进行详细辨识，包括单个硬件的故障分析以及组合后可能引发的故障分析。通过上述过程，确保硬件设计不仅满足功能需求，还能有效应对各种安全风险，从而提升智能网联汽车的整体安全性和可靠性。

3. 软件级产品安全设计与开发

在软件产品的安全设计与开发过程中，首要步骤是规划软件开发中的安全活动，并提取相应的安全要求规范，以指导后续的软件设计与开发工作。设计完成后，需要分别对各个软件单元及其集成的安全相关部分进行测试，并验证软件技术要求是否得到满足。对于智能网联汽车来说，软件不仅体现了其智能化特性，也是确保其安全运行的核心要素。智能网联汽车的软件涵盖网络、算法、系统等多个层级的开发项目和子阶段，根据项目的进展和复杂性，需采用特定的方法提取相关规范，确保符合相关法规和各自的 ASIL 评估标准。

在软件安全要求规范提取阶段，首先要根据技术安全要求和系统安全规范制定具体的软件安全要求，其次要验证这些软件安全要求与技术安全要求及系统安全规范的一致性，最后要详细定义软件接口的安全要求。

在软件体系设计阶段，首先要设计能够实现软件安全要求的软件体系结构，其次要对设计的软件体系结构进行验证。在软件单元设计阶段，首先要根据软件体系设计及相关的软件安全要求提取软件单元的技术安全要求，其次是实现这些指定的软件单元功能，最后在安全层面对软件单元的设计和实现进行检验。软件单元的实现过程包括源代码的编写和目标代码的编译。

（1）软件架构安全设计规范

为了确保设计和实现过程中的安全性，设计和建模语言或编程语言应优先选择复杂度较低的语言。软件的设计与实现应积极采用语言子集、网络攻防技术、清晰的图形表示方法以及规范的命名约定，并遵循既定的设计原则和指南以保障安全性。

此外，为了防止因高复杂性导致的故障，软件体系结构设计应具备模块化、封装性和简化性，这不仅有助于减少系统故障的可能性，还支持智能网联汽车系统或算法的快速迭代与更新。在体系结构设计过程中，应遵循分层结构的单元设计原则，考虑软件单元和接口的大小限制、单元之间的耦合程度、中断的使用限制以及软件单元的高内聚性，并采用适当的调度属性。特别是对于软件分区中的资源共享，应通过机制避免相互干扰，以满足其 ASIL 等级和安全要求。

根据 ADAS 国际标准 ISO 26262-9：2018，智能网联汽车系统的开发过程必须包括软件架构层面的安全分析，以识别或确认与软件安全相关的部分，并验证软件安全机制的有效性。为了获得软件架构安全分析的结果，可以采用多样化的安全检测方法进行安全分析，例如，输入输出的数据范围检测、真实性检测、数据错误检测、外部检测、控制流监控等。

基于软件架构层面的安全分析结果，应在软件架构层面设置必要的软件安全机制，例如，静态恢复机制、故障软化、独立并联冗余、数据纠错码等，以确保软件在各种故障情况下仍能保持安全运行。

（2）软件单元安全设计规范

在智能网联汽车的软件单元安全设计中，需全面考虑所有涉及的软件单元相关要素，主要分为静态设计和动态设计两个方面。静态设计包括软件结构、数据处理的逻辑顺序、数据类型及其特性、内外部接口、约束条件以及外部依赖单元等内容。动态设计则涵盖单元功能、行为模式、控制流、并发处理、交互数据流、外部接口与数据传递以及时序限制等方面。

每个与安全相关的软件单元可以归类为新开发单元、修改后重复利用单元或无法修改的重复利用单元。这三类单元在使用过程中均需遵循相应的安全标准。智能网联汽车系统或算法的更新通常由这三类单元综合组成。软件的最高安全要求应逐级分解并分配到各个软件单元，因此，每个软件单元必须经过精细设计，以满足其分配的最高 ASIL 等级要求。对于智能网联汽车系统或算法的更新版本，需要严格核实更新前后的变化及其对整车安全的影响。必要时，应在更新后的一段时间内对整车安全性进行监控。

软件单元设计规范要求对软件的功能行为和内部设计进行详细描述，以便相关开发人员能够有效地进行验证。此外，软件单元的源代码在设计和实现过程中应遵循时序、接口和信息流的相关规范，确保代码具备良好的可读性、鲁棒性和简洁性。通过以上这些设计规范和方法，确保智能网联汽车的软件设计不仅满足功能需求，还能够有效应对各种安全风险，提升整体系统的安全性和可靠性。

4. 系统集成和安全测试

系统集成过程分为三个阶段，并设定了两个验证目标。第一阶段涉及各个组件的软硬件集成；第二阶段是将各系统要素整合为一个完整的系统；第三阶段则是对项目中的系统进行集成验证。集成验证的首要目标是确保所有相关要素符合分配的 ASIL 等级及其相应的安全要求；其次，验证系统设计中提出的各项安全措施是否得到了正确的实施，以满足安全要求。

在软硬件开发完成后，进入系统集成阶段。系统集成首先从软硬件单元开始，逐步整合相关系统，最终形成完整的产品（如整车系统）。安全测试可能在系统开发的各个阶段进行，以确保相关要素满足安全要求并正确执行。安全测试需重点评估系统的安全特性，包括功能精确度、安全机制的时序正确性、接口一致性、鲁棒性，以及安全机制诊断和故障检测的覆盖度。针对部件级的技术安全要求，可采用需求导向测试、故障注入测试或背靠背测试等方法；对于性能、执行精确度和时序正确性，可采用背靠背测试和性能测试等手段；对于安全机制的诊断覆盖率，则可通过故障注入测试和错误猜测（Error Guessing）测试来实现；而对于系统的鲁棒性，可使用资源利用率和压力测试等方法；接口的一致性和正确性则需通过接口内部测试、接口外部测试及接口一致性检查来确保。

根据智能网联汽车开发的经验，系统集成和安全测试的流程规范通常建立在项目的集成和测试计划基础上，进一步细分为软硬件甚至具体部件的集成与测试。其中，项目的集成和测试要求应具体涵盖系统级和整车级，以确保通过相应的验证手段解决存在的开放性安全问题，重点关注智能网联汽车内部接口、子系统（包括内外部相关项）及运行环境等方面的问题。在整车级测试中，除了上述测试方法，还需采用长期测试、交互测试或通信测试、真实用户条件测试以及实地经验推导测试等方法，以全面验证系统的安全性和可靠性。

5. 系统安全验证与确认

验证活动（包括安全验证、安全分析、硬件、软件及系统集成与确认）的主要目的是提供证据，证明每项具体活动流程的结果符合既定的安全要求。在整车集成项目中，确认活动的目标是提供充分的证据，证明在整车预期的使用范围内，所采取的安全措施能够充分满足智能网联汽车的安全需求。

系统安全验证贯穿于各个开发阶段。在概念定义阶段，系统安全验证需确保概念设计符合项目的边界条件，且安全概念完整、一致且可实现。在设计阶段，系统安全验证通过评估系统设计，确保设计过程保持了之前设定的安全要求的正确性、完整性和一致性。在测试阶段，系统安全验证通过在特定测试环境下评估工作产品，确保其符合安全标准。在生产和运营阶段，系统安全验证则确保生产、维修和维护过程能够实现相应的安全要求，这些要求会体现在用户手册中，并通过生产过程中的控制措施来满足项目的安全标准。

安全确认的首要目标是提供符合安全目标并适用于项目所提出的安全概念的安全性证据；第二目标是提供能够证明这些安全目标是正确、完整，并且可以在整车层面实现的证据。

同样地，系统安全验证和安全确认活动旨在为系统安全提供证据，确保智能网联汽车符合"安全"的定义。然而，这两者验证系统安全性的角度不同。系统安全验证侧重于确保系统设计各个阶段的活动符合相关的安全规范和要求，从流程层面保障系统的安全。而安全确认则关注验证所开发的系统及其功能是否安全，确保这种安全性满足用户和相关人员的需求。

在评估安全目标时，应涵盖可控性、随机故障及系统故障的安全处理措施的有效性、外部措施的有效性以及相关安全技术的效能等方面。在整车级别，需要对安全目标和预期用途进行测试和确认。针对每个安全目标，检验过程和测试用例应明确智能网联汽车的配置、各环节、驾驶和操作使用的具体情况，并制定详细的通过或未通过准则。对于安全确认，除了采用指定的检验流程外，还可以结合分析、长期测试、用户测试、专家测试、盲审和复审等方法进行验证。同时，考虑到智能网联汽车对应用场景的依赖性，可以通过场景仿真、硬件在环测试和实地对比等多维度的全面测试，确保系统获得公众和监管机构的认可。通过这些方法，系统安全验证和安全确认能够全面保障智能网联汽车在不同使用环境下的安全性，确保其在实际应用中能够有效应对各种潜在风险，满足既定的安全标准和用户期望。

2.2.4 系统认证与发布

1. 系统认证

系统认证是通过特定方法对系统或部件的功能性和安全性进行论证，并提供相应的证据以支持认证目标。系统或部件的认证可以通过分析和测试两种主要方式进行，且可根据其特性单独或结合使用相关方法。在进行分析时，依赖于所采用的分析方法和假设，通过测试数据推断系统的安全性。而测试则是将系统或部件置于预定的环境和运行条件下，评估其功能表现和兼容性。对于智能网联汽车而言，通常会同时采用测试和分析方法，通过设定具有安全指向性的挑战场景和测试流程，收集并评估数据，以分析安全性并作为认证的依据。当已完成测试的单元需要进行变更时，必须评估这些变更所带来的影响。例如，若智能网联汽车的操作界面进行更新和迭代，需要分析此变更是否会影响驾驶员的人机交互，进而导致潜在风险的产生。

无论采用何种评定方法，其最终结果均需在认证报告中呈现。认证报告通常由一系列文档组成，包括报告、证据、笔记和注释等，并需详细记录系统或部件的假设、限定条件、测试用例及其结果。如果条件允许，建议制定综合性的检查方法，涵盖性能数据、认证过程、结果以及基本原理等内容，以确保认证的全面性和准确性。

系统或部件必须根据相关认证标准提交必要的材料，以判断其是否符合认证要求。这些材料通常涵盖系统或部件的安全状况，包括具体要求、在失效情况下的行为表现、配置描述、接口说明、应用功能详述、组件集成描述、异常操作条件下的功能响应、系统或部件与其他单元或组件的依赖关系，以及在异常情况下的紧急处理措施等。此外，系统或部件还需说明其安全机制的覆盖度，提供在相关部件失效时恢复正常运行的操作或条件，并描述可能导致违反安全目标的行为及其后果。对于整车级的智能网联汽车，通常还需提供预期行为及其安全性证明，并说明系统或部件的开发过程符合相关国家或国际标准。

特别地，对于那些在定义和使用条件上与已发布产品具有相同或高度通用性的全新研发产品，这些新产品可以应用于原产品的相关工作中，证明其具有可重用性或可替代性。然而，除非新产品被证明符合上级产品指定的标准，否则不能仅因其满足原有功能而视为可替代。无论是单元、组件还是系统，都可以作为产品进行可重用或可替代性的论证。这时，可以依据技术安全概念、算法、模型、源代码、目标代码、配置或标定数据等，对单元、组件、系统等进行论证和验证。

在制定认证计划、论证计划和相关分析之后，应按照标准化的测试规范进行资格测试。开发和测试计划应包含系统或部件的功能描述、测试方案、组装与连接要求、考虑系统或部件在运行条件下的老化情况、模拟运行与环境条件、环境说明及环境参数的测量方法，以及通过或未通过准则等内容。通过上述流程，系统或部件的认证过程不仅确保智能网联汽车的功能性和安全性符合规定要求，还为其持续改进和安全保障提供了坚实的依据。

2. 系统发布

系统发布是指在完成既定项目开发后，对系统标准进行正式发布和说明，确保项目在整车层面上满足所有安全要求。系统发布是后续大规模生产和运营的前提条件。发布过程要求在开发阶段完成软硬件单元、组件、系统及产品的验证与确认，并由系统发布负责人签署整体评估发布文档。系统安全文档在发布时需包含负责人的姓名和签名、项目发布的版本、配置详情、相关参考文献以及发布日期等信息。

系统安全设计始于系统概念的设定与分析，建立对智能网联汽车系统安全的基本理解和要求。随后，分层级对智能网联汽车的硬件、软件和系统进行设计、开发与集成，并通过测试和验证手段进一步确保智能网联汽车的安全性。最终，依据智能网联汽车产品的相关安全标准进行系统认证，项目在系统发布阶段完成。基于 V 模型的系统安全设计流程，通过规范和全面的实践，保障设计开发的可靠性，并通过在每个环节中落实安全原则和细节，确保最终产品的安全性。

习　题

一、选择题

1. 下列哪一个选项不属于智能网联汽车系统安全设计整体流程？（　　　）

A. 系统概念设定与分析　　　　　B. 系统安全设计与开发

C. 系统维护与故障修复　　　　　D. 系统认证与发布

2. 下列哪一个选项不属于智能网联汽车系统危害机理的主要研究内容？（　　　）

A. 系统故障危害机理　　　　　B. 车身碰撞危害机理

C. 网络攻击威胁机理　　　　　　D. 功能不足危害机理

3. 下列哪一个选项不属于智能网联汽车系统安全保障理论的主要研究内容？（　　　）

A. 碰撞缓冲理论　　　　　　　　B. 容错控制理论

C. 拟态防御理论　　　　　　　　D. 基于系统理论的事故模型和过程

4. 人类接触的每种技术系统由内源性问题导致的死亡率最多增加多少？（　　　）

A. 10^{-3} 次每人每年　　　　　　B. 10^{-4} 次每人每年

C. 10^{-5} 次每人每年　　　　　　D. 10^{-6} 次每人每年

二、判断题

1. 系统安全设计与开发阶段分为系统级、硬件级和软件级产品开发三个环节，系统设计各环节均遵循双钻模型进行设计开发。　　　　　　　　　　　　　　　　　（　　　）

2. 智能网联汽车系统功能不足的危害可能作用于感知、定位、预测、决策、控制、运行设计域识别等子系统之中。　　　　　　　　　　　　　　　　　　　　　　（　　　）

3. 所有系统部件都可以通过硬件冗余的方式来实现复杂系统的容错控制。　　（　　　）

4. 智能网联汽车产品应用领域目前缺乏准确而全面的碰撞事故数据统计，需要采用适当的安全可接受性理论来评估车辆系统的安全可接受水平。　　　　　　　　　（　　　）

三、填空题

1. 安全生命周期通常包含安全概念提出、（　　　　　　　）、安全设计、安全实施、（　　　　　　）和安全生产六个概念阶段。

2. 系统风险评估与分级的三个指标为（　　　　　）、（　　　　　）和（　　　　　）。

3. 在我国台湾地区，曾发生过一起自适应巡航轿车撞上侧翻货车的事故，调查显示驾驶员和辅助驾驶系统均未注意到货车的存在，直到事故发生前 $1\sim2s$ 车辆才采取紧急制动措施。这个事故可以用系统理论来分析：事故起因是（　　　　　　　　　　　），事故发展是（　　　　　　　　），事故扩展是（　　　　　　　　），事故结果是（　　　　　　　　　）。

4. 在处理最低合理可行性（ALARP）风险区域内风险的过程中，需要考虑（　　　）与（　　　）之间的平衡，当（　　　　　　　）远大于（　　　　　　　）时可以停止。

四、问答题

1. 什么是系统理论过程分析（STPA）？它的具体步骤有哪些？

2. 什么是硬件要素的故障、错误和失效？它们之间有什么差别和联系？

3. 什么是基于系统理论的事故模型和过程（STAMP）？其工作机制有何特点？

4. 什么是整体安全水平相当性（GAME）？简述分析确认安全目标的过程。

五、拓展阅读

主题：政企研学助力技术测试，生态完善促进产业爆发

我国智能网联汽车起势良好，但以自动驾驶为核心的智能网联汽车产业发展是一项复杂的系统工程。自动驾驶大规模商业化应用，目前仍面临部分关键技术亟待突破、配套设施不健全等多方面挑战，需要各方协同推动解决。

工业和信息化部等部门于 2023 年 11 月正式发布《关于开展智能网联汽车准入和上路通

行试点工作的通知》，对搭载 3 级驾驶自动化（有条件自动驾驶）和 4 级驾驶自动化（高度自动驾驶）等较高级别自动驾驶功能的智能网联汽车准入和上路通行，打开了政策通道。地方层面，深圳、杭州等多地加大对智能网联汽车和自动驾驶技术的立法支持，为自动驾驶汽车的市场准入和商业运营拓展了空间。

在政企研学合作推动下，截至 2023 年底，全国共建设 17 个国家级测试示范区、7 个车联网先导区、16 个智慧城市与智能网联汽车协同发展试点城市，开放测试示范道路 22000 多千米，发放测试示范牌照超过 5200 张，累计道路测试总里程 8800 万 km，自动驾驶出租车、干线物流、无人配送等多场景示范应用有序开展。乘联会报告显示，2023 年我国新能源乘用车 L2 级及以上的辅助驾驶功能装车率已经达到 55.3%；到 2024 年 1 ~ 2 月，进一步上升为 62.5%。

走在重庆、北京、武汉等城市，常可碰见一辆辆"全副武装"的自动驾驶出租车。这些车辆"头戴"激光雷达，驾驶座空无一人，车辆自主完成变道、提速、转弯等驾驶动作，将乘客安全、快捷送达目的地。自动驾驶物流车、公交车也越来越多出现在城市街头。

与美欧相比，我国智能网联汽车发展的另一个突出特点，是互联网及信息与通信技术（ICT）企业与整车厂商广泛融合。华为、百度、腾讯、小米、大疆等信息通信、消费电子企业纷纷与车企协同开展技术创新，推动智能网联汽车技术和应用加快迭代升级。如华为与赛力斯、长安等联合推出智能电动汽车产品，其高阶智能驾驶系统 2.0 在多家车企整车产品搭载。得益于此，我国自动驾驶关键软硬件领域已集聚一批头部企业和大量配套企业，研发、制造、测试、应用的完整产业链已经形成。

想一想 1：测试阶段发生交通事故时应如何追责？是由测试主体（企业）承担还是需要进行多方责任认定？如何在法律和政策层面进一步明确和细化？

想一想 2：自动驾驶车辆在测试和推广过程中应如何确保用户数据安全和公众隐私得到保护？面对复杂的网络安全威胁，应该采取哪些措施来预防泄露和滥用？

想一想 3：互联网及 ICT 企业在参与智能网联汽车研发过程中，与传统车企合作有哪些优势和劣势？如何充分发挥各自的技术和市场优势，形成合力推动智能网联汽车产业的发展？

参 考 文 献

[1] INCOSE. Systems engineering handbook：A guide for system life cycle processes and activities [M]. 5th ed. Hoboken：Wiley，2015.

[2] 国际系统工程学会. 系统工程手册：系统生命周期流程和活动指南 [M]. 北京：机械工业出版社，2017.

[3] California Department of Motor Vehicles. 2021 Autonomous Vehicle Disengagement Reports [R/OL]. （2022-01-28）[2024-05-28]. https：//www.dmv.ca.gov/portal/vehicle-industry-services/autonomous-vehicles/disengagement-reports.

［4］WANG H, SHAO W, SUN C, et al. A survey on an emerging safety challenge for autonomous vehicles: Safety of the intended functionality ［J/OL］. Engineering, 2024, 33: 17-34. https://doi.org/10.1016/j.eng.2023.10.011.

［5］LI J, SHAO W, WANG H. Key challenges and chinese solutions for SOTIF in intelligent connected vehicles ［J/OL］. Engineering, 2023, 31: 27-30. https://doi.org/10.1016/j.eng.2023.09.008.

［6］周乐华, 等. 现代故障诊断与容错机制 ［M］. 北京: 清华大学出版社, 2000.

［7］LEVESON N. A new accident model for engineering safer systems ［J/OL］. Safety Science, 2004, 42 (4): 237-270. https://doi.org/10.1016/S0925-7535 (03) 00047-X.

［8］邬江兴. 网络空间拟态防御研究 ［J/OL］. 信息安全学报, 2016, 1 (4): 1-10. DOI: 10.19363/j.cnki.cn10-1380/tn.2016.04.001.

［9］邬江兴. 拟态计算与拟态安全防御的原意和愿景 ［J］. 电信科学, 2014, 30 (7): 2-7.

［10］马海龙, 王亮, 胡涛, 等. 网络空间拟态防御发展综述: 从拟态概念到"拟态+"生态 ［J］. 网络与信息安全学报, 2022, 8 (2): 15-38.

［11］邬江兴. 网络空间拟态安全防御 ［J］. 保密科学技术, 2014 (10): 4-9+1.

［12］何意, 刘兴伟, 马宏亮. 车联网拟态防御系统研究 ［J］. 信息安全研究, 2020, 6 (3): 244-251.

［13］全国汽车标准化技术委员会. 道路车辆 预期功能安全: GB/T 43267—2023 ［S/OL］. 北京: 中国标准出版社, 2023. https://openstd.samr.gov.cn/bzgk/gb/newGbInfo? hcno=32C38D08CD61EFFF0817AE3DA57A1DB4.

［14］WHO. Global status report on road safety 2023 ［M/OL］. Geneva: World Health Organization. (2023-12-13) ［2024-05-24］. https://doi.org/10.1136/ip.2009.023697.

［15］OU S, YU R, LIN Z, et al. Intensity and daily pattern of passenger vehicle use by region and class in China: estimation and implications for energy use and electrification ［J/OL］. Mitigation and Adaptation Strategies for Global Change, 2020, 25 (3): 307-327. https://doi.org/10.1007/s11027-019-09887-0.

［16］Reducing risks, Protecting people ［M/OL］. London: Health and Safety Executive, 2001. https://www.hse.gov.uk/enforce/assets/docs/r2p2.pdf.

第3章 智能网联汽车功能安全

✍ 本章导学

本章将从功能安全的基础理论与概念入手，首先，介绍智能网联汽车功能安全开发的基本概念、基础理论和相关标准，并对功能安全在企业组织内的安全文化建设与安全管理进行讲解，使学生能够对功能安全的概念和实施具有初步的认知。其次，阐述功能安全开发V模型左侧的需求提取与架构设计阶段，并结合实例，系统讲解智能网联汽车的相关项定义、危害分析及风险评估、安全概念设计等关键知识。最后，介绍功能安全开发V模型右侧的测试验证环节的基本过程。

✍ 学习目标

1. 了解功能安全的基本概念、功能安全相关标准、安全管理与组织架构。

2. 掌握功能安全的安全需求与架构开发过程，包括功能定义与分析、危害分析及风险评估以及各层级的开发阶段与实现。

3. 了解功能安全的系统集成及验证确认过程，包括验证与测试、安全确认及准入与发布等。

安全是智能网联汽车开发和量产的关键问题之一，随着智能网联汽车相关技术日益复杂、软件和机电一体化应用不断增加，来自系统性失效和随机硬件失效的风险逐渐增加，这些都在功能安全的考虑范畴之内。国际标准 ISO 26262（对应国家标准为 GB/T 34590《道路车辆 功能安全》）适用于道路车辆上由电子、电气安全相关系统在安全生命周期内的所有活动，通过提供适当的安全技术要求和流程管理来降低风险。功能安全的实现受开发过程（包括需求规范、设计、实现、集成、验证、确认和配置等）、生产过程、服务过程和管理过程的影响[1,2]，本章将对功能安全的基础理论与概念、功能安全需求与架构开发、系统集成测试及确认等进行阐述。

3.1 功能安全基础理论与概念

3.1.1 功能安全基本概念

功能安全开发过程中会涉及很多基本概念及专业术语，ISO 26262-1：2018（对应国家标准 GB/T 34590.1—2022）《道路车辆　功能安全　第 1 部分：术语》中罗列了所有可能涉及的功能安全术语并对其进行了解释。为了更好地理解后续汽车功能安全开发内容，本节针对其中部分核心概念及术语进行阐述。

1. 功能安全

功能安全首先由 IEC 61508（对应国家标准 GB/T 20438）《电气/电子/可编程电子安全相关系统的功能安全》引入，IEC 61508 是关于电气/电子/可编程电子（Electrical/Electronic/Programmable Electronic，E/E/PE）安全相关系统的功能安全通用标准和基础安全标准，该标准中对功能安全的定义为：与控制系统有关的整体安全的组成部分，它取决于 E/E/PE 安全相关系统、其他技术安全相关系统和外部风险降低设施功能的正常运转[3]。道路车辆功能安全国际标准ISO 26262由 IEC 61508 衍生而来，其将功能安全定义为：不存在由电气/电子系统的功能异常表现引起的危害而导致不合理的风险。

2. 功能安全的研究对象

道路车辆功能安全的研究对象是"相关项"，相关项（Item）是 ISO 26262 汽车功能安全首次提出的专有术语，主要指用于实现车辆特定功能或部分功能的单个系统或多个系统。其中，功能（Function）的本质为需求，是用户对相关项能力的预期。例如，车辆可以实现加速、减速等功能。

相关项是由系统构成的，系统（System）一般定义为用于实现某个或某些功能要素的集合。功能安全对系统的定义进一步具体化，认为系统应该至少包括一个传感器、一个控制器和一个执行器，缺乏三者中任意其一，系统的功能都无法对外呈现，尤其是执行器部分。没有执行器则意味着无法对外进行功能输出（例如，转矩输出），本质上在整车层面就无法产生危害，这也是功能安全强调系统组成的原因所在。系统相关的传感器或执行器可以包含在相关项中，也可存在于相关项之外。例如，自动驾驶系统作为相关项，其执行器一般为车辆底盘中的制动系统及转向系统，它们可以不包含在相关项中。

除了相关项和系统，功能安全还涉及其他不同层级的要素，图 3-1 所示展示了相关项、系统、组件、硬件元器件和软件单元间的关系，其中"虚线 + 三角箭头"表示关联的二者之间存在实现关系，"实线 + 空心菱形箭头"表示关联的二者之间存在聚合或集合关系，属于整体和部分之间的组成关系，连接线上的数字表示它们的数量从属关系。可见，相关项由一到多个（1..＊）系统组成，用于实现一到多个（1..＊）功能；系统至少由三个组件构成（3..＊），即传感器、控制器及执行器；组件则可以由不同的（0..＊）软件单元或硬件元器件构成。图 3-2 进一步举例展示了相关项的分解及构成关系。

下面给出与相关项和系统相关的术语定义：

1）组件（Component）是非系统层面的、逻辑上和技术上独立的要素，由一个以上硬件

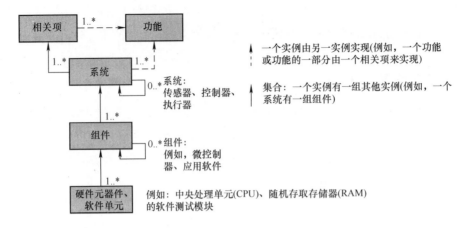

图3-1 相关项、系统、组件、硬件元器件和软件单元间的关系

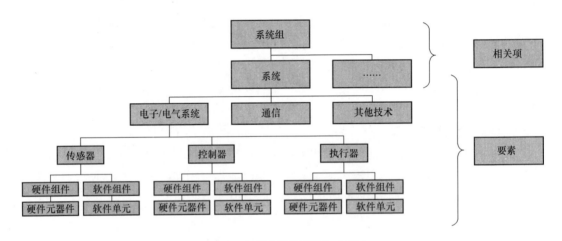

图3-2 相关项的分解及构成关系

元器件或一个到多个软件单元组成。通常，术语"组件"用于仅由元器件和单元组成的要素，但也能用于由更低层面的特定技术领域要素组成的要素。

2）软件组件（Software Component）由一个或多个软件单元构成的相对独立的软件集合。

3）软件单元（Software Unit）是软件架构中最小层级且可被独立测试的软件组件。

4）硬件组件或硬件元器件（Hardware Part）是由一个或多个硬件器件构成的相对独立的硬件集合，例如微控制器的中央控制单元（Central Processing Unit，CPU）、电阻器、微控制器的闪存等。硬件元器件还可以进一步按层次由硬件子元器件和硬件基本子元器件组成。

5）要素（Element）属于广义的定义，系统、软件组件或软件单元、硬件元器件等都可以是要素。

3. 故障、错误和失效

导致相关项存在功能安全问题的来源是系统性失效及随机硬件失效，其中涉及"故障-错误-失效"的发展过程，下面对其中的重点概念进行阐述。

（1）故障（Fault）

故障是可引起要素或相关项失效的异常情况。当子系统或组件处于错误状态时，可能会导致系统出现故障。故障可以分为永久性故障、间歇性故障和瞬态故障（尤其是软错误）。其中，间歇性故障会间歇性发生，然后消失。当一个组件处于损坏边缘时或由于开关问题，间歇性故障可能会发生。某些系统性故障（例如时序裕度不足）也可能导致间歇性故障。

（2）错误（Error）

错误是指计算的、观测的、测量的值或条件与真实的、规定的、理论上正确的值或条件之间存在的差异。错误可由未预见的工作条件引起或由所考虑的系统、子系统或组件的内部故障引起。

（3）失效（Failure）

失效是由故障导致的要素或者相关项要求的执行功能的能力的终止。功能安全中主要定义了两种失效，即系统性失效和随机硬件失效。其中，系统性失效是指以确定的方式与某个原因相关的失效，包括系统性软件失效和系统性硬件失效，来源于"人的不完美"，起因于设计和规范问题，只有对设计或生产流程、操作规程、文档或其他相关因素进行变更后才可能排除这种失效。随机硬件失效是指在硬件要素的生命周期中，发生的服从概率分布的不可预测的失效，来源于"物的不完美"。

下面给出与失效相关的术语定义：

1）伤害（Harm）是对人身健康的物理损害或破坏。

2）危害（Hazard）是由相关项的功能异常表现而导致的伤害的潜在来源，该定义仅限于 ISO 26262。关于危害更通用的定义是伤害的潜在来源。

3）危害事件（Hazardous Event）是危害和运行场景的组合。

4）风险（Risk）是伤害发生的概率及其严重度的组合。相对应地，不合理的风险是指按照现行的安全观念，被判断为在某种环境下不可接受的风险。

5）安全（Safety）是指没有不合理的风险。

故障会导致错误的出现，错误进一步导致系统某功能失效，失效则带来了相应的危害，而危害是导致伤害的潜在来源，并不是所有的危害都一定会导致伤害，危害必须和车辆具体运行场景相结合，形成危害事件，才能进一步判断是否产生伤害及伤害的程度。

进一步地，风险则用于衡量危害造成的伤害的可能性和其严重程度。为此，ISO 26262 提出采取三个不同的参数（严重度、暴露概率和可控性）来量化危害的风险程度，最终确定不同危害事件的汽车安全完整性等级。

4. ASIL

汽车安全完整性（Automotive Safety Integrity Level，ASIL）是道路车辆功能安全中特有的术语，用于定义相关项或要素需要满足的功能安全标准规定的要求和安全措施，以避免不合理的风险。ISO 26262 定义了 4 个 ASIL 等级，即 A、B、C、D，其中，ASIL D 代表最高安全等级，ASIL A 代表最低安全等级。安全等级越高，对该要素的开发要求和安全措施要求越高，一般情况下，开发难度和成本也越高。针对不同的 ASIL 等级，ISO 26262 标准中以表格的形式指定了不同的开发及测试方法，以下两种方式列出了不同的方法：

1）一个连续的条目（在最左侧列以顺序号标明，如 1、2、3），可以选择性采用，至少应按照指定的 ASIL 推荐等级，使用表格列出的或不在表格中的一个或多个方法。如果所列出的方法对于一个 ASIL 等级来说具有不同的推荐等级，则宜采用具有较高推荐等级的方法。

2）一个选择的条目（在最左侧列以数字后加字母标明，如 2a、2b、2c），应按照 ASIL 推荐等级使用表中列出的全部方法。在实际操作中，强烈推荐或推荐的方法可以用未列入表中的其他方法替代，甚至可以不选择所有的方法，但需要给出能够满足相应要求的明确理由。

不管连续的条目还是选择的条目，对于一个 ASIL 等级，表中列出的相关方法的推荐分类如下：

1）"＋＋"表示对于指定的 ASIL 等级，强烈推荐该方法。

2）"＋"表示对于指定的 ASIL 等级，推荐该方法。

3）"o"表示对于指定的 ASIL 等级，不推荐也不反对该方法。

对 ASIL 等级相对应的，是质量管理（Quality Management，QM）要求，它属于企业内部基本的质量管理流程，主要指企业在产品质量管理方面所需要的指导和控制组织的协调活动。符合质量管理标准是实现功能安全的基础支撑，相应的证据包括达到以下要求：IATF 16949 与 ISO 9001 中关于安全生命周期各个阶段的质量管理要求；ISO/IEC 33000 标准系列、能力成熟度模型集成（Capability Maturity Model Integration，CMMI）或汽车软件过程改进及能力评定（Automotive Software Process Improvement and Capability Determination，Automotive SPICE）标准中关于产品开发的要求。

3.1.2　功能安全相关标准

2000 年 5 月，国际电工委员会正式发布 IEC 61508《电气/电子/可编程电子安全系统的功能安全》，首次引入了功能安全概念。多个安全相关工业领域（包括石油、化工、铁路、核电、流程、机械、运输、医疗、汽车等）在 IEC 61508 功能安全基础标准的基础上，陆续出台各个工业应用领域的标准，如图 3-3 所示。

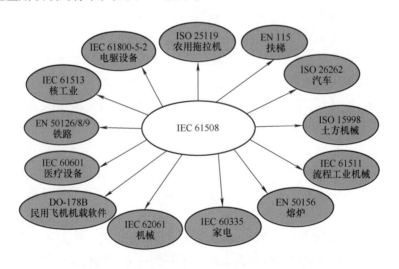

图3-3　功能安全相关标准

IEC 61508 标准主要针对安全相关的电气/电子/可编程电子系统，建立一个覆盖整体安全生命周期基础的评价方法，目的是要针对以电子为基础的安全系统提出一致的、合理的技术方案，统筹考虑单独系统（如传感器、通信系统、控制装置、执行器等）中元件与安全系统组合的问题。该标准定义的安全生命周期包含 16 个阶段，可大致分为分析过程（1~5 阶段）、实现过程（6~13 阶段）和运营过程（14~16 阶段），所有阶段关注的均是系统功能安全。IEC 61508 标准由 7 个部分组成，其中 1~3 部分为规范性的标准需求，4~7 部分为开发过程指导与示例。IEC 61508 标准的核心是风险概念和安全功能，通过应用包括 E/E/PE 和其他技术的安全功能，使风险降低到可以容忍的水平。

ISO 26262 从 IEC 61508 中派生而来，是由国际标准化组织（ISO）下设的 ISO/TC 22/SC 32/WG 8 功能安全工作组所制定的，定位于汽车行业中特定的电气元器件、电子设备、可编程电子元器件等专门用于汽车领域的部件，旨在提高汽车电子、电气产品功能安全的国际标准，该标准在 2011 年发布第一版，适用于安装在最大总质量不超过 3.5t 的量产乘用车上的，包含一个或多个电子电气系统的与安全相关系统；2018 年发布第二版，适应范围扩大到安装在除轻便摩托车外的量产道路车辆上的包含一个或多个电气/电子系统的与安全相关的系统，并增加了该标准对摩托车的适用性以及半导体应用的指南。对应的国家标准 GB/T 34590 由全国汽车标准化技术委员会下设的功能安全工作组所制定，第一版和第二版分别于 2017 年和 2022 年发布。

值得注意的是，ISO 26262 针对由安全相关的电气/电子系统的功能异常表现而引起可能危害，包括这些系统相互作用而引起的可能的危害，并不针对与触电、火灾、烟雾、热、辐射、毒性、易燃性、反应性、腐蚀性、能量释放等相关的危害，除非该危害是直接由安全相关的电气/电子系统的功能异常表现而引起的。

ISO 26262 标准提供了一个针对汽车安全生命周期（开发、生产、运行、服务、报废）的参考，并支持在这些生命周期阶段内对执行的活动进行剪裁，在 IEC 61508 基础上，进一步提供了一种汽车特定的基于风险的分析方法，以确定 ASIL，以避免不合理的残余风险。同时，对于功能安全管理、设计、实现、验证、确认和认可措施、客户与供应商之间关系等均提出了相应要求，共包含 12 个部分。

第 1 部分：术语。定义了功能安全相关术语和定义。

第 2 部分：功能安全管理。描述了应用于汽车领域的功能安全管理的要求，包括独立于项目的关于所涉及组织的整体安全管理要求，以及项目特定的在安全生命周期内关于管理活动的要求。

第 3 部分：概念阶段。描述了车辆在概念阶段进行相关项定义、危害分析和风险评估、功能安全概念的要求。

第 4 部分：产品开发：系统层面。描述了车辆在系统层面产品开发的要求，包括系统层面产品开发概述、技术安全概念、系统及相关项集成和测试、安全确认。

第 5 部分：产品开发：硬件层面。描述了车辆在硬件层面产品开发的要求，包括硬件层面产品开发概述、硬件安全要求的定义、硬件设计、硬件架构量的评估、随机硬件失效导致违背安全目标的评估、硬件集成和验证。

第 6 部分：产品开发：软件层面。描述了车辆在软件层面产品开发的要求，包括软件层面产品开发概述、软件安全要求的定义、软件架构设计、软件单元设计和实现、软件单元验证、软件集成和验证、嵌入式软件测试等。

第 7 部分：生产、运行、服务和报废。描述了车辆在生产、运行、服务和报废环节的要求，包括生产、运行、服务和报废计划及具体要求。

第 8 部分：支持过程。描述了对支持过程的要求，包括分布式开发的接口、安全要求的定义和管理、配置管理、变更管理、验证、文档管理、使用软件工具的置信度、软件组件的鉴定、硬件要素评估、在用证明等。

第 9 部分：以汽车安全完整性等级为导向和以安全为导向的分析。描述了关于 ASIL 等级剪裁的要求分解、要素共存的准则、相关失效分析、安全分析等活动的要求。

第 10 部分：指南。提供了功能安全的关键概念、安全管理的精选话题、概念阶段和系统开发、安全过程的流程和顺序、硬件开发、独立于环境的安全要素、在用证明的示例、ASIL 的分解、带安全相关可用性要求的系统、关于"所使用软件工具的置信度"的分析、安全相关的特殊特性、故障树的构建和应用等方面的指南。

第 11 部分：半导体应用指南。提供了针对半导体开发的参考，包括半导体组件及其分区、特定半导体技术和应用案例、如何使用数字失效模式进行诊断覆盖率评估、相关失效分析、数字组件定量分析、模拟组件的定量分析、PLD 组件定量分析等方面的指南。

第 12 部分：摩托车的适用性。描述了该标准对摩托车适用性的要求，包括摩托车的适用性总则、安全文化、认可措施、危害分析和风险评估、整车集成与测试和安全确认。

该标准总体基于 V 模型，为产品开发的不同阶段提供了参考过程模型，如图 3-4 所示。其中，以"m-n"方式表示的具体章条中，"m"代表特定部分的编号，"n"代表该部分章的编号，例如"2-6"代表 ISO 26262-2 的第 6 章。

除上述标准之外，国际自动机工程师学会下设的汽车功能安全委员会（Automotive Functional Safety Committee）制定的 SAE J2980《道路车辆 电子电气系统 ASIL 的等级确定方法指南》系统性地阐述了确定道路车辆电子电气系统 ASIL 的方法，并给出了多个实例，为功能安全概念阶段开发所涉及的危害分析和风险评估（尤其是严重度、暴露概率和可控性的定级）提供了很好的支撑[4]。德国汽车工业协会（Verband der Automobilindustrie，VDA）下设的功能安全标准委员会（Standards Committee for Functional Safety）根据 ISO 26262-3：2018 发布的 VDA 702 技术报告系统性地介绍了概念阶段开展危害分析和风险评估时确定暴露概率的方法和示例[5]。

上述标准广泛适用于道路车辆功能安全产品开发，除此之外，联合国欧洲经济委员会（UNECE）还制定了适用于特定产品的功能安全标准或法规，例如 ECE R13H、ECE R79、ECE R157 分别提出了汽车制动系统、转向系统、自动车道保持系统开发过程中的功能安全要求，也适用于智能网联汽车中的相应系统[6-8]。此外，我国的全国汽车标准化委员会也正在针对乘用车制动系统、乘用车转向系统、特定的辅助驾驶及自动驾驶系统等制定专门的功能安全标准。

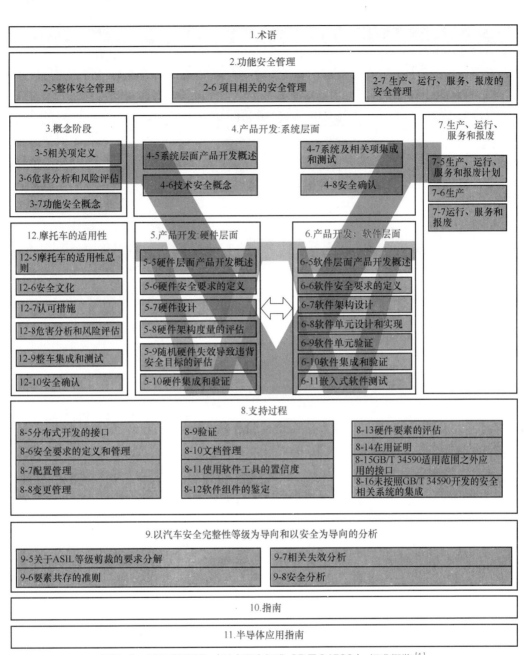

图 3-4　ISO 26262 （对应国家标准 GB/T 34590 ） 标准概览[1]

3.1.3　安全管理与组织架构

1. 功能安全管理

功能安全管理是整车开发管理的重要组成部分，基于智能网联汽车从研发生产到运行报废全生命周期流程活动，在微观层面可将智能网联汽车安全管理内容分为：整体安全管理、项目安全管理，以及生产、运行、服务和报废安全管理。图 3-5 所示为开发过程中与功能安全生命周期相关的管理活动示例，下面分别对三类安全管理进行简要介绍。

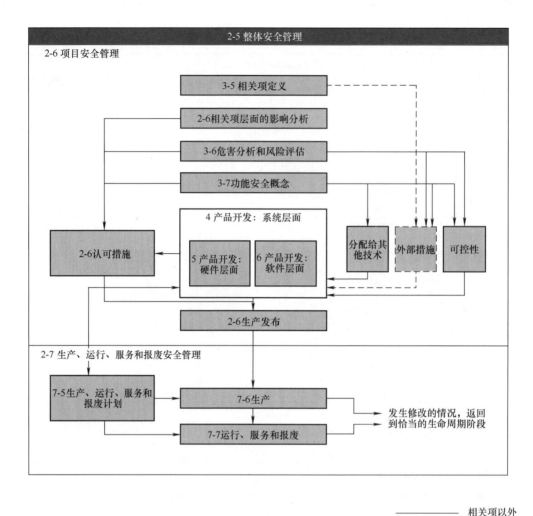

图3-5 开发过程中与功能安全生命周期相关的管理活动示例

（1）整体安全管理

整体安全管理是安全生命周期内所有活动的前提条件，旨在确保参与安全生命周期执行的组织，即负责安全生命周期或在安全生命周期内执行安全活动的组织，实现以下目标：

1）建立并维护能够用于支持和鼓励功能安全有效实现，并能够促进与功能安全相关的其他领域有效沟通的安全文化。

2）建立并维护充分组织专门功能安全规章和流程。

3）建立并维护可确保能充分解决识别出安全异常的流程。

4）建立并维护可确保参与人员能力与其职责相匹配的能力管理体系。

5）建立并维护用以支持功能安全的质量管理体系。

整体安全管理是企业和组织为开展各类安全开发所开展的工作，包括安全文化培养、安全团队建设、安全规章和流程建设等，是安全开发全工作的基石。企业和组织应在长期管理活动和生产实践中积累形成自上而下、全员性的安全价值观和安全理念，并将自己的安全理念和承诺传递到相关合作方。

企业和组织应具备单独的安全团队,对产品生命周期过程中的安全活动实施和完成情况进行监督和评估,保障产品安全目标的达成。同时,企业和组织应具备安全规章和流程,并将其规范化、制度化,贯穿到各个层面,组织实施产品安全相关活动,确保产品安全目标达成。

(2)项目安全管理

项目安全管理中,企业和组织需定义与分配安全活动相关的角色和责任,并赋予相关安全角色对应的职权,为其配备开展安全活动的各类资源。企业和组织需在相关项层面执行影响分析,以识别相关项是全新的,或是对现有相关项修改,还是对现有相关项的使用环境进行修改;并在有一项或多项修改时,分析所识别出的修改对功能安全的影响。在现有要素复用的情况下,企业和组织需在要素层面执行影响分析,评估复用的要素是否可以满足分配给它的安全要求,并考虑该要素复用的运行环境。

企业和组织需计划安全活动,对应全生命周期流程制定安全计划,并按照安全计划协调并追踪安全活动的进度,在整个安全生命周期内,确保安全活动的正确进程;规划分布式开发中整车厂和供应商需要分工合作完成相关项安全开发中的所有安全活动,需根据所分配的责任,各自创建安全计划;定义所剪裁的安全活动,提供相应的剪裁理由,安全活动剪裁适用于特定项目,剪裁依据应包含在安全计划中,安全活动剪裁依据包括 ASIL、相关项层面影响分析、要素层面影响分析、开发接口协议等,并在安全计划的认可评审和功能安全评估活动中对剪裁依据进行评审。

基于上述活动,企业和组织需创建可理解的安全档案、认可评审报告、安全审核报告以及安全评估报告,以提供实现了功能安全的证据,判断相关项是否实现了安全开发,在开发结束时,基于支持有信心实现安全的证据,决定相关项或要素是否能够生产发布。

(3)生产、运行、服务和报废安全管理

生产、运行、服务和报废安全管理的目的是定义实现和维护生产、运行、服务和报废相关功能安全的组织和人员的职责。

企业和组织需对相关项及其要素的生产过程实施相关活动,来确保在生产阶段(产品发布给生产后)实现不产生影响安全的因素。对车辆生命周期的运行、服务(维护和维修)实施相关活动,例如实施现场监控流程,以便获得现场数据支持安全事件解决。企业和组织需制定相关项或针对相关要素的运行、服务和报废计划及指导说明,例如电动汽车进行报废时废旧电池的无风险化处理流程等。

2. 安全组织与团队

为确保智能网联汽车的各项功能能够正常、安全地运行,保护驾驶员和乘客的生命健康和安全,在企业内部需要建立专门的安全组织和团队来负责汽车功能安全的相关工作。在不同国家、不同类型的企业背景下,功能安全的组织和团队存在着不同的形态[9-10]。

近些年来,汽车的 E/E 架构逐渐发生了颠覆式的变化,各整车场(Original Equipment Manufacture,OEM)都开始探索由分布式架构向域控架构及中央集成式架构方向过渡,汽车电子电气控制复杂度爆炸式增加,软件定义汽车、辅助驾驶甚至自动驾驶等功能逐渐成为量产车主流趋势，很多整车厂也逐渐开始了自研，传统的分布式开发模式随之也受到了巨大的挑战，整车厂普遍开始意识到功能安全的重要性，并开始在功能安全人才上加大投入，并组建功能安全管理体系和功能安全团队。

相对于供应商而言，整车厂负责整车开发，涉及面广，其对安全团队的要求更高。汽车上所有涉及功能安全的领域和专业方向都需要有专门的功能安全工程师，包括智能驾驶、座舱、底盘、动力驱动、芯片及操作系统等，因此整车厂需要建立相对较为完整的安全组织与团队。

在开展功能安全方面，不同供应商面临着一些差异化要求。一级供应商（Tier1）通常需要承担更多的安全责任，包括与整车厂的直接合作、建立专门的安全团队、实施完整的安全生命周期管理以及进行安全培训和文化建设。相比之下，对二级供应商（Tier2）的要求相对较低，但仍需关注其提供的零部件或原材料的质量和安全性，并确保符合相关的安全标准要求。根据各自的角色和责任，一级供应商和二级供应商应确保在产品设计和生产过程中注重功能安全，并与上下游企业保持良好的沟通与合作，共同确保最终汽车产品的安全和可靠性。

3.2 安全需求与架构开发

汽车产品开发基于需求，需求是产品开发的基础。好的需求很大程度上直接决定了产品的功能和质量，对汽车功能安全的开发也不例外。用于功能实现的需求多源于用户需求，而功能安全开发的需求源于功能实现。在不同开发阶段，需求根据其细化程度可分为：

1）功能层面的需求：相对抽象的逻辑功能需求，需细化至技术需求。

2）技术层面的需求：技术层面可实施的需求，可直接转化为软硬件开发需求。

功能安全概念阶段开发的本质是在相对抽象的逻辑功能层面，通过安全分析，提出功能安全开发最初的安全需求，因此，该阶段被称为概念阶段。具体而言，就是通过对相关项所实现的功能进行危害分析和风险评估（Hazard Analysis and Risk Assessment，HARA），导出功能安全开发的顶层安全目标（Safety Goal，SG），以及对应的功能安全需求（Functional Safety Requirement，FSR）。其中，SG 本身也属于安全需求，是基于整车层面功能安全分析导出的最初的、最抽象的功能安全需求；FSR 是在逻辑功能层面上，基于安全目标进一步细化得到的组件级别的功能安全需求，只有细化至组件级别的安全需求才能用于组件的进一步开发。

为了定义功能安全需求，首先必须定义研究对象，由此展开"概念阶段开发-相关项定义"部分。进而需要采取各种安全分析方法，导出研究对象所对应的功能安全需求，由此展开"概念阶段开发-HARA"部分。

3.2.1 相关项定义

在功能安全标准中，相关项定义的目的是定义并描述相关项，以及其与环境和其他相关项的依赖性和相互影响，为充分理解相关项提供支持，以便执行后续阶段的活动。相关项的定义包括其功能、接口、环境条件法规要求和危害等，进而为执行后续的危害分析及风险评估、功能安全概念提供充足的信息。通常，在进行相关项定义时，需要满足以下要求：

1）给出相关项的功能性和非功能性的要求，以及相关项与其环境之间的依赖性，包括：

①相关项的目的和功能；②运行条件和环境约束；③法规、国家标准和国际标准要求；④由相似的功能、相关项或要素实现的行为；⑤相关项的预期行为的假设；⑥行为不足，包括已知的失效模式和危害、造成的潜在后果等。

2）定义相关项的边界、接口以及提出与其他相关项和要素交互关系的假设时，应考虑：①相关项内部的要素；②相关项的行为对其他相关项或要素影响的假设，即相关项的环境；③该相关项与其他相关项或要素的相互作用；④其他相关项、要素和环境要求本相关项提供的功能；⑤本相关项要求其他相关项、要素和环境提供的功能；⑥功能在所涉及的系统和要素间的分配；⑦影响相关项功能的运行场景。

在产品开发过程中，可对相关项进行剪裁，复用类似相关项工作输出产物，以此缩短产品开发的周期并降低成本。

相关项定义的本质为确定功能安全研究的对象，其简要内容包括三部分。

研究对象：相关项由哪些系统及组件构成，一般可以采用统一建模语言（Unified Modeling Language，UML）或系统建模语言（Systems Modeling Language，SysML）中的结构类视图进行表达。

功能描述：描述研究对象实现了哪些整车级别的功能，例如，加速、减速、转向等，但非具体组件的功能（例如，传感器采集具体信号、控制器具体输出等）。功能描述是后续HARA的重要基础。

对象属性特征：研究对象预期可能存在的功能失效、内部及对外依赖关系（以接口体现）、相关法律法规等。

其中，研究对象的初始架构可以按照"输入-处理-输出"的结构来描述。输入部分通常由感知传感器组成，如图 3-6 所示，毫米波雷达感知前方障碍物信息通过 CAN 接口输入给驾驶辅助控制器，摄像头传感器将图像信息通过 CAN 接口输入给驾驶辅助控制器；处理部分是驾驶辅助控制器，驾驶辅助控制器接收毫米波雷达的障碍物信息和摄像头的图像信息，根据驾驶员需要的功能融合计算出对应的控制请求；输出部分由动力系统、制动系统和转向系统等执行器组成，驾驶辅助控制器将计算出的驱动控制请求通过 CAN 接口发送给动力系统完成车辆加速，制动请求发送给制动系统完成车辆减速，转向请求发送给转向系统完成车辆转向。驾驶辅助控制器也通过 CAN 接口和整车仪表通信，将驾驶辅助系统功能的工作状态通过仪表反馈给驾驶员。

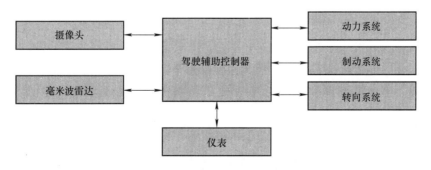

图 3-6　驾驶辅助系统的初始架构示例

功能描述是功能性需求的重要组成部分，是指可以被驾驶员直接感知和使用到的整车级别的功能，通常能够产生整车在横向、纵向和垂向三个方向的运动，以及车辆与驾驶员的交互。在功能描述的基础上，再进一步梳理产品内部子功能。通常整车级的功能是需要多个控制器配合来完成的，梳理功能定义时，需要注意区分层次。表 3-1 是自动紧急制动辅助系统的功能描述示例。

表 3-1　自动紧急制动辅助系统的功能描述示例

功能编号	功能	功能描述	子功能	子功能描述
ADAS_F01	自动紧急制动辅助	探测到前方障碍物目标小于安全距离时，对驾驶员进行声音或者视觉警告提醒，若驾驶员没有及时踩制动踏板或制动力度不足时，向制动系统发送减速请求，实现碰撞避免或者缓解碰撞	前向障碍物识别	检测前方的障碍物，并且将有碰撞风险的障碍物目标属性发送给制动规划控制
			制动规划控制	在驾驶员没有及时踩制动踏板时，系统向车辆制动系统发送减速请求，制动系统代替驾驶员完成制动
			仪表显示	将工作状态和警告信息显示在仪表上
			声音报警	根据紧急程度，通过声音警告的方式提示驾驶员制动

对象属性特征部分包括的内容较多，下面主要对其核心内容进行阐述。首先是定义系统的边界，即基于产品初始架构及项目研发范围，形成系统边界图。由于每个项目的研究范围存在差异，即使是相同的产品，其在不同企业或者不同项目中的边界定义也可能有所不同。这种边界的差异对安全设计与分析的输出物有比较大的影响，因此应在相关项的定义中予以明确。

然后，以图 3-6 中驾驶辅助控制器为例，可以定义驾驶辅助控制器为系统的内部要素，其余输入部分（摄像头、毫米波雷达）、输出部分（动力系统、制动系统、转向系统）及仪表系统均为外部要素。

最后，定义好初始架构和边界以后，需要梳理系统内部的运行工作模式，明确每个状态内系统的主要活动。自动驾驶系统的工作模式通常包括上电初始化、待机、正常运行、延迟运行、安全、睡眠和断电等主要模式，同时也会有调试、刷写、下线检测等辅助模式。梳理运行工作模式时，需要明确每两个模式之间的跳转条件。

3.2.2　危害分析和风险评估

完成功能安全研究对象的定义（即相关项定义）后，需要对相关项所实现的功能进行安全分析，识别可能存在的危害，并对其进行量化，最后导出 SG 和对应的 FSR，形成功能安全开发的基础。简单来说，HARA 是在概念阶段为导出功能安全目标及其 ASIL 的系统安全分析方法。

具体而言，如图 3-7 所示，根据相关项定义的功能，分析其功能异常表现，识别其可能的潜在危害（Hazard）及危害事件（Hazardous Event），并对其风险进行量化（即确定 ASIL），导出功能安全目标和 ASIL，以此作为功能安全开发最初的最顶层安全需求。

HARA 需要相关项定义作为输入，并根据相关项功能描述部分，进行后续危害分析，具

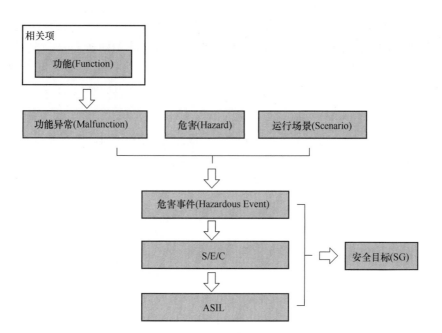

图3-7 危害分析和风险评估概览

体包括危害分析、评价危害的风险（即 ASIL 确定），以及定义安全目标三部分内容，如图 3-8所示。

图3-8 HARA 的主要步骤

（1）危害分析

目的：利用安全分析方法，对相关项定义的功能进行分析，识别危害和危害事件。

方法：FMEA 或 HAZOP。

实际上，失效模式与效应分析（FMEA）故障识别部分和 HAZOP 并无本质区别，都属于自下而上的归纳型安全分析方法，二者分析流程基本类似，只是 HAZOP 操作更为简单，多借助特定的引导词，识别相关项功能存在的潜在危害。

HAZOP 具体操作步骤如下。

步骤一：识别危害，即利用 HAZOP 分析相关项所定义的整车层面（非组件层面）功能异常表现。HAZOP 基于相关项定义的功能，使用以下规定的引导词，分析每个功能的异常表现：

1）功能丧失：在有功能需求时，不提供功能（如车辆丢失制动能力）。

2）在有需求时，提供错误的功能：多于预期（如车辆加速大于驾驶员需求）；少于预期

（如车辆转向小于驾驶员需求）；方向相反（如驾驶员要求加速，但车辆出现减速）。

3）非预期的功能：无功能需求时，提供功能（如驾驶员无加速需求，但车辆提供加速度）。

4）输出卡滞在固定值上：功能不能按照需求更新（如驾驶员需先加速后减速，但车辆一直提供加速）。

值得注意的是，对每个功能分析不一定会使用到所有的引导词，可对其进行剪裁。例如，针对车辆助力转向系统提供转向功能，根据 HAZOP 引导词分析，其功能异常表现有非预期转向、转向不足、过度转向等。

步骤二：运行场景分析，进而将危害和运行场景结合，形成危害事件。即危害事件 = 危害 + 运行场景。

危害通常是抽象的、不可量化的可能性，需要结合不同的运行场景，形成具体的危害事件。同一危害在不同的运行场景下，所形成危害事件的严重性、出现的频率及其危险的可控性也是不同的，即 ASIL 不同。例如，车辆发生非预期转向属于车辆级别的危害，需要结合具体的车辆运行场景来判断，在不同车速和道路环境下，可能发生不同的危害事件，例如本车和周边基础设施或行人发生碰撞，本车和迎面驶来的汽车碰撞、发生侧翻等。可见，相同的危害在不同的车辆运行环境下造成的伤害是不一样的，这也是需要将危害量化为危害事件的重要原因。

运行场景，即车辆运行环境，包括道路场景（例如道路类型、路面附着情况等）和驾驶场景（例如运行状态、车速等）。SAE J2980 和 VDA 702 提供了具体的场景分类参考，分析中需确保将危害最大化的运行场景全覆盖[4,5]。

危害分析注意事项及约束如下：

1）危害和危害事件定义必须基于整车层面，例如，危害：非预期的车辆加速；危害事件：车辆发生非预期加速并与前车发生碰撞。

2）只考虑由所定义的相关项功能造成的危害，并假设其他相关项正常工作。

3）不应考虑将要实施或已经在前代相关项中实施的安全机制，例如，功能监控、硬件冗余等。

4）可以考虑相关项外部措施对危害的影响，例如，处于相关项外部的车身电子稳定系统、安全气囊、灭火器等。

5）功能失效和相应的危害之间的对应关系是多对一或一对多的关系。

6）需要考虑合理的误操作造成的危害，例如，驾驶安全距离保持不够、合理可预见的误触发等。

7）应避免运行场景的颗粒度过细导致 ASIL 等级的不适当降低。

（2）评价危害的风险（即确定 ASIL 等级）

通过危害分析识别出危害事件后，就可以进一步对危害事件的风险进行评估量化，确定对应的 ASIL 等级。为此，ISO 26262-3：2018 中定义了三个衡量参数（严重度、暴露概率、可控性），通过对这三个参数取值进行评估，就可以实现对危害事件风险的量化，即确定唯一与其对应的 ASIL 等级。

在进行评价之前，需要明确什么是风险，根据 IEC 61508[3]定义：

$$风险 = 危害事件的严重程度 \times 危险发生的可能性$$

严重度参数即危害事件造成伤害的严重程度，例如轻伤、中度伤害、发生死亡等，其结果是确定的。

危害事件发生的可能性取决于两方面：

1）发生的频率。危害事件发生的频率直接取决于车辆运行场景，运行场景出现频率越高，危害事件产生的可能性就越大，这就是所谓的**暴露概率**。例如，车辆以 50km/h 车速行驶于城市道路上，该运行场景发生频率非常高，几乎每次车辆运行都会遇到该运行场景，而车辆行驶于火车道路口发生的频率就相对非常低。

2）避免伤害的可能性。危害事件发生后是否一定会导致最终伤害的产生？答案是不一定，还必须要考虑人为因素，尤其是驾驶员对危害的控制程度。一旦发生危害，如果驾驶员能够对车辆进行合理有效的干预，很有可能也会避免或者降低产生的伤害，这就是所谓的**可控性**。例如，车辆发生非预期转向，如果驾驶员能够及时反向打转向盘，及时调整车辆行驶方向，让车辆回到正常行驶轨道并进行一定程度的制动，这样就有可能避免伤害的最终产生。

所以风险代表了危害事件导致的危害严重性和发生的可能性，这是 ISO 26262 选取下列三个参数对危害事件的风险进行量化的主要原因。

a. 严重度 S。ISO 26262 将严重度分为 4 级，即 S0、S1、S2、S3，需要基于确定的理由来预估潜在伤害的严重度。严重度一般使用 AIS 分级来描述，它由汽车事故医学高级协会（Association for the Advancement of Automotive Medicine，AAAM）发布，共分为 7 级。

AIS 0：无人员伤亡。

AIS 1：轻伤，例如皮肤表面伤口、肌肉疼痛、挥鞭样损伤等。

AIS 2：中度伤害，例如深度皮肉伤、脑震荡长达 15min 无意识、单纯性长骨骨折、单纯性肋骨骨折等。

AIS 3：严重但未危及生命的伤害，例如无脑损伤的颅骨骨折、没有脊髓损伤的第四颈椎以下脊柱错位、没有呼吸异常的超过一根的肋骨骨折等。

AIS 4：严重受伤（危及生命，但有生存的可能），例如伴随或不伴随颅骨骨折的脑震荡引起的长达 12h 的昏迷、呼吸异常。

AIS 5：危险伤害（危及生命，生存不确定），例如伴随脊髓损伤的第四颈椎以下脊柱骨折、肠道撕裂、心脏撕裂、伴随颅内出血的超过 12h 的昏迷等；

AIS 6：极度危险或致命伤害，例如伴随脊髓损伤的第三颈椎以上脊柱骨折、极度危险的体腔（胸腔和腹腔）开放性伤口等。

严重度 S 等级和 AIS 分级对应关系及示例见表 3-2。值得注意的是严重性评估中，不仅需要考虑车内驾驶员及乘客，还要考虑车辆外部环境中的参与人员，包括行人、其他车辆等。在实际操作过程中，严重性评估多和碰撞事件相关，因而严重性等级多取决于车辆速度差的变化。

表 3-2 严重度 S 等级和 AIS 分级对应关系及示例

S 等级	S0	S1	S2	S3
描述	无伤害	轻微有限伤害	严重或危及生命（幸存）	危及生命或致命伤害
AIS 等级	AIS 0；AIS 1~6 可能性小于 10%；或不能被归为安全相关的损害	AIS 1~6 可能性大于 10%（不属于 S2 和 S3）	AIS 3~6 可能性大于 10%（不属于 S3）	AIS 5~6 可能性大于 10%
示例	冲撞路边设施 撞倒路边邮筒、围栏等 轻微刮痕损害 在进入或退出停车位置时损害 没有碰撞或者侧翻的情景下离开道路	侧面碰撞一个狭窄的静止物体，例如乘用车以非常低的速度撞上一棵树（影响到乘员舱） 以非常低的速度和其他乘用车后碰/正碰	侧面碰撞一个狭窄的静止物体，例如乘用车以低速撞上一棵树（影响到乘员舱） 以低速和其他乘用车后碰/正碰 以低速造成的行人或自行车事故	侧面碰撞一个狭窄的静止物体，例如乘用车以中速撞上一棵树（影响到乘员舱） 以中速和其他车辆后碰/正碰 有乘员舱变形的正面碰撞（例如追尾其他车辆、半挂车）

b. 暴露概率 E。暴露概率 E 主要用于衡量危害事件对应运行场景的暴露概率。ISO 26262 将暴露概率分为 5 级，即 E0（最低暴露概率级别）、E1、E2、E3、E4（最高暴露概率级别）。尽管在危害分析和风险评估中被定义了，但被认为是不寻常或令人难以置信的场景会被指定为 E0，例如，车辆遭遇在高速公路上由于事故降落的飞机。与 E0 场景关联的危害事件的后续评估会被排除在进一步的 HARA 之外。

根据危害事件对应的运行场景的特性，暴露概率 E 可通过两种方式进行预估：

对于持续特性的运行场景：通过场景运行时间（所考虑的场景）与总的运行时间（上电）的比值来预估。例如，车辆通过交通路口的平均时间或者车辆在城市工况运行的平均时间。基于持续时间运行场景下的暴露概率 E 和持续时间的对应关系见表 3-3。

表 3-3 基于持续时间运行场景下的暴露概率 E 和持续时间的对应关系

E 等级	E1	E2	E3	E4
类型	极低概率	低概率	中等概率	高概率
持续时间	无定义	<1% 的平均运行时间	1%~10% 的平均运行时间	>10% 的平均运行时间

对于频率特性的运行场景：某一段时间内发生的频率。例如，车辆过交通路口的频率或者倒车入库的频率。基于频率运行场景下的暴露概率 E 和频率的对应关系见表 3-4。

表 3-4 基于频率的运行场景下的暴露概率 E 和频率的对应关系

E 等级	E1	E2	E3	E4
类型	极低概率	低概率	中等概率	高概率
频率	对大多数驾驶员而言，一年发生的频率小于一次	对大多数驾驶员而言，每年发生几次	对普通驾驶员而言，基本上每个月发生一次或多次	几乎发生在每次驾驶中

关于暴露率 E 的评估可以查询 VDA 702 中 E 值推荐，其中分别列出了不同运行场景下基于持续时间和频率对应的 E 值。此外，暴露概率的预估不应考虑装备该相关项的车辆数量或占比。

c. 可控性 C。可控性 C 表示如果某个给定的危害将要发生，具有代表性的驾驶员能够保持或者重新控制车辆的可能性，或者在这个危害发生范围内的个体能够通过其行动来避免危害的可能性。ISO 26262 将可控性分为 4 级，即：C0（最低可控级别）、C1、C2、C3（最高可控级别），可控性等级和其描述见表 3-5。

表 3-5　可控性等级和其描述

C 等级	C0	C1	C2	C3
描述	通常可控	简单可控	一般可控	很难控制或不可控

此外，在对可控性 C 进行预估时还需注意以下几点：①可控性受多种因素影响，存在个体差异，需考虑驾驶员平均水平，并对其进行合理假设（例如健康、有驾照）；②不能基于单个或者特定的驾驶员对危害的操作评价危害的可控性，需基于一定样本容量，对于 C2 及 C3，可以基于一定样本的用户测试决定；③最好能够明确可控性量化指标，通过仿真或样车测试的方式对 C 参数进行量化评估，并在系统开发完成后对其进行实车验证，这也属于安全确认工作的范畴。

ISO 26262 中引用了 RESPONSE3 项目成果用于论证 C2 的合理测试场景，即"实际的测试经验表明，每个场景中 20 个有效的数据包即能提供基本的有效性说明"。如果这 20 个数据包中的每一个都符合测试的通过标准，则能够证明 85% 的可控性水平（达到一个通常能被人为因素测试接受的 95% 的置信度）。这为 C2 预估的合理性提供了适当的证据。值得注意的是：①20 个测试人员通过测试且测试结果需要有效。这里并不是说从 100 个测试人员中选 20 个通过测试，而是只有 20 个测试人员且 20 个都通过测试。考虑到实验中测试人员可能会出现一些不确定因素，那么对于没有通过测试的人员也需要给出强有力的合理解释作为例外排除在外；②为保证测试的有效性，测试人员应该是在不知情的情况下测试的，也就是盲测；③测试结果只能证明 C2，而不能证明 C1。对于 C1，通过一个测试去提供一个 99% 的驾驶员都能够在特定的驾驶环境下"通过"这个测试的理由是不可行的，因为必须要有大量的测试项目作为这个理由的适当证据，也可以基于专家判断来决定；④由于 C3 等级假定为没有可控性，所以对于这个分类理由不需要提供相关的适当证据。

根据对危害事件进行评估得到的三个参数的取值，通过查询表 2-5，就可以得到每个危害事件的 ASIL。ASIL 定义了对相关项功能安全开发必要的要求和安全措施的严格程度。

为了免去查表的麻烦，可以按照如下 ASIL 计算公式，以 S、E、C 求和后的数字确定 ASIL：

$$S + E + C = 10 \rightarrow ASIL\ D$$
$$S + E + C = 9 \rightarrow ASIL\ C$$
$$S + E + C = 8 \rightarrow ASIL\ B$$
$$S + E + C = 7 \rightarrow ASIL\ A$$
$$S + E + C < 7 \rightarrow QM$$

需要注意的是：

1）S、E、C 三个参数一般根据 ISO 26262-3：2018 附录、SAE J2980 并结合经验、统计数据、仿真、测试等确定。如果存在不确定性，可以适当考虑取较大的值。

2）S、E、C 三个参数中，对 S 和 E 评估一般相对比较容易，通常可以通过查阅相应标准获取，获取 C 参数较难，因其涉及驾驶员人为反应，且存在个体差异，最好能够明确量化指标，保证评价一致性。

3）不同企业对同一危害事件的风险量化，即三个参数数值确定，可能不尽相同，审核的重点在于有理有据，合理即可。

（3）定义安全目标

通过 HARA 过程，根据相关项功能，识别了相应的危害事件，并对其风险进行评估量化，得到了每个危害事件对应的 ASIL。紧接着就可以根据危害事件进一步导出安全目标，得到功能安全开发的最基本安全需求。通常，危害事件的反面为安全目标。

1）可以对相似的危害事件进行组合和分类，再导出安全目标，以此减少后续分析的工作量。

2）针对分类后的每一个危害事件导出对应的安全目标。

3）若导出的安全目标存在相似性，可对其进行合并，并继承其中最高的 ASIL。

4）针对自动紧急制动辅助功能非预期制动引发的追尾碰撞危害事件，整理出的功能安全目标示例见表 3-6。表 3-7 给出了 HARA 模板，具体实例将在后续章节给出。

表 3-6　安全目标示例

SG 编号	AEB-SG-01
安全目标描述	AEB 要避免太高的制动力
故障容忍时间间隔	500ms
安全状态	AEB 无制动干预
ASIL	C

表 3-7　HARA 模板

功能	功能异常表现	危害	运行场景		危害事件	ASIL 评估							安全目标
			道路场景	驾驶场景		S	理由	E	理由	C	理由	ASIL	

3.2.3　功能安全概念

1. 功能安全需求

SG 属于基于车辆级别的安全需求，过于抽象，需要将其进行细化，得到为满足安全目标，基于组件级别的相对比较具体（但依旧还是基于功能层面逻辑）的 FSR。根据 ISO 26262，功能安全需求应该针对以下方面提出相应功能级别的解决方案：

1）故障预防。

2）故障探测，控制故障或功能异常。

3）过渡到安全状态。

4）容错机制。

5）发生错误时功能的降级及与驾驶员预警的相互配合。

6）将风险暴露时间减少到可接受的持续时间。

7）驾驶员预警，以增加驾驶员对车辆的可控性。

8）车辆级别时间相关要求，即故障容错时间间隔、故障处理时间间隔等。

9）仲裁逻辑，从不同功能同时生成的多种请求中选择最合适的控制请求。

通俗地讲，FSR 无非就是基于以下两个角度去定义安全需求：

事前预防：从设计的角度出发，为尽可能避免系统中软件和硬件相关的失效，系统中的组件应该实现或具备哪些功能。

事后补救：如果系统还是发生了失效，及时探测、显示、控制故障，尽早给驾驶员警示故障，让驾驶员有效干预，或控制车辆系统进入一个安全状态，防止或减轻伤害产生。

此外，针对 FSR，还需要注意以下几点：

1）FSR 本质上是需求，一般是整车厂对供应商提出的安全要求，只考虑为满足安全目标及其 ASIL，系统应该怎么正常工作，不涉及具体的技术实现方式。例如，FSR 001-制动踏板开度必须正确反映驾驶员制动意图（ASIL D）。至于具体应该采用什么传感器、怎么反映意图都不是功能层面需要考虑的问题。

2）针对每个 SG，应该至少导出一个 FSR。

3）FSR 应该继承对应安全目标的 ASIL。如果存在 ASIL 分解，则需要遵循 ISO 26262-9 中关于独立性（Independence）的要求。

如果 FSR 涉及事后补救措施，则该 FSR 需要定义相应的安全状态及故障容错时间间隔；如果安全状态需要过渡，还需定义紧急运行时间间隔，这些都属于功能安全需求的特性。

FSR 需要分配至系统架构，并作为功能安全概念（Functional Safety Concept，FSC）的组成部分。

2. 从安全目标导出功能安全需求

与通过 HARA 导出安全目标的过程类似，从 SG 到 FSR，同样需要进行安全分析，其主要区别在于：

由 SG 导出 FSR 的安全分析对象是基于系统中的组件层次，而非 HARA 的车辆级别。

除了采用归纳分析法（Inductive Analysis），FSR 导出过程还可采取演绎分析法（Deductive Analysis）。

其中，失效模式与影响分析（FMEA）和故障树分析（FTA）是归纳和演绎安全分析的代表性方法，也是功能安全开发最常用的安全分析方法。

从 SG 到 FSR，多采用 FTA 方法进行分析，主要原因在于：

首先，FMEA 在设计阶段一般指 DFMEA，即 Design FMEA，一般用于产品设计或工艺在真正实现之前，对其进行安全分析，发现产品弱点并优化改进。所以 FMEA 意味着通过危害事件发生之前的措施，尽可能避免危害产生，即只包括事前预防措施，这一点和功能安全中的安全机制要求不同，安全机制属于事后补救措施，是保证汽车功能安全的重要措施。

其次，FTA 自上而下、从结果到原因的分析方法，和从 SG 到 FSR 的导出方向一致，操作更为便捷，可以更容易完整地识别导致顶层故障（即违反安全目标）的原因和影响因素。

3. 功能安全概念

功能安全概念 FSC 本质上是概念阶段所有开发工作进行系统化汇总后形成的工作输出产物。ISO 26262 对 FSC 定义比较模糊，即为了满足安全目标，FSC 包括安全措施（含安全机制）。此处对安全措施（Safety Measure）和安全机制（Safety Mechanism）的差异进行简要阐述。

安全措施：包括事前预防 + 事后补救，含义较为广泛，是一切用以避免或控制系统性失效、随机硬件失效的技术解决方案的统称。

安全机制：只包括事后补救部分，是安全措施的一部分，即当系统出现故障后，为探测、显示、控制故障所采取的措施。安全机制一般涉及具体的技术手段，在概念阶段不做具体要求，将会在系统、软件及硬件阶段进行定义。

所以从理论上讲，只要是为保证相关项功能安全，所有在功能层面采取的解决方案都属于功能安全概念的内容。图 3-9 展示了功能安全概念的输入输出及主要包含内容。

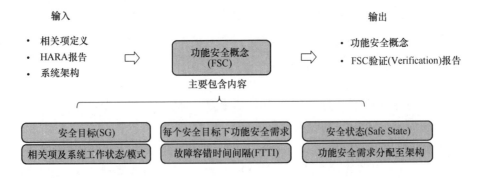

图 3-9　功能安全概念的输入输出及主要包含内容

其中，安全状态主要包括关闭功能、功能降级、安全运行模式、跛行回家（Limp Home）等失效安全（Fail Safe）类型的策略，针对高级别自动驾驶系统，还将包含失效运行（Fail Operational）策略，例如靠边停车、冗余运行等[13]。

系统一旦违反安全目标，安全机制必须在故障容错时间间隔内，将系统转移到安全状态。其中，故障容错时间间隔可以通过对安全目标所对应的代表性危害事件（一般是 ASIL 最高的危害事件）的运行场景进行定量或定性评估得到，包括历史数据、仿真计算、实际故障注入测试等，具体包括：

仿真计算：例如，当车辆发生非预期加速（制动）时，可以通过计算在该危害运行场景下，车辆发生故障时，和前（后）车或障碍物发生碰撞的时间；或当车辆发生非预期转向时，偏移所处车道到特定位置所需的时间等。需要注意的是，对于仿真计算而言，如果危害事件只涉及纵向动力学，例如，车速变化等，则计算过程比较简单，也比较容易实现，但是如果涉及横向动力学，则计算相对困难，车辆动力学模型（包括悬架及轮胎模型等）比较难于和实际运行状态完全贴合，通常需要大量的验证工作，比较适合系列车型。

实际故障注入实车测试： 根据样机或类似车辆，在实验场地中实车模拟车辆的运行场景，注入能够导致安全目标违反的故障，并对整个过程进行测试和数据记录，最后根据安全接受准则进行判断。刚好满足安全接受准则的故障时间间隔就是至少需要满足的故障容错时间间隔。该方式比较贴近实际，结果比较准确，但需要相应的测试车辆，测试成本较高，且没有办法在产品开发初期实现，且整车故障注入的实施需要相应的保障措施，以保证测试人员的安全。

在实际操作中，如果故障容错时间间隔难以通过仿真计算或实验测试确定，可以根据经验对其进行预设，为保证安全，定义的数值可以相对保守。产品开发末期，再根据实车场地测试数据和安全确认指标（Validation Criteria）确定前期假设的合理性。理论上，对于 ASIL 较高的安全需求的故障容错时间间隔，都应该在完成系统集成后，在整车层面进行确认。

4. 功能安全需求分配至系统架构

根据 ISO 26262 要求，功能安全需求必须分配至系统架构，作为 FSC 的重要组成部分，其主要目的在于：

1）将不同安全目标对应的安全需求及 ASIL 落实到架构中具体的软件或硬件组件中，进而确定组件开发对应的所有安全需求及最高 ASIL 要求，以便于后续的系统、软件和硬件的进一步开发。

2）系统架构作为需求和具体软/硬件实现之间的桥梁，是基于模型的系统工程开发的重要内容，通过将需求分配至系统架构，能有效改善基于文本或文档开发的弊端，实现不同模型的统一管理、维护及完整的可追溯性、可验证性。

3）架构是当前软件定义汽车及面向服务的架构（Service-Oriented Architecture，SOA）大背景下，解决系统及软件复杂度的利器。然而目前很多车企都没有完整的基于模型的系统架构描述，或只是基于 PowerPoint、Visio 等类似工具实现的简单图形化架构描述，这直接导致安全分析工作无法依据系统架构进行开展，也无法将安全需求有效地分配至系统架构元素。

需要注意的是，在功能安全概念开发阶段，系统架构作为外部输入内容，只需要将功能安全需求（FSR）分配至系统架构中的元素即可，一般不需要对系统架构进行额外的功能安全开发。系统安全架构多在系统开发阶段进行设计和开发。

3.2.4　系统开发阶段

在概念开发阶段，通过对功能安全开发最初的安全需求（即安全目标）进行组件级别的安全分析活动（例如 FTA、FMEA），将安全目标细化得到了组件级别的 FSR 和 FSC。然而，FSR 本质上还是属于功能层面的逻辑功能需求，属于"需要做什么"的层次，无法在技术层面具体实施，所以需要将 FSR 进一步细化为技术层面的安全需求，也就是技术安全需求（Technical Safety Requirement，TSR），即"怎么做"的层面，为后续软件和硬件的安全需求开发奠定基础。根据 ISO 26262，功能安全系统阶段开发内容可以分为两大部分：

1）技术安全需求及技术安全概念的开发及验证（Verification）。

2）系统集成测试及安全确认（Validation）。

这两部分内容在整个开发流程中并不连续，分别隶属于系统开发"V"模型的左侧和右侧，二者中间穿插了具体的硬件和软件开发。其中，系统阶段 TSR 和技术安全概念（TSC）的开发，与概念开发过程及输出产物（即 FSR 和 FSC）紧密衔接，而只有完成具体的硬件和软件开发，才能进行系统层面的集成测试和安全确认。由于内容的独立性，系统集成这部分内容会在软件和硬件开发之后进行阐述。

针对系统开发第一部分的内容，即 TSR 和 TSC，主要阐述以下内容：

微课 3：　系统开发阶段

1）TSR。

2）安全机制的本质。

3）从 FSR 导出 TSR。

4）TSC。

5）系统安全架构设计。

6）将 TSR 分配至系统架构。

1. TSR

总体而言，技术安全需求是为满足 SG 或 FSR，由 FSR 在技术层面派生出的可实施的安全需求。根据 ISO 26262 的定义，TSR 应该明确功能安全需求在各自层级的技术实现；考虑相关项定义和系统架构设计，解决潜在故障的检测、故障避免、ASIL 以及产品生产和服务方面的必要安全问题。

为了更好地理解 TSR 的来源和导出，可使用以下简化公式：

技术安全需求 TSR = 由 FSR 技术化的安全需求 + 安全机制 + 相关方需求

（1）由 FSR 技术化的安全需求

将 FSR 进一步技术化，得到可以实施的技术安全需求，是 TSR 的重要来源，但这只是 TSR 组成部分之一。基于系统架构中组件分配得到的 FSR，根据该组件内部及对外的依赖关系和限制条件，将 FSR 定义的逻辑功能需求进行直接的技术性转化和体现，不做进一步安全措施的衍生。

这部分技术安全需求属于相对基础的 TSR，本质上和正常功能实现部分的技术需求没有区别，只是针对功能安全开发而已，它不涉及深层次的探测、显示、控制或防止系统出现故障的安全措施，所以并不能保证系统功能安全，此类 TSR 存在的主要目的是为后续相关安全机制的开发或者需求的提出奠定技术基础，提供实施条件及环境。一般来讲，由 FSR 技术化的安全需求可以包括以下内容：

1）定义逻辑功能需求中所涉及的软件组件、硬件组件（传感器、控制单元、执行单元）。

2）组件之间接口技术信息（例如信号名称、来源或传输方式等）。

3）软件组件计算周期。

4）软件组件不同平台复用配置需要的标定数据。

5）硬件组件度量指标要求。

（2）安全机制

安全机制（Safety Mechanism）的目的在于探测、显示和控制故障，属于功能安全事后补救措施，是 TSR 非常重要的组成部分，是实现功能安全、防止违反 SG 或者 FSR 所采取的进一步安全措施。安全机制应该包含：

1）检测系统性及随机硬件故障的措施。例如，针对系统 I/O、总线信号范围检查、冗余校验、有效性检测、逻辑计算单元数据流及程序流监控、控制器硬件底层基础软件监控等。

2）显示故障。例如，对驾驶员进行声音或不同类型及颜色的指示灯、提示文字等预警，增加驾驶员对车辆的可控性。

3）控制故障的措施。例如，失效安全：系统在指定的故障容错时间间隔内进入安全状态，包括降级、故障仲裁、故障记录等，如果不能，还需要定义紧急运行时间间隔及运行状态。失效运行：通过并行冗余系统，当一个系统失效后，进入另外一个并行系统，继续提供全部或部分功能。

（3）相关方需求

相关方（Stakeholder）需求主要包括车辆使用、法律法规、生产和服务方面相关的安全需求。一般都以具体技术细节进行呈现，所以会直接并入 TSR，而非 FSR 之中，该部分技术安全需求在类似相关项的不同项目中可以复用。例如，车辆发生碰撞后，相关项应该采取的应对措施，可能是转矩输出非使能、高压系统断电等，这些内容都必须满足相应的法律法规，也是满足不同市场准入的基本条件。

此外，针对 TSR，还需要注意以下几点：

1）技术安全要求和非安全要求不能互相矛盾。

2）对于使相关项达到或保持安全状态的每个安全机制，应指定以下内容：切换到安全状态的条件、故障容错时间间隔、紧急运行状态及紧急运行容错时间间隔（Emergency Operation Tolerance Time Interval，EOTTI）（如有必要）。

3）对于 ASIL 各等级的 TSR，应该制定防止故障潜伏的安全机制，用于防止双点故障变成潜伏故障的安全机制的开发应符合以下 ASIL 要求：①ASIL B（对于分配为 ASIL D 的技术安全要求）；②ASIL A（对于分配为 ASIL B 和 ASIL C 的技术安全要求）；③QM（对于分配为 ASIL A 的技术安全要求）。

这属于对"安全机制的安全机制"的 ASIL 约束，该约束的本质是对 TSR 对应 ASIL 的分解，主要是为了防止由安全机制失效导致的双点故障潜伏。例如，某内存存储采用奇偶校验作为安全机制，其安全要求被评为 ASIL B 等级；针对用于测试该奇偶校验机制在探测和指示内存故障的能力的自检测试，其要求可被评为 ASIL A 等级。

2. 安全机制的本质

为了更好地理解安全机制及其与技术安全需求的区别，从以下三个方面对安全机制的本质进行阐述。

（1）安全机制属于更深层次的 TSR

安全机制是为防止违反 SG 或 FSR，基于由 FSR 技术化的安全需求，提出的更深层次的事后补救技术安全措施，它包括：

1）由 FSR 技术化得到的 TSR 的安全机制，主要是防止系统性故障，或硬件单点故障潜伏提出的技术安全需求。

2）安全机制的安全机制。例如，针对某个由 FSR 技术化得到的 TSR 已经存在安全机制 X，但由于该 TSR 的 ASIL 较高（例如 ASIL C 或 D），且安全机制 X 本身也存在失效的可能性。如果安全机制 X 失效，此时如果原有功能正常，系统不会违反 SG，但安全机制 X 的失效就会潜伏，二者构成双点故障，所以需要对安全机制 X 的功能安全进行监控，进而提出针对安全机制 X 的技术安全需求，用于防止安全机制 X 的故障潜伏。

一般来讲，考虑到系统实现的成本和复杂度，安全机制不超过两层，根据 ISO 26262，三点及以上故障就可以认为是安全故障，否则就会出现安全机制的多层嵌套。

（2）安全机制是实现相应 ASIL 的关键之一

除 ISO 26262 对不同开发过程的约束（标准中多以表格形式列出）外，在系统、软件和硬件开发阶段，不同的 ASIL 也直接决定了应该采取哪些安全措施，以及安全措施的类型或故障有效覆盖程度。

通常安全需求的 ASIL 越高，其对应的安全措施对故障的有效覆盖率要求就越高。例如，对于 ASIL B 的系统，可能使用具有单独时间基准的看门狗对程序流执行进行监控即可，但是对 ASIL D 系统而言，可能需要实施完整的程序流逻辑监控及问答机制等才能满足需求。

当然，对于不同的安全机制，在技术实施难度和成本上都会有所不同，需要根据安全需求的具体情况、技术可实施性、成本等因素综合进行判断。

（3）安全机制多和系统安全架构设计相关，一定程度上决定了系统安全架构

安全机制是保证系统功能安全的重要技术手段，而这些技术手段（例如，硬件冗余、输入输出有效性检验、过渡到安全状态，或常见的控制器三层安全监控架构等）都会直接影响甚至决定系统的安全架构，所以安全机制必须在架构设计中进行考虑，并融入架构设计之中，ISO 26262 在系统开发阶段详细阐述了安全机制和架构设计。

为了方便理解安全机制的本质，以加速踏板信号采集为例，与其相关的由 FSR 技术化的安全需求和安全机制如图 3-10 所示。

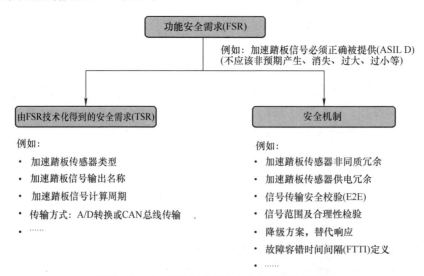

图 3-10　由 FSR 技术化的安全需求和安全机制

其中，左侧属于由 FSR 技术化得到的安全需求，主要是为了保证加速踏板信号被正确提供，需要的基本技术信息包括加速踏板传感器类型、加速踏板信号输出名称、信号计算周期、传输方式等。右边是对应的安全机制，属于更深层次技术安全需求，这些都是保证系统功能安全的关键技术手段。

一般来说，ASIL 越高，需要采取的安全机制的质量或故障覆盖有效性要求越高。但 ISO 26262 并没有具体明确每个 ASIL 对应的安全机制，只针对硬件部分，根据故障覆盖率（高、中、低）要求，推荐了对应可选的安全机制。其主要原因在于：

1）安全机制只是实现 ASIL 的一部分内容，ASIL 的实现还包括对开发流程相关的约束，这部分内容无法直接量化。

2）虽然存在一些通用化的安全机制，可适用于不同的研究对象，但很多非通用化的安全机制的实施，直接和研究对象功能实现相关，研究对象不同，则采用的安全机制也存在很大的差异性，例如，和软件功能多样化设计复现相关的安全机制。

3）为功能安全技术实施多样性提供更多空间和选择，便于不同企业根据自身技术积累和开发条件实施，例如，采用不同的安全机制组合，可以实现相同的 ASIL 要求。

4）为技术更新换代提供可能性，例如，随着技术发展，很多新的安全机制得以在汽车行业应用。

5）如果 ASIL 和安全机制一一挂钩，强制执行，那可能很多汽车产品都没办法满足安全需求，更不要说推上市场。

3. 从 FSR 导出 TSR

TSR 具体由 FSR 技术化的安全需求、安全机制和相关方需求三部分内容构成，其中由 FSR 技术化的安全需求和相关方需求的导出较为简单，在此不再赘述。与之相比，安全机制的导出较为复杂，需依赖以往的经验或技术层面的安全分析，进而确定相关组件在技术层面应该采取哪些技术安全措施，以便能够识别、显示并控制该 FSR 对应的故障，并据此描述相应的安全机制作为 TSR，具体包括：

需要开发人员根据 FSR 涉及的功能实现过程，对主要控制过程及变量进行监控或进行多样化的设计，根据监控结果，设定系统输出状态，系统出现故障时，定义和执行报警和降级策略，及时将系统导入安全状态，并将这些安全机制作为 TSR。

此外，还需要开发人员全面了解系统级别相关的安全机制，充分考虑 FSR 对应的 ASIL，选择合适且故障覆盖率足够的故障探测、显示及控制技术，并将其融入功能监控或者多样化设计当中。

需要注意的是，与 SG 导出 FSR 的过程相比，FSR 导出 TSR 的过程没有固定的分析方式可以直接参考，一般也不需要进行完整的安全分析，更多的是对单个的 FSR 或集合进行逐一分析，参考系统架构以及可用的安全机制，导出为满足 FSR 所需要的技术措施即可。

4. TSC

TSC 和概念开发阶段的 FSC 类似，属于系统阶段围绕 TSR 开发而汇总形成的系统化的工作输出结果。图 3-11 所示为技术安全概念的输入输出信息及主要包含内容，除 TSR 之外，系统安全架构也是 TSC 不可或缺的重要内容，需要在原有的系统架构基础上，对功能安全部分内容进行开发和建模，得到系统安全架构，作为系统阶段 TSC 的重要组成内容。

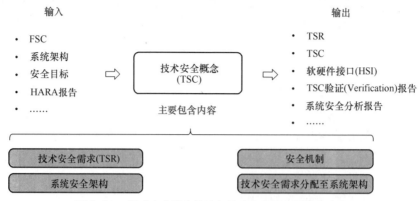

图 3-11　技术安全概念的输入输出信息及主要包含内容

TSC 主要是描述由 FSR 导出的 TSR 和安全机制，以及系统安全架构。前述的 FSC 一般会按照 SG 依次罗列所属的 FSR 以及其他安全属性。相比而言，对于 TSC，由于输入的 FSR 数目众多，所以无法依照 FSC 的组织方式直接依次罗列 FSR 所属的 TSR。此外，考虑到后续需要将 TSR 分配至系统架构中的元素，所以 TSC 通常按照系统组件或功能的集合组织文档结构，阐述每个组件或功能集合下所包含的 TSR，并进一步区分该 TSR 由软件还是硬件（或二者共同）实现。

关于书写工具，TSC 和 FSC 类似，可以采用 Word、Excel 等基本文本工具，或采用相对比较专业的需求管理软件，例如 Polarion、IBM Doors、PTC Integrity、Jama 等。为了实现系统架构的模型化并提高可追溯性，推荐结合架构设计工具，例如 Enterprise Architect、Cameo 等将需求和架构关联起来，这样就可以直接将 TSR 分配至模型化的系统架构之中，形成 SG、FSR 以及 TSR 之间完整的可追溯性（Traceability）。此外，还可以将系统级别的测试用例和安全需求进行进一步关联，满足安全需求的可验证性，这在功能安全评审过程中非常重要。

5. 系统安全架构设计

在功能安全概念阶段以及系统开发过程中，都需要将基本的系统架构作为输入条件，借助对系统架构的安全分析，导出 FSR 和 TSR，并将相应的安全需求分配至系统架构。但在系统开发阶段，还需要对系统架构进行进一步的功能安全相关内容的开发，即将 TSR 中和架构相关的安全机制融入原有基本的系统架构当中，形成系统安全架构（Safety Architecture），以此勾勒出实现系统技术安全需求所需要的核心技术框架，为后续软件和硬件架构的详细设计提供基础。

系统安全架构的开发是功能安全在系统开发阶段必不可少的内容，它的作用在于：

1）系统地规划功能安全实现的框架，确定技术方向，避免资源和时间浪费。

2）对系统功能安全形成统一的理解，对内对外更好地沟通和决策，降低沟通成本。

3）对系统设计进行合理的抽象和划分，便于复用和协调工作。

以架构模型为桥梁，有效统一产品安全需求，实现过程以及测试用例可追溯性和可验证性。

根据系统架构，将技术安全需求中架构相关的安全机制融入系统架构，就可以形成系统安全架构，下面介绍系统架构相关的安全机制。

首先要了解不包含安全机制的基本系统架构。系统架构旨在描述相关项组成及其相互作用和约束。根据 ISO 26262 定义，相关项由一到多个系统构成，而一个系统应该至少包括 1 个传感器、1 个控制单元和 1 个执行器。当然，一个系统也可以包含多个子系统，所以根据系统定义，一个最简单的系统架构如图 3-12 所示。当然，在系统架构中还必须进一步明确传感器、控制单元、执行器内部的组成和结构。

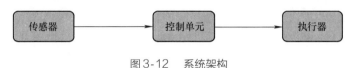

图 3-12　系统架构

既然一个最简单的系统由三个部分构成，那么系统级别和架构相关的安全机制也和这三个部分以及它们三者之间的通信安全相关。

下面给出系统层面和架构相关的常见安全机制：

1）传感器。

① 传感器硬件非同质化冗余。

② 独立供电。

③ 多通道冗余采集。

④ 自检。

⑤ 信号有效性和合理性检验。

2）控制单元。

① 在线诊断。

② 比较器。

③ 多数投票器。

3）执行器。

① 执行器硬件冗余。

② 执行器控制信号有效性和合理性检验。

4）通信。

① 冗余发送。

② 信息冗余校验，例如循环冗余校验（Cyclic Redundancy Check，CRC）。

③ 时间监控。

④ 问答机制。

从上述安全机制可以看出，虽然安全机制有很多种类，但都源于以下三个方面：

冗余性：使用非同质冗余的功能组件（多指硬件），降低随机硬件失效可能性，增加功能安全的可靠性，例如，传感器、执行器冗余等。

多重性：多用于故障关闭路径，使用多个关闭路径或保护措施，提供防止单个措施失效的保护。

多样性：使用多样化的设计，尤其是软件设计，降低系统失效的可能性。

表 3-8 给出了典型故障对应的典型安全机制。

表 3-8 典型故障对应的典型安全机制

典型故障	典型安全机制
通信丢失，延迟，阻塞	超时监控
通信重复，丢失，插入，不正确的序列，阻塞	Counter
通信损坏，信息不对称	CRC
外部信号指示故障	算法逻辑检测
关键芯片、传感器的供电故障	设置供电电压监控，对过电压、欠电压进行诊断
逻辑运算单元计算错误	锁步核校验
内存故障	ECC/EDC
CPU 指令流执行时间错误，指令流遗漏等	程序流监控和外部看门狗
模拟量采样故障	不同采样算法进行合理性校验
芯片潜伏故障	上电自检测试，如 PBIST、LBIST、MBIST

需要注意的是，系统阶段的安全机制主要作用是勾勒出实现系统功能安全所需的核心技术框架，明确应该采取哪些技术手段实现相应的安全目标及需求，不会涉及具体的实施细节，这些细节会在后续软件和硬件开发阶段进一步明确。

下面详细阐述系统安全架构的设计，进而将上述安全机制融入原有的系统架构中不同的组件（包括传感器、控制单元、执行器）中，进而形成完整的系统安全架构。

（1）传感器

需要在系统中融入传感器部分的安全机制。需要注意的是，此处的传感器代表广义的输入信息，可以是具体传感器信号，也可以是其他类型的输入信息。

传感器的硬件冗余（需要独立供电，且满足非同质化冗余，避免共因失效问题）多适用于对于 ASIL 要求非常高（如 ASIL C、ASIL D）的信号，其主要目的是通过信号之间的相互校验，避免传感器硬件随机失效，例如，漂移、偏移或卡滞等，增加系统输入信息的可靠性。

传感器硬件冗余采集可以通过两种手段实现：

利用相同或相似类型的两个传感器，对同一信号进行重复采集（例如，踏板信号），但两个传感器的有效测试量程必须存在差别性，例如两个斜率相同但方向相反的传感器，如图 3-13a 所示，或者一个传感器斜率是另一个的一半，如图 3-13b 所示，以此避免系统共因失效问题。

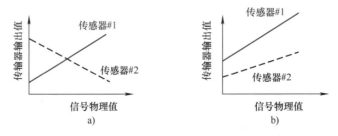

图 3-13 相同或相似类型的两个传感器实现传感器冗余采集

利用不同类型传感器，对强相关的两个信号分别进行采集和相互校验（例如，制动踏板位置和压力信息等）。

当然，对于传感器输入的冗余信息，在控制单元中必须进行多路采集，除传感器本身提供诊断信息外，还需要对其信号有效性进行检验，包括数值有效范围检测、在线监控、Test Pattern、输入对比、相关性与合理性检测等。对于其他类型的输入信息，尤其是 CAN（Controller Area Network）、SENT（Single Edge Nibble Transmission）等类型的信号，除了对信号本身的有效性进行监测外，还需要检查信号通信的安全性，即传输过程是否存在失效问题。

（2）控制单元

控制单元属于整个系统中最重要的部分，控制单元相关的安全机制实际上很大程度上决定了系统安全架构和系统复杂程度。控制单元常用的安全机制包括控制器软件分层、控制器硬件冗余［如双控制器、双核锁步（Dual Core Lockstep）等］、看门狗、程序流监控等。从系统角度而言，它们只是针对某一类具体失效而实施的软件或硬件安全机制，相对过于具体，需要首先明确大的系统安全架构，然后在其基础上，再将这些具体的软件和硬件安全机制逐步应用于系统安全架构中。

从系统角度出发，控制单元系统级别安全架构的安全机制本质上都服务于两类系统安全架构：失效安全（Fail Safe）及失效运行（Fail Operational）。

1）失效安全。失效安全是目前汽车行业应用最广泛的安全架构，最典型的应用是在线监控，即将整个控制单元分为功能实现和监控单元两个相对独立的部分，即所谓的 1oo1D（1 out of 1 + Diagnose）类型系统，如图 3-14 所示。

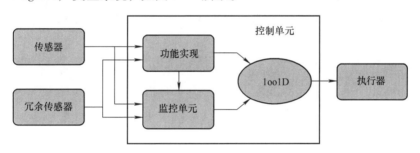

图 3-14　失效安全系统安全架构（1oo1D）

功能实现部分：一般按正常质量管理（QM）体系开发流程即可，主要实现系统的功能性需求，不需要考虑功能安全需求。

监控单元部分：用于实现系统功能安全相关的需求，主要目的在于对功能实现部分进行安全监控，实时在线监测功能实现部分是否按照预期运行，一旦发现问题，根据故障严重性，立即将系统导入不同的安全状态，停止提供系统原有功能或者维持最必要的功能。

需要注意的是，监控单元的实现不是功能层全部功能的多样化复现，只是针对重要控制过程变量的实时监控，不能独立于功能实现部分单独存在，ASIL 则直接决定了监控单元的硬件及软件安全机制的复杂度。对于 ASIL 要求较高的系统，监控单元软件一般独立于功能层。为实现有效监控，监控单元不仅需要对功能层中和功能安全相关的输入和输出进行诊断，还需要对功能安全相关的计算逻辑进行监控，计算执行器关键控制信号的安全输出范围，并和功能层计算结果进行对比，还需要对控制器硬件进行额外的硬件监控。

如图 3-15 所示，发动机控制单元最常见的 E-Gas（Standardized E-Gas Monitoring Concept for Gasoline and Diesel Engine Control Units）三层安全架构就属于典型的 1oo1D 的应用，包括功能应用层、功能监控层、控制器监控层，其本质为 ASIL 在不同层之间的分解[11]。E- Gas 三层安全架构虽然源自发动机控制单元的安全设计，但属于非常经典的系统安全架构，已经广泛应用于传统控制系统以及部分辅助驾驶系统。

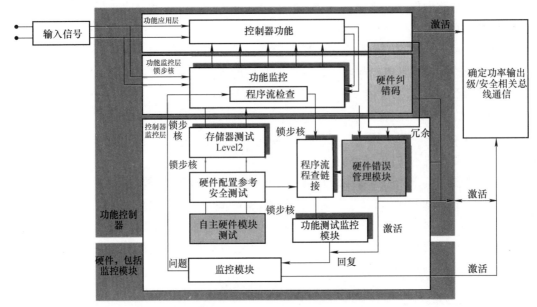

图 3-15　E- Gas 三层安全架构

功能应用层： 属于功能实现部分，一般软件算法结构较为复杂，通过分层使得较为复杂的功能实现部分得以按照 QM 开发，无须考虑额外的功能安全需求，专注于复杂功能软件的开发。

功能监控层： 按照原有 ASIL 进行独立开发，对功能层中和功能安全相关部分进行监控，包括输入输出诊断、逻辑监控、故障分类及故障优先级仲裁等。

控制器监控层： 对功能控制器，尤其是功能监控层控制器硬件进行监控，多和基础软件相关，属于硬件相关的功能安全安全机制，一般采用独立的监控单元对功能控制器中内存、CPU、通信、时钟等进行监测和保护。

当然，E- Gas 三层安全架构只是 1oo1D 中的一种实现方式，对于 ASIL 要求不高或者功能简单的控制系统，不一定非得采用独立的分层架构，监控层也可以相应简化。

2）失效运行。失效运行属于相对高级的系统安全架构，比较器和多数投票器都属于这类安全架构，即整个系统由相对独立的两条或多条功能链路构成，每条功能链路都拥有独立的传感器、控制单元、甚至执行器。当其中一条功能链路出现异常，控制系统可以切换到其他功能链路，保证系统继续正常工作或者降级运行。

独立功能链路的实现需要大量的硬件冗余和软件多样化设计，会直接增加系统成本，所以在汽车功能设计中，失效运行一般最多使用两个独立的功能链路，主要应用在对功能安全要求极高或者系统功能极为复杂的系统，例如，L3 级别以上的高级自动驾驶系统。

失效运行的典型架构是 1oo2（1 out of 2）架构，如果每个功能链路拥有独立的诊断单元，则可实现 1oo2D 安全架构，如图 3-16 所示。

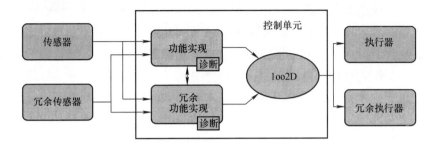

图 3-16 失效运行系统安全架构（1oo2D）

其中，两条功能链路可以通过多样化软件设计保持一致，保证系统功能安全，或者形成主、副功能链路，主功能链路利用高性能计算单元实现复杂的功能计算，副功能链路对控制器硬件安全性及可靠性要求高，承担系统功能安全任务，只实现系统功能安全相关的功能，一旦主功能链路出现故障，则系统切换至副功能链路。

（3）执行器

执行器属于系统功能实现的终端，执行器冗余会极大增加系统成本，一般在失效运行系统安全架构中才会采用。例如，高级自动驾驶系统的转向系统、制动系统等，除线控的电动执行单元外，还必须保留机械执行路径。由于产品成本及布置空间的限制，部分冗余执行器会采用一些替代方案，例如线控转向系统采用双绕组电机代替双电机。

（4）通信安全

汽车电子电气系统中存在不同的控制单元，控制单元之间及内部的数据交换必不可免，所以系统中的通信安全也属于系统功能安全的重要内容。为保证数据在传输过程中不受破坏，一般会对传输数据进行信息冗余处理，例如循环冗余校验（Cyclic Redundancy Check，CRC）、端到端（End to End，E2E）保护等，利用数据控制信息，保证信息通信安全。

以 AUTOSAR 架构为例，外部硬件信号需要通过基础软件层从下到上逐层抽象，将信号传递至 RTE（Runtime Environment）层，然后通过 RTE 实现和外部硬件以及软件组件之间的通信，或与此相反，应用层的信号需要从上到下依次传递至底层硬件，然后传递给其他控制单元（ECU）。所以，在整个信号传递过程中，每个传递环节都有可能发生通信的故障。在 AUTOSAR 架构中，E2E 属于非常重要的通信安全相关的安全机制，上述的通信故障都属于 E2E 应用的场景[12]。

根据 AUTOSAR 描述，控制单元通信故障主要包括两类：

1）软件相关故障。软件相关故障多集中于 RTE 层和基础软件层，具体包括 RTE 层软件故障、自动生成或手动编写的服务层通信服务相关代码的故障、网络堆栈故障（通信接口层和驱动层二者之间的故障）及跨核通信中 IOC/OS 故障等。

2）随机硬件相关故障。随机硬件相关故障主要源于通信相关的硬件组件，例如，CAN 收发器、寄存器等，由于自身的故障、损坏，或外部环境的影响（例如，雷电天气干扰、温度、湿度影响等），而发生通信故障。

E2E 保护不仅可以用于防止两个 ECU 之间的 CAN 通信故障，还可以用于防止上述其他硬件和软件类型的通信故障。E2E 保护是信息发送方在传输信息时，除信息本身数据外，额外附加一些控制信息，例如，CRC、计数器等，如图 3-17 所示。当信息接收方在接收到信息时，会根据控制信息进行相应的校验计算，并和接收到的或预存的控制信息进行对比，一旦二者存在不一致，则意味着通信出现故障。

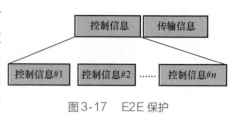

图 3-17　E2E 保护

从本质上来讲，虽然 E2E 和 CAN 通信的 CRC 校验或奇偶校验都是通过在传输的信息上增加额外的校验信息，以此检测信息传递的正确性，但二者实现的机制并不一致。

CAN 通信中的校验信息只包括 CRC 校验，直接集成在 CAN 通信硬件电路当中，由硬件自动计算完成，主要是对 CAN 通信硬件层进行诊断，然后添加到相应的寄存器。

由于 CAN 通信的 CRC 仍可能出现硬件随机失效，并且受损的 CAN 信号仍有可能通过 CAN 自身的硬件性 CRC 校验。因此，对于功能安全等级较高的信号，仅依靠 CAN 自身的 CRC 校验并不足以保证数据传输的可靠性。

E2E 除了使用现有的硬件性的 CRC，还加入或结合了额外的软件性的 CRC 校验以及其他校验信息（例如计数器），对数据链路层以上的通信安全进行诊断计算，进一步保证数据传输的可靠性。

根据控制信息及数据传输格式的不同，可以形成 E2E 保护不同的 Header 或 Profile，例如 Profile01，Profile02，…，Profile22 等。但不论哪种类型的 Profile，它的控制信息或者错误保护机制都是以下内容的组合之一：

CRC Checksum：对数据进行多项式计算得到的结果。

计数器（Counter）：包括 Sequence 和 Alive 类型的 Counter，随着每次数据的发送，数据计数器发生变化。对于 Sequence 类型，每次发生数据传输时，计数器增加 1，接收方确认计数器是否正确递增。对于 Alive 类型，每次发生数据传输时，计数器数值发生变化，但不检查递增值。

Data ID：事先规定的特殊字段，这部分内容会包含在 CRC 计算中，但不会在数据总线上传输。

超时监控（Time out Detection）：用于监控接收方通信超时，发送方超时确认。

不同类型的 Profile 在错误保护机制的内容数量及数据打包格式上存在差异，导致其控制信息计算的复杂度及造成的传输负载各不相同，在实际应用中根据需求在 E2E Library 中选择合适的 Profile。

以最常用的 Profile01 为例，又可以进一步分为不同的种类（Variant），但其控制信息都包括 CRC、计数器、Data ID、超时监控这四种完整的错误保护机制，其数据格式如图 3-18 所示。

其中，计数器长度为 4 位，Data ID 为 16 位，CRC 为 8 位，采用 CRC/8/ SAEJ1850-0x1D 校验类型，而 CRC 计算包括传输信息本身（Sig1）+ Data ID。

需要注意的是，一般 E2E 保护可以实现 ASIL D 的数据通信安全需求，但由于控制信息

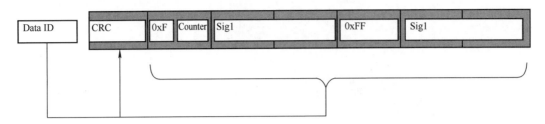

图 3-18 E2E Profile01 数据格式

的增加，从而通信负载率上升，可能出现延迟，所以不是所有和安全相关的信号通信都需直接采用 E2E 保护。此外，E2E 数据通信安全属于功能安全，而非信息安全，它的主要目的只是通过在传输的信息中加入冗余校验信息，保证接收端能够识别出接收到的信息是否正确，它存在的目的本身不是为了加密信息，防止被外界获取。具体的 E2E 其他相关内容可参考 AUTOSAR 技术文档[12]。

6. 将 TSR 分配至系统架构

根据 ISO 26262 要求，技术安全需求（TSR）必须分配至系统架构，作为技术安全概念（TSC）的重要组成部分，其主要目的在于通过将 TSR 及对应 ASIL 等级落实到架构中具体的软件或硬件组件中，以此明确系统中不同组件的所有安全需求及对应的最高 ASIL 等级，为后续软硬件的开发提供需求基础[11]。

系统架构中组件的 ASIL 等级源于分配到组件的 TSR 的 ASIL 等级，具体来讲，应该满足以下约束之一：

约束一：组件应该继承分配给它的所有 TSR 中最高的 ASIL 等级，作为系统组件开发的 ASIL。

约束二：如果一个组件由多个子部件构成，且分配给各子部件的 TSR 对应的 ASIL 等级不同，则每个子部件应该按照以下两个原则之一进行开发：①所有子部件分别按照所有 TSR 中最高的 ASIL 等级开发；②如果各子部件能够采取相关的安全措施，满足要素共存或免于干扰（Freedom from Interference，FFI）原则，则各子部件按各自 ASIL 开发。

图 3-19 所示为免于干扰和 ASIL 分解独立性（Independence）原则的区别，即免于干扰要避免在两个或者更多要素之间由于级联失效而导致的违反功能安全要求；ASIL 分解独立性除保证无级联失效外，还需要保证无共因失效问题，所以独立性要求更为广泛，需要通过相关失效分析（Dependent Failure Analysis，DFA）进行证明。

FFI 旨在解决不同 ASIL 要素共存的问题，需要对不同 ASIL 的组件进行有效隔离，防止低 ASIL 组件故障蔓延或影响到其他高 ASIL 组件，即防止串联型失效，这属于级联失效。FFI 是软件功能安全开发的重要内容，多和基础软件开发相关，ISO 26262 定义了以下几种要素干扰的情况：

1）执行和时序（Timing and Execution）干扰。

2）内存（Memory）干扰。

3）信息交换（Exchange of Information）干扰。

共因失效，即共同外部因素错误导致的组件失效，可以简单理解为并联型失效。不管组

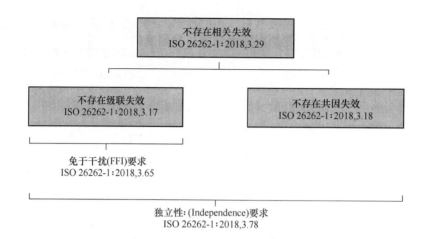

图 3-19　免于干扰和 ASIL 分解独立性原则的区别

件之间是否进行了隔离，只要有共同的外部错误输入，涉及的组件一定会出现故障，所以共因失效和 FFI 无关。

　　ASIL 分解旨在保证原有安全性的前提下，将高 ASIL 需求分解成两个独立的低 ASIL 需求，一般这两个低 ASIL 需求会分配至两个不同组件，由此降低组件开发难度。因此 ASIL 分解要求的独立性强调不同时发生故障，两个组件只有在既不发生串联型失效，也不发生并联型失效的情况下，才可以保证不同时出现故障。

3.2.5　硬件开发阶段

　　功能安全系统开发阶段通过细化功能安全需求（FSR）得到技术层面可实施的技术安全需求（TSR），并将其分配至系统架构中的硬件和软件组件，接下来就需要根据硬件相关的 TSR 进行硬件功能安全相关的开发。

　　功能安全硬件开发属于 ISO 26262 第 5 部分内容，同样基于"V"模型，即始于需求开发，然后进行架构设计及详细实现，最后完成集成和验证。具体来讲，硬件开发阶段主要包括以下内容：

　　1）硬件安全需求。

　　2）硬件安全设计。

　　3）硬件安全机制。

　　4）硬件架构度量及随机硬件失效的评估。

　　5）硬件集成及验证。

　　功能安全研究范围为电子/电气（E/E）架构，因此此处硬件特指控制器硬件，包括控制器 I/O 接口、集成电路、控制器芯片等，不包含传统的机械硬件。硬件同样存在系统性失效，即人为设计疏忽导致的失效，需要对设计过程进行相应的约束，包括开发流程、测试验证等，以保证硬件安全。

　　ISO 26262 中基于概率论的定量危害分析仅适用于硬件部分，因为只有硬件存在随机失效，并符合概率分布原理。硬件开发和系统、软件开发一样，都基于"V"模型，但概率论定量分析区别于传统"V"模型开发流程，包括硬件架构度量和随机硬件失效的评估。

1. 硬件安全需求

功能安全硬件开发始于需求，即硬件安全需求（Hardware Safety Requirement，HWSR），而 HWSR 源于分配至硬件组件的 TSR，是硬件相关的 TSR 在硬件层面的进一步细化。

HWSR 包含的内容可以由以下简化公式进行表示：

$$HWSR = 安全机制无关的硬件安全需求 + 硬件安全机制$$

安全机制无关的硬件安全需求包括：

1）硬件架构度量及随机硬件失效目标值要求，一般查表即可确定，例如单点故障度量（Single-Point Fault Metric，SPFM）、潜伏故障度量（Latent-Fault Metric，LFM）、随机硬件失效概率度量（Probabilistic Metric for random Hardware Failures，PMHF）等度量指标。

2）为避免特定行为的硬件安全要求，例如一个特定传感器不应有不稳定输出。

3）分配给硬件的预期功能要求，例如控制器必须能够外部复位（Reset）。

4）定义线束或插接件的设计措施的要求，例如线束或插接件最大电流需求。

硬件安全机制包括：

1）针对内部硬件要素（包括传感器、控制单元和执行器）失效的安全机制，例如看门狗、比较器、双核锁步、传感器及执行器诊断等。

2）针对外部相关要素失效容忍能力的安全机制，例如 ECU 的输入开路或者存在错误时，ECU 应具备的功能表现。

3）针对内外部要素失效对应安全机制的响应特性需求，例如安全机制中定义的硬件元器件故障响应时间，需要符合故障容错时间间隔以及多点故障探测时间间隔。

HWSR 是由硬件相关的 TSR 细化而来的硬件层面安全需求，只需在系统开发阶段有效识别出硬件相关的 TSR，并对组成 HWSR 的以下三个部分分别进行分析，即可确定相应的 HWSR，如图 3-20 所示。

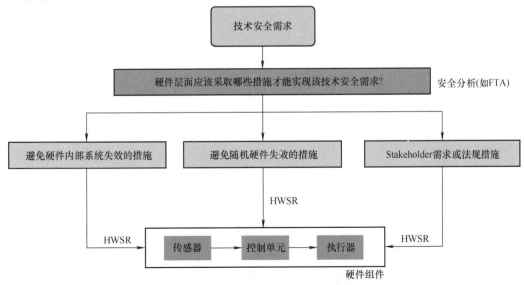

图 3-20　从 TSR 导出 HWSR

1）避免硬件内部系统失效的措施。

2）避免随机硬件失效的措施。

3）Stakeholder 需求或法规措施。

2. 硬件安全设计

硬件安全设计主要包括基于 HWSR 进行硬件安全架构设计和硬件安全详细设计，其中硬件安全架构设计旨在描述硬件组件以及其相互关系，更重要的是将硬件架构相关的 HWSR（尤其是安全机制）应用于硬件架构，为后续硬件详细设计提供基础。硬件安全机制是硬件安全设计最核心的内容。

ISO 26262 第 5 部分还对硬件安全架构和详细实现设计提出了相关约束，对硬件安全架构设计而言：

1）硬件架构应能够承载 HWSR。

2）HWSR 应该被分配至硬件架构中的组件。

3）和系统开发一致，不同或非 ASIL 硬件组件开发需满足以下原则之一：①按最高 ASIL；②要素共存或 FFI。

4）对硬件安全要求和实施之间的可追溯性。

5）为避免系统失效，硬件架构应具有下述特性：①模块化；②适当的粒度水平；③简单性。

在硬件安全架构设计时，应考虑安全相关硬件组件失效的非功能性原因，例如温度、振动、水、灰尘、电磁干扰、来自其他硬件组件或其所在环境的串扰。

对硬件安全详细设计而言：

1）为了避免常见的设计缺陷，可运用相关经验的总结。

2）和硬件安全架构设计一致，在硬件安全详细设计时，应考虑安全相关硬件元器件失效的非功能性原因或影响因素，包括温度、振动、水、灰尘、电磁干扰、噪声因素、来自硬件组件的其他硬件元器件或其所在环境的串扰等。

3）硬件安全详细设计中，硬件元器件的运行条件应符合它们的环境和运行限制规范。

4）应考虑鲁棒性设计原则。

3. 硬件安全机制

硬件安全机制是 HWSR 最重要的组成部分，是硬件功能安全设计最重要的体现，也是功能安全 ISO 26262 中相对较难理解的内容之一。ISO 26262 第 5 部分中列出了控制器硬件可能存在的故障、对应的安全措施及覆盖率，为后续硬件概率度量提供了基础，基本上涵盖了硬件通用的安全机制。

通常 E/E 架构中硬件主要包括一个或多个传感器、处理器、执行器，以及相关配套硬件，如继电器/连接件、数字输入/输出、模拟输入/输出、总线接口及时钟等，如图 3-21 所示。

由于一个 E/E 架构中硬件组成内容过多，此处以其中最重要的硬件之一处理器为例，介绍处理器相关的硬件安全机制。处理器（Central Processing Unit，CPU）是微控制器（Micro Controller Unit，MCU）的核心，负责读取指令，对指令进行译码并执行指令。ISO 26262-5 附录 D 中，处理器相关的硬件安全机制/措施及诊断覆盖率见表 3-9。CPU 主要由运算器、控制

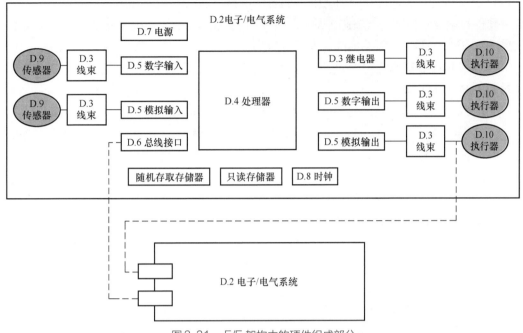

图 3-21　E/E 架构中的硬件组成部分

器、寄存器组成，所以针对处理器的安全机制也主要针对这三大部分。处理器相关安全机制可以大致分为：自检、硬件冗余、看门狗及程序流监控。

表 3-9　处理器相关的硬件安全机制/措施及诊断覆盖率

硬件安全机制/措施	可实现的典型诊断覆盖率
通过软件进行自检：有限模式（单通道）	中
两个独立单元间的软件交叉自检	中
硬件支持的自检（单通道）	中
软件多样化冗余（单硬件通道）	高
通过软件进行相互比较	高
硬件冗余（例如：双核锁步、非对称冗余、编码处理）	高
配置寄存器测试	高
堆栈上溢出/下溢出探测	低
集成硬件一致性监控	高

（1）自检

根据自检方法，自检安全机制一般可以分为软件自检和硬件自检。

软件自检： 对安全相关路径中使用到的指令，利用预先设置好或自动生成的数据或代码，对物理存储（例如数据和地址寄存器）、运算器及控制器（例如指令解码器）或者其中两者进行检测，并与预先存储结果进行比较。软件自检多适用于 ASIL B 要求的控制单元，自检成本较低。

硬件自检： 在控制单元内部集成专用自检硬件，最常见的是内建自测试（Built-In Self-

Test，BIST），通过在芯片设计中加入额外的自测电路，测试时从外部施加控制信号，运行内部自测硬件和软件，检查电路缺陷或故障，是防止故障潜伏的重要安全机制。硬件自检需要事先集成到 CPU 内部，可靠性更高，但成本也高。

BIST 一般仅在处理单元初始化、下电时或周期性运行，因此不能覆盖瞬态故障，根据其自检时间一般可以分为：

1）在线自测试（Online Self-Test）：在车辆起动时间限制内尽可能多地进行测试。

2）离线自测试（Offline Self-Test）：车辆停机或诊断测试，具有最大的测试覆盖率，车辆断电时没有时间限制。

3）周期性自测试（Periodic Self-Test）：车辆在正常操作模式下，进行周期性的诊断测试。

根据其自检的内容，BIST 又可以分为：

1）MBIST（Memory Built-In Self-Test）：对随机存储器（Random Access Memory，RAM）或只读存储器（Read-only Memory，ROM）进行读写测试操作，判断存储器是否存在制造缺陷，属于内存相关的安全机制。

2）LBIST（Logic Built-In Self-Test）：对芯片内逻辑电路进行自检，属于处理器相关安全机制。LBIST 是硬件自检非常重要的安全机制，其工作原理如图 3-22 所示。

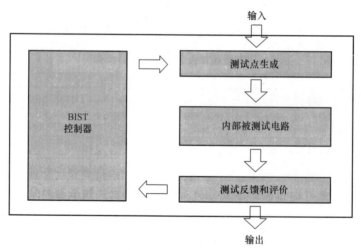

图3-22　LBIST 工作原理

具体来讲，首先利用测试生成器，生成测试向量，然后将测试向量输入被测试电路，最后 BIST 控制器将测试电路输出结果和预存的结果进行对比，一旦二者存在差异，则表明被测试电路存在故障。

（2）硬件冗余

硬件冗余是处理器或控制器最重要的安全机制之一，根据硬件冗余的形式，控制器硬件冗余一般可以分为双（多）MCU 硬件冗余和单 MCU 硬件冗余两类。

双（多）MCU 硬件冗余：使用两个相同或不同类型的 MCU，进行硬件冗余，二者相互独立，构成主、副功能链路，其中一个 MCU 负责具体功能的实现，另一个 MCU 功能安全要求较高，负责功能安全需求实现，对二者输出结果进行相互比较并控制安全输出。其优点在于物理复制安全相关和非安全相关的功能和特性，避免相关失效发生的可能性，鲁棒性高，可以实现失效运行系统架构，多用于高级辅助和自动驾驶控制系统。其缺点在于配置复杂、成本高、软件同步及印制电路板（Printed Circuit Board，PCB）空间增加等。图 3-23 所示为采用双控制单元的电动助力转向（Electric Power Steering，EPS）控制系统示例。

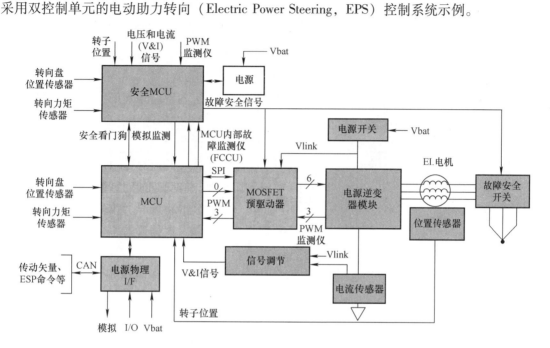

图 3-23　采用双控制单元的 EPS 控制系统示例

单 MCU 硬件冗余：采用 CPU 冗余形成双（多）核 MCU，并采用双核锁步，即两个相同的核镜像，90°旋转，隔离设计，间距为 $10\mu m$；两个核运行相同程序并严格同步，一个输入延迟，另一个输出延迟，延迟时间一般为 2～3 个时钟周期，计算结果利用比较逻辑模块进行比较，检测到任何不一致时，就会发现其中一个核存在故障，但无法确定是哪个核发生故障。双核锁步是一种综合性的硬件安全机制，可以有效覆盖 CPU 执行指令、设计电路等相关失效。

在 E-Gas 三层功能安全架构中，第二层（即功能监控层）可以采用双核锁步安全机制，并且功能安全相关和非功能安全相关的软件可以进行分区，使用不同的硬件资源（例如，不同的 RAM、ROM 存储控制）可提高诊断覆盖率。图 3-24 所示为采用双核锁步的 EPS 控制系统示例。其中，MCU 采取双核、锁步模式，并且存在独立的监控单元，工作于低功耗模式，对双核 MCU 进行电源管理和安全监控。

（3）看门狗

看门狗定时器（Watch Dog Timer，WDT）是一种定时器，用于监视 MCU 程序运行过程，查看其是否失控或停止运行，充当监视 MCU 操作的"看门狗"。MCU 正常工作的时候，每隔一段时间输出一个信号到喂狗端，给 WDT 清零，如果超过规定的时间不喂狗，WDT 就会给出一个复位信号到 MCU，使 MCU 复位。

看门狗基本类型及主要特点如图 3-25 所示。根据看门狗实现的方式，可以分为硬件看门

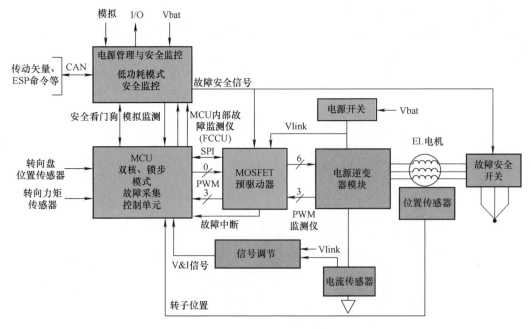

图 3-24 采用双核锁步的 EPS 控制系统示例

狗和软件看门狗,硬件看门狗由硬件计时器电路实现,根据其使用的时钟来源,又可以进一步分为内部看门狗和外部看门狗,内部看门狗使用集成在芯片内部的计时器作为时钟来源,而外部看门狗则采用外部独立的时钟芯片作为输入,可靠性更高。

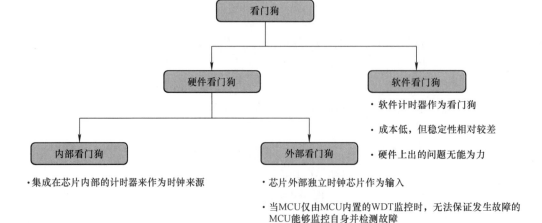

图 3-25 看门狗基本类型及主要特点

采用外部看门狗的主要原因为:

1)内部看门狗时钟信号存在相关失效,一旦芯片本身发生失效,很可能导致芯片内部的计时电路或相关寄存器出现相关失效,导致看门狗错误。

2)在 MCU 启动前和关闭后,即操作系统(OS)非工作期间,内部看门狗无法运行,其监控存在盲区,在此期间的监控任务需要靠外部看门狗完成。

对于功能安全而言,主要采用硬件看门狗作为安全机制。根据其实现的复杂度,可以分为三种工作模式：计时模式（Timeout Mode）、时间窗模式（Window Mode）、问答模式（Q&A Mode），其可靠度和复杂度依次增加，可以拓展实现程序流监控。

值得注意的是，看门狗必须在系统初始化中进行测试，避免看门狗自身故障。此外，看门狗的输入称为"喂狗"，必须在特定的时间或时间窗内喂狗，否则会触发相应复位，引起功能降级。

（4）程序流监控

程序流是指控制器内部程序运行的顺序和流程，程序流监控实现的本质是看门狗的应用拓展，用于检查程序是否按照预期的执行顺序及在预期的时间周期内执行。如果被监控实体以不正确的顺序执行，或在规定的截止时间或时间窗内没有被执行，则意味着出现了不正确的程序流。

具体应用过程中，可以在功能安全相关的一个或多个监测实体中按照程序预期执行顺序设置一个或多个检查点（Checkpoint），如果在特定的时间限制内，Checkpoint 没有被依次执行，则会触发相应的复位或错误处理机制。以 AUTOSAR 程序流监控应用为例，它提供了不同的监控模块，主要包括：

1）看门狗管理器（Watchdog Manager，WdgM）。WdgM 位于 AUTOSAR 堆栈的服务层，靠近 RTE 层，对监控对象提供监控服务，负责程序执行的正确性，如果监控结果正常，则会更新看门狗触发条件，否则会导致看门狗复位。

2）看门狗驱动器（Watchdog Driver，WdgDriver）。WdgDriver 主要用于实现针对硬件看门狗的寄存器操作。WdgDriver 可以是内部或外部的看门狗，内部看门狗位于微控制器抽象层（Microcontroller Abstraction Layer，MCAL），外部看门狗在微控制器外部，即使用单独的芯片看门狗（SBC），可以通过 GPIO（General Purpose Input Output）、IIC（Inter-Integrated Circuit）或 SPI（Serial Peripheral Interface）通信方式进行喂狗操作。

3）看门狗接口（Watchdog Interface，WdgIf）。WdgIf 位于 ECU 抽象层（ECU Abstraction Layer），其作用在于实现上层 WdgM 和底层 WdgDriver 的连接，将命令/数据/调用从 WdgM 传递到底层 WdgDriver。

如图 3-26 所示，BSW 代表基础软件，WdgM 监控并管理整个监控逻辑，在需要监控的软件组件（SWC）（功能安全相关和无关）或者复杂驱动（Complex Drivers）中按照需要监控的顺序设置对应的 Checkpoint，然后周期性地触发 WdgM 的服务，从而对其程序流进行监控，而在监控时，若出现时间的偏差则会触发 WdgDriver（可以是内部或外部看门狗）触发对应的系统响应（Reaction）。

实际应用中，程序流监控一般直接包含在看门狗安全机制中，例如 AUTOSAR 中看门狗管理器，可以实现周期性、非周期性以及逻辑监控。硬件相关安全机制很多并不是单独存在的，例如，看门狗安全机制可以和其他硬件安全机制相互结合使用，利用看门狗问答模式可以将程序流监控和功能安全相关的 CPU 指令测试安全机制相结合，对监控单元提出的问题各自提供部分答案，实现对功能安全控制硬件的有效监控。

4. 硬件架构度量及随机硬件失效的评估

在硬件安全开发阶段，由于随机硬件失效的存在，除按照传统"V"模型对硬件相关的

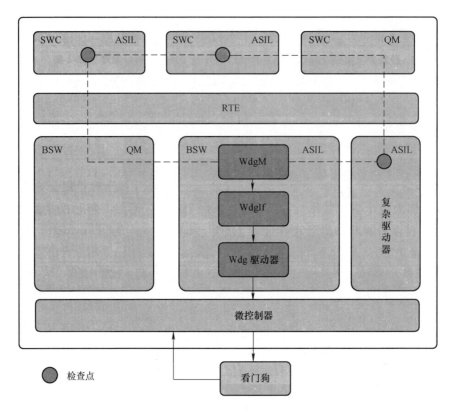

图 3-26　AUTOSAR 程序流监控示意

安全需求、安全架构及实现等进行开发外，还需对随机硬件失效进行概率化度量，包括对硬件架构的度量和随机硬件失效的评估两方面，二者从不同的角度通过概率化分析手段，确保硬件安全机制对系统单独类型和整体随机硬件失效的有效性及违背安全目标的残余风险足够低。针对硬件安全概率化度量，主要阐述随机硬件失效基本类型、随机硬件失效率、硬件架构的度量、随机硬件失效的评估和 FMEDA 计算。

（1）随机硬件失效基本类型

如图 3-27 所示，ISO 26262 将随机硬件失效模式按照发生故障的数目、是否可以被探测以及感知进行了分类，其主要特点归纳如下，更多详细介绍可参考 ISO 26262-10。

1）单点故障：①某个器件单独导致功能失效的故障；②单点故障可直接导致违背安全目标；③单点故障意味着没有任何安全机制，否则不能归类为单点故障。

2）残余故障：①安全机制无法覆盖的那部分故障，现实中不存在 100% 覆盖率的安全机制，如果一个安全机制覆盖率为 90%，剩余的 10% 则属于残余故障；②残余故障可直接导致违背安全目标；③残余故障至少存在一个安全机制；④本质上为单点失效，所以需要在单点失效度量计算中考虑。

3）潜伏故障：①既不被安全机制所探测，又不被驾驶员感知的故障；②系统保持正常工作至所有独立故障发生；③潜伏故障可直接导致违背安全目标。

4）可探测的故障：①通过安全机制可探测到的那部分故障；②通过安全机制探测到故障并进行显示。

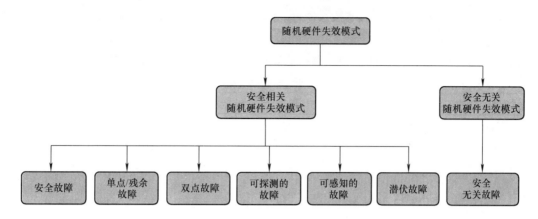

图 3-27　随机硬件失效模式

5）可感知的故障：①可以被驾驶员感知的故障；②无论是否有安全机制，均可以进行探测。

6）双点故障：①两个独立的故障同时发生才会违背安全目标，则这两个独立的故障属于双点故障；②某故障及其对应的安全机制失效属于常见的双点故障；③双点故障又可以细分为可探测的双点故障、可感知的双点故障以及潜伏的双点故障。

7）安全故障：①不会导致违背安全目标的故障，例如，某指示灯显示故障，但不影响其他正常功能；②三点及以上的故障通常也被认为是安全故障（一般发生概率较低且所对应的安全机制过于复杂，所以被归类为安全故障）。

（2）随机硬件失效率

为了对随机硬件失效进行量化，引入了随机硬件失效率，其定义为元器件在单位时间内发生失效的概率，记为 λ，一般以小时（h）作为时间计量单位，所以其单位为次/h。考虑到电子元器件失效率极低，所以一般采用 FIT（Failures In Time）来计量，1 FIT = 1 次失效/10^9h。例如，某电阻失效率 $\lambda = 2$ FIT，即该电阻在 10^9h 内会出现两次失效。

电子元器件的失效和自身老化相关，其生命周期符合浴盆曲线（Bathtub Curve），如图 3-28 所示，电子元器件整个生命周期大致可以分为三个阶段：

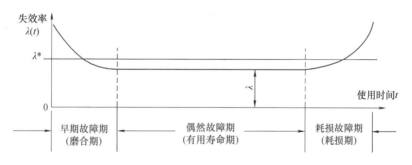

图 3-28　浴盆曲线

1）第一阶段：早期故障期，即磨合期，该阶段故障多属于系统性故障，和设计、制造相关，失效率相对较高。

2）第二阶段：偶然故障期，即有用寿命期，该阶段是电子元器件正常使用周期，持续时间长，失效率低且较稳定，无法通过设计消除，属于随机硬件故障，ISO 26262 中硬件量化指标主要是针对该阶段失效率的评估，因此，在 ISO 26262 中查到的是恒定值，而不是一个时间函数。

3）第三阶段：耗损故障期，随着电子元器件使用寿命到期，失效率随之上升。

一般可以通过以下三种方式获取电子元器件的失效率：

1）历史数据：根据已有或相似产品，预估新产品的失效率，但全新的产品没有历史数据可参考。

2）测试：属于最真实和最准确的数据来源，但测试周期长、成本高。

3）行业公认的标准：根据 SN 29500、IEC 62380 等行业公认的标准和指南中提供的可靠性预估算法计算。

（3）硬件架构的度量

硬件架构的度量用于评估相关项架构应对单独类型的随机硬件失效的有效性。由于随机硬件失效中，单点故障、残余故障和潜伏故障会直接违背安全目标或对安全目标的实现产生显著影响，所以硬件架构概率度量主要针对单点和潜伏这两个故障类型。

1）单点故障度量（Single-Point Fault Metric，SPFM）。单点故障度量表征硬件安全机制或设计是否能够完全覆盖单点和残余故障。高单点故障度量值表示相关项硬件单点和残余故障所占比例低，系统可靠性高。SPFM = 1 -（单点故障总和 + 残余故障总和）/（所有和安全相关失效率总和），其计算公式为

$$\mathrm{SPFM} = 1 - \frac{\sum\limits_{\text{Safety Related HW}} (\lambda_{\mathrm{SPF}} + \lambda_{\mathrm{RF,est}})}{\sum\limits_{\text{Safety Related HW}}} \tag{3-1}$$

$$\lambda_{\mathrm{RF,est}} = \lambda \left(1 - \frac{K_{\mathrm{DC,RF}}}{100}\right) \tag{3-2}$$

式中，λ_{SPF} 为单点故障失效率；$\lambda_{\mathrm{RF,est}}$ 为估算的残余故障的失效率；$K_{\mathrm{DC,RF}}$ 为残余故障的诊断覆盖率。

2）潜伏故障度量（Latent-Fault Metric，LFM）。潜伏故障度量反映硬件安全机制和设计是否能够完全覆盖潜伏故障。高潜伏故障度量值表示硬件潜伏故障所占比例低，系统可靠性高。LFM = 1 -（所有潜伏故障总和）/（所有和安全相关失效率总和 - 单点故障总和 - 残余故障总和），其计算公式为

$$\mathrm{LFM} = 1 - \frac{\sum\limits_{\text{Safety Related HW}} (\lambda_{\mathrm{MPF,L,est}})}{\sum\limits_{\text{Safety Related HW}} (\lambda - \lambda_{\mathrm{SPF}} - \lambda_{\mathrm{RF}})} \tag{3-3}$$

$$\lambda_{\mathrm{MPF,L,est}} = \lambda \left(1 - \frac{K_{\mathrm{DC,MPF,L}}}{100}\right) \tag{3-4}$$

式中，$\lambda_{\mathrm{MPF,L,est}}$ 为估算的潜伏故障的失效率；$K_{\mathrm{DC,MPF,L}}$ 为潜伏故障的诊断覆盖率。

由于 $\lambda = \lambda_{\mathrm{SPF}} + \lambda_{\mathrm{RF}} + \lambda_{\mathrm{MPF}}$，所以潜伏故障多为双点或多点故障（MPF）。

此外，硬件架构度量作用于相关项的整体硬件，应符合不同 ASIL 规定的硬件架构度量的目标值。

针对 ASIL B、ASIL C 或 ASIL D 的安全目标，对于每一个安全目标，单点故障度量的定

量目标值可能参考来源见表 3-10。

表 3-10　单点故障度量的定量目标值可能参考来源

ASIL	ASIL B	ASIL C	ASIL D
单点故障度量	≥90%	≥97%	≥99%

针对 ASIL B、ASIL C 或 ASIL D 的安全目标，对于每一个安全目标，潜伏故障度量的定量目标值可能参考来源见表 3-11。

表 3-11　潜伏故障度量的定量目标值可能参考来源

ASIL	ASIL B	ASIL C	ASIL D
潜伏故障度量	≥60%	≥80%	≥90%

需要注意的是，硬件架构的度量是针对整个安全目标的，也就是相关项的整体硬件，而非一个单独的硬件部件，因此需要考虑和该安全目标所有安全相关硬件组件的失效率，进行综合计算。度量指标（即 SPFM 和 LFM）均属于相对值，即百分比（%）。

（4）随机硬件失效的评估

随机硬件失效的评估旨在从硬件整体设计的角度，即综合考虑不同类型随机硬件失效，确保硬件系统安全机制和设计的有效性，ISO 26262 对这一评估推荐了两个方法：

方法一：使用概率的绝对值进行度量，即随机硬件失效概率度量（Probabilistic Metric for random Hardware Failures，PMHF），通过定量分析方法计算 PMHF，以及其结果与目标值相比较的方法，评估是否违背所考虑的安全目标。

方法二：独立评估每个单点和残余故障及每个双点故障是否会违背所考虑的安全目标。

实际应用中，一般采用方法一，即计算 PMHF。PMHF 的具体计算过程可参考 ISO 26262 第 10 部分第 8.3 节有关 PMHF 计算的部分。

（5）FMEDA 计算

FMEDA 是一种评估系统安全架构和实施的重要方法，多用于硬件级别的定量安全分析。如图 3-29 所示，通过 FMEDA 结合 FTA 对随机硬件失效概率化度量指标进行计算的具体步骤如下：

首先，考虑到硬件概率化度量只对 ASIL B、ASIL C 或 ASIL D 等级的安全目标有指标性要求，一般会针对 ASIL B、ASIL C 或 ASIL D 的安全目标，根据系统级别定性 FTA 中的基本（底层）事件，识别出违反整车相应功能安全目标的硬件失效，将其作为该硬件 FMEDA 的输入。

其次，通过 FMEDA 过程，考虑和安全相关的底层电子元器件的失效率、故障模式、是否存在相应的安全机制，以及安全机制的诊断覆盖率，以此构建出硬件顶层失效和组成该硬件的各底层电子元器件的失效网络，并对硬件组件顶层失效的不同类型的失效率（单点/残余失效、双点失效、潜伏失效等）进行计算。

然后，将硬件组件的顶层失效的失效率作为定量 FTA 相应基本事件的失效率输入，利用 FTA 中不同树形逻辑计算针对安全目标的整体硬件失效率。

最终，利用概率化度量指标计算公式，计算得到针对安全目标的概率化度量指标（SPFM、LFM、PMHF）。

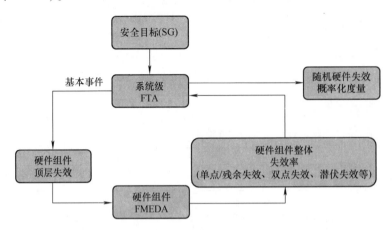

图 3-29　随机硬件失效概率化度量指标计算流程

值得注意的是，FMEDA 只是针对硬件组件本身的失效率计算，属于硬件组件层面，非系统层面。在硬件层面的失效类型（如单点失效）在系统层面可能会由于系统层面的功能逻辑发生改变（例如，和其他硬件组件失效组合形成双点失效），所以系统层面的针对安全目标的硬件失效率还是需要通过 FTA 进行计算。此外，FMEDA 计算过程中并不涉及硬件安全需求及 ASIL 相关的内容，只是单纯计算针对某个硬件组件的不同类型的失效率。具体的 FMEDA 计算过程可参考 ISO 26262 第 5 部分附录。

5. 硬件集成及验证

硬件集成及验证的目的是通过集成硬件要素和测试硬件设计，验证硬件设计是否符合适当 ASIL 等级的硬件安全要求。该内容相对简单明了，可参考国家标准 GB/T 34590.5—2022 中第 10 章的相关表格开展，本节不再赘述。

3.2.6　软件开发阶段

在功能安全系统开发阶段得到了技术层面可实施的技术安全需求（TSR），并将其分配至系统架构中的硬件和软件组件，接下来以此为基础进行相应软件功能安全开发。功能安全软件开发阶段主要包括以下内容：

1）软件开发模型。

2）软件安全需求。

3）软件架构安全设计。

4）软件详细设计。

5）软件安全测试。

1. 软件开发模型

对于功能安全而言，软件功能安全开发 V 模型属于 ISO 26262 第 6 部分内容，始于需求开发，然后进行架构设计、详细实现，最后完成集成和验证。V 模型的左侧从需求到设计实现，V 模型的右侧从集成到测试验证，具体如图 3-30 所示。

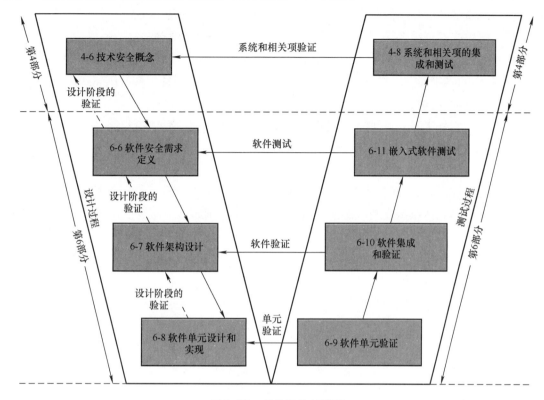

图 3-30　软件开发 V 模型

ISO 26262 软件开发模型及主要工作输出产物与汽车软件过程改进及能力评定（Automotive Software Process Improvement and Capacity Determination，ASPICE）基本类似，因此可以参照 ASPICE 开展软件开发工作。ASPICE 于 2005 年由欧洲主要汽车制造商共同制定，旨在通过规范汽车零部件供应商软件开发流程，并对其开发项目进行评估认证，从而改善汽车软件的质量。

2. 软件安全需求

功能安全软件开发始于需求开发，即软件安全需求（Software Safety Requirement，SWSR），而 SWSR 源于分配至软件组件的 TSR，是软件相关的 TSR 在软件层面的进一步细化。SWSR 通常包括软件相关安全机制，以及和安全机制无关的 SWSR，它是保证功能安全的基础或支持内容，SWSR 简化公式如下：

SWSR = 和安全机制无关的软件安全需求 + 软件安全机制

和安全机制无关的软件安全需求包括：

1）使标称功能可以安全执行的功能等。例如软件安全运行相关基础软件，包括操作系统、时钟、运行模式等。

2）在生产、运行、服务和报废过程中与车载测试和非车载测试相关的功能。例如车载通信、密钥管理、闪存数据安全检测等，或车载诊断接口（OBDI）相关内容，包括故障存储、读取、清除等。

3）允许在生产和服务过程中对软件进行修改的功能。例如可配置性数据或标定数据，以满足多车型软件复用或者升级。

4）软硬件接口规范要求。例如 I/O 接口、通信等信号安全需求。

5）对软件功能和特性的要求，包括对错误输入的鲁棒性、不同功能之间的独立性或免于干扰或软件的容错能力，部分内容属于安全机制。例如 FFI 中的软件分区。

软件安全机制包括：

1）与应用软件本身、基础软件或操作系统失效探测、指示和控制有关的自检或监控功能。例如应用层软件程序流监控，输入、输出合理性检测，基础软件自检等。

2）与安全相关硬件要素故障探测、指示和控制相关的功能。例如涉及基础软件相关安全机制，包括控制单元电源、时钟、内存等硬件要素故障信息探测、指示和控制。

3）使系统达到或维持安全状态或降级状态的功能。例如错误仲裁、安全状态等。

SWSR 属于由软件相关的 TSR 细化得到的软件层面安全需求，其导出过程和 HWSR 类似。具体来说，根据分配至软件组件的技术安全需求，对其进行进一步安全分析或直接根据经验，导出更为详细的 SWSR。需要注意的是：

1）在实际操作中，除安全机制相关的 SWSR 外，还需要根据适用性，充分考虑上述提到的非安全机制相关 SWSR，尤其是软硬件接口规范和免于干扰的安全需求，它们是保证软件功能安全的重要内容。

2）免于干扰的安全需求多和基础软件相关，部分属于安全机制。在实际操作中，一般将 SWSR 分为应用层软件安全相关和基础软件相关的安全需求，便于后续独立并行开发。

软件需求作为后续软件开发的重要输入，其书写质量很大程度上决定了软件开发质量，软件需求书写实践原则具体包括以下内容：

1）层次化。

2）需求不可分解，不要将两个要求合二为一，保持需求细化。

3）应该使每个要求表述尽可能完整和准确，无歧义，无冗余，不要输入可能使开发人员感到困惑的，不合理的额外信息。

4）除了需求本身，可以添加规则或示例、范围陈述或对目标进行补充。

5）需求应当定义软件该做什么，不是不该做什么。

6）有必要在文档中记录所有的假设。

7）保证需求的可验证性。

8）保证需求的可追溯性。

3. 软件架构安全设计

软件架构安全设计的本质是基于系统安全架构，将和架构相关的 SWSR 应用于软件架构设计，初步确定软件功能安全实现的基本框架和方式，为后续软件详细设计提供基础。经典的 AUTOSAR 软件架构，将软件整体分为应用层、运行时环境（Run-time Environment，RTE）通信层、基础软件层。除此之外，为实现软件功能安全，还会将功能安全和非功能安全软件进行分层设计。例如，E-Gas 三层架构将软件整体分为功能层、功能监控层和控制器监控层，其中，功能层和功能监控层均属于 AUTOSAR 中的应用层，控制器监控层为基础软件层，二

者相互统一，并不矛盾。

总体来讲，根据不同的软件分层，软件架构安全设计基本分为两大部分：功能监控层安全设计和基础软件安全设计。

在具体介绍软件架构安全设计之前，首先要了解软件架构安全设计任务和软件架构开发常见视图。

（1）软件架构安全设计任务

软件安全架构旨在刻画出实现软件功能安全基本的软件框架，需要在系统架构的基础上，对其软件部分进行进一步细化，开发能够实现软件功能安全要求的软件架构设计。一般来讲，软件架构设计需要同时考虑安全相关和非安全相关的软件要求，安全相关的需求甚至很大程度上决定了软件架构的形式，例如，是否需要分层设计、分区设计等。

对于分层式软件架构设计，功能安全架构部分可以相对独立进行设计。但不论是安全还是非安全相关的软件架构的设计，其任务都在于描述以下两方面：

1）软件架构要素的静态设计方面，包括：①分级层次的软件结构；②数据类型和它们的特征参数；③软件组件的外部接口；④嵌入式软件的外部接口；⑤全局变量；⑥包括架构的范围和外部依赖的约束。

2）软件架构要素的动态设计方面，包括：①事件和行为的功能链；②数据处理的逻辑顺序；③控制流和并发进程；④通过接口和全局变量传递的数据流；⑤时间的限制。

所以，不论是系统还是软件架构，都包含静态和动态特性，这两方面特性描述越全面，越利于后续的软件详细设计，在实际应用中可根据需要，选择不同的详细程度。

除此之外，根据不同 ASIL，ISO 26262 对功能安全相关的软件架构设计还提出了其他相关约束，包括：

1）软件架构细致程度应能够承载 SWSR。

2）软件架构设计原则，包括适当分层、限制软件组件规模和复杂度、限制接口规模、组内高内聚、组间低耦合、限制中断使用等。

3）软件架构设计验证方法，包括设计走查、设计检查、控制流、数据流分析、仿真、快速原型等。

4）HWSR 应被分配至软件架构中的组件。

5）不同或非 ASIL 软件组件开发需满足以下原则之一：①按最高 ASIL；②要素共存或FFI，例如软件分区。

6）确保对 SWSR 和具体实施之间的可追溯性。

架构设计约束详细内容及表格可以参考 ISO 26262-6 第 7 章内容，在此不再赘述。

（2）软件架构开发常见视图

为了描述软件架构静态和动态特性，ISO 26262 对软件架构设计的标记法进行了明确规定，包括自然语言、非形式记法、半形式记法、形式记法（可运行代码）。其中对于 ASIL C/D 等级的软件安全需求，对应的架构设计强烈推荐采用半形式记法，如 UML、SysML、Simulink 或Stateflow 图形化建模等，也可以直接采用 AUTOSAR 等软件开发工具链进行软件架构设计，形成 ARXML 描述文件。UML 或 SysML 为描述软件架构静态和动态特性，分别引入了结构视图和行为视图两大类视图。

结构视图：描述架构静态结构和接口。常见的结构视图包括类图、组件图、复合结构图、包图、模块定义图、内部结构图等。

1）类图：用于描述系统中对象的类以及它们的依赖关系。

2）组件图：用于描述系统中不同的组件以及它们之间的接口。

3）复合结构图：本质上属于组件图，用于描述结构化的类的内部结构。

4）包图：用于组织模型的视图，可以按照模型的层次、视图的类型等通过包图形式进行打包分类显示。

5）模块定义图：用于描述系统和组成系统的基本元素，即模块及它们之间依赖的关系。

6）内部结构图：用于描述由模块定义图定义的模块所组成的系统的内部结构实现。

行为视图：描述架构动态行为，例如，数据流、控制流、不同状态切换等。常见的行为视图包括用例图、活动图、序列图、状态图等。

1）用例图：用于表示系统中的功能需求和参与者之间的关系，多用于需求分析。

2）活动图：用于描述业务、工作流程或执行流程。

3）序列图：用于描述不同对象之间发送和接收消息的序列。

4）状态图：用于描述系统不同的离散状态以及迁移关系，和 Stateflow 类似。

在软件定义汽车的时代，为应对不断增加的软件复杂度，架构的重要性毋庸置疑，采取 UML/SysML 等半形式标记法描述架构的必要性进一步提高，原因在于：

1）图比传统语言、代码更清晰、易懂。

2）ISO 26262 对架构设计标记法明确，对于 ASIL C 和 ASIL D 的系统，强烈推荐使用半形式标记法，即 UML 或 SysML。

3）图可以描述复杂系统或者过程，统一建模语言及视图统一了各种方法对不同类型的系统、不同开发阶段以及不同内部概念的不同观点，从而有效地消除了各种建模语言之间不必要的差异。

软件架构开发视图为基于 AUTOSAR 的后续软件详细设计提供了基础。

（3）功能监控层安全设计

软件监控层架构安全设计主要是将软件架构相关的 SWSR（即错误探测和错误处理安全机制）应用于软件监控层的架构设计。

如图 3-31 所示，功能监控层属于功能安全开发内容，独立于软件功能实现部分，一般按照相应 ASIL 等级进行独立开发，需要对功能层中功能安全相关部分进行监控，包括输入输出诊断、逻辑监控、故障分类、故障优先级仲裁等。

虽然根据不同类型的控制器，功能监控层架构设计中安全机制的具体实施有所差异，但总体而言，主要包含以下安全机制：

用于错误探测的安全机制，包括：

1）数据错误探测（例如，检错码和多重数据存储）。

2）输入输出数据的范围检查（例如，必须大于、小于特定的物理值或在一定范围内）。

3）合理性检查（例如，使用期望行为参考模型、断言检查或不同来源信号比较）。

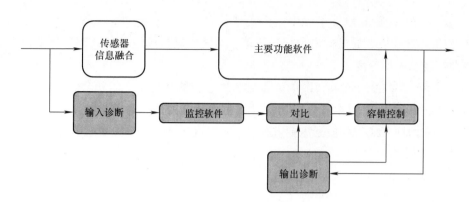

图 3-31　功能安全软件架构示例

4）外部要素监控程序执行，和基础软件安全设计相关，例如，通过专用集成芯片（Application Specific Intergrated Circuit，ASIC）或者其他软件要素来执行看门狗功能，监控程序可以是逻辑监控或时间监控，或两者的结合。

5）设计中的异构冗余。

6）在软件或硬件中实施的访问冲突控制机制，与授权访问或拒绝访问安全相关共享资源有关（例如，Memory），也和基础软件安全设计相关。

用于错误处理的安全机制，可能包括：

1）为了达到和维持安全状态，而关闭功能。

2）静态恢复机制（例如，恢复块、后向恢复、前向恢复以及通过重试进行恢复）。

3）通过划分功能优先级进行平稳降级，从而尽可能降低潜在失效对功能安全的不利影响。

4）设计中同构冗余，主要侧重于控制运行相似软件的硬件中瞬态故障或随机故障的影响（例如，软件冗余执行）。

具体来讲，在功能监控层架构设计过程中，可以根据具体监控的功能，进行相应的异构冗余计算，对其输入、输出进行范围及合理性检查，对异构冗余计算程序执行过程进行内部或外部要素的时间或逻辑监控，一旦发现错误，则通过错误处理机制，将系统导入安全状态。

以整车控制器加速踏板信号为例，其 ASIL 要求一般为 D。为了实现该安全需求，需要从软件和硬件两个方面着手：

1）硬件安全方面主要是加速踏板传感器本身非同质冗余及双路冗余采样等。

2）软件安全方面主要是基于上述安全机制的具体应用，例如，两路加速踏板传感器信号自身故障诊断、信号电压范围是否在有效范围内，以及与制动踏板信号之间的合理性检验、双路信号是否同步等。

软件安全机制离不开硬件安全机制，ISO 26262 第 5 部分的硬件开发附件中将不同类型的安全机制按照诊断覆盖率分为高、中、低三类，分别等价为所对应或相关的软件安全机制，并分别应用于 ASIL D、ASIL C、ASIL B 类型的软件安全需求。

（4）基础软件安全设计

基础软件多和控制器硬件相关，是保证上层软件（应用层、功能监控层）正常运行的基本条件。在经典 AUTOSAR 软件平台中，为实现独立于控制器硬件，多平台软件复用，采用了 RTE 层和基础软件层，通过标准化接口规范，对硬件进行逐级抽象，对上层提供统一访问接口，以此实现软硬件分离。

当应用层 SWC 存在不同的 ASIL 时，基础软件也必须满足相应的安全需求。从 ISO 26262 角度而言，依据不同 ASIL 要素共存原则，当应用层软件存在混合的 ASIL 安全需求时，基础软件开发也存在两种方式，可根据需要选择其一，即免于干扰 FFI（要素共存措施），以及最高 ASIL 原则。

4. 软件详细设计

功能安全软件详细设计或者软件单元设计的主要任务，是基于软件安全架构对软件安全需求进行进一步实现。和非功能安全软件详细设计相比，功能安全软件详细设计，除了实现软件安全需求外，最主要的区别就是需要考虑由软件安全需求 ASIL 带来的开发约束，其主要包括：

1）建模和编码指南约束。

2）不同 ASIL 软件单元设计语言或标记约束。

3）软件单元设计原则的约束。

此外，目前汽车软件开发多基于模型开发（Model-Based Development，MBD），同样也适用于汽车功能安全软件开发，其开发流程、开发工具等均和正常的应用层软件开发一致，多采用 Simulink 或 AUTOSAR 等图形化开发语言进行，再通过自动代码生成技术，生成控制器可执行语言。

5. 软件安全测试

根据软件开发 V 模型，在软件安全详细设计完成后，需要进行相应的软件验证、集成及测试等内容，即 V 模型右侧的内容，具体包括：

1）软件单元验证（Software Unit Verification）。对应软件开发 V 模型左侧的软件单元设计和实现，属于软件单元级别的测试，主要验证软件单元设计代码是否合规，针对软件单元的具体软件安全需求是否得到实现。

2）软件集成和验证（Software Integration and Verification）。对应软件开发 V 模型左侧的软件架构设计，验证的对象是软件安全架构，主要是验证各软件单元是否按照软件架构设计进行了集成、接口是否正确、由软件架构层面的安全分析得出的已定义的安全措施（例如，FFI 相关的安全措施）是否得到适当实施、资源使用是否合理、软件结构覆盖率是否达到要求。

3）嵌入式软件测试（Testing of the Embedded Software）。对应软件开发 V 模型左侧的软件安全需求定义，验证的对象是软件安全需求，与前面的软件单元验证和集成验证相比，层次更高，属于功能级别的软件安全需求，是软件最终实现的功能需求，而不是为实现其功能，在软件架构或软件单元层面分解得到的中间过程的软件安全需求。

ISO 26262 第 6 部分针对软件单元验证、集成和验证、嵌入式软件测试分别进行了阐述，并根据不同 ASIL 对其验证方法进行推荐。从测试类型的角度，可将测试方法分为两大类，即静态分析（Static Analysis）和动态分析（Dynamic Analysis）。其中静态测试大多可自动化完成，不需要测试用例，相对比较简单，而动态测试基本上都需要用到测试用例。在 ISO 26262 第 6 部分中，根据不同 ASIL，软件单元、集成测试、嵌入式软件这三个层次的测试用例导出方法基本类似，包括：

1）需求分析。

2）等价类的生成和分析。

3）边界值分析。

4）基于经验的错误猜想。

5）功能相关性分析。

6）操作用例的分析。

其中，需求分析主要是根据需求制定测试用例，也是进行测试用例导出最常用的方法，需要注意的是，需求的制定和测试用例的导出最好由不同的开发人员完成，尽可能保证测试的独立性。等价类的生成和分析，可以基于划分输入、输出来识别等价类，为每个等价类选择一个有代表性的测试值，这样可以有效减少测试用例数目，减少重复性测试，从而降低测试成本，减少测试时间。

3.3　系统集成测试及确认

汽车功能安全的系统集成及验证确认位于功能安全系统开发 V 模型右侧，紧接着硬件和软件开发阶段，主要包含以下两部分内容：系统及相关项集成和测试、安全确认。

3.3.1　系统及相关项集成和测试

系统及相关项集成和测试阶段总共包括三个子阶段：

1）软硬件集成及测试，即集成各要素硬件和软件，形成子系统，并进行相应测试。

2）系统集成及测试，即集成组成一个系统的要素或子系统，以形成一个完整的相关项，并进行相应测试。

3）整车集成及测试，即集成相关项与车辆内其他系统，并进行相应测试。

测试的目的在于验证系统层面安全分析得到的所有安全需求及相应的 ASIL 是否得到满足，以及安全机制是否正确实施。系统及相关项集成和测试主要输入及输出信息如图 3-32 所示。

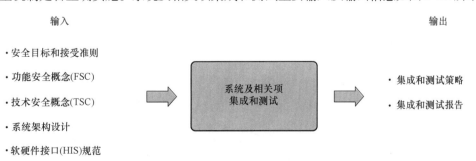

图 3-32　系统及相关项集成和测试主要输入及输出信息

集成工作相对较为简单，根据接口和架构进行即可，重点在于测试。ISO 26262 系统列出了根据不同 ASIL 进行测试的内容和方法。集成和测试需要的输入信息会随着集成和测试的层级逐步发生变化，例如在软硬件层级的集成和测试，基本上软硬件接口规范就能够满足测试需求，系统层级的集成和测试则需要功能和技术安全需求，而整车层级的集成和测试则多需要功能安全需求[14]。

集成和测试策略用于确定集成和测试的目的、内容、方法、测试用例、工具、模板、测试环境的搭建，确保满足安全需求和相应的 ASIL。集成和测试报告是执行测试策略所得到的结果的汇总。

1. 集成和测试用例的导出

根据软硬件接口规范及系统架构信息，需要将不同层级的要素进行集成，并对其进行相应的测试。除整车集成测试外，软硬件及系统集成测试以软件在环（Software in Loop，SiL）、模型在环（Model in Loop，MiL）及硬件在环（Hardware in Loop，HiL）测试为主。无论哪种测试环境，测试用例的定义是必不可少的部分，它详细地描述了测试前提、输入信息、执行过程、预期输出结果等，而且需要针对每个安全需求至少制定一个测试用例，以保证测试的充分性。

根据不同的 ASIL，ISO 26262 推荐了不同测试用例导出的方法，可以根据测试层级进行适用性选择。一般 ASIL 越高，测试充分性要求越高，需要用到的导出方法也越多，这样才能从不同的角度导出测试用例，保证测试的充分性，具体见表 3-12。

表 3-12　导出集成测试案例的方法

方法		ASIL			
		A	B	C	D
1a	需求分析	+ +	+ +	+ +	+ +
1b	内外部接口分析	+	+ +	+ +	+ +
1c	软硬件集成等价类的生成和分析	+	+	+ +	+ +
1d	边界值分析	+	+	+ +	+ +
1e	基于知识或经验的错误猜想	+	+	+ +	+ +
1f	功能的相关性分析	+	+	+ +	+ +
1g	相关失效的共有限制条件、次序及来源分析	+	+	+ +	+ +
1h	环境条件和操作用例分析	+	+ +	+ +	+ +
1i	现场经验分析	+	+ +	+ +	+ +

注：+表示推荐程度。

其中比较重要且常用的测试用例导出方法包括：

1）需求分析：即根据需求制定测试用例，是测试用例最常见的导出方法。

2）内外部接口分析：主要根据接口信息制定测试用例，验证软硬件接口是否正常工作、数据类型是否匹配。

3）软硬件集成等价类的生成和分析：主要是挑选具有代表性的输入进行测试，以此减少相类似输入带来的测试工作量，例如，对于输入 1 ~ 5，本质上它们计算过程是类似的，都采用了相同的计算逻辑，那么它们就属于等价类，这时就可以只挑选其中 1~2 个输入作为代表进行测试即可。

4）边界值分析：根据输入的边界制定测试用例，对输入的最小及最大值进行测试。

5）错误猜想：根据知识、经验或者故障树中的故障，猜想可能出现的错误并制定相应的测试用例。

2. 集成和测试的内容和方法

根据 ISO 26262，从功能安全的角度看，不同层级（软硬件、系统、整车）的集成和测试的内容基本相同，具体包括：

1）功能安全需求及技术安全需求的正确实施。

2）安全机制的正确性能、准确性和执行时序。

3）硬件故障探测机制在软硬件层面的有效性。

4）接口的一致性和正确实施。

5）足够的鲁棒性。

（1）功能安全需求及技术安全需求的正确实施

功能安全需求的正确实施是集成测试的最基本内容，旨在保证功能安全需求（FSR）和技术安全需求（TSR）在不同层级的集成后能够得以正确实施或执行。根据集成阶段不同，所测试的安全要求的层级也有所区别。通常来讲，需要在集成后的层级对已定义的安全要求进行验证，具体而言：

1）在软硬件集成阶段：需要在集成后的系统层面或环境，对和该系统相关的技术安全需求进行测试验证。

2）在系统集成阶段：需要在集成后的相关项层面或环境，对和该相关项相关的技术安全需求和功能安全需求进行测试验证。

3）在整车集成阶段：需要在集成后的整车层面或环境，通过整车测试对功能安全需求进行验证。

在整个集成子阶段，每个功能安全需求和技术安全要求应该至少进行一次验证（尽可能通过测试），以保证测试的充分性。一般来讲，功能或技术安全需求的验证或测试环境的选择，主要取决于两方面因素：

1）测试环境是否能实现安全需求所要求的测试内容。

2）测试的便利性和可执行性。

所以，在软硬件集成阶段，对技术安全需求进行验证为主，而在整车集成阶段，对功能安全需求进行验证为主，而在系统集成阶段，二者都有。当然，只要测试环境允许，很多安全需求可以在所有的集成子阶段对其进行测试。例如，对于加速踏板信号相关的安全需求，即加速踏板信号是否通过硬件冗余、冗余采样、合理性校验等安全措施保证了其输出信号的正确性和 ASIL 符合性，完全可以在三个集成子阶段都进行测试验证，测试得越充分，可靠性越高。

随着测试环境层级的增加，测试环境的灵活度会受到影响，毕竟在整车环境下很多测试条件相对难以实现或配置，这也会直接增加验证测试的周期和成本。

表 3-13 和表 3-14 给出了安全需求的正确实施可采用的测试方法，在软硬件集成和系统集成阶段，ISO 26262 推荐的集成测试方法基本相同，都包括基于需求的测试、故障注入测试和背靠背测试，只是根据不同 ASIL 的要求，背靠背测试推荐的程度稍微不同。所谓的背靠背测试，其应用背景在于基于模型的开发（Model Based Design，MBD），为了保证从模型到自动生成代码之间的可靠性，需要对软件实现的两个版本（模型和基于模型生成的代码）执行相同的测试集，并比较测试结果，如果测试结果不一致，则软件的二者之一就可能存在故障。在一般情况下，在软硬件集成阶段基本完成了从模型到代码的转化，所以此阶段的背靠背测试推荐程度较高，而在系统集成阶段，其集成测试工作多直接基于生成后的代码进行，所以背靠背测试的意义相对较小，所以推荐程度降低。

表 3-13　软硬件集成阶段：技术安全需求在软硬件层面的正确执行

	方法	ASIL			
		A	B	C	D
1a	基于需求的测试	+ +	+ +	+ +	+ +
1b	故障注入测试	+	+ +	+ +	+ +
1c	背靠背测试	+	+	+ +	+ +

表 3-14　系统集成阶段：技术安全需求在系统层面的正确执行

	方法	ASIL			
		A	B	C	D
1a	基于需求的测试	+ +	+ +	+ +	+ +
1b	故障注入测试	+	+ +	+ +	+ +
1c	背靠背测试	o	+	+	+ +

注：o 表示不推荐。

对于整车集成而言，其测试方法见表 3-15，可见背靠背测试方法已经不再适合整车级别测试，除了基于需求的测试和故障注入测试外，新增了长期测试和实际使用条件下的用户测试。所谓的长期测试和实际使用条件下的用户测试，类似于来自现场经验的测试，将普通用户当作测试者，并不局限于之前规定的测试场景，而是在现实日常生活条件下进行实际测试。为确保测试人员的安全，这类测试需要设定一些限制，例如，测试人员安全培训、额外安全措施的使用或执行器能力快速终止。

表 3-15　整车集成阶段：技术安全需求在整车层面的正确执行

	方法	ASIL			
		A	B	C	D
1a	基于需求的测试	+ +	+ +	+ +	+ +
1b	故障注入测试	+ +	+ +	+ +	+ +
1c	长期测试	+ +	+ +	+ +	+ +
1d	实际使用条件下的用户测试	+ +	+ +	+ +	+ +

（2）安全机制的正确性能、准确性和执行时序

安全机制作为安全需求（尤其是技术安全需求）的重要组成部分，是保证产品功能安全

的关键措施之一。单个安全需求的正确实施并不能保证安全机制的正确实施，很多时候一个完整的安全机制都需要通过多个安全需求按照一定的执行顺序共同实施才能得以实现，所以对于安全机制而言，除了最基本的单个安全需求本身正确执行测试外，还需要对安全机制的正确性能、准确性和执行时序进行专门的测试。

在 MBD 背景下，背靠背测试是一种不可或缺的测试方法，用于确保模型层面正确工作的安全机制在软硬件集成及系统集成后的代码层面仍能正确工作。此外，性能测试、故障注入测试、错误猜想测试等也是安全机制在不同层级正确或准确执行的重要测试方法，其中，性能测试主要是对安全机制相关的性能指标进行测试。在这里，性能指标就是在定义安全机制时所附加的属性特征，且随着集成层级的不同测试重点有所区别。例如，在软硬件或系统集成层面，主要验证安全机制的软硬件执行响应速度、执行时序等，而在整车集成层面，主要测试安全机制故障响应时间间隔、车辆的可控性等。具体的测试方法见表 3-16 至表 3-18。

表 3-16　软硬件集成阶段：安全机制在软硬件层面的正确性能、准确性和执行时序

方法		ASIL			
		A	B	C	D
1a	背靠背测试	+	+	+ +	+ +
1b	性能测试	+	+ +	+ +	+ +

表 3-17　系统集成阶段：安全机制在系统层面的正确性能、准确性和执行时序

方法		ASIL			
		A	B	C	D
1a	背靠背测试	o	+	+	+ +
1b	故障注入测试	+	+	+ +	+ +
1c	性能测试	o	+	+	+ +
1d	错误猜想测试	+	+	+ +	+ +
1e	来自现场经验的测试	o	+	+ +	+ +

表 3-18　整车集成阶段：安全机制在整车层面的正确性能、准确性和执行时序

方法		ASIL			
		A	B	C	D
1a	性能测试	o	+	+ +	+ +
1b	长期测试	+	+	+ +	+ +
1c	实际使用条件下的用户测试	+	+	+ +	+ +
1d	故障注入测试	o	+	+ +	+ +
1e	错误猜想测试	o	+	+ +	+ +
1f	来自现场经验的测试	o	+	+ +	+ +

（3）硬件故障探测机制在软硬件层面的有效性

硬件故障探测机制在软硬件层面的有效性的本质和上一部分安全机制的正确性能、准确性和执行时序测试一致，只不过考虑到硬件故障探测机制在整个安全机制正确工作中的重要

性，单独对其进行有效性测试，因而这部分测试内容只存在于软硬件集成阶段，在实际执行过程中，完全可以和上一部分内容进行合并测试，具体见表3-19。

表3-19 软硬件集成阶段：硬件故障探测机制在软硬件层面的有效性

方法		ASIL			
		A	B	C	D
1a	故障注入测试	+	+	+ +	+ +
1b	错误猜想测试	+	+	+ +	+ +

（4）接口的一致性和正确实施

接口的一致性和正确实施测试是集成测试的重要内容，不管在哪个集成层级，都需要根据软硬件接口（Hardware-Software Interface，HSI）保证各方开发的软硬件组件及系统接口正确，能够正确通信，在不同的层级采用的测试方法基本一致，具体见表3-20至表3-22。

表3-20 软硬件集成阶段：外部和内部接口在软硬件层面执行的一致性和正确实施

方法		ASIL			
		A	B	C	D
1a	外部接口测试	+	+ +	+ +	+ +
1b	内部接口测试	+	+ +	+ +	+ +
1c	接口一致性检查	+	+ +	+ +	+ +

表3-21 系统集成阶段：外部和内部接口在系统层面执行的一致性和正确实施

方法		ASIL			
		A	B	C	D
1a	外部接口测试	+	+ +	+ +	+ +
1b	内部接口测试	+	+ +	+ +	+ +
1c	接口一致性检查	+	+	+ +	+ +
1d	通信和交互测试	+ +	+ +	+ +	+ +

表3-22 整车集成阶段：整车层面内外部接口实现的正确实施

方法		ASIL			
		A	B	C	D
1a	外部接口测试	+	+	+ +	+ +
1b	内部接口测试	+	+	+ +	+ +
1c	通信和交互测试	+	+	+ +	+ +

（5）足够的鲁棒性

鲁棒性测试一般属于极限性测试或者系统的容错性测试，主要用于测试当组件存在异常输入和处于苛刻环境条件下（例如，高负荷、极限温度）能否保持正常工作，具体见表3-23 ~ 表3-25。

表 3-23　软硬件集成阶段：软硬件层面的鲁棒性水平

方法		ASIL			
		A	B	C	D
1a	资源使用测试	+	+	+	+ +
1b	压力测试	+	+	+	+ +

表 3-24　系统集成阶段：系统层面的鲁棒性水平

方法		ASIL			
		A	B	C	D
1a	资源使用测试	o	+	+ +	+ +
1b	压力测试	o	+	+ +	+ +
1c	特定环境条件下的抗干扰性和鲁棒性测试	+ +	+ +	+ +	+ +

表 3-25　整车集成阶段：整车层面的鲁棒性水平

方法		ASIL			
		A	B	C	D
1a	资源使用测试	+	+	+ +	+ +
1b	压力测试	+	+	+ +	+ +
1c	特定环境条件下的抗干扰性和鲁棒性测试	+	+	+ +	+ +
1d	长期测试	+	+	+ +	+ +

3.3.2　安全确认

验证与确认属于功能安全开发过程中非常重要且容易混淆的两个概念。其中，验证提供客观证据，证明开发过程满足规定要求，关注实现过程而不是结果，即整个开发过程是否按照规定的要求去做、工作输出物是否完整，至于输出结果是否满足客户最终的预期功能或需求，不属于验证的范畴。确认则提供客观的证据，证明开发结果满足客户预期的功能或需求，关注结果而不是过程，即不管开发过程，只关心最终输出结果是否满足客户预期需要功能或需求。

对于汽车功能安全开发而言，所谓结果就是汽车产品必须满足概念开发阶段提出的安全目标的要求，而所谓过程是为了实现功能安全目标，从概念阶段到系统开发，然后进行软硬件组件开发，最后依次进行集成和测试。过程的正确实施是导致结果发生的必要前提，但非充分条件，所以除了对开发过程的安全验证外，还必须对最终的结果进行安全确认，并提供充分证据，确保在概念开发阶段所提出的整车层面的安全目标得以充分实现。

确认多发生在验证之后，更多在系统或产品阶段，所以在 ISO 26262 中，软件、硬件开发 V 模型右边对应的测试均为验证过程，多由供应商完成，只有相关项集成后对应的整车级别的最终测试属于确认过程，多由整车厂承担。

安全确认的主要途径是针对安全目标及对应 ASIL 的整车级别的车辆测试，而 ASIL 本身是在 HARA 过程通过严重度、暴露概率 > 可控性三个参数确定的，其中严重度和暴露概率可以通过定量或定性分析直接确定，而可控性的确定相对困难，会直接影响危害是否最终产生。

在概念开发阶段一般通过仿真或其他辅助性数据对其进行确定，所以在安全确认的过程中必须对可控性进行实际测试，根据相应的可控性接受准则进行评估，完成对 ASIL 的确认[15,16]。例如，对于制动系统，在危害严重的车辆运行场景下，注入系统故障，在故障产生后特定时间内，将车辆前进的距离作为可控性接受准则，并且可以进一步对前进的距离进行分类，指定特定的可控性等级[17]。

此外，安全确认还需要对外部措施的有效性、其他技术要素的有效性、影响危害分析与风险评估中 ASIL 的假设等进行整车层面的确认[18]。例如，假设一个机械组件能够防止或减轻由电气电子系统的功能失效造成的潜在危害，那么这个机械组件防止或减轻危害的有效性只能在整车层面进行确认。

除了通过基于特定测试用例的整车测试进行安全确认外，也可以通过安全评审、定性安全分析方法（例如 FMEA、FTA、ETA、仿真）、长期测试（例如车辆驾驶日程安排和受控测试车队）、实际使用条件下的操作用例、抽测或盲测、专家小组等手段进行安全确认[19]。

3.3.3　功能安全认可措施

为了保证功能安全开发活动的有效性，需要对安全活动各阶段重要的工作成果及流程进行安全认可，提供充足并令人信服的证据，证明其对实现功能安全的贡献，这就是安全认可措施（Confirmation Measures）。根据 ISO 26262-2：2018，安全认可措施包括三个维度：

1）认可评审（Confirmation Review）。
2）功能安全审核（Functional Safety Audit）。
3）功能安全评估（Functional Safety Assessment）。

其中，认可评审和功能安全审核分别是工作输出成果和流程的检查，和验证类似，判断产品是否满足 ISO 26262 的标准规范要求，并不关心所实施的安全措施是否能够保证产品功能安全；功能安全评估则是对结果有效性的检查，和确认类似，只不过是通过评审的方式进行，判断通过相应安全措施的实施，最初定义的功能安全目标在相关项层面是否能够得到满足。通常，功能安全评估需要基于认可评审和功能安全审核的输出结果进行综合判断[20]。三类安全认可措施的区别见表 3-26。

表 3-26　三类安全认可措施的区别

安全认可措施	认可评审	功能安全审核	功能安全评估
认可对象	功能安全工作输出产物，主要包括相关项影响分析、危害分析及风险评估、安全计划、功能安全概念、技术安全顾念、集成和测试策略、安全确认规范、安全分析、相关失效分析、安全档案等	功能安全开发工作过程	相关项
认可目的	检查工作输出产物是否满足 ISO 26262 相应的要求，以及包裹正确性、完整性、充分性及一致性等	审核安全活动是否按照 ISO 26262 所要求的流程被执行	判断相关项是否实现了功能安全，或判断对功能安全实现的贡献
ASIL 范围	所有 ASIL	应用于 ASIL（B）、C、D 的相关项或要素安全需求	应用于 ASIL（B）、C、D 的相关项或要素安全需求

除此之外，ISO 26262-2：2018 还对认可措施的独立性进行了约束，ASIL 越高，所对应的认可执行者的独立性要求越高（包括 I0、I1、I2、I3 四个等级）。部分安全认可措施的独立性要求见表 3-27。

表 3-27 安全认可措施的独立性要求（部分）

认可措施	应用于以下的独立性程度				
	QM	ASIL A	ASIL B	ASIL C	ASIL D
相关项层面对于影响分析的认可评审；独立于影响分析的责任者和项目管理	I3	I3	I3	I3	I3
危害分析和风险评估的认可评审；独立于相关项开发人员、项目管理和工作成果责任者	I3	I3	I3	I3	I3
计划的认可评审；独立于该相关项的开发人员、项目管理和工作成果责任者	—	I1	—	I2	I3
认可评审，由相应安全分析和相关失效分析的结果支持；独立于该相关项的开发人员、项目管理和工作成果责任者	—	I1	I1	I2	I3
技术安全概念的认可评审，由相应安全分析和相关失效分析的结果支持；独立于该相关项的开发人员、项目管理和工作成果责任者	—	I1	I1	I2	I3
集成和测试策略的认可评审；独立于该相关项的开发人员、项目管理和工作成果责任者	—	I0	I1	I2	I2
认规范的认可评审；该相关项的开发人员、项目管理和工作成果责任者	—	I0	I1	I2	I2
安全分析和相关失效分析的认可评审；独立于该相关项的开发人员、项目管理和工作成果责任者	—	I1	I1	I2	I3
安全档案的认可评审；独立于安全档案的责任者	—	I1	I1	I2	I3
功能安全审核；独立于相关项开发人员和项目管理	—	—	I0	I2	I3
功能安全评估；独立于相关项开发人员和项目管理	—	—	I0	I2	I3

注：1. I0 表示宜执行认可措施；但如果执行，应由与负责创建工作成果的人员不同的人员执行。

2. I1 表示认可措施应由与负责创建工作成果的人员不同的人员执行。

3. I2 表示认可措施应由独立于负责创建工作成果的团队的人员执行，即由不向同一个直接上级报告的人员执行。

4. I3 表示认可措施应由在管理、资源和发布权限方面与负责创建对应工作产品的部门独立的人员执行。

习 题

一、选择题

1. ISO 26262 的安全生命周期是基于以下哪个模型进行描述的？（   ）

A. 瀑布模型　　　　B. 敏捷模型　　　　C. V 模型　　　　D. 汽车模型

2. 功能安全概念阶段开发不包括哪一项？（   ）

A. 相关项定义　　　　　　　　B. 危害分析和风险评估

C. 安全目标定义　　　　　　　D. 技术安全概念

3. 危害分析和风险评估中风险评级时不考虑哪一项？（   ）

A. 严重度　　　　B. 可控性　　　　C. 探测度　　　　D. 暴露概率

4. 功能安全主要解决下列哪方面风险？（   ）

A. E/E 架构的功能异常带来的风险　　　　B. 可预见的人为误用

C. 系统性能局限　　　　　　　　　　　　D. 车辆周围环境的影响

5. 安全机制的目的在于？（　　　）

A. 消除故障　　　　　　　　　　　　　　B. 降低硬件失效率

C. 探测、显示和控制故障　　　　　　　　D. 保证系统绝对安全

二、判断题

1. 功能安全概念阶段是整车开发阶段，一般不需要 Tier1 的参与。　　　　　　（　　　）

2. 如果一个产品是从先前的项目中修改并复用的，那么只需根据 ISO 26262 开发该变更的组件。　　　　　　　　　　　　　　　　　　　　　　　　　　　　　　　（　　　）

3. 当一个安全目标被分配了 ASIL D 时，所有衍生出的安全要求也同样被分配 ASIL D。

（　　　）

4. 危害分析和风险评估中，可控性（C）的评级需要在安全确认阶段进行确认。（　　　）

5. 安全机制设计在一定程度上决定了系统安全架构的复杂程度。　　　　　　　（　　　）

三、填空题

1. 利用故障树分析可以从安全目标导出（　　　）。

2. ISO 26262 中最常用的自下向上的归纳型安全分析方法是（　　　）。

3. ISO 26262 中定义的系统必须包含（　　　）。

4. 危害分析和风险评估时（　　　）的评级是基于运行场景的。

5. 进行 ASIL 分解的前提是满足（　　　）要求。

四、简答题

1. 请简述功能安全概念阶段中相关项定义应主要包含哪些内容。

2. 请简要描述危害分析和风险评估的 HAZOP 主要用到哪些引导词，并进行举例。

3. 请简要描述在进行危害分析和风险评估时，严重度等级的分配可能涉及哪些信息来源。

4. 请列举 5 种 ISO 26262 中经常用到的测试方法。

五、综合实践题

随着人工智能、5G 通信、大数据等技术的飞速发展，智能网联汽车正在成为全球汽车行业的焦点。我国政府一直高度重视智能网联汽车的发展，通过一系列政策和规划来推动这一领域的技术创新和产业化进程。《中国制造 2025》战略明确提出要发展智能网联汽车，提升汽车产业的整体竞争力。此外，《交通强国建设纲要》《新一代人工智能发展规划》等政策文件也对智能网联汽车的发展方向和目标进行了规划。

为了进一步加快智能网联汽车的发展，并保障交通安全，工业和信息化部等四部委在 2023 年 11 月联合发布了《工业和信息化部 公安部 住房和城乡建设部 交通运输部关于开展智能网联汽车准入和上路通行试点工作的通知》，公布了 9 家首批智能网联汽车准入和上路通行试点联合体。试点项目不仅可以加速技术的成熟和应用，还能够为制定相关法律法规和标准提供依据。同时政府正在逐步完善智能网联汽车和驾驶相关的法规和标准，为技术的合规发展提供了有力支持。通过设立试点，政府希望能够形成示范效应，推动整个行业加快自动驾

驶技术的研发和应用。

在阅读《工业和信息化部 公安部 住房和城乡建设部 交通运输部关于开展智能网联汽车准入和上路通行试点工作的通知》及其附件的基础上，收集相关材料，总结智能网联汽车准入要求中与功能安全相关的技术要求和流程要求，并阐述智能网联汽车相关企业应该如何开展功能安全工作，以满足上述要求。

阅读材料 3-1　四部委关于开展智能网联汽车准入和上路通行试点工作的通知_ 国务院部门文件

阅读材料 3-2　智能网联汽车准入和上路通行试点实施指南 （试行）

阅读材料 3-3　智能网联汽车准入和上路通行试点申报方案 （模板）

参 考 文 献

[1] International Organization for Standardization. Road vehicles-Functional safety：ISO 26262：2018 ［S］. Geneva：ISO, 2018.

[2] 全国汽车标准化技术委员会. 道路车辆　功能安全：GB/T 34590.1 ~ 12—2022 ［S］. 北京：中国标准出版社，2022.

[3] International Electrotechnical Commission. Functional safety of electrical/electronic/programmable electronic safety-related systems：IEC 61508-1 ~ 7：2010 ［S］. Geneva：IEC, 2010.

[4] SAE International, Automotive Functional Safety Committee. Road vehicles-ASIL determination guidelines for electrical and electronic system SAE J2980：2018 ［S］. Warrendale：SAE International, 2018.

[5] VDA, Standards Committee for Functional Safety. Situation catalog E-Parameter as per ISO 26262-3：2018：VDA 702：2023 ［S］. Berlin：VDA, 2023.

[6] UNECE. Uniform provisions concerning the approval of passenger cars with regard to braking ［EB］. 2014.

[7] UNECE. Uniform provisions concerning the approval of vehicles with regard to steering equipment ［EB］. 2017.

[8] UNECE. Uniform provisions concerning the approval of vehicles with regards to automated lane keeping systems ［EB］. 2021.

[9] 陈海军. 基于 ISO 26262 的汽车功能安全-方法与实践 ［M］. 北京：机械工业出版社，2023.

[10] 赵鑫，李明勋. 汽车电子功能安全实战应用 ［M］. 上海：同济大学出版社，2020.

[11] EGAS Workgroup. Standardized E-Gas monitoring concept for gasoline and diesel engine control units version 6.0 ［R］. 2015-07-13.

[12] AUTOSAR. Layered software architecture ［Z］. 2019.

[13] SARI B REUSS H C. Fail-Operational safety architecture for ADAS systems considering domain ECUs ［J］. SAE, 2020, 10：55-67.

[14] BALAKRISHNAN K. Functional safety concept of "minimum risk maneuver" in conditional driving automation （Level 3） vehicles ［J］. SAE, 2022. doi：10.4271/2022-28-0301.

［15］ MONKHOUSE H, HABLI I, MCDERMID J. The notion of controllability in an autonomous vehicle context ［C］//CARS 2015 - Critical Automotive applications: Robustness & Safety. New York: Association for Computing Machinery, 2015: 113420178.

［16］ WISHART J, COMO S, FORGIONE U, et al. Literature review of verification and validation activities of automated driving systems ［J］. SAE International, 2020, 3 (4): 267-323. doi: 10. 4271/12-03-04-0020.

［17］ HANS- LEO R. Functional safety for road vehicles: New challenges and solutions for e- mobility and automated driving ［M］. Switzerland: Springer International Publishing, 2016.

［18］ MYKLEBUST T, STÅLHANE T. Functional safety and proof of compliance ［M］. Switzerland: Springer Nature, 2021.

［19］ MILLER J D. Automotive system safety: Critical considerations for engineering and effective management ［M］. Hoboken: John Wiley & Sons, 2020.

［20］ HANS- LEO R. Safety for future transport and mobility ［M］. Switzerland: Springer International Publishing, 2021.

第4章　智能网联汽车预期功能安全

📖 本章导学

随着汽车技术的不断进步，尤其是自动驾驶和高级驾驶辅助系统的发展，车辆功能越来越复杂的同时，也带来新的安全风险。这些功能需要依靠传感器、算法和控制器等多个软硬组件协同工作，以实现对环境的感知、决策和执行。传统的功能安全标准（如 ISO 26262）主要关注由系统故障引起的安全风险，如电气和电子系统的失效。然而，随着车辆功能的不断扩展和智能化水平的提高，智能网联汽车自动驾驶或高级驾驶辅助系统也可能因为功能不足或驾驶员误用而引发安全问题，因此仅关注系统失效已经不足以全面保障车辆安全。为解决上述问题，预期功能安全的概念应运而生。本章介绍了智能网联汽车预期功能安全的基本概念以及安全活动流程，引出了智能网联汽车预期功能安全的保障技术。

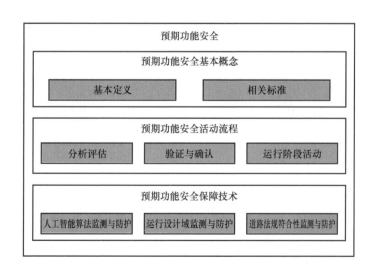

📖 学习目标

1. 掌握智能网联汽车预期功能安全的基本概念。
2. 掌握智能汽车安全体系中的预期功能安全相关的活动流程。
3. 了解预期功能安全面临的挑战和相应的保障技术。

微课4：预期功能安全

预期功能安全旨在确保系统在设计和实施中不存在不合理的风险。其风险源自系统功能不足，即系统规范或性能上的不足。因此可通过识别这些不足，评估其影响，采取措施减少或消除这些不足，来实现预期功能安全。这需要从系统的不同层面进行分析，包括功能规范、设计、验证和确认，来确保系统的安全性。

4.1　预期功能安全基本概念

4.1.1　预期功能安全基本定义

在长期生产实践中，人们逐渐认识到任何技术系统都可能存在功能不足的风险。这种风险可能会导致系统在运行时产生意外行为，从而对人类造成伤害。近年来频发的自动驾驶事故揭示了此类风险问题的严峻性。2016 年 5 月，美国佛罗里达州的一辆自动驾驶汽车与白色货车相撞，此后又发生了多起类似事故。一种可能的原因是感知系统未能正确识别白色车厢。近年来也出现了诸多自动驾驶"幽灵感知"事件（如进入隧道后感知到旁边有公交车驶过、在无人墓地感知到周围有行人走动等）。2018 年 3 月，在美国亚利桑那州坦佩市一辆自动驾驶汽车与一名横穿马路的行人发生碰撞，这是全世界第一起自动驾驶汽车撞死行人的事故。如图 4-1 所示，美国国家运输安全委员会调查报告显示，在事故前的 10s 内，自动驾驶系统对该行人的判定结果在汽车和其他类别间摇摆不定，浪费了大量时间。而类别检测结果的不确定导致难以形成连续历史轨迹作为预测输入，进而迫使系统不得不依赖预期目的地对该行人进行路径预测，但由于系统未考虑行人违规穿越马路的预期行为，导致在事故前未能及时预测行人正确路径，同时安全员的分心最终导致车辆躲避不及时而发生碰撞。上述典型案例说明自动驾驶系统正面临来自感知、决策、控制、误用等多方面的风险，应引起足够重视。

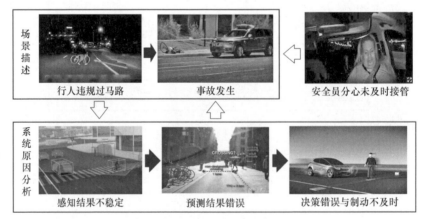

图 4-1　某例自动驾驶事故原因分析

为了应对这种风险，最大限度地预防道路的安全问题，SOTIF 的概念应运而生。SOTIF 的核心在于系统设计阶段对功能不足的识别与评估。这种不足可能源于系统规范定义的不完善，或系统实际性能未能达到设计目标。通过系统分析，可以确定潜在的功能不足及其触发条件，从而预测并评估可能的风险。通过采取措施改进系统设计，可以降低或消除这些风险，确保系统在预期使用环境下能够安全可靠地运行。首先，需要明确场景相关的一系列定义。在 SOTIF 的大框架下，场景被定义为一系列动作和事件之间的时序关系描述，具有特定的目标、价值和环境条件，这些关系受行动和事件的影响。而因为系统可能存在功能限制或使用说明不清晰，往往会出现误用，这是指以非制造商或服务提供商所指定的方式使用系统。在某些情况下，用户可能会错误地依赖系统的功能，或者在没有充分了解系统局限性的情况下使用系统，这可能会增加安全风险。这里的风险是指伤害发生的概率及其严重度的组合。

在场景中，车辆通常会被给定一个特定的驾驶任务，这个任务被定义为动态驾驶任务（Dynamic Driving Task，DDT），它包括一系列实时操作和战术功能，用于在交通中操作车辆。这些任务主要包括横向车辆运动控制（如车道保持）、纵向车辆运动控制（如保持安全距离和速度控制）、监控驾驶环境并响应物体和事件（如识别前方障碍物并进行制动或转向）、路径规划（如决定行驶路线），以及通过灯光、信号或手势等方式增强车辆的可见性（如在恶劣天气条件下打开前照灯或转向灯）。如果在这个过程中发生故障或检测到功能不足，那么就需要动态驾驶任务接管（DDT fallback）来发挥作用，驾驶员或自动化系统需要采取行动来应对，如立即接管驾驶任务或采取措施避免危险。如果无法避免危险，系统可能会将车辆引导到最小风险状态。

为了确保车辆可以在特定的条件下安全、可靠地执行动态驾驶任务，车辆的设计和功能必须满足一系列特定的要求。这些要求包括车辆在何种环境中可以正常运行、车辆的运动控制权限、驾驶员的角色和责任、系统的监控和响应能力，以及在出现故障或危险情况时的安全机制。这些要求共同构成了车辆的运行设计域（Operational Design Domain，ODD），确保了车辆能够在预定的使用场景中安全可靠地行驶。在车辆设计中，确保驾驶员能够安全执行车辆的动态驾驶任务是至关重要的。针对事故的发生，往往存在着一个特定条件，即触发条件。触发条件指能够激活一个或多个功能不足的特定场景条件，从而导致有害行为或无法防止、检测并减少可预见的误用。例如，当在高速公路上行驶时，一个车辆的自动紧急制动（Autonomous Emergency Braking，AEB）系统错误地将道路标志识别为前方车辆，导致在 Xg 的减速度下制动 Ys。在这个例子中，激活 AEB 系统将道路标志错误识别为前方车辆的场景条件就是触发条件。

从发展的角度来说，SOTIF 是在自动驾驶技术不断发展的背景下提出的一个重要概念，尤其是在自动驾驶从 L2 级到 L3 级的升级过程中，SOTIF 的需求变得尤为突出。这是因为随着自动驾驶级别的提高，系统自身复杂性提升，且需要处理更多复杂的场景，伴随更多典型的外界触发条件和难以发现的功能不足。

结合前面对 SOTIF 定义的描述，两个关键概念被引出，来确保车辆安全：

预期功能（Intended Functionality）：在整车层面定义的功能。

功能不足（Functional Insufficiency）：指规范定义不足或性能局限。

下面需要了解两个概念，一个是规范不足（Insufficiency of Specification），另一个是性能局限（Performance Insufficiency）。规范不足指可能不完整的规范定义，当被一个或多个触发条件触发时，会导致危害行为或导致无法防止、检测及减少合理可预见的间接误用。而性能局限则是指技术能力局限，其在一个或多个触发条件触发下，促成危害行为或无法防止、检测及减少合理预见的间接误用。总结来说，功能不足就是指车辆或电子电气系统的规范或性能存在缺陷，这可能导致车辆产生有害行为或无法防止、检测并减少可预见的误用。为了避免这种情况，SOTIF 活动会识别这些功能不足，评估它们带来的风险并予以改进。

当功能不足在车辆系统层面被触发条件激活时，会导致车辆产生有害行为或无法防止、检测并减少可预见的间接误用；在要素层面的功能不足被激活时，会导致输出不足，进而可能导致整车层面有害行为或无法防止、检测并减少可预见的间接误用。

为了促进对上述概念的理解，以下举一个简单示例：假设有一辆配备高速公路驾驶辅助功能的汽车，该功能可以辅助驾驶员控制车辆，保持车道稳定，但需要驾驶员保持注意力以应对需要接管的场景。系统中配有摄像头，用于监测驾驶员是否分心，当监测到驾驶员分心时，应向其发出警示。然而，如果摄像头受到干扰，出现图像模糊不清等问题，可能会导致驾驶员监测系统功能不足，进而导致无法及时提醒驾驶员，当出现车辆偏离等需要驾驶员接管的场景时可能引发事故。

通过上面的例子可以得知，在车辆系统设计中，所有组件如感知系统、决策系统和执行系统需要协同运作，就像一辆汽车需要悬架系统、驱动系统、制动系统和转向系统等共同配合才能正常行驶一样。如果系统中的任何一个部分出现功能不足，都可能导致系统无法正常执行预期功能，从而增加了安全风险。这就是为什么 SOTIF 变得如此重要的原因。它确保了系统中的每一个部分都能够正常工作，达到设计要求，从而保证整个系统的安全可靠运行。忽略 SOTIF 问题，就等于忽视了系统可能存在的隐患，可能会导致车辆在运行过程中遇到危险情况，甚至带来不合理的风险。

在 SOTIF 体系的定义中，对 SOTIF 引发的危害与风险定义如下：

危害（hazards）：由整车层面的有害行为引起的潜在伤害来源。

不合理的风险（unreasonable risk）：按照现行的安全观念，被判断为在某种环境下不可接受的风险。

为了防止上述危害和风险，SOTIF 应运而生，确保了车辆在正常使用时不会遇到不合理的危险。简单来说，SOTIF 就像是一个保险措施，确保车辆的每个部分都能像预期那样工作，这样驾驶员就能放心地开车，而不会因为系统出错而遇到危险。此外，在实际运行中，需要持续监控系统的表现，以发现可能出现的新风险，并及时采取措施进行风险缓解。SOTIF 的定义体系是宏大、复杂、逻辑缜密的，关于上述名词体系的基本逻辑架构，可以参考图 4-2 所示的预期功能安全关键定义。

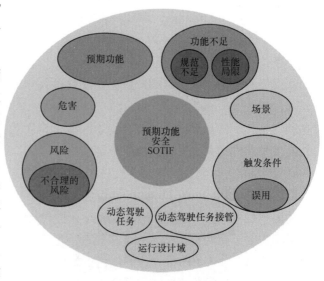

图 4-2　预期功能安全关键定义

总之，SOTIF 涉及系统性的安全评估和风险管理过程，旨在确保系统在预期使用环境下能够安全可靠地运行。它侧重于预防可能因与自动驾驶车辆系统的功能不足相关的危险或因人为可合理预见的误用而对人造成的不合理风险。不同于功能安全，预期功能安全强调在车辆正常操作下可能引发的危险，而不仅是在故障条件下可能引发的危险。它要求汽车制造商在设计、开发和验证过程中，充分考虑各种可能的操作条件和场景，并采取相应的措施来预防和减少潜在的安全风险。这包括对各种操作情况的全面了解，以便更好地规划系统的应对策略，从而确保车辆在各种情况下都能够保持安全。

1. 预期功能安全危害事件模型

SOTIF 的危害事件模型如图 4-3 所示，简单来说，这个模型的目的是帮助设计者理解在车辆使用过程中可能出现的问题。

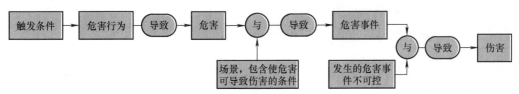

图 4-3　SOTIF 的危害事件模型

在图 4-3 中，首先需要明确的是，车辆的某些功能可能存在缺陷，例如，自动驾驶系统可能无法正确识别前方车辆。这些功能上的不足就是可能导致危险的因素。然后，如果这些不足在特定的情况下（如光线昏暗的环境）被触发，就可能导致系统无法正常工作，甚至引发事故。这些特定的情况称为触发条件。最后，如果功能不足和触发条件同时出现，就可能导致所谓的危害事件，也就是车辆使用过程中出现的危险情况。这些危害事件可能是由系统本身的故障引起的，也可能是由于外界环境的影响。

关于 SOTIF 的危害事件模型，可以通过以下场景来理解：①自动驾驶车辆在高速公路上行驶时，因环境干扰（触发条件），系统错误地将路标识别为前方换道车辆（功能不足），导致不适当的紧急制动（危害行为）。由于前方并无实际障碍物，车辆突然减速，后方车辆无法及时反应，最终引发追尾事故。②在城市道路上行驶时，因环境干扰或异常交通参与者形态（触发条件），自动驾驶系统未能有效识别前方车辆（功能不足），在前方车辆减速的情况下，自车无法及时进行制动和避让（危害行为），最终引发事故。

总的来说，SOTIF 的危害事件模型有助于识别可能导致危险的功能不足，了解可能触发这些不足的条件，以及分析这些不足和条件共同作用可能导致的危害。通过这个模型，可以更好地评估和降低车辆使用过程中的安全风险。

2. 预期功能安全活动目标

接下来将具体讨论场景的分类以描述预期功能安全活动目标。在 SOTIF 的通用框架中，不安全场景是指那些可能导致车辆执行危害行为的场景。这些场景可能是已知的，也可能是未知的。通过对这些不安全场景的分析，可以评估和减少车辆在使用过程中的安全风险。

图 4-4 所示为场景可视化分类。这个分类系统将所有可能遇到的情况分为四类：

1）已知不安全场景：这是指完全了解，并且知道对安全没有威胁的场景。

2）已知安全场景：这是指已知会对安全造成威胁的场景。

3）未知不安全场景：这是指还不了解，但可能会对安全造成威胁的场景。

4）未知安全场景：这是指还不了解，但不会对安全造成威胁的场景。

通过这个分类系统，可以更清晰地识别和分析不同类型的场景，从而更好地确保车辆在使用过程中的安全。

预期功能安全活动经历阶段如下。

初始阶段：只知道一部分安全的场景，大部分场景都是未知的。

目标阶段：通过不断迭代和验证，希望将所有不安全场景都转变为安全场景，这样能够确保车辆在使用过程中的安全。

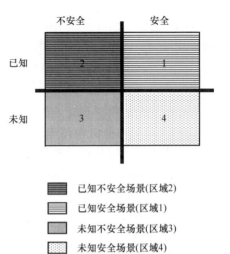

图 4-4　场景可视化分类

最终阶段：经过一系列验证测试，不安全区域概率变得足够低，最终达到目标。

随着系统不断迭代和验证，已知安全场景区域会逐渐扩大，减小未知不安全场景区域，从而提高系统安全性，如图 4-5 所示。

图 4-5　预期功能安全活动带来的场景区域之间的演变

SOTIF 的目标是通过一系列活动和相关技术使已知不安全场景和未知不安全场景最小化，并证明这些区域的残余风险是可接受的，从而最大限度地提高自动驾驶系统的安全性和可靠性。实现这一目标的核心是将未知转化为已知和将不安全转化为安全。自动驾驶系统在行驶过程中可能遇到各种未知场景，这些未知场景可能包括新的道路类型、不同的交通参与者行为、异常天气条件等。将未知转化成已知是指通过收集和分析这些场景的数据，SOTIF 活动帮助系统开发者更好地理解和预测这些未知场景，进而使系统能够在这些场景下做出正确的决策。这一过程涉及大量的数据收集、场景建模和仿真测试，以确保系统对各种潜在情况有足够的认知。将不安全转化为安全是 SOTIF 的另一个核心目标。它要求自动驾驶系统在设计时就要充分考虑到各种潜在的安全风险，并采取相应的措施来降低这些风险。例如，系统可能通过增强感知能力、优化决策算法、提高执行器性能等方式来提升安全性。

综上，通过将所有可能遇到的情况分为四类，可以更清晰地识别和分析不同类型的场景。这四类场景分别是：已知安全场景、已知不安全场景、未知不安全场景和未知安全场景。随着对系统的不断分析、验证和改进，可以逐步减小未知不安全场景区域，将它们转变为已知安全场景，从而确保车辆在使用过程中的安全。

4.1.2　预期功能安全相关标准

为规范和指导 SOTIF 相关工作，一些专业机构制定了相关规范和标准。这些标准为智能网联汽车系统的设计、开发和测试提供了明确的指导和要求，有助于制造商遵循这些规范，确保产品安全性。同时，标准化的规范有助于行业内交流和合作，制造商、供应商和合作伙伴可以基于统一的标准开展合作，提高整体效率。此外，这些规范也有助于监管部门对智能网联汽车产品的安全性能进行评估和监管，保障消费者的权益。因此，制定 SOTIF 规范和标准对于确保智能网联汽车的安全性、推动行业健康发展具有重要意义。

在本节中，将详细介绍关于 SOTIF 的国内外通用标准与规范。

1. 国际预期功能安全相关标准

在国际层面上制定 SOTIF 规范非常重要。汽车行业是一个高度国际化、竞争激烈的行业，涉及许多国家和地区，如果没有统一的国际标准，各个国家和地区可能会根据自己的理解制定不同的 SOTIF 规范，导致标准不一致，增加了汽车制造商在不同国家的合规成本。此外，汽车设计涉及多个系统和模块，需要各个国家和地区的供应商共同参与。如果没有统一的国际标准，不同国家和地区的供应商可能会按照各自的标准进行设计，导致集成时出现兼容性问题。此外，汽车制造商需要将产品销售到全球市场，不同国家和地区的消费者对安全性的期望和要求不同。统一的国际标准有助于汽车制造商在全球范围内获得消费者认可。因此，制定统一的国际 SOTIF 规范对于促进汽车行业的全球化发展、降低合规成本、提高产品质量、增强消费者信心具有重要意义。

最权威的标准定义机构是国际标准化组织（ISO）。ISO 成立于 1947 年，总部位于瑞士日内瓦，是一个由各国标准化组织组成的非政府国际组织。ISO 的主要任务是通过制定和发布国际标准，促进全球范围内的贸易、交流和技术合作。最广为人知的 SOTIF 标准——ISO 21448：2022《道路车辆 预期功能安全》是 ISO 26262 标准的延伸，专门针对 SOTIF，处理在不发生随机硬件失效和系统故障情况下的功能不足问题。它规范了 SOTIF 的基本活动，包括开发阶段和运行阶段。此外，其他机构也致力于合理解决智能网联汽车的 SOTIF 问题，纷纷制定标准。UL 4600：2023《自动驾驶安全评价标准》旨在补充功能安全和 SOTIF 标准，提出了一种面向安全目标的方法，专注于如何评估全自动驾驶安全情况。ISO/TR 4804：2020《道路车辆 自动驾驶系统的功能安全和网络安全 设计、验证和确认方法》规范了符合 ISO 21448 的 SOTIF 功能设计流程，用于高级自动驾驶系统的安全设计、验证和确认。ISO 34502：2022《道路车辆 自动驾驶系统测试场景 基于场景的安全评估框架》提出了一套场景生成和评估流程，并在场景库建立过程中考虑了 SOTIF 典型触发条件。ISO/PAS 8800《道路车辆 人工智能安全》（国际标准草案）旨在提供解决人工智能相关系统开发和部署全生命周期问题的规范，弥补 ISO 21448 中对人工智能问题考虑的不足。

总的来说，在国际领域，ISO 标准在全球范围内具有极高的权威性和影响力，是各行各业共同遵守的规范。其他机构为保证智能网联汽车的安全开发和 ISO 标准的落地，也对 SOTIF 问题制定相关规范。对于智能汽车行业来说，这些国际标准的制定为汽车制造商提供了设计、开发和测试汽车智能安全性能的指导，推动了行业健康规范发展。

2. 国内预期功能安全相关标准

虽然 SOTIF 相关的国际标准相对完备，但制定国内标准仍然具有重要意义。我国在标准化研究方面起步较晚，需要制定自己的标准来引导和规范国内企业行为。随着国际标准的不断更新，国内也需要及时更新自己的标准，以确保与国际标准保持一致的步伐。

GB/T 34590—2017《道路车辆功能安全》是我国根据 ISO 26262：2011 制定的首个道路车辆功能安全国家标准，它为国内汽车电子电气系统的功能安全提供了技术指导和规范。该标准于 2022 年进行了更新。该标准适用于整个车辆生命周期，包括系统设计、开发、生产、运营、维护等环节，确保系统能够按照既定安全要求正常运行。

GB/T 43267—2023《道路车辆 预期功能安全》旨在结合我国实际情况，基于 ISO 21448 制定。它着重解决自动驾驶汽车在硬件正常工作情况下的功能不足问题，以确保汽车在各种环境和场景下都能实现预期的安全性能。

制定国内标准对于规范行业发展、指导企业实践，以及提高产品质量等方面都具有重要意义。这些标准为 SOTIF 保障提供了框架性指导，并在实际研究开发过程中需要采用特定的保障技术来解决具体问题。

|4.2| 预期功能安全活动流程

当前预期功能安全标准草案——ISO 21448 制定了 SOTIF 设计开发的基本活动：规范和设计、危险识别与风险评估、潜在功能不足和触发条件识别与评估、功能改进、验证和确认策略定义、已知潜在风险场景评估、对未知场景的探索和评估、SOTIF 发布标准、运行阶段活动。各部分活动图如图 4-6 所示，其中圆圈内数字对应标准中相应章的编号。

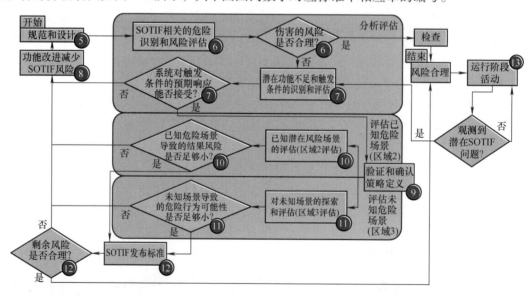

图 4-6　ISO 21448 DIS 版草案指定的 SOTIF 基本活动图

整个流程可以被划分为预期功能安全分析与评估、预期功能安全验证与确认以及预期功能运行阶段活动三个部分。其中，预期功能安全分析与评估阶段的核心任务是识别和分析可能导致危害行为的各种风险因素。它涉及对系统功能、环境因素以及合理可预见的误用等风险源的深入探究；在此过程中，会结合分析、仿真和测试等多种方法，以全面揭示潜在的不安全场景，通过结构化框架分析，推导出 SOTIF 分析所需的关键场景，为后续验证和确认工作提供坚实的基础。预期功能安全验证与确认阶段的目标是对预期功能安全分析的结果进行验证和确认，确保系统在实际运行中能够符合安全要求；它涉及验证与确认策略的制定、场景的选择、系统及组件性能的验证、触发事件的评估以及 SOTIF 措施有效性的验证等；在此过程中，还需要关注系统功能的改进，确保在验证和确认期间重新测试了其他功能，以规避潜在的危险行为。而运行阶段活动阶段主要关注系统在实际运行过程中的安全性和可靠性；它涉及对自动驾驶系统的持续监控和评估，以确保系统的功能安全得到长期保障；在运行阶段，还需要关注系统的更新和升级，以适应不断变化的环境和需求。

4.2.1　预期功能安全分析评估

预期功能安全分析评估进一步细分为规范和设计、危害的识别和评估、潜在功能不足和触发条件识别与评估、功能改进。

预期功能安全分析评估第一步从规范和设计开始。该活动的主要目标是收集和整理包含足够信息的证据，以启动与预期功能安全相关的活动。规范和设计的内容包括不限于：预期功能的描述、系统和要素的设计说明、预期功能的性能目标、预期功能的依赖关系、可合理预见的误用、已知功能不足和触发条件、预警/降级概念、运行阶段活动要求等。SOTIF 规范和定义涉及内容如图 4-7 所示，其中，预期功能的描述是对系统或产品预期功能的全面描述，它包括 ODD（运行设计范围）、自动驾驶功能级别、车辆层面的 SOTIF 策略（Vehicle-Level Safety Strategy，VLSS）、自动驾驶功能激活或关闭的用例、逻辑决策、人机交互等；系统和要素部分需对实现预期功能所需的相关系统及其组成要素的设计细节进行详细说明；性能目标是指自动驾驶系统里为实现预期功能的传感器、控制器、执行器或其他输入和组件的性能目标和要求；依赖关系部分的内容是描述预期功能与相关项之外要素的依赖关系、交互或接口之间的信息，这些要素包括不限于：驾驶员、人机交互系统、环境条件、道路基础设施和道路设备等；合理可预见的误用是指车辆使用者以制造商无意的方式使用自动驾驶系统，这种误用可能由易于预测的人类行为造成，涵盖了直接误用和间接误用；已知功能不足和触发条件部分是对预期功能相关的性能局限、触发条件及其应对措施的收集，在系统设计和开发过程中不断更新和迭代这些内容，以确保自动驾驶系统的预期功能安全得到持续提升；预警/降级概念主要针对系统或组件出现性能局限或潜在风险时，有效地向用户传达风险信息，并在必要时采取降级措施以减小潜在的危害，这部分需要对自动驾驶系统的预警策略、DDT 后援、最小风险状态方案以及驾驶员监控系统（DMS）进行详细的描述；运行阶段活动要求是对自动驾驶系统在运行阶段需要的数据收集和监控机制、风险评估机制和风险缓解能力等的详细描述，以支持运行阶段的 SOTIF 要求。需要注意的是 SOTIF 规范和设计在相关活动的每次迭代之后，应根据需要更新。

第二步是危害的识别和评估，该活动的主要包含三个步骤：危害识别、风险评估以及定义残余风险的接受准则。SOTIF 危害识别与评估流程如图 4-8 所示。

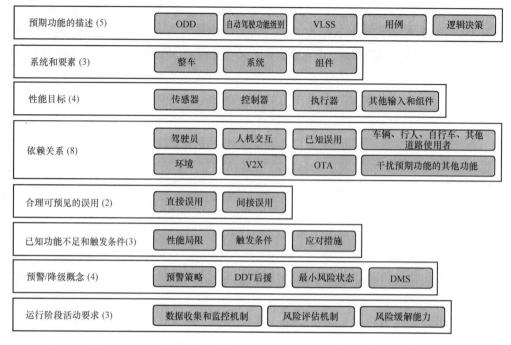

图 4-7   SOTIF 规范和定义涉及内容

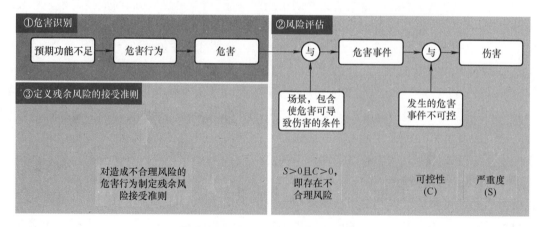

图 4-8   SOTIF 危害识别与评估流程

基于对功能不足引起误差的认知，可以从以下两个方面进行危害的识别：分析车辆功能的预期行为是否会导致危害行为和分析车辆功能的非预期行为是否会导致危害行为。分析车辆功能的预期行为是否会导致危害行为，主要关注的是在车辆功能按照设计和预期正常运作的情况下，是否存在可能引发危害的情况。这需要对车辆功能的运行原理、使用场景以及可能的交互情况进行深入的了解和分析。例如，车辆的自适应巡航系统，在预期行为下应该自动调整车速以保持与前车的安全距离。然而，过程中，如果系统存在设计缺陷或逻辑错误，可能导致车辆在不适当的时机加速或减速，从而引发追尾等危害行为。而分析车辆功能的非预期行为是否导致危害行为，则更关注那些超出设计和预期之外的情况。这些非预期行为可能由多种因素引发，如系统故障、外部环境变化、用户误操作等。例如，在自动驾驶系统中，如果感知目标分类不充分、测量数量不足或遭遇极端天气条件，可能导致车辆无法准确识别道路情况或障碍物，进而采取错误的驾驶动作，引发危害行为。而 SOTIF 危害识别目的是系统地识别整车层面由功能不足引起的危害，因此只需分析在自动驾驶系统在非故障情况下，由于周围环境的影响、合理可预见的误用和性能局限而造成人员伤害的危害事件。SOTIF 危害识别方法如图 4-9 所示。

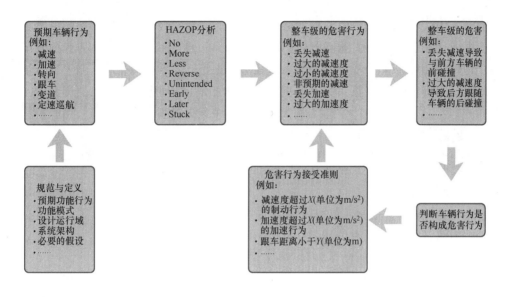

图 4-9　SOTIF 危害识别方法

　　SOTIF 的风险评估是一个系统性过程，其目标是在给定的使用场景中，对车辆功能的预期和非预期行为可能导致的危害行为进行全面的风险分析。这种分析不仅关注危害行为发生的可能性，还关注其潜在后果的严重性，以及这些危害事件的可控性。在 ISO 26262 功能安全标准中，危害分析和风险评估是确保汽车电子电气系统安全性的核心组成部分。ISO 26262 提供了一套详细的方法论，用于识别潜在危害、评估其严重度、暴露概率和可控性，以及确定相应的安全目标和功能安全完整性等级。借鉴 ISO 26262 的方法，SOTIF 的风险评估可以通过评估伤害的严重度和危害事件的可控性来确定是否存在不合理的风险，其中伤害的严重度评估涉及对危害行为可能造成的伤害类型和程度进行深入分析，不同于 ISO 26262 中关于严重度的评级，SOTIF 中严重度考虑的是危害行为是否会导致对人员的伤害，即严重度（S）的评级是否大于 0；而危害事件的可控性评估关注在危害事件发生时，系统、驾驶员或其他相关人员能够采取的措施来减轻或避免伤害的程度。可控性评估会考虑系统的响应速度、驾驶员的反应时间以及应急措施的可行性等因素。不同于 ISO 26262 中关于可控性的评级，可控性考虑的是危害事件在总体上是否可控，即可控性（C）的评级是否大于 0。功能安全和预期功能安全的风险评估对比如图 4-10 所示。若在风险评估的结果显示危害行为导致的伤害严重度（S）>0 且发生的危害事件可控性（C）>0，则表示存在不合理的风险。

　　针对可能导致伤害的危害行为，定义残余风险的接受准则是确保车辆预期功能安全性的重要环节。这一准则在后续过程中将用于推导评价残余风险的确认目标，从而指导如何管理

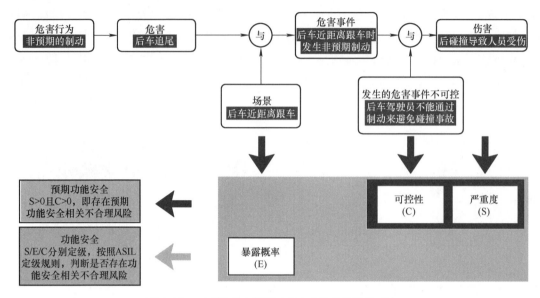

图 4-10　功能安全和预期功能安全的风险评估对比

和控制这些风险。残余风险是指在采取一系列安全措施后，仍然存在的风险。为了确保车辆的安全性，需要对这些残余风险进行评估和管理。残余风险接受准则通常基于一系列考虑因素，包括功能的新颖性、公众对风险的接受程度、已存在功能的接受准则，以及人类驾驶员的表现等；同时需要为选择的定量接受准则给予合理的理由，如风险容忍（GAMAB）、最低合理可行（ALARP）、最小内源性死亡率（MEM）等。通过综合考虑这些因素，可确定一个合理的风险阈值，即残余风险的最高可接受水平。一旦定义了残余风险接受准则，就可推导评价残余风险的确认目标。这些目标将指导在实际操作中残余风险的识别、评估和控制。例如，设定特定的测试场景，模拟可能导致伤害的危害行为，并观察车辆在这些场景下的响应。通过收集和分析这些数据，可评估车辆功能的实际表现，并与残余风险接受准则进行比较。如果评估结果显示实际风险超过了接受准则所设定的阈值，那么就需要采取进一步的安全措施来降低风险。这可能包括改进车辆功能的设计、优化系统的控制策略，或者提供更为有效的驾驶员辅助系统等。残余风险接受准则的制定示例如图 4-11 所示。

第三步是潜在功能不足和触发条件识别与评估，这一步骤的目的是识别潜在的规范定义不足、潜在的性能局限以及包括合理可预见的直接误用在内的潜在触发条件，确定导致危害行为的来源，并对系统的响应进行 SOTIF 可接受性评估。该活动包含 2 个步骤：识别潜在的功能不足和触发条件，以及评估系统对所识别潜在触发条件的响应的 SOTIF 可接受性。图 4-12 所示为危害行为、触发条件与整车/功能/技术级性能局限或规范定义不足之间的联系。

功能不足可能源于车辆系统的各种组件或模块，如传感器、电控单元、执行器等。触发条件则是指能够导致这些功能不足被激活或显现的特定情况或事件。为了有效识别这些潜在问题，制造商和开发团队需要深入分析车辆系统的设计和文档，同时考虑类似项目、专家意见和现场经验中的知识。潜在功能不足的识别方法可以采用基于场景的分析：收集所有已知触发条件（包括环境条件或合理可预见的直接误用）并识别构成触发条件的条件集，分析条件集影响的所有系统架构要素和接口，推导由触发条件激活的相关接口或要素的潜在的功能

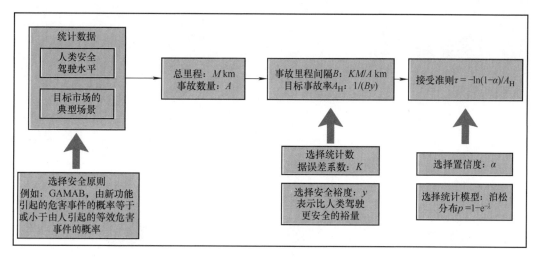

图 4-11　残余风险接受准则的制定

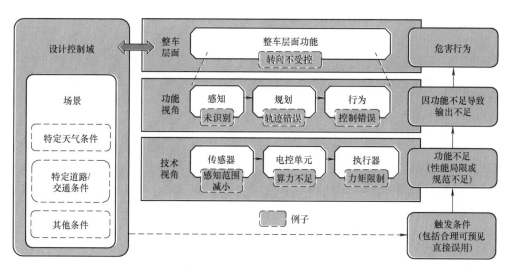

图 4-12　危害行为、触发条件与整车/功能/技术级性能局限或规范定义不足之间的联系

不足；这种分析旨在首先识别系统要素潜在的功能不足，然后识别可能激活这些已识别的潜在不足的场景条件，这些场景条件可能导致输出不足、危害行为或合理可预见的直接误用预防问题。而潜在触发条件的识别方法可以采用基于系统的分析：根据系统架构设计，将预期功能安全相关的功能分配到系统架构要素层面；根据已知的潜在功能不足，识别预期功能安全相关的系统要素或接口的潜在功能不足，分析这些功能不足并确定其潜在的触发条件；这种分析旨在首先识别可导致输出不足、危害行为或合理可预见的直接误用预防问题的驾驶场景的条件，然后识别这些潜在触发条件影响的系统架构功能或要素。图 4-13 所示为基于因果树分析（Causal Tree Analysis，CTA）的潜在功能不足和触发条件识别。

　　评估系统对所识别潜在触发条件的响应的 SOTIF 可接受性是一个关键的环节。在这一步骤中，首先制造商和开发团队需要确定触发条件的发生概率，评估该触发条件下激活的功能不足对车辆的影响。然后需要对系统在潜在触发条件下的行为进行详细的分析和验证，这包

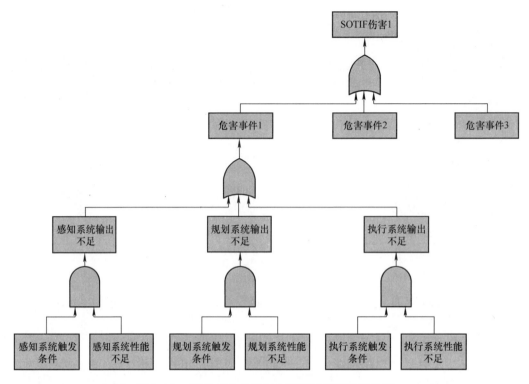

图 4-13　基于 CTA 的潜在功能不足和触发条件识别

括分析系统在面临各种风险时的识别和应对能力，以确保其能够满足预期的性能要求。对于系统响应不可接受的潜在触发条件，需要制定用于避免或缓解 SOTIF 相关风险的措施，同时，还需要考虑系统的容错能力和冗余设计，以提高其整体的安全性和可靠性。图 4-14 所示为系统响应的可接受分析。

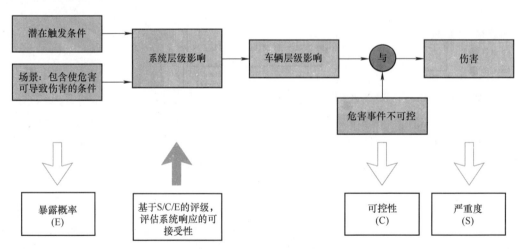

图 4-14　系统响应的可接受分析

第四步是功能改进，该活动的核心目标是针对 SOTIF 相关的风险，确定并实施有效的解决措施。这一过程中，对已识别出的可导致危害行为的触发条件的系统响应进行评估是至关重要的。如果这些响应被认为是不可接受的，即系统在面对这些触发条件时无法做出合理、安全的反应，那么就需要制定专门的措施来解决这些 SOTIF 相关风险。

　　具体来说，当系统的响应不可接受时，意味着存在某种程度的安全隐患，这可能会对乘客、行人或其他道路使用者造成潜在的危害。因此，开发团队需要深入分析这些不可接受的响应背后的原因，可能是系统设计的问题、传感器精度的限制、决策算法的缺陷等。在找到问题的根源后，团队需要制定相应的改进措施。现阶段，功能改进技术主要可分为三种技术路线，每一种都有其独特的理解方式和应用背景。

　　首先，性能提升技术路线主要聚焦于提高特定传感器或感知模型自身的性能上限。这意味着通过改进和优化硬件或算法，使传感器或感知模型能够更精确地感知和识别外部环境，从而提高系统的整体性能。例如，在自动驾驶汽车中，通过提高激光雷达或摄像头的性能，可以更准确地识别行人和障碍物，从而避免潜在的安全风险。

　　其次，风险监测与防护技术路线则强调对触发条件和功能不足状态的识别与监测。通过识别可能导致危害行为的触发条件（包括合理可预见的误操作），以及系统或产品的功能不足状态，可以及时发现并监测 SOTIF 风险。在此基础上，可以采取针对性的防护技术，如风险源消除、功能限制或权限移交等，以减轻或消除这些风险。同时，对运行设计域的明确、监测和限制也为风险防护提供了重要的参考依据。

　　最后，功能冗余技术路线则是通过设计冗余功能模块来改善整体性能表现。冗余设计意味着在系统中增加额外的功能模块或组件，以便在主功能模块失效或出现故障时，冗余模块能够接管并继续执行任务。这种设计方式可以显著提高系统的可靠性和安全性，特别是在面临复杂和多变的环境时。例如，在自动驾驶领域，冗余设计被广泛用于确保关键系统的持续稳定运行，即使在极端条件下也能保持高度的安全性和可靠性。图 4-15 给出了功能改进措施设计和评估的说明和示例。

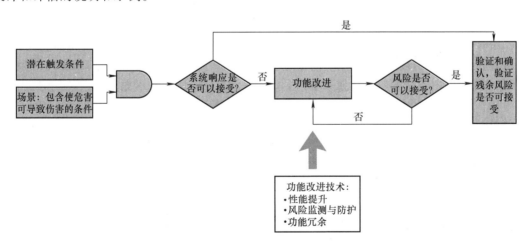

图 4-15　功能改进措施设计和评估

　　此外，功能改进活动还包括将这些解决措施更新到规范和设计活动的输入信息中。这意味着，需要确保所有的功能改进措施都被有效地整合到系统的设计和开发流程中，以确保未来的系统能够更好地应对各种潜在的风险和挑战。

总的来说，功能改进活动是一个持续优化的过程，旨在不断提高系统的预期功能安全性，确保在各种复杂和多变的情况下，系统都能做出合理且安全的响应。

4.2.2 预期功能安全验证与确认

预期功能安全验证与确认进一步可以细化为验证和确认策略的定义、已知场景的评估、未知场景的评估以及 SOTIF 成果的评估。

预期功能安全验证与确认第一步从定义验证和确认开始，这一步的目的是明确和细化一个产品或系统（如自动驾驶汽车）在预期功能安全方面的验证和确认流程。这一策略不仅包含确认目标，即确保产品或系统在设计和实施阶段能满足预期的性能、可靠性和安全性，而且提供了所选验证和确认方法的适用性基本原理。

具体来说，验证策略主要关注产品或系统是否按照预定的要求进行设计和开发，是否能达到预期的性能指标。这通常包括一系列测试活动，如单元测试、集成测试和系统测试，以检查产品或系统的各个部分是否按照预期工作。而确认策略则进一步验证产品或系统在实际使用环境中是否满足用户需求，是否达到了预期的安全性和可靠性标准。这通常涉及在实际环境中进行产品或系统的部署和测试，以收集实际使用数据，并据此评估产品或系统的性能。

在定义 SOTIF 的验证和确认策略时需充分考虑包括但不限于：传感器、执行器、感知和决策算法的能力，以及系统和功能的鲁棒性、系统防止合理可预见误用的能力、系统在 ODD 之外运行的能力、对象和事件检测和响应（Object and Event Detection and Response，OEDR）的适用性和跨 ODD 执行驾驶策略（或行为）的鲁棒性、DDT fall back 的实用性；这些因素有利于识别由系统或组件的性能受限、可预期误用等因素导致的潜在风险，这些风险可能源于设计缺陷、制造误差、环境因素等；策略导出的方法包括不限于：需求分析、内外部接口分析、等价类生成和分析、边界值分析、基于知识或经验的错误猜想、功能的相关性分析等；同时，为了支持所选验证和确认方法的适用性，还需要提供基本原理。这些原理可能包括所选方法的理论依据、历史应用案例、实际效果评估等，以证明所选方法能够有效验证和确认产品或系统的 SOTIF 性能。

此外，预期功能安全活动涉及对系统功能的修改和优化，而这些修改有可能对现有的功能产生影响。为了确保功能修改不会引入新的风险或潜在危害行为，进行回归测试是至关重要的。回归测试的核心目的是验证在进行功能修改后，系统的现有功能是否仍然正常运行且不受新改动的影响。通过回归测试，可以系统地检查所有与修改相关的功能模块，以及可能受到影响的其他模块，从而确保整个系统的稳定性和安全性。在回归测试过程中，如果发现现有功能受到了功能修改的不良影响，可以及时进行问题定位并修复。这有助于避免在后续的开发和测试阶段中出现更大的问题，节省时间和资源。同时，需要注意的是，回归测试的范围可以根据实际情况进行适当的裁剪。裁剪回归测试范围的原因可能有很多，例如时间限制、资源限制或特定需求等。在裁剪回归测试范围时，需要确保所选择的测试用例能够充分覆盖被修改的功能以及可能受到影响的区域，从而确保测试的有效性和可靠性。

第二步是已知场景的评估，该步骤的目的是确保对车辆系统在各种已知潜在不安全场景下的安全性和功能表现进行全面的分析和验证。首先，对已经识别出来的潜在不安全场景进行深入分析，确定它们是否确实具有危害性。这涉及对场景发生的可能性、可能导致的后果以及后果的严重性进行综合评估。通过这一步骤，可以确定哪些场景是需要重点关注和处理的，为后续验证与确认场景的选择提供理论依据。其次，验证在已知的不安全场景和合理可预见的误用情况下，车辆系统及其各个组成部分（如传感器、执行器等）的功能表现应该与它们在设计时所定义的方式一致。这意味着系统需要能够正确识别和处理这些场景，避免出现不安全的行为或反应。然后，为了确保评估的全面性和有效性，需要根据预先制定的验证和确认策略，确保所有已知的场景都得到了充分的覆盖。这意味着需要设计合适的测试方法和手段，针对每个场景进行详细的验证和确认工作，确保没有遗漏或疏忽。最后，通过验证和确认工作，应确保所得到的验证结果能够证明之前设定的确认目标得到了满足。这意味着必须需要对验证结果进行综合分析和评估，确认系统是否达到了预期的安全性和功能表现要求，从而确保车辆在实际使用中的安全性和可靠性。

具体来说，已知场景的评估分成系统要素和系统两个层级，其中系统要素的评估包括感知的验证、规划算法的验证以及执行的验证，系统的评估主要通过系统集成验证。感知验证的目的是证明感知部分的预期功能及其所表现的正确的性能、时间、准确性和鲁棒性，其验证的方法包括不限于：传感器定义充分性的验证、基于需求的测试、触发功能不足的输入注入、结合已识别触发条件的在环测试等；规划算法验证的目的是证明其在需要时做出反应和避免不期望动作的能力，其验证的方法包括不限于：鲁棒性验证、基于需求的测试、架构属性的验证、结合已识别触发条件的在环测试等；执行验证的目的是证明执行器的预期功能及其所表现的正确的性能、时间、准确性和鲁棒性，其验证的方法包括不限于：基于需求的测试、台架测试、环境测试、载荷测试等；系统集成验证的目的是证明系统的鲁棒性和可控性，以及系统组件的正确交互，其验证的方法包括不限于：鲁棒性验证、台架测试、结合已识别触发条件的在环测试、环境测试等。

第三步是未知场景的评估，该步骤的主要目的在于证明在未知不安全场景中，残余风险是满足接受准则的，并且具备足够的置信度。这意味着，尽管无法预知所有的潜在不安全场景，但通过评估这些未知场景可能带来的残余风险，仍可以确保这些风险在可控和可接受的范围内。

为了确保在未知不安全场景区域能够识别出潜在的不安全场景，可以选择一组方法的组合来进行评估。这种方法组合的选择应该是基于对未知场景特性的深入理解，以及对评估目标的明确认识。同时，需提供所选方法充分性的理由，这包括解释为什么这些方法能够有效地识别和评估未知场景中的潜在危害，以及为什么它们能够提供足够的置信度来支持评估结果。

在未知不安全场景的评估中，应考虑不同的测试方法，如场地测试、仿真测试和开放道路测试，并为每种测试方法分配一定的公里数或运行时长；这样的分配有助于确保每种测试方法都能得到充分的执行，从而全面评估自动驾驶汽车的性能和安全性。场地测试通常在封闭场地内进行，可以模拟各种道路和交通情况。由于场地测试的环境是可控的，可以重复进行特定场景的测试，以验证车辆的基本功能和应对能力，因此，对于场地测试，可以分配相对较少的公里数或较短的运行时长，因为其主要目的是验证车辆的基本性能和功能。仿真测试是在虚拟环境中进行的，可以模拟各种复杂的道路和交通情况。这种测试方法的优点是可以快速生成大量测试数据，并且可以模拟那些在真实环境中难以复现或复现成本较高的场景。因此，对于仿真测试，可以分配大量的虚拟公里数或运行时长，以覆盖尽可能多的测试场景。开放道路测试是在实际道路上进行的，车辆在真实交通环境中与其他车辆和行人进行交互。这种测试对于评估自动驾驶汽车在实际使用中的性能至关重要。由于开放道路测试涉及真实世界的各种不确定性和复杂性，因此需要分配较长的运行时长或更多的公里数，以确保车辆在各种实际场景中都能得到充分的测试。然而要让自动驾驶系统持续地进化，就需要不断获得边角案例（corner case）的数据。而随着越来越多的 corner case 从"未知"转换成"已知"，通过数量有限、行驶路线也有限的测试车辆挖掘出新的 corner case 的难度越来越大。通过在场景覆盖度更广的量产车上部署数据采集系统，在遇到当前的自动驾驶系统处理得不够好的情形时，触发场景数据回传，是一种比较好的获取 corner case 的方法。构建标准化的预期功能安全场景库，可对智能网联汽车系统设计过程中的系统危害性、功能性不足以及性能局限性进行分析和回归验证。图 4-16 显示了对预期功能安全场景数据回传和测试验证的过程。

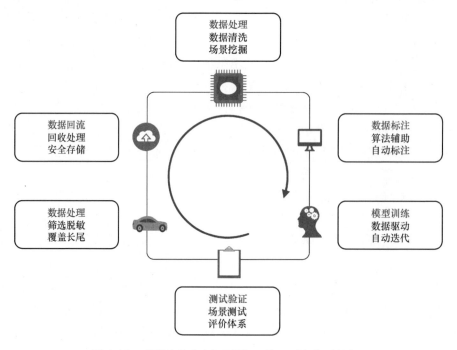

图 4-16   预期功能安全场景数据回传和测试验证的过程

第四步是 SOTIF 成果的评估，SOTIF 成果评估是一个系统性、严谨的过程，它基于 SO-TIF 活动的全面开展以及对其工作成果完整性、正确性和一致性的深入评审。这一评估过程旨在确保 SOTIF 的各个阶段活动都得到了妥善执行，并且所取得的成果能够满足预期功能安全的要求。

首先，完整性评审关注 SOTIF 活动是否涵盖了所有必要的方面和场景，确保没有遗漏任何可能影响系统安全性的因素。这包括对所有已知和未知场景的全面考虑，以及对系统功能和潜在危害行为的深入分析。其次，正确性评审侧重于验证 SOTIF 工作成果的正确性。这包括评估风险分析方法的适用性、风险评估的准确性以及风险缓解措施的有效性。通过正确性评审，可以确保 SOTIF 工作成果符合相关的标准和规范，能够真实反映系统的预期功能安全性能。最后，一致性评审则关注 SOTIF 活动在各个阶段之间的工作成果是否保持一致，避免出现自相矛盾或冲突的情况。这涉及对各个阶段的输出成果进行比对和验证，确保它们之间的逻辑关系和结论是一致的。

在完成上述评审后，根据 SOTIF 各个阶段活动的工作成果的完成情况，可以为 SOTIF 的实现提供有力的论证。这一论证应详细说明 SOTIF 活动如何有效地识别、分析和缓解了系统的预期功能安全风险，并提供了充分的证据来支持这一结论。可以使用目标结构表示法（Goal Structuring Notation，GSN）来呈现 SOTIF 论据，GSN 的目的是将支撑最高目标"不存在不合理风险"达成的合理性记录下来，即展示目标如何被分解成子目标，并最终得到证据（解决方案）的支持，同时明确用于达成目标所采取的策略和背景信息。图 4-17 显示了对 SOTIF 论证的评估，包括不限于：

1）是否对危害、潜在的功能不足和触发条件进行了分析，以及是否实施和评估了为实现 SOTIF 而做的所有必要的设计更改，以确保这些设计更改已根据所有指定用例中的接受准则充分降低了风险？

2）预期功能是否达到了最小风险状态，有必要时为乘员或其他道路使用者提供了一种没有不合理风险的状态？

3）验证和确认策略是否覆盖所有已知的不安全场景，并且是否提供具备足够置信度的论据以证明未知不安全场景中的残余风险满足接受准则？

4）是否完成了充分的验证和确认，并满足确认目标，以确信不存在不合理的残余风险？

5）是否具有实现运行阶段活动所需的方法？

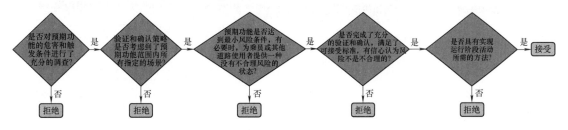

图 4-17　SOTIF 论证的评估

最后，对该论证进行评估，综合考虑评审结果、行业最佳实践以及相关的法规和标准等因素，给出明确的接受、有条件接受或拒绝的 SOTIF 发布建议，在有条件接受情况下，条件将被记录并在最终发布前对其履行情况进行验证。这一建议将作为决策依据，确保 SOTIF 成果的发布符合安全、可靠和合规的要求。

4.2.3　预期功能运行阶段活动

在预期功能安全正式发布之前，定义现场监控流程是确保系统在实际运行环境中达到预期功能安全的重要步骤。图 4-18 所示为 SOTIF 运行阶段活动范围。这一活动范围旨在通过实时监测和评估自动驾驶系统在实际运行中的表现，来验证和确保 SOTIF 的实现效果。虽然 SOTIF 发布时已尽量将风险控制在可接受水平，但由于以下原因导致应对 SOTIF 风险进行重新评估：

1）在功能运行期间，现场发现了一个以前从未识别的危害，这意味着原先的风险分析可能存在遗漏。这个新识别的危害可能对系统的安全性产生直接影响，因此需要重新评估其对预期功能安全的影响，并采取相应的风险缓解措施。

2）在功能运行期间，现场发现了之前未识别的功能不足或触发条件，这也表明原先的风险评估可能不完整。功能不足或触发条件的改变可能导致系统在某些情况下无法按预期工作，从而增加潜在的风险。因此，需要重新评估这些变化对系统安全性的影响，并更新风险缓解策略。

3）相比于功能开发阶段的定义，环境条件或交通规则等假设可能发生变化；这些假设在功能开发阶段被用来定义系统的行为和安全要求，但如果这些假设不再适用，那么原先的风险评估也可能失效。因此，需要重新评估这些变化对系统安全性的影响，并更新相应的风险分析和缓解措施。

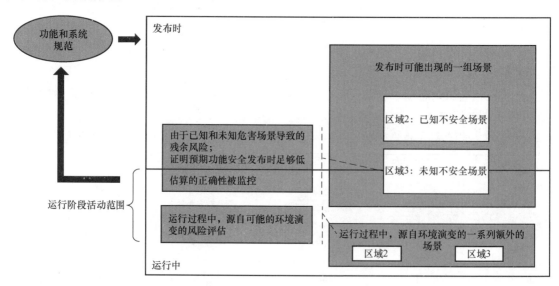

图 4-18　SOTIF 运行阶段活动范围

在运行阶段观察到 SOTIF 相关的事件后，需要进行 SOTIF 论证的影响分析以及论证有效性的再次评估。首先，对 SOTIF 论证的影响分析需要深入探究观察到的事件与 SOTIF 论证之间的关联。这些事件可能涉及系统的功能表现、环境条件的变化、触发条件的差异等多个方面。通过分析这些事件，可以识别出它们对原先 SOTIF 论证中提出的假设、分析方法和结论的潜在影响。接下来，对 SOTIF 论证的有效性进行再次评估是必要的。这一评估旨在确定观察到的事件是否导致原先论证的失效或部分失效。如果论证的有效性受到质疑，那么就需要重新审视和调整 SOTIF 的实现策略，以确保系统的预期功能安全得到保障。

针对运行监控识别的风险，可以采取两种主要的风险缓解策略。第一种是快速响应缓解不合理风险，例如通过空中下载（Over the Air，OTA）技术抑制全部或部分功能。这种策略适用于那些需要立即采取行动以减轻潜在危害的情况。通过 OTA 抑制功能，可以迅速降低系统的复杂性，减少潜在的风险源，从而确保车辆的安全运行。第二种是长期行动，即增加新的 SOTIF 措施并升级系统。这种策略着眼于从根本上解决识别出的风险问题。通过增加新的 SOTIF 措施，可以改进系统的功能设计、提高传感器的精度和可靠性、优化决策算法等，从而提升系统的整体安全性能。同时，通过系统升级可以逐步将新的安全措施融入系统中，使车辆的性能得到不断提升。图 4-19 给出了 SOTIF 运行阶段活动流程的说明和示例。

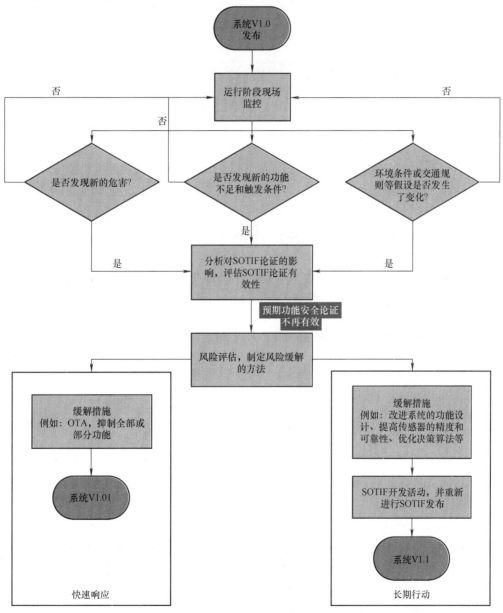

图 4-19　SOTIF 运行阶段活动流程

此外，运行阶段监控到的 SOTIF 风险可以帮助新项目识别潜在的功能不足或误用场景，从而在开发阶段就针对这些风险进行充分的考虑和防范；而对应的措施则可以为新项目提供实际可行的解决方案和参考。同时，运行阶段监控到的 SOTIF 风险和措施还可以作为新项目风险评估和论证的重要依据。通过对这些风险和措施的分析和评估，新项目可以更加全面地了解系统的安全性能和潜在风险，为制定更加科学、合理的安全策略和措施提供有力支持；对于新项目而言，具有非常重要的参考和借鉴价值，可以作为经验教训加以应用。通过借鉴这些经验教训，新项目可以更好地应对潜在风险，提升系统的安全性和可靠性，为用户提供更加安全、可靠的智能驾驶体验。

4.3　预期功能安全保障技术

预期功能安全问题的解决是从不同于传统安全的维度来解决自动驾驶车辆的安全问题，即不再拘泥于电子电气系统故障，而是从触发条件、系统功能不足性能局限的角度来解决车辆面临的安全风险。因此引申出了在传统安全的基础上的预期功能安全 V 模型、预期功能安全分析测试工具链及相应的预期功能安全防护技术与测试评价技术。预期功能安全保障技术与传统故障诊断和容错等硬件相关技术不同，其瞄准算法正常运行时的算法自身状态、关注算法或器件运行所在的驾驶环境、规范算法输出的驾驶结果，并能进一步修正与规范自动驾驶系统行为。这与现有的安全技术具有完全不同的方向、目标以及技术手段，预期功能安全保障技术是适用于自动驾驶车辆这一新事物，围绕不合理风险开展新领域的研究，在解决车辆安全问题上提供了完全不同于传统安全范畴的角度以及全新的技术手段，旨在弥补传统安全在自动驾驶车辆方面的不足。

4.3.1　人工智能算法监测与防护

人工智能算法是自动驾驶系统中的重要组件，它们被设计用来处理车辆周围的各种情况和数据，以做出相应的驾驶决策。在最常见的感知-预测-决策模块化范式中，各部分算法的预期功能安全问题由上游向下游传递，并与自身的局限叠加，如果算法存在缺陷或者不能有效识别和应对各种驾驶场景，将直接威胁着整个系统的安全性。因此，确保人工智能算法的可靠性和高效性对于自动驾驶技术的发展至关重要，这不仅需要在发布前对算法进行严格的测试和验证，还必须在上路运行后实时监测算法风险并做出防护措施和持续改进，从而最大程度地减少交通事故的发生，保障道路上所有行人和驾驶员的安全。

1. 人工智能算法的固有缺陷

经过数十年的发展，深度学习模型虽然效果非常显著，但目前为止最先进模型的效果也无法达到真正实现自动驾驶的要求，主要是因为它们在泛化性和可解释性上存在固有缺陷。

对于可解释性，是因为深度学习模型往往是以"黑盒"的形式运行的，每一个隐藏层、神经元以及激活函数对最终结果的贡献难以界定，根据错误的结果也很难反推导致错误的关键过程在何处，这使得模型的可解释性和可追溯性受到了限制。因此，在整车级事故发生后，或者部件级发现障碍物误检漏检等失效情况之后，无法从算法层面解释错误发生的原因，这就是可解释性弱的根本，如图 4-20 所示。

噪声干扰下检测不出结果　　　　　　　　　随位置距离变化类别发生跳变

图 4-20　感知算法在面对人类难以察觉的数据噪声干扰时可能输出不同的结果

对于泛化性，是因为人工智能的训练样本数据库无法覆盖真实道路上的所有可能场景，且深度学习模型的记忆能力有限，在达到饱和后学习新的样本可能造成已有能力产生退化，在面对未训练过的关键长尾场景时，算法很可能会出现误检和漏检等错误。如图 4-21 所示，雨、雪、雾、光等环境干扰可能导致算法对场景整体不熟悉，目标物的外形变化、姿态变化等局部干扰则影响算法对物体本身的认知。在一些特殊情况下，例如在农村道路上遇到大型农用机械，或在施工区域遇到不规则的路障和警示标志，自动驾驶系统可能无法准确识别和处理这些场景，导致潜在的安全隐患。弥补这些缺陷成为进一步推广应用所采取的必要措施，包括通过多源传感器融合、稀疏场景增强训练、持续的在线学习等手段来不断优化，提升自动驾驶系统的泛化能力，以应对各种不可预测的实际场景。

训练场景向实际场景泛化

雨渍干扰　　　　　　　　　　弱光干扰　　　　　　　　　　未知场景

图 4-21　感知算法在面对训练数据外的实际场景时可能输出高度确信的错误结果

此外，随着深度学习模型网络的拓宽与加深，许多算法在输出置信度的过程中丢失了很多信息，即使是在面对与训练集差距很大的未知场景时，结果也可能表现出过度自信，平均置信度远大于实际准确率，在使用前一般需要在特定数据集上进行校准以确保置信度的可靠性，但面对校准数据集以外的场景时也很难保证高的置信度不是算法自负的表现。

针对人工智能算法的可解释性弱问题，有对抗性攻击的研究分支，旨在从人工制造数据的角度分析哪些方面的改变容易对算法输出造成影响，设计攻击模型，并提出相应的缓解方法。针对人工智能算法的泛化性差问题，多数研究致力于提升算法的性能量化指标，例如感知方面的平均精度、预测方面的平均误差、端到端决策方面的碰撞率等，从而弱化性能局限。它们可能串联噪声滤除流程以克服雨雪的干扰，也可能对不同角度摆放的物体进行针对性训练，但这些算法持续升级、框架打补丁的方式仍然不能覆盖所有情况，也不能保证较高的正确率，盲目地相信它们仍然存在安全隐患。

由此，演化出人工智能算法的安全性研究分支，其目标不是让算法绝对正确，而是通过某些手段监测到算法可能出错或对自己的输出结果没有把握，并建立对相关错误的认知向下游算法传递的机制，实现风险的防护。性能提升分支与安全性研究分支并不冲突，前者侧重于提升算法本身性能，后者侧重于监测算法何时失效，两者配合可以更好地提升人工智能算法的安全性和可靠性。

2. 人工智能算法的风险监测

（1）人工智能算法风险分析

感知风险指自车不能有效感知周围环境状态所导致的风险，预测风险是指自车不能有效预测周围交通参与者运动状态所导致的风险，两者是智能网联汽车内部最常见的人工智能算法失效风险。感知和预测的风险监测可用于认识自车在什么长尾场景下自身的使能不够，超出了抗干扰能力范围，需要其他智能体的信息来赋能，或在决策算法中加以考虑。

在预期功能安全触发条件及其风险的识别中，恶劣环境、不利光照、路面缺陷、目标物非预期行为、临时障碍物都被认为是触发源。如图 4-22 所示，由这些触发源触发的 SOTIF 风险可被归纳为外部风险与内部风险两类。其中，外部风险是与目标物、障碍物、路缘等车外实体碰撞的显式风险，常依据实体类别、相对自车的位置与速度来进行风险建模。内部风险是车内算法性能下降的隐式风险，与周围环境、传感器和算法的性能局限相关。

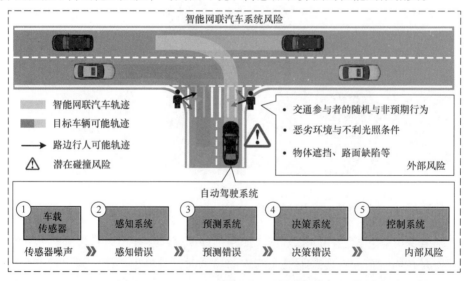

图 4-22　智能网联汽车的系统风险分析

多数现有的自动驾驶方案都只考虑了外部风险，而忽略了对人工智能算法的内部风险建模。实际上，车外风险的建模所需的实体类别、相对位置和距离等信息往往依赖于车内算法，而后者的不确定性和黑盒特性可能导致车外风险建模的失效，因此整体的预期功能安全风险应当同时考虑内部风险与外部风险。如何实时防范预期功能安全风险，还缺乏基础理论、保障框架和全面系统的解决方案。总之，自动驾驶系统的风险由感知风险、预测风险、决策风险、控制风险等内部算法风险与外部碰撞风险共同组成，且上游风险会向下游传播并造成影响[1]。其中感知模块处于整个自动驾驶系统的上游，大量触发条件直接作用于感知系统，且人工智能算法中使用率最高，图 4-23 所示列举了部分感知算法面临的长尾场景风险挑战，各种风险因素间还存在交叉影响[2]。

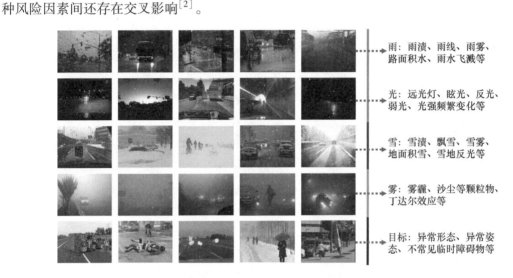

雨：雨渍、雨线、雨雾、路面积水、雨水飞溅等

光：远光灯、眩光、反光、弱光、光强频繁变化等

雪：雪渍、飘雪、雪雾、地面积雪、雪地反光等

雾：雾霾、沙尘等颗粒物、丁达尔效应等

目标：异常形态、异常姿态、不常见临时障碍物等

图 4-23　自动驾驶系统的视觉感知预期功能安全风险场景示例

（2）不确定性的相关概念

为实现上述人工智能算法风险的监测，仿照功能安全系统解决方案，设计监控层来监测人工智能算法并实时与自动驾驶系统层进行交互，一旦发现性能下降，系统层就会收到预警并适当改变自己的行为。由于算法输出的置信度有信息损失且不可靠，常用的平均精度、平均误差等性能评价指标都是在有真值的情况下离线获得的，均不适合作为监测对象。可解释性中提到，人类直观难以察觉的信息扰动可能将深度学习模型的输出任意地改变，这说明网络内部可能存在某些人类难以察觉的不确定性，且会直接影响输出的分类、回归结果及相应的置信度。

人工智能算法局限性分析旨在研究相关模型内部功能不足风险的直接量化方法，针对基于深度学习的感知与预测算法面临的难解释、难泛化等问题，探索上游算法不确定性的产生与向后续的预测、决策模块的传播机理，通过不确定性等无须真值对比的指标实现算法的在线性能监测与评估。当人工智能模型内部可访问时，可以在算法中引入不确定性量化技术，监测输入数据是否与训练数据之间存在异常，量化算法风险，以此提升系统的安全性能。因此，对人工智能算法的不确定性的监测、量化以及在决策过程中的综合考虑，成为风险监测与防护的重要手段。

在图像分类、语义分割、目标检测等基于深度学习模型的感知算法的开发和运行过程中，有研究定义了七种感知不确定性的来源，形成了图4-24所示的感知三角形[3]。在开发过程中，定义感知问题（U1）、收集和注释选定场景的数据（U2～U5）、训练模型（U6）时存在不确定性；在实际运行期间，由于训练和测试数据集之间的分布差异或领域偏移，会产生额外的不确定性（U7）。举例说明，与感知概念相关的有概念不确定性（U1）和标签不确定性（U5），其中，概念不确定性体现了概念定义上的模糊性，如分类中晴天与多云难以区分，标签不确定性体现了数据标注过程中的随机性，如空间上绘制的边界框真值不够准确。概念不确定性和标签不确定性可以通过逐渐完善的数据系统和标签标准的统一定义来逐步缓解，但实际运行中的模型不确定性和传感器特性导致的不确定性是反复出现且难以控制的。

更深入的研究从实际应用的角度入手，将深度神经网络中的预测不确定性分解为认知不确定性和偶然不确定性。其中，偶然不确定性主要来源于环境变化和传感器噪声等，与运行过程中感知三角形的 U3 和 U4 部分相关，认知不确定性主要来源于概念模糊、场景丰富度不足、模型架构不合适等，与开发过程和运行过程中的感知三角形各部分都有关联。认知不确定性可以反映模型在处理实际运行的数据输入时所表现出的模糊性，通过贝叶斯近似推断和一些基于采样的方法可对其进行建模。研究表明，认知不确定性可在一定程度上反映算法对当前环境输入的处理能力，对于分布偏移、未知数据输入等问题具有一定的检测效果，理论上可以通过不断增大数据集来缓解。偶然不确定性表示模型捕获的数据噪声，可反映变化环境中的传感器局限，原则上不可消除。当环境数据噪声或随机性较强时，会给感知系统的安全运行带来挑战，此时较高的偶然不确定性可作为系统自适应调整的参考指标。认知与偶然不确定性共同组成了感知算法的预测不确定性，可作为算法性能实时监测的重要指标。

数据层面的不确定性，或称为偶然不确定性，主要源于外部环境的复杂性和动态变化。自动驾驶车辆的传感器，如摄像头、雷达和激光雷达，虽然能够收集大量关于车辆周围环境的数据，但这些数据往往受到多种因素的影响，从而带来不确定性：①感知误差：这种误差不仅来源于传感器本身的局限性，还涉及感知算法的不准确。传感器误差可能由设备的固有测量限制、维护状况不佳或外部环境因素（如变化的天气条件和光照强度）引起。此外，感

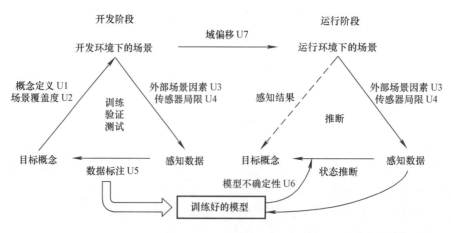

图4-24　感知算法开发与运行阶段的七大不确定性问题

知算法在处理从传感器收集的数据时也可能引入误差，尤其是在复杂或动态的交通环境中，算法可能无法准确识别或追踪周围对象。②动态环境变化：道路上的其他车辆、行人，甚至动物的行为都是不可预测的。这些动态元素难以用静态的数据模型完全捕捉，特别是在复杂的交通场景中。

模型不确定性，或称为认知不确定性，指的是预测模型本身的局限性造成的不确定性。尽管深度学习模型在轨迹预测方面取得了显著进展，但它们仍然面临以下挑战：①模型过拟合：深度学习模型可能在训练数据上表现出色，但在实际应用中却可能因为无法泛化到未见过的新情景而表现不佳。②训练数据的局限性：模型的预测能力在很大程度上取决于训练数据的质量和多样性。如果训练数据不足或存在偏差，模型在现实世界的应用就可能产生误差。③算法的不透明性："黑盒"性质的深度学习算法使得其决策过程缺乏透明度，难以解释其预测的具体理由，这在安全关键的决策中是一个重大障碍。

要有效地应对这些不确定性，需要采取一系列措施。这包括改进传感器和感知技术以减少数据误差、增强模型的可解释性和透明度，使其决策过程更加清晰，这也是提高模型可信度和接受度的重要方向。在自动驾驶技术中，准确量化和管理不确定性是确保安全和有效决策的核心。

（3）不确定性的量化手段

基于深度学习模型的人工智能算法的推断过程可总结如下：

$$p(y \mid x, \mathcal{D}) = \int p(y \mid x, \omega) \, p(\omega \mid \mathcal{D}) \, \mathrm{d}\omega \tag{4-1}$$

式中，$p(\omega \mid \mathcal{D})$ 为模型参数 ω 在训练集数据 $\mathcal{D} = (X, Y)$ 下的后验概率，由于认知不确定性而存在一定的概率分布；$p(y \mid x, \omega)$ 则表示模型在给定训练集 $\mathcal{D}$ 后，对于测试输入 x 的输出结果 y 的分布，经过模型参数 ω 这一变量并对其积分得到。

该贝叶斯模型提供了一个基于数学的框架来解释模型不确定性，但通常会带来令人望而却步的计算成本，且由于神经网络结构的非线性和非共轭性，很难实现精确的后验推理。认知不确定涉及模型参数的不准确性、模型结构的简化和训练数据与实际应用场景的不匹配，对于认知不确定性的量化通常根据简化程度可分为贝叶斯类方法和非贝叶斯类方法，总结在表4-1中。

表 4-1　常用的深度学习模型不确定性量化手段

方法名称	方法原理	量化目标
变分推理（Variational Inference）	用简单可处理的泛函近似求后验分布，通过哈密顿蒙特卡洛、平均场变分推理等方法进行贝叶斯推断，迭代优化分布的超参数，从而求解目标分布的统计量	可捕获认知不确定性
马尔可夫链蒙特卡洛（Markov Chain Monte Carlo）	构造一条马尔可夫链，使其平稳分布为待估参数的后验分布，从而引入马尔可夫过程，进行动态模拟的蒙特卡洛积分	可捕获认知不确定性
拉普拉斯近似（Laplace approximation）	求解过程为对参数的最大后验估计，估计结果是对后验概率的高斯近似	可捕获认知不确定性

（续）

方法名称	方法原理	量化目标
蒙特卡洛失活（Monte Carlo Dropout）	基于 dropout 操作的近似变分推理方法，将网络权重视为伯努利变量，通过若干次采样，用样本的统计量近似后验分布的统计量，缺点是单次推理时间延长	基于采样的方法，可捕获认知不确定性
深度集成（Deep Ensemble）	通过随机初始化、打乱训练集的方式训练出若干同构异参的网络作为采样样本，用结果的统计量近似后验分布的统计量，单次推理时间没有延长，并行计算的情况下只增加了后处理整理输出的时间成本	基于采样的方法，可捕获认知不确定性
直接建模（Direct Modeling）	又称高斯输出模型（Gaussian Output Models），在网络末尾加一层，使输出结果服从高斯分布且直接输出统计值，常与基于采样的方法共同捕获整体预测不确定性	可捕获偶然不确定性
误差传播（Error Propagation）	将 dropout 和批量标准化等层建模为噪声注入层，标准激活层建模为不确定性传播层，从上游得到的不确定性通过激活层将误差一步步传播到输出层，只用单次推理时间	根据设计的不同，可捕获认知或偶然不确定性

在贝叶斯类方法中，常见的如贝叶斯网络和蒙特卡洛方法，与常用的确定性参数模型不同，贝叶斯网络的参数不是固定的，而是服从某种先验分布，在推断的过程中随机收敛。

1）贝叶斯网络：通过使用贝叶斯神经网络，可以得到模型预测的后验概率分布。例如，对于一个简单的贝叶斯更新，可用下式表示：

$$P(\theta \mid D) = \frac{P(D \mid \theta)P(\theta)}{P(D)} \tag{4-2}$$

式中，θ 为模型参数；D 为观测数据；$P(\theta \mid D)$ 为给定数据后参数的概率分布；$P(D \mid \theta)$ 为给定参数下数据的可能性；$P(\theta)$ 为参数的先验分布；$P(D)$ 为数据的边缘概率。

与传统模型不同，贝叶斯模型的参数是不确定的，它们服从一定的分布，虽然可以通过哈密顿蒙特卡洛、平均场变分推理等方式作近似推断来简化，但相关推理方法的模型复杂度较高，依然会导致训练和测试的时间成本高。

2）蒙特卡洛方法：经过一定的探索，一些基于采样的认知不确定性估计方法在实践中被证明非常方便实用，这些方法通过重复随机抽样来近似计算不确定性。例如，在参数空间中进行随机抽样，模拟模型输出，从而估计输出的概率分布。典型方法如蒙特卡洛失活（Monte Carlo dropout），它建立的简单贝叶斯网络中所有权重服从伯努利分布，通过在每次采样中随机将部分网络层间的连接权重置零的 dropout 操作，探索不同程度信息丢失的情况下模型认知能力的变化。其推断过程按式（4-3）得到了简化。

$$p(y \mid x, \mathcal{D}) \approx \frac{1}{T} \sum_{t=1}^{T} p(y \mid x, W_t) \tag{4-3}$$

式中，T 为采样次数；W_t 为某个采样模型收敛到的模型参数。

在非贝叶斯类方法中，深度集成（Deep Ensemble）方法也是一种有效的技术，深度集成方法依赖于多个神经网络模型对同一问题的独立预测。每个模型都使用不同的随机初始化参数，并可能在训练过程中采用不同的子数据集或训练策略。通过分析不同模型预测结果的分散程度，可以更准确地估计预测的不确定性，较大的差异通常指示较高的不确定性。该方法的推断公式与蒙特卡洛失活相同，区别在于 W_t 不再是贝叶斯网络在具体某次采样中收敛得到的模型参数，而是将采样从推断阶段提前到了训练阶段得到的确定性模型参数。

对于认知不确定性，常用蒙特卡洛失活和深度集成两种基于采样的方法，简单通用、易于实现、泛化能力强，能够扩展到大型数据集和网络架构中。其中，前者将曾用于防止深度神经网络过拟合的 dropout 操作用作贝叶斯近似，从而表示深度学习中的认知不确定性，且该方法基本不需要改变现有模型的网络结构和权重参数，就可以直接应用于先前训练的模型中，几乎无偿地得出了不确定性估计结果，但它是一种参数分布化的方法，单次推理时间变长，且根据经验需要在测试期间随机运行 10~50 次，对于车辆感知等实时关键系统来说计算量还是太大，不太可行。而后者中的每一个网络成员的参数都是确定的，这使得其单个模型的推断速度占优，同时根据经验只需 5 个网络成员，在能够并行计算的情况下，推断过程可以做到完全与普通的目标检测网络用时相同，只是在聚类、计算不确定度等后处理部分引入了一些计算和内存成本，是有在车辆感知系统中实时运行的可能的。

对于偶然不确定性，直接建模是最简单且实用的一种方法，它被广泛应用于各种计算机视觉领域的算法中，不仅可以获取偶然不确定性，还可以在训练中帮助取得更高的性能。直接建模方法假设网络输出具有一定的概率分布，并使用网络输出层直接预测此类分布的参数：对于分类，该方法假设 softmax logit 向量中的每个元素都是独立的高斯分布，其均值和方差由网络输出层直接预测；对于回归，通常也使用高斯分布或高斯混合模型，输出结果附加概率分布。使用直接建模方法优化概率网络可以被视为一个极大似然问题，其中权重 W 被优化以最大化训练数据的观测似然。在实践中，分类对应的负对数似然就是交叉熵损失，回归对应的负对数似然见式（4-4），可看作标准 L_2 损失 $[y - \hat{\mu}(x, W)]^2$ 根据预测方差 $\hat{\sigma}^2(x, W)$ 加权后，再根据预测方差对数 $\log \hat{\sigma}^2(x, W)$ 正则化之后的形式。

$$L(x, W) = \frac{[y - \hat{\mu}(x, W)]^2}{2\hat{\sigma}^2(x, W)} + \frac{\log \hat{\sigma}^2(x, W)}{2} \tag{4-4}$$

式中，x 为输入数据；y 为目标真值；$\hat{\mu}(x, W)$ 为预测均值，是通过神经网络使用输入 x 和权重 W 计算得到的期望值；$\hat{\sigma}^2(x, W)$ 为预测方差，是网络对预测不确定性的估计值；$L(x, W)$ 为损失函数，衡量网络预测与目标值之间的差异，包括预测误差的平方损失项和正则化项，其中平方损失项用来衡量网络预测值与目标值的偏离程度，正则化项用于惩罚过大的预测方差。

由于直接建模方法只需要一次推理运行，用于捕获偶然不确定性时几乎不会带来额外的计算成本，还能一定程度地提高模型性能，因此在人工智能算法的网络输出层广泛采用了该手段。结合直接建模方法和基于采样的认知不确定性量化方法，可以同时获得网络的认知不确定性和偶然不确定性，再计算平方和就得到了总的不确定性。此外，误差传播方法也受到了关注，该方法致力于描述噪声、干扰在网络中的传播过程，直面模型的可解释性问题。

3. 人工智能算法的风险防护

在用不确定性量化方法监测出感知和预测算法正面临风险时，需要进一步考虑如何应用其进行风险防护。一种思路是为监测结果设定阈值，当某目标的感知分类与轨迹预测的不确定性高出阈值后向后发出预警，使决策系统重点关注该物体；另一种思路是将目标的不确定性联合类别等信息一起向下游模块传递，设计对感知和预测不确定性敏感的决策算法，使其自身能对高不确定性的目标产生反应。

实际上，自动驾驶汽车在发现目标并进行避让的过程中，其感知、预测、决策等模块都可能涉及人工智能算法，它们的不确定性都需要被监测，并且向下游传递，感知模块需要向预测模块传递整个分类向量和不确定性而不是单个类别，预测模块需要向决策模块传递多条可能轨迹和不确定性，而不是单个结果。其中，目标的位置、速度等信息属于回归量，输入决策模块时是连续的，方便与不确定性叠加。然而，目标的类别信息输入决策模块时是不连续的，可跨越障碍物与不可跨越障碍物在决策规划算法中的建模完全不同。

（1）考虑感知不确定性的安全决策

利用基于采样的不确定性量化方法对视觉感知算法进行处理，得到的表现如图4-25所示。其中，典型的对比案例是施工区域的交通锥和施工人员，施工人员橙黄制服的反光条纹和颜色与交通锥相似，容易引起感知算法的混淆，尤其是施工人员背对车辆做弯腰、蹲下的动作可能被误检为交通锥。错误检测结果传递到下游后，预测与决策模块会认为目标是路边的静止物体，与施工区域的交通锥没什么不同，但实际上施工人员的行为难以预测，向左移动就可能导致碰撞。感知系统在出错时不需要知道正确检测结果应该是什么，只要它能在把施工人员误检为交通锥时评估到高不确定性，并将监测到的相应信息向后传递，就可以通过预测和决策模块的特定设计来缓解这样的感知风险[4]。

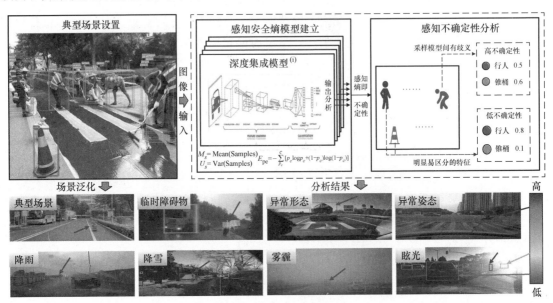

图4-25　人工智能感知算法的不确定性量化表现

对于传统规则的决策规划算法，通常会根据周围障碍物的类别和运动情况建立安全场或势场，基于可行驶区域边界分析或模型预测控制方法进行规划轨迹的优化[5]。当感知不确定性传递到该模块时，将会通过对障碍物势场的影响来做出反应，从而实现相关风险的防护。

如图 4-26 所示，离自车越近的高不确定性感知结果对风险建模和轨迹规划的影响越大，促使系统提前做出规避动作以确保安全。

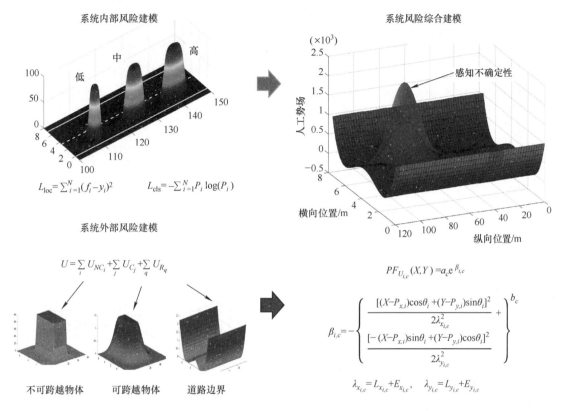

图 4-26　传统规则决策规划算法的感知不确定性结合方式

对于强化学习的决策规划算法，在复杂环境下具备求解最优策略的潜力，其可估计每个环境状态下不同动作的价值，并选择最高价值的动作，可以从安全性、完成任务概率和系统效率三个方面进行评估，期望智能网联汽车能在短时间内通过场景且不发生碰撞[6]。如果不考虑感知不确定性，在感知结果出错时，强化学习策略将会在错误的环境中对动作价值进行误判，从而可能选择非最优的动作，导致性能下降或产生风险。

因此，需要在动作值函数中考虑传递到该模块的感知不确定性信息，使得在感知可能出错的情况下也能做出优化决策。如图 4-27 所示，动作值函数通过 Q 学习进行学习，对状态表达分别为单一确定感知结果、感知结果概率向量、感知结果及不确定性的三种情况进行对比。当感知不确定性越高时，规划器倾向于选择在大多数情况下更安全的动作，当感知不确定性较低时，规划器则会给出接近第一种情况的相关值函数，即一般环境下单一确定感知结果对应的最优动作。此外，在高感知不确定性的情况下，真实状态可能不在预设定的状态集合中，此时即便最保守的动作也未必能确保安全性，为此可以利用除分类信息外的其他低不确定性非语义信息来设计候补策略。由此建立的不确定性状态下的强化学习决策方法与混合动作空间，实现了决策性能与安全性的平衡，能够降低实际存在的感知功能不足问题对系统整体性能造成的影响，具有较好的环境适应性。

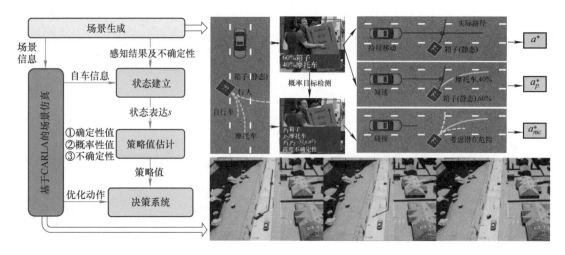

图4-27　强化学习决策规划算法的感知不确定性结合方式

（2）考虑预测不确定性的安全决策

自动驾驶轨迹预测是智能网联汽车领域的关键技术，它使自动驾驶系统能够预测其他交通参与者的未来位置和行为。这一能力对于提高行车安全、增强交通流畅性以及优化与人类驾驶员及行人的交互至关重要。通过预测，自动驾驶车辆可以在必要时提前做出调整，从而避免或减少交通事故的发生，同时更加顺畅地融入复杂的交通环境中，确保行为更符合人类驾驶习惯和预期。

在自动驾驶轨迹预测中，深度学习技术因其在数据处理和特征提取方面的卓越能力而成为研究的热点。深度学习通过学习大量历史行驶数据，能够捕捉到复杂的行为模式和环境因素，从而使预测结果更为准确和可靠。这些技术包括卷积神经网络（Convolutional Neural Network，CNN）、递归神经网络（Recersive Neural Network，RNN）、图神经网络（Graph Neural Network，GNN）和注意力机制（如Transformer），尤其是长短期记忆网络（Long Short Term Memory，LSTM）。

这些深度学习模型不仅提高了轨迹预测的准确性，还极大地增强了自动驾驶系统对复杂交通场景的适应能力。通过实时分析和学习各种交通情况，这些技术帮助自动驾驶车辆做出更为合理和安全的行驶决策，显著提升了自动驾驶技术的实用性和可靠性。然而，这一技术面临多种挑战，尤其是在处理预测过程中的不确定性时。这些不确定性主要来源于两个方面：①环境导致的数据层面的不确定性；②模型本身的不确定性。

在自动驾驶轨迹预测中，偶然不确定性量化是评估系统如何应对传感器误差和环境随机性的关键环节。轨迹预测通常可以分为单模态和多模态两种方法，每种方法都有其独特的量化不确定性的方式。

1）单模态轨迹预测：这种方法通常假设每个预测的时刻都可以用一个概率分布（通常是高斯分布）来描述。在单模态预测中，每个时刻的位置可以表示为一个高斯分布，其数学表达式为

$$p(x_t \mid x_{t-1}, u_t) = \mathcal{N}\left[x_t; f(x_{t-1}, u_t), \boldsymbol{\Sigma}\right] \tag{4-5}$$

式中，x_t 为在时间 t 的位置；x_{t-1} 为在时间 $t-1$ 的位置；u_t 为控制输入；f 为状态转移函数；

$\boldsymbol{\varSigma}$ 为协方差矩阵，表示预测的不确定性。

2）多模态轨迹预测：该方法能够捕捉到不同可能的未来轨迹，适用于处理交通环境中的复杂交互和多种潜在行为。

显式多模态方法：在这种方法中，预测模型会生成不同模态的概率分布，每个模态对应一种可能的未来行为路径。例如，使用混合高斯模型来表示多个可能的轨迹：

$$p(x_t \mid x_{t-1}, u_t) = \sum_{i=1}^{M} \pi_i \mathcal{N}(x_t; \mu_i, \varSigma_i) \tag{4-6}$$

式中，M 为模态的数量；π_i 为第 i 个高斯分布的混合权重；μ_i 和 $\varSigma_i$ 分别为第 i 个高斯分布的均值和协方差。

生成式模型：如生成对抗网络（Generative Adversarial Network，GAN）或分自编码器（Variational Auto-Encoder，VAE）可以用于生成未来可能的轨迹。这些方法通过学习训练数据中的分布来生成新的样本，能够表达更复杂的多模态分布：

$$x_t \sim \text{Decoder}(z), \; z \sim p(z \mid x_{t-1}, u_t) \tag{4-7}$$

式中，z 为潜在空间的变量；Decoder 为从潜在空间到轨迹空间的映射函数。

通过这些方法，自动驾驶系统可以更准确地量化和理解轨迹预测中的不确定性，从而提高决策的准确性和安全性。这些技术帮助系统在复杂的交通环境中做出更合理的预测，适应多变的道路条件。

通过贝叶斯或非贝叶斯方法，最终可以通过计算预测的方差来评估认知不确定性：

$$\sigma^2 = \frac{1}{N} \sum_{i=1}^{N} [f_i(x) - \hat{y}]^2 \tag{4-8}$$

式中，$f_i(x)$ 为第 i 个模型样本 f_i 根据输入特征 x 计算的预测值；$\hat{y}$ 为这些样本预测值的均值；N 为模型样本的数量；σ^2 为预测方差，衡量多个参数有细微差别的采样模型所预测结果的离散程度，可用于表征模型的认知不确定性。

通过上述方法，自动驾驶系统可以有效地量化和管理偶然不确定性和认知不确定性，从而在复杂和动态的交通环境中做出更准确和安全的决策。这些技术的应用有助于提高自动驾驶车辆的可靠性和性能，为实现真正的自动化驾驶奠定坚实的基础。

在自动驾驶系统中，预测不确定性的存在直接影响决策制定过程。决策模块需要根据预测的输出及其不确定性来制定行驶策略，这要求决策系统能够解释和利用关于不确定性的信息，例如调整行驶速度或路线以避免可能的碰撞[7]。

鲁棒性决策制定是自动驾驶系统中应对不确定性的一种关键方法，特别是在轨迹预测方面。该策略的目的是确保即便在最不利的情况下，系统的性能也能达到预定的安全标准。这种策略是通过优化算法实现的，旨在找到在所有可能的未来情景中表现最好的解决方案。

鲁棒性决策考虑的是在模型的所有可能预测中性能损失最小的最坏情况。这种方法在处理有高度不确定性的系统时特别有用，如自动驾驶车辆在动态复杂的交通环境中的行为预测。数学上，鲁棒性决策可以表示为以下优化问题：

$$\min_{u} \max_{x \in X} L(x, u) \tag{4-9}$$

式中，u 为决策变量；x 为在不确定性集合 X 中的所有可能状态；$L(x, u)$ 为损失函数，用于

评估在状态 x 下采取决策 u 的性能损失。

在自动驾驶轨迹预测的具体应用中，鲁棒性决策策略通常涉及以下步骤：

1）定义损失函数：损失函数 $L(x,u)$ 需要根据具体的应用场景设计。在自动驾驶中，这可能涉及与其他车辆的距离、预期的行驶时间、燃油效率或其他安全指标。

2）量化不确定性：确定集合 X，它包含所有基于当前知识和数据所能预测到的可能状态。这可能基于统计模型，如高斯分布，或基于历史数据的复杂模拟。

3）求解优化问题：使用数学优化方法来解决上述的鲁棒优化问题。这通常涉及算法如线性规划、二次规划或更复杂的全局优化技术。

4）实施与调整：将优化得到的决策 u 应用于实际的自动驾驶系统中，并根据实际表现和新的数据输入调整模型和策略。

尽管鲁棒性决策提供了一种有效的策略来应对不确定性，但它也面临一些挑战，如计算成本较高、需要准确的不确定性建模和可能过于保守的决策结果。因此，实际应用中常常需要在鲁棒性和其他性能指标（如效率和响应速度）之间找到平衡。

在自动驾驶技术的发展过程中，对预测不确定性的精确量化和高效管理是至关重要的。通过以上策略，自动驾驶系统能够在保证高度安全和效率的同时，有效应对不可预见的环境变化和潜在的风险，最终实现真正智能的自动驾驶。

4.3.2　运行设计域的监测与防护

安全使用自动驾驶技术的一个关键方面是定义其功能和限制，并将其清楚地传达给最终用户，从而达到"知情安全"的状态。建立自动驾驶能力的第一步是定义其运行设计域。除了安全操作外，ODD 的定义对于符合法律法规和车辆目标（例如移动性和舒适性需求）也很重要。

ODD 表示自动驾驶系统在行驶过程中能够安全执行动态驾驶任务的操作条件。本节从 ODD 分类着手，着重讨论如何对道路及天气状态进行监测与防护。

1. ODD 定义及规范

（1）定义

ODD 是自动驾驶系统所规定的，车辆能够在其中安全、有效地执行自动驾驶功能的特定环境和操作条件的集合。它涵盖了自动驾驶系统在设计时所考虑的所有道路类型、道路特征、交通状况以及环境变量等因素。ODD 的定义是自动驾驶系统开发和测试的基础，也是确保其在实际运行中能够满足安全性和可靠性要求的关键。

ODD 的定义不局限于单一标准，地方当局、监管机构、服务提供商、制造商或组件供应商，都可以制定 ODD 的细节定义，并创建相关安全案例，同时不同的对象可以开发具有不同详细级别的 ODD 定义。虽然人类驾驶员不是 ODD 定义的一部分，但考虑到驾驶员将使用自动驾驶系统功能，ODD 的定义方式应使驾驶员能够理解。

在自动驾驶系统的开发中，需要明确一个清晰的 ODD 范围，综合考虑多种因素，这有助于确保自动驾驶系统在实际运行中能够准确识别和处理各种复杂场景，从而保障行车安全和乘客的舒适体验。

（2）规范

1）道路规范。自动驾驶系统应能够适用于城市道路、高速公路、乡村道路等各类道路类型。对于不同类型的道路，系统应能够准确识别并适应其特有的道路特征、交通规则和驾驶习惯。例如，在城市道路中，系统需要特别关注行人和非机动车的交通行为；而在高速公路上，则更侧重于处理高速、高流量的交通状况。

道路表面的特性主要包括材质、表面质量和覆盖物三个方面。材质可分为铺装状态和非铺装状态，铺装状态包括沥青混凝土和水泥混凝土路面，非铺装状态则指路面存在碎石、石块、泥土等。道路表面质量涉及开裂、车辙、沉陷、坑洼、凸起和表面松散等现象，需明确描述各类损坏的允许和不允许的严重程度。此外，道路表面还可能被雨水、泥土、冰雪、树叶、油污等物质覆盖，需规定允许和不允许的覆盖物种类及其程度。

在道路几何方面，平面特征包括直道、弯道和加宽，其中弯道需明确允许的半径范围，加宽则需规定允许的尺寸要求。纵断面特征包括水平、上坡和下坡，上坡和下坡需明确允许的坡度和坡长。横断面特征则包括是否分离、路面横坡或超高以及人行道，其中横坡或超高需规定允许的横向倾斜坡度范围。

车道的特征及道路交叉区域作为重要因素，需要加以明确。车道特征包括标线质量、有无标线、标线颜色和类型等，需要明确允许或不允许的情况。车道类型涵盖非机动车道、机动车道、公交专用车道等，需说明允许的类型数量范围。道路边缘包括护栏、路缘石、临时道路边缘等，需要说明是否允许。道路交叉包括平面交叉、环岛、立体交叉和互通，需说明允许的类型和控制方式。道路设施包括交通控制设施、道路基础设施和特殊设施，需要说明允许或不允许的各类设施。

2）天气规范。天气条件对道路状况具有直接影响。风力的大小不仅影响行车的稳定性，还可能引发道路两旁树木的倒塌，造成道路堵塞或交通事故。特别是在强风天气下，车辆应能够稳定行驶，避免因风力影响而发生偏移或失控。此外，雨量和雪量也直接影响道路的湿滑程度和能见度。降雨或降雪会导致路面湿滑，降低轮胎与地面的摩擦力，增加行车风险。同时，雨雪天气还会降低能见度，不利于判断前方路况。

除了天气条件，颗粒物浓度也是影响道路状况的重要因素。雾、霾、扬尘等颗粒物会降低水平能见度，增加行车风险。自动驾驶车辆应在水平能见度达到"优"或"良"的范围内稳定运行，而在"一般""较差""差""极差"的能见度条件下，需根据具体情况采取相应的驾驶策略或限制车辆运行。这些规范旨在确保自动驾驶车辆在各种颗粒物影响下的天气条件中都能保持安全、稳定的运行状态，为乘客提供可靠的出行体验。

光照条件也是影响道路状况和使用的重要因素。对于自然光源，自动驾驶车辆需适应不同照明强度范围，特别是避免逆光和炫光等不利条件下的行驶。在人工光源方面，车辆应能在路灯、对向车灯以及室内停车场灯光等不同光源下稳定运行，确保路面光照度处于安全范围。此外，气温也是不可忽视的因素，自动驾驶车辆应能在允许的温度范围内正常工作，以应对极端炎热或寒冷天气对车辆性能和行驶安全的影响。

3）车辆状态规范。对于车辆运动状态，需要严格控制运行速度，确保其在规定的范围内，同时，驾驶自动化系统的激活和运行也有其特定的速度要求，超出此范围可能导致系统无法正常工作。此外，加速度同样重要，无论是运行加速度还是激活加速度，都应保持在允许范围内，以避免因过快或过慢加速导致的安全问题。同时，自动驾驶系统的正常运行还依赖于一系列条件，包括高精地图的精确性、各类传感器的正常工作状态，以及车辆其他系统如底盘系统、车身系统和电源管理系统的稳定运行。这些条件的满足与否，直接关系到自动驾驶系统的安全性和有效性。

4）驾乘人员状态规范。对于驾驶员或动态驾驶任务后援用户，其接管能力状态十分重要，包括注意力状态和其他状态，如健康状况和是否醉酒。同时，安全带状态以及位姿状态也是必须考虑的因素，必须确保驾驶员或后援用户在行车过程中系好安全带并保持正确的驾驶姿势。对于乘客，他们的状态同样不容忽视，包括是否干扰驾驶员或后援用户的接管行为、是否系好安全带以及其他可能影响自动驾驶系统或驾驶员的状态。

2. 道路缺陷监测及防护

自动驾驶汽车会面临各种复杂的条件，其中路面状态是重要的因素之一，各种类型的道路缺陷会影响自动驾驶汽车的动态稳定性，可能导致自动驾驶系统功能不足，引发预期功能安全风险，甚至造成车辆失控或导致碰撞事故，给车辆的决策系统和控制系统带来挑战。路面经过车辆反复碾压、施工、天气等原因，形成了各种类型的缺陷，如路面凹陷和路面塌陷等；在车辆行驶过程中，也可能会有物体掉落在路面上，形成路面障碍物。为保障自动驾驶车辆的安全行驶，降低预期功能安全风险，需要对路面缺陷进行监测并做出安全性评估，并以此基础做出车辆是否规避、如何规避的决策，实现相应的路径规划。

道路缺陷状态评估包含三部分：离线训练模块、在线二维目标识别模块与在线三维点云目标识别模块，其架构如图4-28所示。离线训练模块根据感兴趣的路面障碍物类别，构建自定义路面障碍数据集，利用makesense软件对构建的数据集进行标注，并基于YOLOv5目标检

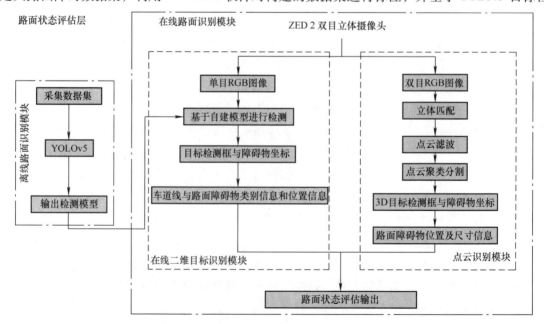

图4-28　道路缺陷状态评估架构

测模型训练路面障碍检测模型；在线二维目标识别模块通过双目摄像头捕获路面信息，并将原始 RGB 图像输入至由离线训练模块构建的路面障碍检测模型中，对路面情况进行实时检测，输出障碍物的种类和相对位置，为三维目标检测提供候检区域；在线三维点云目标识别模块通过双目摄像头获取路面状态双目图像，将左右 RGB 图像进行立体匹配获得视差图和深度图，将深度图进行坐标变换转换为三维点云，根据坐标变换，将单目 RGB 图像映射到三维点云，根据二维目标识别模块输出的障碍物检测框框选出包含障碍物的点云视锥体，将视锥体内的点云进行聚类分割，输出障碍物的三维尺寸和位置坐标，为车辆安全决策模块提供路面状态信息。

3. 天气状态监测及防护

目前，自动驾驶汽车感知所采用的主要传感器如激光雷达和摄像头均会受到天气变化的影响，尤其在降雨、降雪等天气下，空气中存在的颗粒物带来的噪声导致传感器性能下降，车辆对外界物体的感知距离缩短，若车辆仍保持晴朗天气时的行驶速度，则在近距离发现风险时将无法避让，尤其是雨雪天气下路面附着系数也大大降低。因此，根据实时天气情况制定适当的限速是保障行车安全和降低预期功能安全风险的有效方法。

安全的速度限制一般是约束自动驾驶汽车所能行驶的最大速度，用以确保自动驾驶系统发现交通参与者后制动最终不会发生碰撞。对于人类驾驶员来说，他们会根据法律法规和自己的经验以安全的速度驾驶。结合《中华人民共和国道路交通安全法》，驾驶员通常依据经验判断不同天气下的行驶速度，但基于经验的限速是不精确的，不仅不适用于自动驾驶汽车，也没有充分利用自动驾驶汽车的精确量化计算能力。为了提高自动驾驶汽车的安全性，自动驾驶汽车应基于可检测距离和理论安全距离进行精确安全限速。

一个广为人知的安全距离来自责任敏感安全（Responsibility Sensitive Safety，RSS）模型，其假设后车以最大加速度加速，然后前车突然开始制动，反应时间过后，后车再开始制动，这一过程中保证两车不相撞的距离称为责任敏感安全距离。考虑最差的情况，即前车完全停止后自动驾驶汽车才看见该前车，则 RSS 距离可以改写为安全敏感距离（Safety Sensitive Distance，SSD），即

$$\text{SSD} = \frac{(v + \rho a_{\text{maxcc}})^{0.5}}{2\mu g} + v\rho + 0.5\rho^2 a_{\text{maxcc}} \tag{4-10}$$

式中，v 为后车速度；ρ 为响应时间；a_{maxcc} 为后车最大加速度；μ 为路面附着系数。

其中，路面附着系数受天气影响巨大，以雨天为例，水滴在路面上形成一层薄膜，水膜将导致路面摩擦系数急剧下降，这将显著影响安全敏感距离的大小。不同降雨强度下的水膜深度及路面摩擦系数分别估计为

$$d = 0.046 \frac{(L_{\text{f}} I)^{0.5}}{S_{\text{f}}^{0.5}} \tag{4-11}$$

$$\mu = 0.21 e^{-1.8d} + 0.4 \tag{4-12}$$

式中，d 为水膜深度；L_{f} 为流道长度；I 为降雨强度；S_{f} 为流道坡度，据此可计算雨天下的 SSD 值。

与此同时，传感器能够探测到物体的最大距离受降雨强度的影响。如图 4-29 所示，以激光雷达为例，通过实验测试，以人、车、箱子三个重要物体之间的最短探测距离作为参考获

取不同降雨强度下的可探测距离。

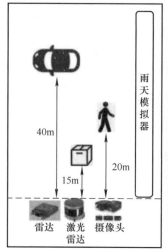 

图 4-29 降雨实验

不同的感知算法性能本身存在诸多差异，在实际运用过程中，可具体结合自动驾驶车辆感知系统在不同降雨强度下输出的结果获取当前车辆配置下的可探测距离。但就传感器而言，无论采用何种算法，若传感器本身因物理约束无法提供足够的信息，则算法必定无法感知，基于此前提，从传感器本身物理特性入手，估计感知系统理论上的可探测距离。

激光雷达的点云通常为 $[x, y, z, r]$ 的向量，其中 x、y、z 分别为以激光雷达所在位置为原点的其他物体反射的点在空间上的坐标位置，r 为反射率，反射率越高，表明回波能量越高。根据激光雷达点云，计算其最大可探测距离为

$$D_{\text{dectable}} = \max\left(\sqrt{x_i^2 + y_i^2 + z_i^2} \right) \tag{4-13}$$

式中，i 为第 i 个激光雷达点云。

基于此可探测距离公式，可以获得不同降雨强度下的可探测距离。

考虑到安全敏感距离不应大于可探测距离，则车辆的最大车速限制 v_{maxlimit} 可通过下式计算：

$$\text{SSD}(v_{\text{maxlimit}}) = D_{\text{dectable}} \tag{4-14}$$

式中，D_{dectable} 为可探测距离；SSD 为限速的函数。

此外，车辆速度还受天气和道路条件的共同作用，当车辆车轮和路面之间形成水膜时，就会发生打滑，这将导致道路摩擦系数降低。对车辆打滑速度的粗略预测计算如下：

$$v_{\text{p}} = 6.36 \sqrt{p_{\text{tire}}} \tag{4-15}$$

式中，p_{tire} 为轮胎充气压力。

因此，天气状况监测模块的参考限速如下：

$$v_{\text{weather}} = \min\{v_{\text{maxlimit}}, v_{\text{p}}\} \tag{4-16}$$

雨天条件下速度验证如图 4-30 所示。开始未降雨，限速为 60km/h，车辆加速达到参考速度。在 6s 时汽车的速度达到参考值，并保持在限度内。10s 时开始下小雨，速度限制降至

42km/h。车辆将降低其速度以达到新的参考值。该应用表明，使用所提出的监测框架，自动驾驶车辆可以根据雨天激光雷达的性能下降做出安全决策。

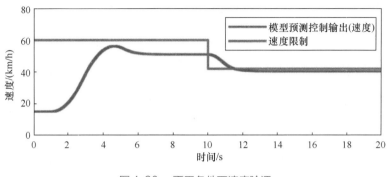

图 4-30　雨天条件下速度验证

4.3.3　道路法规符合性监测与防护

1. 道路法规的数字化

世界卫生组织最新的《2023 年全球道路安全状况报告》显示，全球每年仍有 119 万人死于道路交通事故，每天因此死亡人数超过 3200 人，道路交通伤害仍是全球第八大死因[8]。我国作为汽车大国，亦面临着严峻的道路交通安全问题，据《中华人民共和国道路交通事故统计年报》公布的数据，2018—2022 年我国交通事故年均发生超 25 万次[9]，而依据 2011—2016 年公布的事故主要原因统计数据推算，超过 80% 的道路交通事故仍是驾驶员违反交通法规导致的[10]。法规数字化挑战典型场景如图 4-31 所示。

然而北京 2021 年自动驾驶道路测试报告统计数据显示，目前自动驾驶出现的测试问题中，交规遵守机制不健全问题约占 30%，问题占比仅次于控制精度不高[11]。为推进 L3 级别自动驾驶落地，2023 年底工业和信息化部等四部委联合发布《工业和信息化部公安部 住房和城乡建设部 交通运输部关于开展智能网联汽车准入和上路通行试点工作的通知》[12]，多次提到自动驾驶应以符合道路交通法规为基础。因此，保障自动驾驶法规符合性，是实现自动驾驶落地的基石。

对自动驾驶汽车行为的独立在线监测不仅是政府监管自动驾驶的重要手段，例如为交通事故溯源提供实质性证据，而且可以向自动驾驶算法提供合规性参考和约束，帮助其提高法规符合性。然而，当前面向人类驾驶员的自然语言编写的法规无法直接被自动驾驶理解及应用，因此将自然语言的法规转化为标准化数学表达式，形成机器可理解的逻辑语言，同时解决其中的模糊表述，是实现道路法规符合性监测与防护的前提。

（1）标准化时序逻辑表达式

将以自然语言编写的道路交通法规转化为标准化时序逻辑表达式的过程称为道路法规数字化。时序逻辑在道路法规数字化的研究中得到了广泛的应用，其包含"时序"和"逻辑"两个关键要点，主要用于描述和分析具有时间特性的系统行为。时序即时间约束，用于表述关于时间限定的命题，时序可以是离散的，也可以是连续的，可以基于时刻，也可以基于时段，命题对象可以有随时间变化的真值。而逻辑特指数学逻辑，通过形式化的语言和符号来

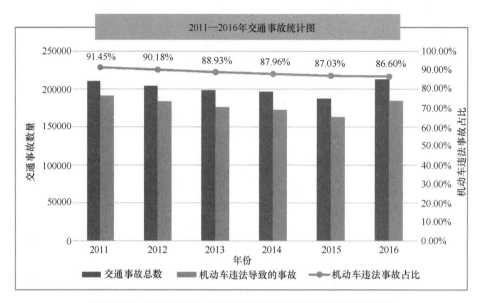

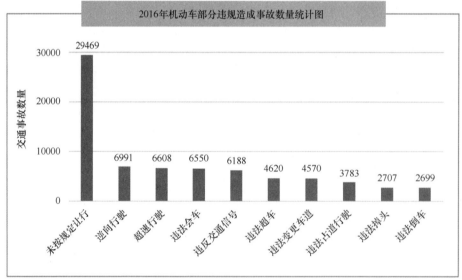

图 4-31　法规数字化挑战典型场景

表达命题、规则和推理过程。

线性时序逻辑（Linear Temporal Logic，LTL）提供了一种直观且在数学上更为精确的表示方法来描述线性时序性质，它允许对系统的行为进行时间性质的描述，比如事件的先后顺序、持续性质、周期性质等。LTL 的基本语法表达式如下：

$$\varphi ::= \text{true} \mid \sigma \mid \neg \varphi \mid \varphi_1 \wedge \varphi_2 \mid X\varphi \mid \varphi_1 U \varphi_2 \tag{4-17}$$

该基本语法包括命题逻辑和时态算子，且具有递归性质。命题逻辑描述了系统在某一时刻的静态行为，常用的命题逻辑有以下三种：

1）原子命题（Atomic Propositions），表示系统在某一时刻的静态行为，通常用于描述系统的状态或属性：

$$\sigma \in \mathrm{AP} \tag{4-18}$$

式中，AP 为原子命题集合，每一个原子命题 $\sigma_i \in \mathrm{AP}$ 都可证明为一个布尔值（true 或 false）。

2）否定（Negation），表示对命题的否定，用于描述系统不具有某种状态或属性：

$$\neg \varphi \tag{4-19}$$

3）结合（Conjunction），表示两个命题同时成立，用于描述系统具有多种状态或属性：

$$\varphi_1 \wedge \varphi_2 \tag{4-20}$$

式中，φ_i 为某个命题。由式（4-17）可知，其既可以表示单独的逻辑状态，如 true 和 false，又可以表示一个独立的原子命题，这可由其他命题通过命题逻辑或时态算子组合以表示不同命题的组合命题。

时态算子描述了系统在时序轨迹下所具有的性质，其中最基本的有以下两种：

1）下一时刻满足 φ（Next），表示在系统的下一个时间点 φ 成立：

$$X\varphi \tag{4-21}$$

2）φ_1 一直满足直到 φ_2 满足（Until），表示 φ_1 在系统的每个时间点均成立直到 φ_2 成立：

$$\varphi_1 \mathrm{U} \varphi_2 \tag{4-22}$$

由以上基本命题逻辑和时态算子进一步派生出了更多命题逻辑及时态算子：

1）析取（Disjunction），表示两个命题至少有一个成立：

$$\varphi_1 \vee \varphi_2 \equiv \neg(\neg \varphi_1 \wedge \neg \varphi_2) \tag{4-23}$$

2）蕴含（Implication），表示若 φ_1 成立，则 φ_2 必定成立：

$$\varphi_1 \Rightarrow \varphi_2 \equiv \neg \varphi_1 \vee \varphi_2 \tag{4-24}$$

3）双向蕴含（Biconditional），表示 φ_1 成立当且仅当 φ_2 成立：

$$\varphi_1 \Leftrightarrow \varphi_2 \equiv (\varphi_1 \Rightarrow \varphi_2) \wedge (\varphi_2 \Rightarrow \varphi_1) \tag{4-25}$$

4）异或（Exclusive Or），表示 φ_1 和 φ_2 有且仅有一个成立：

$$\varphi_1 \oplus \varphi_2 \equiv (\varphi_1 \wedge \neg \varphi_2) \vee (\neg \varphi_1 \wedge \varphi_2) \tag{4-26}$$

5）未来某时刻满足 φ（Future），表示 φ 最终能够成立，在轨迹上表现为在未来某一时刻，φ 会成立：

$$\mathrm{F}\varphi \equiv \mathrm{true} \mathrm{U} \varphi \tag{4-27}$$

6）φ 一直满足（Globally），表示 φ 在全部时刻都成立，在轨迹上表现为每个位置都成立：

$$\mathrm{G}\varphi \equiv \neg \mathrm{F} \neg \varphi \tag{4-28}$$

上述算子组成了 LTL 的基本语法要素，并且通过组合和派生可以构建出复杂的性质描述，而在组合算子执行过程中是存在优先级的，$\neg$，X 优先执行，其次是 U，然后是 $\wedge$，$\vee$，最后是 $\Rightarrow$。

如前所述，虽然 LTL 可以描述线性时序性质，但并未在描述式中给出具体的时刻，只能表达时间的相对特性，因此在精确表述时序性质上仍存在缺陷，而度量时序逻辑（Metric Temporal Logic，MTL）则引入了时间区间属性和更丰富的时序算子，使得其对于时序逻辑的表达更明确和细致。因此，对于客观监测，目前更多地倾向于 MTL。MTL 作为 LTL 的扩展，命题逻辑形式上与 LTL 保持一致，区别在于时态算子的表述，MTL 为每一个时态算子赋予了生效时间区间的性质，具体表达式如下：

$$\varphi ::= \sigma_i \,|\, \neg\varphi \,|\, \varphi_1 \wedge \varphi_2 \,|\, \varphi_1 \vee \varphi_2 \,|\, \varphi_1 \Leftrightarrow \varphi_2 \,|\, \varphi_1 \Rightarrow \varphi_2 \,|\, \varphi_1 \oplus \varphi_2 \,|$$
$$G_I(\varphi) \,|\, F_I(\varphi) \,|\, P_I(\varphi) \,|\, O_I(\varphi) \,|\, \varphi_1 U \varphi_2 \tag{4-29}$$

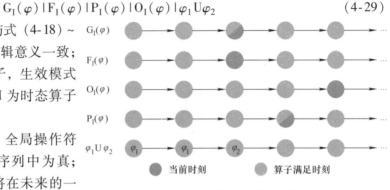

式中，首行涉及的命题逻辑与式（4-18）~ 式（4-26）中相应的命题逻辑意义一致；G、F、P、O、U 为时态算子，生效模式如图 4-32 所示，附带下标 I 为时态算子生效时刻或时间区间。

与 LTL 时态算子类似，全局操作符 G 表示命题 φ 在整个时间序列中为真；未来操作符 F 表示命题 φ 将在未来的一段时间内为真；直到操作符 U 表示命题

图 4-32　MTL 时态算子生效模式

φ_1 保持为真，直到命题 φ_2 变为真。另外，P 和 O 为 MTL 新增时态算子，历史操作符 P 表示命题 φ 在过去的一段时间内为真；单次操作符 O 表示命题在一个确定的时间点之前至少为真一次。

（2）道路法规数字化

道路交通法规阐述了条例何时生效以及生效条件下的行为约束，车端的在线监测进一步限制了可获取的输入信息。另外，法规中存在一些模糊表述需要在数字化过程中予以明确，法规中明确的阈值以及标准化后的模糊阈值作为逻辑判断的重要标准，也是数字化表达的重要组成部分。本书构建了一套法规数字化方法，将自然语言法规转化为标准的 MTL 表达式，法规数字化方法流程如图 4-33 所示。在数字化过程中，基于可获取信息及应用需求，进一步明确数字化条例的输入需求、触发条件、逻辑定义以及判断阈值。

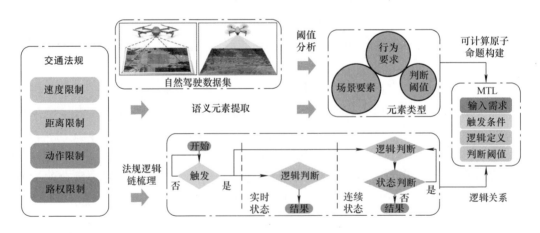

图 4-33　法规数字化方法流程

道路法规数字化的过程主要分为四步：语义元素提取、可计算原子命题构建、法规逻辑链梳理以及 MTL 表达式构建。以《中华人民共和国道路交通安全法实施条例》[13]（以下简称《实施条例》）第四十四条换道条例为例——在道路同方向划有 2 条以上机动车道的，变

更车道的机动车不得影响相关车道内行驶的机动车的正常行驶。法规数字化的第一步是语义元素提取，即提取法规条例中的场景要素及行为要求。场景要素包括道路结构、道路设施、临时交通状况、交通参与者、天气环境、数字信息以及自车状态七层，行为要求包括指定的行为及相应的阈值，部分要求为明确阈值类型，部分为模糊表述类型。换道条例中涉及的语义元素如下：

1）道路设施：车行道分界线。

2）交通参与者：相关车道内行驶的机动车（同车道前车、目标车道后车）。

3）自车状态：换道。

4）行为要求：不影响正常行驶（模糊）。

完成语义元素提取后，需要将文本语义元素进一步转换为 MTL 形式的原子命题。依据专家知识经验，构建可计算的原子命题需要考虑多个因素，包括定义标准统一、信息获取方式以及行为定义转化。

1）定义标准统一：确保对于同种类型的语义元素具有统一的定义标准。

2）信息获取方式：为考虑可计算性，需整理场景实体要素及相关属性，明确输入需求，确保构建的原子命题的实体属性所依赖的数据源是可访问并可获取的。

3）行为定义转化：确保行为定义是清晰和一致的，以便计算机系统能够准确地理解和处理这些定义。需要为车辆行为制定额外的逻辑表达式，将其转化为与可计算的原子命题相关的语义元素，而涉及模糊表述时还应为其制定明确的判断阈值。

在原子命题构建过程中，谓词的构建采用面向对象方式，场景实体 Obj 所具属性 Prop 表示为 Obj. Prop，实体及其属性是可计算原子命题的基本输入需求。换道条例涉及的可移动实体为自车 Ego 以及其他机动车 Tgt_i，其中下标 i 为指定区域内或固定目标的其他机动车，静态实体为车道及车道线，定义最内侧车道 ID 为 1，其他车道 ID 向外依次递增。每个车道的左侧车道线 ID 与该车道一致，ID 为 i 的车道线表示为 $\mathcal{Y}(i)$，车道线表示形式为三次拟合曲线。换道条例相关实体属性见表 4-2。

表 4-2　典型条例涉及的实体及其属性释义

实体	实体属性	释义
Ego	Ego. x	自车的状态量，其中状态量 $x \in \{X,\ Y,\ \theta,\ vx,\ vy,\ ax,\ ay\}$ 分别代表自车在全局坐标系下的纵坐标、横坐标、航向角，以及自车纵向速度、横向速度、纵向加速度以及横向加速度
	Ego. Lane (t)	自车在时间 t 所属车道的车道 ID，时间 t 为可选项，无时间 t 输入时默认为当前时刻所属车道的车道 ID
	Ego. p	自车的固定参数属性，其中参数 $p \in \{1,\ w\}$ 分别表示自车长度及宽度
Tgt_i	$Tgt_i. x$	他车的状态量，其中状态量 $x \in \{X,\ Y,\ \theta,\ vx,\ vy,\ ax,\ ay\}$ 均为自车坐标系下的值
	$Tgt_i. p$	他车的固定参数属性，其中参数 $p \in \{1,\ w,\ ID\}$ 分别为车辆长度、宽度及车辆 ID

在构建完实体属性谓词后，条例中涉及的车辆行为应在实体属性谓词的基础上进行转化，以保证转化出的车辆行为均是可计算的，换道条例涉及的计算性谓词见表 4-3。使用者可根据具体条例或可获取信息进行实体属性谓词的调整增补，以适应具体应用场景。

表4-3 典型条例涉及的计算性谓词

谓词	释义
Obj. Area	车辆的矩形包络框垂直地面投影的平面区域。以坐标原点为中心，自车长度及宽度为矩形的长和宽所围成的包络区域
$\mathrm{dis}(\mathrm{obj}_1, \mathrm{obj}_2)$	obj_1 和 obj_2 沿车道方向的纵向距离（obj_2 在 obj_1 前方） $$\mathrm{dis}(\mathrm{obj}_1, \mathrm{obj}_2) = \int_{X(\mathrm{obj}_1)}^{X(\mathrm{obj}_2)} \sqrt{1 + \{ \mathcal{Y}[\mathcal{L}(\mathrm{obj}_1, t)] \}^2}\, \mathrm{d}X - [l(\mathrm{obj}_1) + l(\mathrm{obj}_2)]/2$$
$\mathrm{TTCX}(\mathrm{obj}_1, \mathrm{obj}_2)$	obj_1 和 obj_2 沿车道方向的纵向碰撞事件（obj_2 在 obj_1 前方） $$\mathrm{TTCX}(\mathrm{obj}_1, \mathrm{obj}_2) = \mathrm{dis}(\mathrm{obj}_1, \mathrm{obj}_2)/[vx(\mathrm{obj}_1) - vx(\mathrm{obj}_2)]$$

定义 Overlap（r_1，r_2）以表示区域 r_1 与 r_2 是否存在二维重叠，r_1 与 r_2 既可以为二维平面，也可为一维曲线或线段，则在 t 时刻自车轧左侧车道线可表示为

$$\mathrm{Overlap}\{\mathrm{Ego.\ Area}, \mathcal{Y}[\mathrm{Ego.\ Lane}(t)]\} \tag{4-30}$$

定义换道行为是以一定横向速度跨越车行道分界线的过程，通过统计 HighD 数据集的换道中行为，分析得出跨越车道线过程中的横向速度应大于 0.25m/s。因此，（向左）换道行为可表示为

$$\mathrm{Overlap}\{\mathrm{Ego.\ Area}, \mathcal{Y}[\mathrm{Ego.\ Lane}(t)]\} \wedge \mathrm{Ego.}\ vy > 0.25\mathrm{m/s} \tag{4-31}$$

引入判断阈值，可计算原子命题则为谓词间的命题逻辑判断［如 Overlap（r_1，r_2）］或谓词与判断阈值间的数值关系判断（如 Ego. $vy > 0.25\mathrm{m/s}$）。

在提取关键语义元素并将自然语义元素转化为可计算原子命题后，需要考虑不同元素之间的组合关系。道路交通法规阐明了条例何时生效，即触发条件，以及在生效场景下应该或不应该执行哪些行为，即逻辑定义。通过梳理法规逻辑链，可以明确不同元素之间的触发执行关系、先后执行顺序等逻辑关系，从而为 MTL 表达式构建提供逻辑关系基础。

逻辑链基本构成如图 4-34 所示，包括触发条件、逻辑定义、连续状态判断、行为结果及其他条例入口。逻辑链梳理的首要任务是明确触发条件，这些条件在很大程度上决定了哪些法规适用于当前场景。触发条件的子集可能是其他条例的触发条件，因此当条例包含多个触发条件时，调整触发条件判断顺序，可以帮助梳理不同条例间的共性出发关系。一旦触发条件得到满足，就需要进一步梳理逻辑定义以及不同定义间的时序逻辑关系。当法规逻辑不易直接表述时，可通过等价逻辑转换，调整判断顺序，使其更易于被梳理。时序状态分析在这

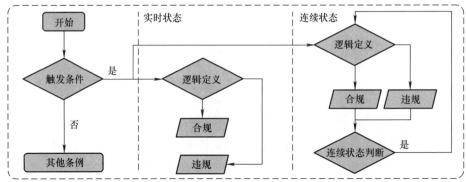

图4-34 逻辑链基本构成

个过程中同样起着关键作用，时序状态分为两种主要类型：实时状态和连续状态。实时状态表征车辆当前行为是否符合交通法规，例如当前跟车距离是否足够；连续状态表征车辆在一段时间内的行为是否合规，例如区间平均速度是否合规。

换道条例逻辑链如图 4-35 所示，变更车道的机动车不得影响相关车道内行驶的机动车的正常行驶。当自车开始换道时，判断是否存在同车道前车，若存在，则根据当前两车状态计算两车的纵向碰撞时间（Time to Collision，TTC），判断纵向 TTC 是否小于最小 TTC，若为是，则为违规；换道过程中还应判断与目标车道后车的距离是否小于最小换道距离，若为是，则为违规。

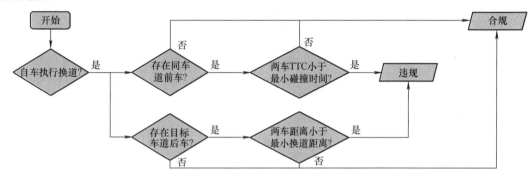

图 4-35　换道条例逻辑链

通过法规逻辑链梳理，明确了各条例的触发条件及逻辑定义，以及不同语义元素之间的命题逻辑及时序逻辑关系。将条例中各语义元素之间的关系用 MTL 表达式中的命题逻辑符及时态算子表示，并进一步用可计算原子命题替换各语义元素，即可获得最终的 MTL 数学表达式，完成该条例的数字化，最终的 MTL 表达式表示如下：

$$\text{Triggercondition} \Rightarrow \text{Logicaldefinition} \tag{4-32}$$

即当触发条件满足时，逻辑定义需得到满足。其中，单条条例触发条件可能拥有多个原子命题（T_1，T_2，$\cdots$，T_n），不同触发条件之间按顺序通过 MTL 结合符构建：

$$\text{Triggercondition} \Leftrightarrow T_1 \wedge T_2 \wedge \cdots \wedge T_n \tag{4-33}$$

换道条例为换道动作限制，以向左换道为例，触发条件即为自车正在向左换道。而《实施条例》第八十二条规定（简称条例 82）车辆不得长时间轧车行道分界线（简称车道线）行驶，换道过程包含跨越车道线的过程，在此首先分析条例 82，其触发条件为自车轧车道线，且涉及持续轧线分析，因此需引入时态算子，条例 82 的触发条件表达式如下：

$$T_{\text{onLLine}} \Leftrightarrow \text{P}_{[t_0, t_{\text{now}}]}(\text{Overlap}\{\text{Ego. Area}, \mathcal{Y}[\text{Ego. Lane}(t_0)]\}) \tag{4-34}$$

式中，t_0 为自车开始与车道线相交的初始时刻；t_{now} 为当前时刻。

触发持续过程中，自车持续轧线时间不应大于最大允许轧线时间：

$$T_{\text{onLLine}} \Rightarrow \neg(t_{\text{now}} - t_0 > t_{\text{cl}_{\max}}) \tag{4-35}$$

式中，$t_{\text{cl}_{\max}}$ 为最大允许轧线时间。

进一步构建换道条例的 MTL 表达式，其触发条件——自车执行换道，可分为两个触发条件：①轧线行驶；②横向速度大于 0.25m/s。

$$T_{\text{LLC}} \Leftrightarrow \text{Ego. } vy > 0.25\text{m/s} \tag{4-36}$$

此时相关车道其他车辆主要包括同车道前车及左侧车道后车，根据图 4-35 所示，需要满足的逻辑定义为当存在同车道前车时，与前车的 TTC 不应小于最小碰撞时间，当存在左侧车道后车时，与其距离不应小于最小换道距离。具体的 MTL 表达式如下：

$$\text{FViolation} \Leftrightarrow P_{[(T_{\text{onLLine}})_1]}\left[\exists \text{Tgt}_f \wedge \text{TTCx}(\text{Ego}, \text{Tgt}_f) \leqslant \text{TTC}_{\text{cl\_min}} \right]$$

$$\text{RLViolation} \Leftrightarrow P_{[(T_{\text{onLLine}})_1]}\left(\exists \text{Tgt}_{r_1} \right) \wedge \text{dis}(\text{Tgt}_{r_1}, \text{Ego}) \leqslant d_{\text{cl\_min}}$$

$$T_{\text{onLLine}} \wedge T_{\text{LLC}} \Rightarrow \neg(\text{FViolation} \vee \text{RLViolation}) \tag{4-37}$$

式中，$(T_{\text{onLLine}})_1$ 为 T_{onLLine} 为真的初始时刻；$\text{TTC}_{\text{cl\_min}}$ 和 $d_{\text{cl\_min}}$ 分别为换道时与前车的最小碰撞时间和与目标车道后车的最小换道距离。

至此，通过语义元素提取、可计算原子命题构建、法规逻辑链梳理以及 MTL 表达式构建四个完整的步骤，选取的换道条例被数字化为完整的 MTL 表达式，并在数字化过程中明确了各条例实际应用的输入需求、触发条件、逻辑定义以及判断阈值。而对于模糊表述的判断阈值的具体数值制定，如上述换道过程涉及的最大允许轧线时间、与前车的最小碰撞时间以及与目标车道后车的最小换道距离，本书在此并未详述。由于对模糊表述的理解因人而异，要获得最符合人类驾驶行为的合规性阈值，需结合数据集开展自然驾驶行为分析，拟合人类驾驶员的驾驶行为参数分布，最后通过敏感性分析，考虑漏检率和误检率的平衡，最终构建出最优的合规性阈值，具体的阈值分析方法可参阅参考文献[14]。

（3）自动驾驶车端合规性在线监测架构

当系统性考虑所有条例时，不同条例之间可能共享相同的元素，有些条例甚至包含一些更简单的条例，如图 4-36 左下角所示，完整的超车行为包含两个换道过程，每个换道过程都涉及一段轧线行驶的过程；而会车相关条例则包含保持横向距离的条例。

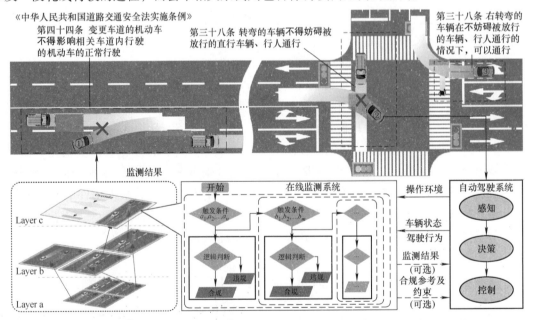

图 4-36　自动驾驶车端合规性在线监测架构

本书构建了一套分层触发监测机制，与常规的单条例独立监测不同，分层触发监测的触发条件是依次判断的，不同条例间若涉及共有触发条件，则该触发条件优先判断，且为相应所有条例共享触发判断结果。因此，Triggercondition 中的原子命题序列是严格的，命题序列表征各触发条件之间的层次关系。

定义 A_i 为某一条例，其相应的条例触发条件为 S_i。考虑条例 A_2 的触发集合为 $S_2 = \{T_1, T_2\}$，另一个条例 A_1 的触发集合 S_1 满足 $S_1 \subseteq S_2$，则称 A_2 为 A_1 的父条例。当监测系统接收到输入需求信息时，条例 A_1 的触发条件 S_1 将被首先评估，如果触发条件 S_1 满足，则条例 A_1 的逻辑判断被激活，同时，输入信息被输入到其父条例 A_2 的触发条件 S_2 判断模块，当触发条件 S_2 满足，该父条例 A_2 的逻辑判断被激活，输入信息进一步传递，以此递进。一组完整的基于触发的分层关系可以被表示为

$$(((T_1 \Rightarrow L_1) \wedge T_2 \Rightarrow L_2) \wedge \cdots) \wedge T_n \Rightarrow L_n \qquad (4\text{-}38)$$

式中，$L_i (i = 1, 2, \cdots, n)$ 为各层级触发条件下的逻辑定义判断表达式。

这种分层架构确保了每一层被依照约束优先级逐步遍历，且只有与当前场景相关的条例才会被实时监测，提高了监测的合理性。该系统性分层架构的共有触发条件只判断一次，使得条例之间的共性关系更好地保留，既降低了计算成本，还便于后期系统维护。

（4）实车测试案例

为评估所提出的基于触发的分层在线监测系统的合理性和实时性能，监测系统使用 C++ 开发，并集成到一辆一汽解放商用自动驾驶汽车的进程间通信（IPC）中，实车测试平台如图 4-37a 所示。为满足特定的监测数据需求，建立了数据传输总线，通过车载以太网在自动驾驶系统和在线违规监测系统之间进行实时信息交换，信息交换遵循数据总线格式。此交换包括车辆配置、自车和周围物体的状态、地图数据以及自车轨迹。此次实车测试在山东智能网联车辆测试基地进行，如图 4-37b 所示，考虑了三种典型的违反交通法规的场景，以验证在线监控系统的有效性和实时性，如图 4-37c ~ e 所示。

距离限制违规：机动车在高速公路上行驶，车速低于 100km/h 时，应当与同车道前车保持 50m 以上距离。目标车辆与自车处于同一车道，前方距离 60m。两辆车同时开始移动。目标车辆加速至 30km/h 并保持此速度，而自车的目标速度为 60km/h，如图 4-37c 所示。距离限制违规监测的触发条件是车辆在高速公路上，并且在同一车道上检测到前车。在测试过程第 23.3s 时，后车距缩短至 50m，监控系统准确识别出自车未与前车保持安全的跟车距离。违规持续到 32.5s，当自车向左变道且同车道内不再有前车时，违规行为结束。

换道违规：变更车道的机动车不得影响相关车道内行驶的机动车的正常行驶。该条例表述是模糊的，相关的研究[14]通过阈值分析，将不影响目标车道后车定义为换道过程中两车的距离大于最小换道距离 d_{cl_min}。

$$d_{cl\_min} = \begin{cases} 50, & \Delta v < -10.7 \\ -3.4\Delta v + 13.6, & -10.7 \leqslant \Delta v < 4 \\ 0, & \Delta v \geqslant 4 \end{cases} \qquad (4\text{-}39)$$

式中，Δv 为自车与目标车道后车的速度差。

自车进行了一次换道操作，从目标车辆的前方切入，如图 4-37d 所示。换道监测的触发条件是当自车与车道线相交且具有相应方向的横向速度时触发。监测触发时，目标车辆被检测为目标车道后车，两车的相对距离及各自的速度被计算，并最终计算出实时的换道距离，监测结果表明在测试过程第 34.7s 时发生了违规，违规共持续了 0.3s。

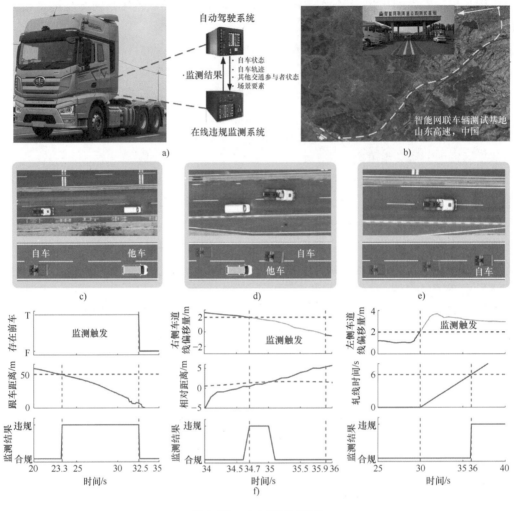

图4-37 实车测试及结果

轧线行驶违规：机动车不得骑、轧车行道分界线行驶。该条例表述也是模糊的，通过阈值分析，定义最大允许轧线时间为6s，以区分车辆是轧线行驶还是常规换道。自车最初沿着车道中心线行驶，随后向左偏离压左侧车道线持续行驶，从而执行一个长时间轧线行驶的过程，如图4-37e所示。当自车在测试过程第30s与车道线重叠时，长时间轧线行驶的触发条件被激活。自车继续沿着车道线行驶，6s后（测试过程第36s时刻），监测器给出自车长时间轧线行驶的违规结果。

2. 基于法规数字化的合规性决策

在数字化方法和在线违规监测的结果的基础上，后续便是考虑如何将数字化的法规和监测结果用于自动驾驶决策系统，从而预防自动驾驶车辆发生违规进而引发风险。

要想实现自动驾驶的合规性决策，需要探明交通法规对于人类驾驶员的行为约束机理，尽管不同国家和地区的交通法规受其本地文化历史和社会背景的影响而不同，但这些法规对车辆驾驶行为施加的限制约束之间存在高度相似性。例如，大多数国家在道路上设定了速度限制，并要求驾驶员保持安全的跟车距离。此外，交通标志和道路标线的表达和含义通常是一致的，这些相似性表明各国交通法规的内在逻辑是连贯的，大多数国家和地区的交通法规都是通过限制车辆的行为实现的，对应到自动驾驶上便是通过施加合规性约束来实现自动驾驶的合规决策。

参考交通法规对人类驾驶员的行为约束机理，本节构建的基于法规数字化的合规性决策框架如图 4-38 所示。

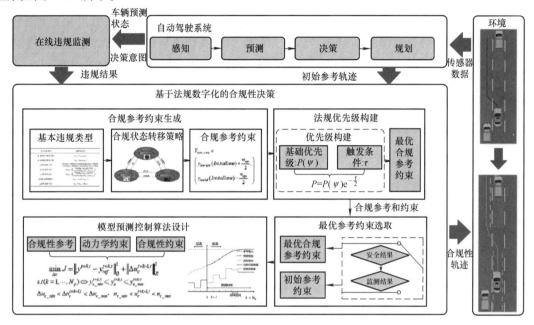

图 4-38　基于法规数字化的合规性决策框架[14]

如图 4-38 所示，为了确保合规决策方法的通用性和可扩展性，本书所提出的方法并未整合到自动驾驶本身的决策算法中，而是在运动规划层之后构成了一个独立的模块。通过添加合规参考和状态约束，结合模型预测控制（MPC）算法实现了非侵入式的合规决策。本书利用自动驾驶系统内部决策层产生的决策意图作为合规性决策框架的触发信号，当产生决策意图时，该框架会监控车辆状态的合规性，值得注意的是，本书提出的框架监控的是车辆的预测状态，从而可以在车辆即将执行违规行为时生成违规信息，这些违规信息随后提供给下游合规决策模块。

合规决策模块通过四层架构实现。首先是合规参考约束生成层，本书根据法规限制车辆驾驶行为的不同，将交通法规对车辆的约束机理分为四类限制，分别是速度限制、距离限制、行为限制和路权限制，基于该分类可以将违反交通法规分解为七种基本违规类型，并针对每种基本违规类型，定义从违规状态到合规状态的合规状态转移策略，之后根据在线违规监控的结果确定车辆的当前基本违规类型，并基于转移策略，生成合规参考和约束以确保合规，考虑到车辆的横向和纵向控制需求，本书纵向控制是通过参考速度 V 实现的，而横向控制通过横向参考位置 Y 实现。因此，合规参考和约束主要涉及车辆的速度 V 和横向路径 Y。需要注意的是，车辆可能同时表现出多种违规行为，因此这一层提供多种合规参考和约束。

其次是法规优先级构建层，考虑最终决策算法只能应用一组参考约束，法规优先级构建层为交通法规分配优先级，通过对生成的合规参考和约束进行优先级排序，可以选择最优的合规参考和约束。然后是最优参考约束选取层，根据在线违规监测的结果，选择初始参考轨迹或合规参考约束输出。最后是模型预测控制算法设计层，基于模型预测控制方法结合最优参考约束选取层输出的参考约束构建了合规性轨迹规划方法，从而防止车辆违规行为的发生。通过这个框架，车辆可以暂时放弃其初始轨迹并重新执行合规行为，避免违反交通法规，确保了自动驾驶车辆的安全合规行驶。

以下以高速公路的换道法规为例，讲解本书提出的合规性决策框架。首先，换道法规要求车辆在换道时不能妨碍相关车道内车辆的正常行驶且不能长时间骑轧车道线，其包含法规限制的第三类和第四类，即行为限制和路权限制，行为限制为换道时不能长时间骑轧车道线行驶，路权限制分为两种违规情况，即不能影响左车道安全和不能影响右车道安全。因此可以将换道法规拆解为表 4-4 的基本违规类型。

表 4-4　高速公路换道法规的基本违规类型

基本违规类型	逻辑表达式
a. 左车道不安全	$\exists \mathrm{Tgt_{rl}} \wedge \mathrm{dis}\left(\mathrm{Tgt_{rl}}, \mathrm{Ego}\right) < d_{\mathrm{cl\_min}}$
b. 右车道不安全	$\exists \mathrm{Tgt_{rr}} \wedge \mathrm{dis}\left(\mathrm{Tgt_{rr}}, \mathrm{Ego}\right) < d_{\mathrm{cl\_min}}$
c. 骑轧车道线超时	$\left(t_{\mathrm{now}} - t_{\mathrm{in}}\right) > t_{\mathrm{cl\_max}}$

之后定义四种基本合规状态转移路径，基本违规类型的合规状态转移策略由这四条基本路径组成，见表 4-5。

表 4-5　基本合规状态转移路径

符号	基本转移路径	变量
①	合规性参考车速	$V_{\mathrm{com\_ref}}$
②	合规性车速约束	$V_{\mathrm{com\_cons}}$
③	合规性参考路径	$Y_{\mathrm{com\_ref}}$
④	合规性路径约束	$Y_{\mathrm{com\_cons}}$

接下来分析每种基本违规类型，基本合规状态转移路径定义它们的合规参考和约束条件，需要注意的是，本书认为高精地图是可用的，由于不同环境和地区的车道坐标和速度规定存在差异，本节未提供特定的合规参考和约束阈值及其标准，而是定义了其标准表达式，确切的参考和约束值是根据合规参考和约束的表达式，结合高精地图确定的。

（1）左车道不安全

如图 4-39 所示，基本违规类型 a 有两种状态：违规状态，指车辆左换道时左侧车道不安全，继续换道会发生违规；合规状态表示左车道安全允许换道。当车辆处于违规状态时，车辆应当暂时放弃换道并继续在当前车道行驶，此时需要施加合规性参考路径和合规性路径约束，防止车辆换道，因此状态转移路径为③④，合规参考路径定义为初始车道中心线，合规约束为考虑车宽的车道边界，分别表示如下：

$$Y_{\mathrm{com\_ref}} = \frac{\left[y_{\mathrm{lineright}}\left(\mathrm{Initiallane}\right) + y_{\mathrm{lineleft}}\left(\mathrm{Initiallane}\right)\right]}{2}$$

$$Y_{\mathrm{com\_cons}} \in \left[y_{\mathrm{lineright}}\left(\mathrm{Initiallane}\right) + \frac{\mathrm{Ego}.\,w}{2}, y_{\mathrm{lineleft}}\left(\mathrm{Initiallane}\right) - \frac{\mathrm{Ego}.\,w}{2}\right] \tag{4-40}$$

式中，Initiallane 为换道开始时自车所在的初始车道；y_{lineleft}（Initiallane）为初始车道的左侧车道线；$y_{\text{lineright}}$（Initiallane）为初始车道的右侧车道线。

图 4-39　a 类合规状态转移示意图

当自车处于合规状态时，合规参考路径就等于决策层的初始参考路径：

$$Y_{\text{com\_ref}} = \text{Initial}_{\text{reference}} \tag{4-41}$$

式中，$\text{Initial}_{\text{reference}}$ 为自动驾驶系统内部决策层生成的初始参考路径。

（2）右车道不安全

与基本违规类型 a 类似，b 也有两种状态：违规状态和合规状态，当车辆意图向右变道，但右侧车道不安全时，会进入违规状态，此时车辆应暂时放弃向右换道，并继续在当前车道行驶。因此，从违规状态到合规状态的转换路径是③④。需要注意的是，右车道不安全有两种情况：自车意图从初始车道向右变道，以及当自车超车后意图返回初始车道，在这种情况下，合规参考路径和合规约束不能由初始车道表示，而是由当前车道表示。

$$Y_{\text{com\_ref}} = \frac{\left\{ y_{\text{lineright}}\left(\text{Ego. Lane}\right) + y_{\text{lineleft}}\left(\text{Ego. Lane}\right) \right\}}{2}$$

$$Y_{\text{com\_cons}} \in \left\{ y_{\text{lineright}}\left(\text{Ego. Lane}\right) + \frac{\text{Ego. } w}{2}, y_{\text{lineright}}\left(\text{Ego. Lane}\right) - \frac{\text{Ego. } w}{2} \right\} \tag{4-42}$$

式中，y_{lineleft}（Ego. Lane）为自车所在车道的左侧车道线；$y_{\text{lineright}}$（Ego. Lane）为自车所在车道的右侧车道线。

当自车处于合规状态时，合规参考路径就等于决策层的初始参考路径，见式（4-41）。

（3）骑轧车道线超时

对于基本违规类型 c，当车辆骑轧车道线行驶的持续时间超过判断阈值时，就会进入违规状态，轧线超时的判断阈值为 6s。当车辆处于违规状态时，应提供一个合规参考路径，以引导车辆尽快返回车道，状态转移路径为③，合规参考路径被定义为车辆质心所在车道的中心线，与式（4-42）中的定义相同。

在为换道法规涉及的每种基本违规类型定义了合规参考和约束后，考虑当多种违规同时发生时，合规参考和约束之间可能会发生冲突。为了避免这种情况，本书根据安全性分析为不同类型的违规分配了优先级，基于交通法规的四种基本分类以及是否存在触发条件来定义法规优先级。

首先，将四个类别的法规限制表示为 Ψ，基本优先级用 $P(\Psi)$ 表示。然而，仅仅表示基本优先级是不够的。例如，在相同的速度限制类别中，基本违规类型 a 会要求车辆降低速度以符合道路限速，而基本违规类型 g 会要求车辆提高速度以保证与被超车辆的合规速度差，这两种基本违规类型生成的参考速度可能会发生冲突。因此，本书进一步考虑了交通法规的触发条件，没有触发条件的交通法规是车辆必须始终遵守的法规，它们构成了安全的基础。而具有触发条件的交通法规，如变道和超车，可以通过取消决策意图来确保安全。因此，具有触发条件的交通法规应该比没有触发条件的法规具有较低的优先级。交通法规优先级定义如下：

$$P = P(\boldsymbol{\Psi})\,\mathrm{e}^{-\frac{\tau}{2}} \tag{4-43}$$

式中，τ 为触发条件，$\tau = (0,1)$，当该条法规存在触发条件时，$\tau = 1$。

对于四类交通法规：速度限制、距离限制、路权限制和行为限制，定义距离限制具有最高的基本优先级。这是因为它直接代表车辆之间的距离，是最直接反映安全性的交通法规。因此，距离限制的基本优先级被定义为 $P(D) = 4$。路权指的是特定时刻车辆对某一区域的通行权，具有较高路权的车辆有权在一段预定时间内占据道路的某一区域。如果车辆违反了路权限制并进入了该区域，发生碰撞的可能性很高。因此，路权限制是第二高的优先级，并被定义为 $P(R) = 3$。而对于速度限制和行为限制，考虑到安全和舒适性，高速车辆更容易发生碰撞，频繁的速度变化也可能对舒适性产生负面影响。因此，速度限制应该比行为限制具有较高的基本优先级。因此，这两者的优先级定义为 $P(S) = 2$，$P(B) = 1$。

最后，式（4-43）可以用来计算为基本违规类型生成的合规参考和约束的优先级。需要注意的是，优先级仅在多个基本违规类型同时发生并提供的合规参考和约束发生冲突时才起作用。

MPC 具有接收实时参考和约束，并通过设计成本函数和约束来优化轨迹的能力。因此，本书采用 MPC 作为轨迹优化和跟踪算法。车辆在全局坐标系中的状态空间表达式如下：

$$\dot{\boldsymbol{x}} = \boldsymbol{A}\boldsymbol{x} + \boldsymbol{B}\boldsymbol{u}$$
$$\boldsymbol{y} = \boldsymbol{C}\boldsymbol{x} \tag{4-44}$$

式中，$\boldsymbol{x} = [v_x, v_y, \dot{\varphi}, \varphi, X, Y]^{\mathrm{T}}$，表示状态量，分别包含纵向速度、横向速度、横摆角速度、横摆角、纵向位置以及横向位置；$\dot{\boldsymbol{x}}$ 为 $\boldsymbol{x}$ 的一阶导数；$\boldsymbol{u} = [F_{xT}, \delta_{\mathrm{f}}]^{\mathrm{T}}$，表示控制量，分别包含纵向力以及前轮转角；$\boldsymbol{y} = [v_x, v_y, \varphi, Y]^{\mathrm{T}}$，表示输出量，分别包含纵向速度、横向速度、横摆角以及横向位置；$\boldsymbol{A}$、$\boldsymbol{B}$、$\boldsymbol{C}$ 分别为状态矩阵，与具体的微分方程组表达式有关。

成本函数设计如下：

$$\min J = \sum_{k=1}^{N_{\mathrm{p}}} \| \boldsymbol{y}^{t+k,t} - \boldsymbol{y}_{\mathrm{des}}^{t+k,t} \|_{\boldsymbol{Q}}^2 + \sum_{k=1}^{N_{\mathrm{c}}} \| \Delta \boldsymbol{u}_{\mathrm{c}}^{t+k-1,t} \|_{\boldsymbol{R}}^2$$

$$\mathrm{s.\,t}(k = 1, \cdots, N_{\mathrm{p}})$$

$$\boldsymbol{x}^{t+k,t} = \boldsymbol{A}\boldsymbol{x}^{t+k-1,t} + \boldsymbol{B}\boldsymbol{u}^{t+k-1,t}$$

$$\boldsymbol{y}^{t+k,t} = \boldsymbol{C}\boldsymbol{x}^{t+k,t}$$

$$y_{\mathrm{s\_min}}^{t+k,t} \leqslant y_{\mathrm{s}}^{t+k,t} \leqslant y_{\mathrm{s\_max}}^{t+k,t}$$

$$u_{\mathrm{c\_min}} < u_{\mathrm{c}}^{t+k-1,t} < u_{\mathrm{c\_max}}$$

$$\Delta u_{\mathrm{c\_min}} < \Delta u_{\mathrm{c}}^{t+k-1,t} < \Delta u_{\mathrm{c\_max}} \tag{4-45}$$

式中，N_{p} 为预测时域；N_{c} 为控制时域；$t+k$、t 分别为在 t 之后的 k 步的及 t 时刻的预测值；

Q 为参考的权重矩阵，$Q = \begin{bmatrix} w_1 & 0 & 0 & 0 \\ 0 & w_2 & 0 & 0 \\ 0 & 0 & w_3 & 0 \\ 0 & 0 & 0 & w_4 \end{bmatrix}$，$w_1$、$w_2$、$w_3$、$w_4$ 对应于参考纵向速度、横向

速度、参考航向角和参考横向位置的权重参数；R 为控制输入的权重矩阵，$R = \begin{bmatrix} w_F & 0 \\ 0 & w_\delta \end{bmatrix}$；

y_{des} 为前面生成的合规参考；Δu_c 为控制输入的变化量，u_c、Δu_c、y_s 均具有最大与最小约束；y_s 为约束变量，被线性化为输入和状态的函数，这里 y_s 为硬约束变量，$y_s = [V,\ Y]$，$V \in V_{cons}$，$Y \in Y_{cons}$，分别表示合规速度以及合规横向距离。

最终，基于上述本书提出的合规性决策框架，在大疆的 AD4CHE 数据集[16] 选取 ID 为 15150 和 15228 的换道车辆进行验证的结果如图 4-40 所示。

如图 4-40a 所示，蓝色点状线表示数据集中初始参考轨迹，轨迹图下方的三幅图是来自 CarSim 的场景渲染图，蓝色车辆代表自车，灰色车辆代表周围车辆。在时刻①，此时自车没有产生换道意图而是保持直行，因此在线违规监测没有被触发，车辆沿着初始参考轨迹行驶；在时刻②，自车产生了向左换道的意图，在线违规监测到由左侧后方的车辆加速导致的左车道不安全，继续换道将导致违规，因此合规性策略模型提供合规性参考路径 Y_{com_ref} 和路径约束 Y_{com_cons}，引导自车暂时放弃换道并继续在当前车道行驶，轨迹为蓝色虚线；在时刻③，左车道的车辆距离自车的距离合规，左车道安全，自车开始进行换道。ID 为 15228 的车辆换道轨迹如图 4-40b 所示，车辆在行驶到 140m 的时候产生了换道意图，但通过图 4-40b 的下方小

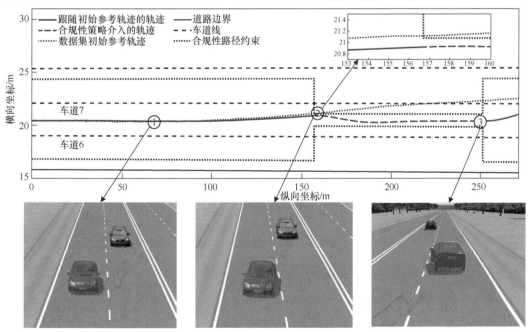

a) ID为15150的车辆换道轨迹

图 4-40　换道法规合规性验证[15]

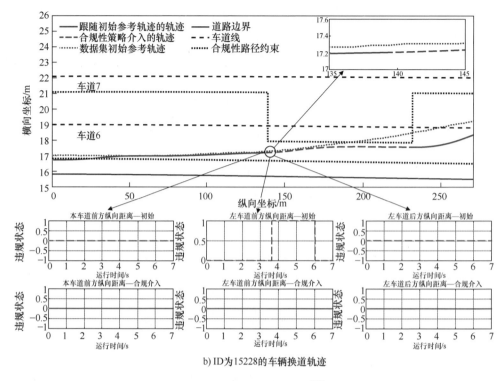

b) ID为15228的车辆换道轨迹

图4-40　换道法规合规性验证[15]（续）

图可发现此时与左侧车道前方车辆的合规距离不足，如果继续换道将发生违规，此时合规性策略模型提供合规参考路径和路径约束，引导自车暂时放弃换道并继续在当前车道行驶；等到车辆行驶到230m处时，左侧车道安全，自车开始根据初始参考轨迹进行换道。以上验证结果表明，本书提出的合规性决策框架可以有效保证车辆换道过程中的合规性。

习　题

一、选择题

1. 下列哪一个选项不是预期功能安全（SOTIF）的研究内容？（　　）

A. 感知系统的性能提升　　　　　　　　　B. 功能不足的识别和评估

C. 触发条件的分析　　　　　　　　　　　D. 系统硬件故障排除

2. 预期功能安全标准 ISO 21448 主要关注于下面哪项内容？（　　）

A. 系统硬件随机失效　　　　　　　　　　B. 系统功能不足和触发条件

C. 电气和电子系统失效　　　　　　　　　D. 驾驶员操作错误

3. 以下哪个选项是 SOTIF 提出的主要原因？（　　）

A. 电气系统的可靠性问题　　　　　　　　B. 汽车零部件的耐用性问题

C. 自动驾驶和高级驾驶辅助系统的复杂性和不确定性

D. 传统功能安全标准的完善性

4. SOTIF 的核心是系统设计阶段对哪一方面的识别与评估？（　　）

A. 功能不足　　　　　B. 硬件故障　　　　　C. 驾驶员误操作　　　　D. 道路条件

5. 预期功能安全的实施步骤不包括以下哪一项？（　　）

A. 功能改进
B. 危险识别与评估
C. 触发条件的识别与评估
D. 系统硬件升级

6. 以下哪个不是预期功能安全分析评估的主要步骤？（　　）

A. 规范和设计
B. 危害的识别和评估
C. 系统维护
D. 功能改进

7. 预期功能安全在运行阶段的活动不包括以下哪一项？（　　）

A. 风险监测
B. 硬件更新
C. 数据回传
D. 持续改进

8. 哪项不是智能网联汽车的常见触发条件？（　　）

A. 恶劣天气
B. 路面缺陷
C. 目标物非预期行为
D. 电气系统失效

9. 以下哪个选项描述了 SOTIF 的目标？（　　）

A. 确保系统在预期使用环境下安全可靠地运行
B. 提高车辆的燃油效率
C. 优化驾驶员的驾驶技能
D. 增加车辆的舒适性

10. 预期功能安全的验证与确认阶段主要包括什么？（　　）

A. 规范和设计
B. 验证和确认策略的定义
C. 功能升级
D. 用户培训

二、判断题

1. 预期功能安全的重点是评估和改善系统在设计和实施中存在的不合理风险。（　　）

2. ISO 26262 标准专门处理 SOTIF 相关的功能不足问题。（　　）

3. 预期功能安全活动包括系统规范、设计、验证和确认。（　　）

4. SOTIF 仅关注自动驾驶汽车的硬件问题。（　　）

5. SOTIF 的目标是确保系统在预期使用环境下能够安全可靠地运行。（　　）

6. 在 SOTIF 中，触发条件是指能够导致功能不足被激活或显现的特定情况或事件。

（　　）

7. 功能安全和预期功能安全的风险评估方法完全相同。（　　）

8. 预期功能安全活动流程包括预期功能安全分析与评估、预期功能安全验证与确认以及运行阶段活动。（　　）

9. 预期功能安全的功能改进活动不包括对系统设计的更新。（　　）

10. SOTIF 要求汽车制造商在设计、开发和验证过程中充分考虑各种可能的操作条件和场景。（　　）

三、填空题

1. 预期功能安全旨在确保系统在设计和实施中不存在（　　　　）风险。

2. 自动驾驶系统的（　　　　）、（　　　　）和（　　　　）组件需要协同工作，以实现预期功能安全。

3. SOTIF 的核心是系统设计阶段对（　　　　　）的识别与评估。

4. SOTIF 活动的三个主要阶段包括（　　　　　　　　）、（　　　　　　　　　）以及（　　）活动。

5. 自动驾驶系统可能面临的触发条件包括（　　　　）、（　　　　）和（　　　　）。

6. 预期功能安全的主要目标是确保系统在（　　　　　）下能够安全可靠地运行。

7. 在 SOTIF 中，触发条件是指（　　　　　　　　　　　　　　）。

8. 预期功能安全标准 ISO 21448 的主要内容包括 SOTIF 的基本活动和要求，如（　　　　）和（　　　）的基本活动。

9. SOTIF 的风险评估是一个系统性的过程，其目标是在给定的使用场景中，对（　　　　　　　　　　　　　　　　　　　）进行全面的风险分析。

四、问答题

1. 什么是预期功能安全（SOTIF）？

2. 预期功能安全的主要活动流程包括哪些？

3. 预期功能安全标准 ISO 21448 的主要内容是什么？

4. 如何通过 SOTIF 评估和验证未知场景中的残余风险？

5. 预期功能安全与传统功能安全的主要区别是什么？

6. 什么是触发条件？请举例说明。

7. 如何定义并实现预期功能安全的验证和确认策略？

8. 预期功能安全的功能改进活动包括哪些内容？

9. 预期功能安全在运行阶段活动的主要内容是什么？

五、综合实践题

人工智能算法在自动驾驶系统中起着关键作用，但也存在固有的缺陷，如泛化性差和可解释性弱，这些问题直接影响系统的可靠性和安全性。为了确保系统在复杂和多变的环境中依然能够安全运行，需要在算法设计、系统集成和运行监测等多个环节中引入预期功能安全保障技术，以提升系统的整体安全性和鲁棒性。在实际应用中，如何结合预期功能安全标准，合理运用保障技术，解决实际问题，并不断优化系统的安全性能，是当前智能网联汽车研发中的重要课题。请针对某一个预期功能安全风险的触发条件，搜集相关知识，总结行业内针对该触发条件的预期功能安全保障措施相关知识。

参 考 文 献

［1］ PENG L，WANG H，LI J. Uncertainty evaluation of object detection algorithms for autonomous vehicles ［J］. Automotive Innovation，2021，4（3）：241-252.

［2］ PENG L，LI J，SHAO W，et al. PeSOTIF：A challenging visual dataset for perception SOTIF problems in long-tail traffic scenarios ［C］//2023 IEEE Intelligent Vehicles Symposium（IV）. New York：IEEE，2023：1-8.

[3] CZARNECKI K, SALAY R. Towards a framework to manage perceptual uncertainty for safe automated driving [C]//Computer Safety, Reliability, and Security: SAFECOMP 2018 Workshops, ASSURE, DECSoS, SASSUR, STRIVE, and WAISE, Västerås, Sweden, September 18, 2018, Proceedings 37. Berlin: Springer International Publishing, 2018: 439-445.

[4] PENG L, LI B, YU W, et al. SOTIF entropy: Online SOTIF risk quantification and mitigation for autonomous driving [J]. IEEE Transactions on Intelligent Transportation Systems, 2023: 1-16.

[5] WNAG H, HUANG Y, KHAJEPOUR A, et al. Crash mitigation in motion planning for autonomous vehicles [J]. IEEE transactions on intelligent transportation systems, 2019, 20 (9): 3313-3323.

[6] LIU J, WANG H, PENG L, et al. PNNUAD: Perception neural networks uncertainty aware decision-making for autonomous vehicle [J]. IEEE Transactions on Intelligent Transportation Systems, 2022, 23 (12): 24355-24368.

[7] YANG K, LI B, SHAO W, et al. Prediction failure risk-aware decision-making for autonomous vehicles on signalized intersections [J]. IEEE Transactions on Intelligent Transportation System, 2023, 24 (11): 12806-12820.

[8] 世界卫生组织. 2023 年全球道路安全状况报告 [R/OL]. (2023-12-13)[2024-05-24]. http://iris.who.int/handle/10665/375016.

[9] 公安部交通管理局. 中华人民共和国道路交通事故统计年报 [R/OL]. [2024-05-24]. https://data.stats.gov.cn/easyquery.htm? cn=C01.

[10] 交通部规划研究院. 事故主要原因统计数据 [R/OL]. [2024-05-24]. https://106.3.149.173/CatsCategory/listGLJCSJ3? tableName = cats _ highwayac _ reason&pubflag = 1&code = C09&fldName = year&fldValue=2016&fldName=reason&fldValue=.

[11] 周文辉. 智能网联汽车交通规则遵守与危险交通状况应对能力提升 [R/OL]. (2021-09-26)[2024-05-24]. http://m.gasgoo.com/news/70274532.html.

[12] 工业和信息化部公安部 住房和城乡建设部 交通运输部. 工业和信息化部 公安部 住房和城乡建设部 交通运输部 关于开展智能网联汽车准入和上路通行试点工作的通知 [EB/OL]. (2023-11-17) [2024-05-24]. https://www.gov.cn/zhengce/zhengceku/202311/content_6915788.htm.

[13] 中华人民共和国. 中华人民共和国道路交通安全法实施条例 [EB/OL]. (2017-10-07)[2024-05-24]. http://www.gov.cn/gongbao/content/2019/content_5468932.htm.

[14] YU W, ZHAO C, WANG H, et al. Online legal driving behavior monitoring for selfdriving vehicles [J]. Nature communications, 2024, 15 (1): 408.

[15] MA X, YU W, ZHAO C, et al. Legal decision-making for highway automated driving [J]. IEEE Transactions on Intelligent Vehicles, 2023. DOI: 10.1109/25.312814.

[16] ZHANG Y, WANG C, YU R, et al. The AD4CHE dataset and its application in typical congestion scenarios of traffic jam pilot system [J]. IEEE Transactions on Intelligent Vehicles, 2023, 8 (5): 3312-3323.

第5章 智能网联汽车信息安全

📖 本章导学

智能网联汽车信息安全是随着汽车智能化、网联化发展而日益凸显的关键问题。本章将深入探讨信息安全的基本概念、保护对象、法规与标准、防护技术以及测试方法与工具。通过系统化的理论与方法，识别和分析智能网联汽车在信息安全方面的潜在威胁，提供全面的防护策略和解决方案。本章内容涵盖了信息安全基础概念的解读、车联网系统的信息安全保护、信息安全法规与标准的介绍，以及信息安全防护技术的详细说明。通过学习，读者将能够掌握智能网联汽车信息安全的基本理论和实践技能，理解并应对智能网联汽车面临的信息安全挑战，为智能网联汽车的信息安全领域提供坚实的理论基础与技术支持。

📖 学习目标

1. 掌握智能网联汽车信息安全的基本特征和需求。
2. 了解智能网联汽车信息安全的保护对象。
3. 了解智能网联汽车信息安全的法规与标准。
4. 掌握智能网联汽车信息安全的防护技术。
5. 掌握智能网联汽车信息安全的测试方法与工具。

信息安全理论在智能网联汽车应用领域包括信息安全基础、保护对象、法规与标准、防护技术以及测试方法与工具，为智能网联汽车的信息安全提供全面的理论知识和实践指导。信息安全威胁主要分为信息泄露、篡改、重放、假冒、否认和非授权使用等，对智能网联汽车的信息安全构成不同程度的威胁。信息安全保障技术包括态势感知、异常监测、加密与认证等，针对各种安全威胁提供有效的防御措施。信息安全测试方法与工具部分将安全目标具体化，通过测试手段检验智能网联汽车抵御信息安全威胁的能力，保障智能网联汽车信息安全方面符合预期的安全水平。整体设计流程从全局出发，系统化地规划信息安全设计的关键步骤和实施路径，确保设计方案具有逻辑性和可操作性。系统概念设定涉及系统定义与描述、系统安全分析、系统风险评估和安全要求设定等流程，全面、科学、有针对性地分析系统的信息安全需求并设定目标。安全设计与部分针对系统级、硬件级和软件级的产品信息安全，提供分层设计与开发的具体技术路径，实现多层次的安全防护，通过安全测试对系统整体的信息安全可靠性进行验证与确认。系统认证与发布规范了系统的认证标准和发布要求，有效保证信息安全设计的合规性和实用性，确保系统在实际应用中的信息安全性与可控性。通过系统地学习本章内容，读者将全面掌握从信息安全理论到具体安全保障方法的全流程基础，深入理解和应用信息安全开发理论，能够分析和应对智能网联汽车的多种信息安全威胁，具备设计、开发、评估与发布智能网联汽车信息安全系统的能力，为其信息安全研究和工程实践奠定坚实的理论基础与技术支持实用技能。

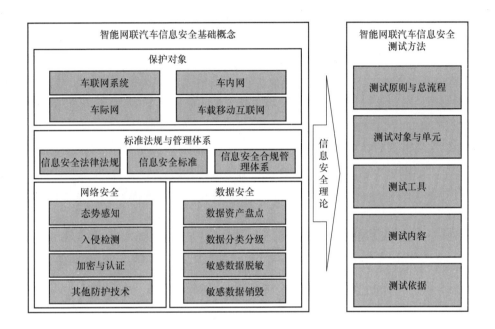

5.1 信息安全基础概念

5.1.1 信息安全基本概念

信息安全问题在人类社会发展中存在已久。在政治军事斗争、商业竞争甚至个人隐私保护等活动中，人们常常希望他人不能获知或篡改某些信息，并且常常需要查验所获得信息的可信性。通常意义上的信息安全是指实现军事、商业或个人信息保密的能力或状态。例如，人们在工作中常提到系统的信息安全怎样、有没有信息安全保障等。信息安全自古以来一直受到人们的重视。我国春秋时代的军事家孙武在《孙子兵法》中写道："兵者，诡道也。故能而示之不能，用而示之不用，近而示之远，远而示之近。"这显示了孙武对军事信息保密的重视。古罗马统治者 Caesar（公元前 100 年—公元前 44 年）曾使用字符替换的方法传递情报，例如，将 a、b、c 等分别用 F、G、H 等来表示，这反映了他对通信安全的重视。随着人类存储、处理和传输信息方式的变化和进步，信息安全的内涵在不断延伸。

信息安全的概念也延伸到了智能网联汽车中。当前，信息技术迅猛发展和广泛应用的情况下，智能网联汽车信息安全可被理解为智能网联汽车信息系统抵御意外事件或恶意行为的能力，这些事件和行为将危及所存储、处理或传输的数据或由这些系统所提供的服务的可用性、机密性、完整性、非否认性、真实性和可控性[1]。以上这 6 个属性刻画了信息安全的基本特征和需求，被普遍认为是信息安全的基本属性，其具体含义如下。

1）可用性（Availability）。即使在突发事件下，依然能够保障数据和服务的正常使用，如网络攻击、病毒感染、系统崩溃、战争破坏、自然灾害等。

2）机密性（Confidentiality）。能够确保敏感或机密数据的传输和存储不遭受未授权的浏览，甚至可以做到不暴露保密通信的事实。

3）完整性（Integrity）。能够保障被传输、接收或存储的数据是完整的和未被篡改的，在被篡改的情况下能够发现篡改的事实或者篡改的位置。

4）非否认性（Non-repudiation）。能够保证信息系统的操作者或信息的处理者不能否认其行为或者处理结果，这可以防止参与某次操作或通信的一方事后否认该事件曾发生过。

5）真实性（Authenticity）。真实性也称可认证性，能够确保实体（如人、进程或系统）身份或信息、信息来源的真实性。

6）可控性（Controllability）。能够保证掌握和控制信息与信息系统的基本情况，可对信息和信息系统的使用实施可靠的授权、审计、责任认定、传播源追踪和监管等控制。

5.1.2　信息安全理论基础

信息安全威胁，是指某人、物、事件、方法或概念等因素对某信息资源或系统的安全使用可能造成的危害。一般把可能威胁信息安全的行为称为攻击。在现实中，常见的信息安全威胁有以下 9 类。

1）信息泄露：指信息被泄露给未授权的实体（如人、进程或系统），泄露的形式主要包括窃听、截收、侧信道攻击和人员疏忽等。其中，截收泛指获取保密通信的电波、网络数据等；侧信道攻击是指攻击者不能直接获取这些信号或数据，但可以获得其部分信息或相关信息，而这些信息有助于分析出保密通信或存储的内容。

2）篡改：指攻击者可能改动原有的信息内容，但信息的使用者并不能识别出被篡改的事实。在传统的信息处理方式下，篡改者对纸质文件的修改可以通过一些鉴定技术识别修改的痕迹，但在数字环境下，对电子内容的修改不会留下这些痕迹。

3）重放：指攻击者可能截获并存储合法的通信数据，然后出于非法的目的重新发送它们，而接收者可能仍然进行正常的受理，从而被攻击者所利用。

4）假冒：指一个人或系统谎称是另一个人或系统，但信息系统或其管理者可能不能识别，这可能使得谎称者获得了不该获得的权限。

5）否认：指参与某次通信或信息处理的一方事后可能否认这次通信或相关的信息处理曾经发生过，这可能使得这类通信或信息处理的参与者不承担应有的责任。

6）非授权使用：指信息资源被某个未授权的人或系统使用，也包括被越权使用的情况。

7）网络与系统攻击：由于网络与主机系统不免存在设计或实现上的漏洞，攻击者可能利用它们进行恶意的侵入和破坏，或者攻击者仅通过对某一信息服务资源进行超负荷的使用或干扰，使系统不能正常工作，后面一类攻击一般被称为拒绝服务攻击。

8）恶意代码：指有意破坏计算机系统、窃取机密或隐蔽地接受远程控制的程序，它们由怀有恶意的人开发和传播，隐蔽在受害方的计算机系统中，自身也可能进行复制和传播，主要包括木马、病毒、后门、蠕虫、僵尸网络等。

9）灾害、故障与人为破坏：信息系统也可能由于自然灾害、系统故障或人为破坏而遭到损坏。

以上威胁可能危及信息安全的不同属性。信息泄露危及机密性，篡改危及完整性和真实性，重放、假冒和非授权使用危及可控性和真实性，否认直接危及非否认性，网络与系统攻击、灾害、故障与人为破坏危及可用性，恶意代码依照其意图可能分别危及可用性、机密性和可控性等。以上情况也说明，可用性、机密性、完整性、非否认性、真实性和可控性 6 个属性在本质上反映了信息安全的基本特征和需求。

也可以将信息安全威胁进一步概括为 4 类：暴露（Disclosure），指对信息可以进行非授权访问，主要是来自信息泄露的威胁；欺骗（Deception），指使信息系统接收错误的数据或做出错误的判断，包括来自篡改、重放、假冒、否认等的威胁；打扰（Disruption），指干扰或打断信息系统的执行，主要包括来自网络与系统攻击、灾害、故障与人为破坏的威胁；占用（Usurpation），指非授权使用信息资源或系统，包括来自非授权使用的威胁。类似地，恶意代码依照其意图不同可以划归到不同的类别中去。还可以将前述的威胁分为被动攻击和主动攻击两类。被动攻击一般指仅对安全通信和存储数据的窃听、截收和分析，它并不篡改受保护的数据，也不插入新的数据；主动攻击试图篡改这些数据，或者插入新的数据。

信息系统面临的安全威胁多种多样，安全威胁和安全事件的原因非常复杂。而且，随着技术的进步以及应用的普及，新的安全威胁不断产生。但在设计之初可以遵循信息系统安全防护基本原则，提高相应信息系统的安全性。基本原则主要包括整体性原则、分层性原则和最小特权原则。

整体性原则是指从整体上构思和设计信息系统的安全框架，合理选择和布局信息安全的技术组件，使它们之间相互关联、相互补充，达到信息系统整体安全的目标。分层性原则是指在信息系统中只有构建良好分层的安全措施才能够保证信息的安全。不同防护层次会使整个安全系统存在防护冗余，这样即使某一层安全措施出现单点失效，也不会对安全性产生严重影响。因而，提高安全层次的方法不仅包括增加安全层次的数量，也包括在单一安全层次上采取多种不同的安全技术，协同进行安全防范。最小特权原则要求系统只赋予用户完成任务所需的最低特权，避免提供额外的权限。该原则一方面确保用户具备完成任务的基本权限，另一方面限制用户能够执行的操作，从而降低系统风险。同时为了保证系统的安全性，不应对某个用户赋予一个以上职责，而一般系统中的超级用户通常肩负系统管理、审计等多项职责，因而需要将超级用户的特权进行细粒度划分，分别授予不同的管理员，并使其只具有完成任务所需的特权，从而减少由于特权用户口令丢失或错误软件、恶意软件、误操作所引起的损失。

5.2 信息安全保护对象

5.2.1 车联网系统

车联网（Internet of Vehicles，IoV）是以车内网、车际网和车载移动互联网为基础，按照约定的通信协议和数据交互标准，在车-X（X：车、路、行人及互联网等）之间，进行无线通信和信息交换的大系统网络，是能够实现智能化交通管理、智能动态信息服务和车辆智能化控制的一体化网络，是物联网技术在交通系统领域的典型应用[2]。其中，车内网是通过应用成熟的总线技术建立一个标准化的整车网络；车载移动互联网是车载终端通过4G/5G等通信技术与互联网进行无线连接；车际网是基于LTE-V等技术的"车-车""车-路"无线局域网。三网通过光纤等媒介与基础数据中心连接，以实现智能交通管理、智能动态信息服务和车辆智能化控制。

车联网是指通过无线通信技术连接车载设备与信息网络平台，实时获取和利用其他车辆的动态信息，从而为车辆运行提供各种服务功能。车联网具有很多优点，例如，车联网能够为车与车之间的间距提供保障，降低车辆发生碰撞事故的概率；车联网可以帮助车主实时导航，并通过与其他车辆和网络系统的通信，提高交通运行的效率。车联网示意图如图5-1所示。

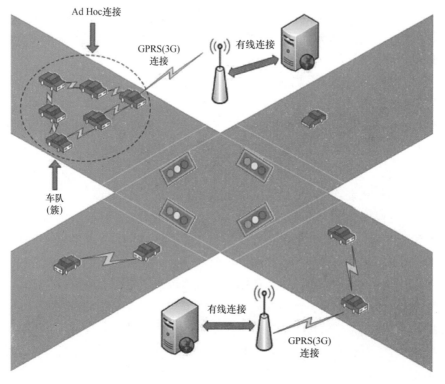

图5-1　车联网示意图

车联网体系从网络结构上看是一个"端管云"三层体系。第一层"端系统"：端系统是指具备无线通信能力的各种车载和基础设施终端，是汽车的智能传感器，负责采集与获取车辆的智能信息，感知行车状态与环境；是具有车内通信、车间通信、车网通信的泛在通信终端；同时还是让汽车具备 IoV 寻址和网络可信标识等能力的设备。这些终端和平台的通信能力可以支持实时监测与控制，以及对车辆性能和驾驶行为的分析与优化。

第二层"管系统"：解决车与车（V2V）、车与路（V2R）、车与网（V2I）、车与人（V2P）等的互联互通，实现车辆自组网及多种异构网络之间的通信与漫游，在功能和性能上保障实时性、可服务性与网络泛在性。同时"管系统"是公网与专网的统一体。

第三层"云系统"：车联网是一个云架构的车辆运行信息平台，平台主要包括数据平台、业务平台、运营平台和支撑平台等，实现数据采集、计算分析、决策，支持业务安全地运行。车联网的生态链包含智能交通系统（ITS）、物流、客货运、危特车辆、汽修汽配、汽车租赁、企事业车辆管理、汽车制造商、4S 店、车管、保险、紧急救援、移动互联网等，是多源海量信息的汇聚。因此车联网需要虚拟化、安全认证、实时交互、海量存储等云计算功能，其应用系统也是围绕车辆的数据汇聚、计算、调度、监控、管理与应用的复合体系。

5.2.2　车内网

智能网联汽车集成了多个控制系统，包括安全气囊、制动系统、巡航控制、电动助力转向、音响系统、电动车窗、车门、后视镜调节、电池和充电系统等。控制单元在运作过程中会产生大量状态数据，这些数据需要通过车内网络进行实时传输，以确保车辆各项功能的协调和运作。车内通信网络即为车载网络。其架构示意图如图 5-2 所示。

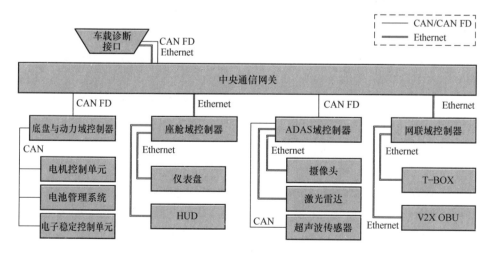

图 5-2　车载网络架构示意图

美国汽车工程师学会（Society of Automotive Engineers，SAE）按照车载网络系统的性能由低到高划分为 A 级、B 级、C 级网络。随着导航、多媒体、安全系统在汽车上的应用，对网络的可靠性和带宽提出了更高的要求，沿袭 SAE 的分类方式又加入了 D 级、E 级网络，见表 5-1。

表 5-1　车载网络分类

网络分类	位传输速度	应用范围	主流协议
A 级	<10kbit/s	只需传输少量数据的场合（如刮水器的开闭控制）	LIN
B 级	10～125kbit/s	信号多、实时性低的单元（如车灯和车窗控制）	低速 CAN
C 级	0.125～1Mbit/s	实时性高的控制单元（如发动机和 ABS 等）	高速 CAN
D 级	0.25～400Mbit/s	数据量大、对带宽要求高的多媒体系统（如导航和多媒体系统）	IDB-1394、MOST、车载以太网 AVB
E 级	10Mbit/s	实时性和安全性要求非常高的系统（如安全气囊）	FlexRay、车载以太网 TTE

A 级网络主要用于成本较低且对数据传输速度、实时性、可靠性要求不高的系统，如车身系统的车门窗和行李舱。除此之外，A 级网络还广泛用于传感器与执行器级别的底层局部连接，在总线通信中承担重要任务。

B 级网络主要用于对数据传输速度要求较高的系统，包括一些车身控制系统、仪表板、低档的实时控制系统以及故障诊断系统（OBD）等。

C 级网络主要用于可靠性和实时性要求较高的系统，如高档的发动机和动力传动系的实时控制系统，以及线控系统等。

D 级网络主要面向多媒体、导航系统等领域。目前 D 级网络的主流协议有 IDB-1394、MOST、车载以太网音视频桥接协议（Audio Video Bridging，AVB）等。

E 级网络主要应用于安全性、实时性要求更高的控制系统，主流网络有 FlexRay、车载以太网 TTE 等。

局部互连网络（Local Interconnect Network，LIN）是在 1998 年由汽车生产商 Audi、BMW、DaimlerChrysler、Volvo 和 Volkswagen 与元器件生产厂 Motorola 以及开发工具公司火山通信科技（Volcano Communications Technologies，VCT）联合发起的一个汽车低端网络协议。LIN 标准中不仅定义了通信协议，而且定义了开发工具接口和应用软件接口（Application Programming Interface，API）。它的目标是提供廉价的底层传感器和执行器级的局部网络标准。LIN 共同体（LIN Consortium）不仅提出了协议标准，而且包括开发工具以及 API 标准的方式，便于汽车设计用户使用，为以后汽车网络标准化工作提供了一个模式。LIN 的协议标准以串行通信接口（Serial Communication Interface，SCI）为基础，物理层适应汽车故障诊断标准 ISO 9141《道路车辆　诊断系统》，满足车辆环境下的电磁兼容（Electro-Magnetic Compatibility，EMC）和静电放电（Electrostatic Discharge，ESD）要求。随着技术的发展，传统上使用的 LIN 总线网络逐渐被低速 CAN 网络所替代。CAN 标准由博世公司提出，并在欧洲的汽车行业中得到广泛采用。随后，美国和日本的汽车制造商也使用它作为 B 级或 C 级车载网络。目前，CAN 已成为最为普及的汽车网络标准之一，并且被很多其他行业采用。在车载多媒体系统，MOST 和车载以太网 AVB 作为连接标准得到应用。由于多媒体系统涉及大量音视频的数据传输，因此对网络带宽的要求较高，通常使用光纤或同轴电缆作为物理层媒介，然而出于成本考虑，双绞线也被广泛使用。FlexRay 和车载以太网 TTE 标准提供了时间触发车载网络标准，从实时性和安全性上更适合车载线控系统[3]。无线局部通信技术在汽车车身控制系

统或媒体系统中有一些应用，如基于蓝牙技术（Bluetooth）的车载装置等。车载以太网保留了以太网传输速度快、可扩展性强的特点。未来车载以太网信号传输速度可提高至1Gbit/s。车载以太网的一个关键性优势是支持传输控制协议（Transmission Control Protocol，TCP）/网际互连协议（Internet Protocol，IP），这是大多数通信设备和消费电子产品使用的标准网络协议。这意味着车载以太网能够无缝连接到外部的网络设备和服务，使得车辆能够轻松集成如智能手机应用、云服务等现代互联网功能。随着协议在车载应用需求方面的不断完善，会在车载控制与信息系统中得到越来越多的应用。下面对控制器局域网（Controller Area Network，CAN）和车载以太网进行详细介绍。

1. CAN

CAN 总线是一种广播式总线结构，这意味着所有节点都会接收到总线上所有传输的消息，而无法向特定节点单独发送消息。尽管如此，CAN 硬件提供了本地过滤功能，使每个节点能够根据需求选择性地响应其感兴趣的消息。当多个节点尝试同时发送数据时，便会产生冲突，此时 CAN 总线需要采取机制确定哪个节点优先发送数据，而其余节点则必须等待传输机会。

仲裁是 CAN 协议最重要的一个特性。总线上的每一个 CAN 节点都会有一个唯一的 ID，ID 的大小决定了器件的优先级，ID 越小，优先级越高。如果几个节点同时发送数据，ID 小的优先发送。需要明确的是，仲裁只发生在有多个节点同时要发送数据时。一般情况下，总线上只有一个节点在发送数据，其他节点会等待空闲时再发送。判断空闲的方式是检查是否有连续 11 个隐性位。CAN 总线使用无损逐位仲裁方式，每个节点在发送数据的同时也会接收数据，并根据显性覆盖隐性原则判断仲裁结果。如果当前节点发送的是隐性位（1），但接收到的是显性位（0），则说明其他节点有发送显性位的，当前节点仲裁失败，需要等待总线空闲时再发送。仲裁成功的节点会继续发送数据，直到只剩下一个节点。节点的唯一标识符 ID 包含在 CAN 信号的头部，仲裁阶段会根据节点 ID 进行，只要每个节点的 ID 不同，仲裁结果就会由 ID 最小的节点获得，从而保证数据的发送顺序和正确性。在多个节点需要发送数据时，只有 ID 最小的节点可以优先发送，其他节点需要等待 ID 最小的节点发送完成后再发送。

CAN 具有 5 种类型的帧——数据帧、远程帧、错误帧、过载帧和帧间隔，其中，错误帧和过载帧属于容错处理帧，见表 5-2[4]。其中，数据帧是最常见的报文类型，其帧结构包含 7 段，如图 5-3 所示，其中包含：

1）帧起始：1 位，代表一个帧的开始，是一个显性位（0）。

2）仲裁段：总共 12 位，前 11 位是帧 ID，后 1 位是远程发送请求（Remote Transmission Request，RTR），标志本帧数据的优先级，其中有一个 ID 码。在扩展帧中，帧 ID 分为两段，一共 29 位，可以容纳更多的 ID。

3）控制段：由 6 位组成。控制段的第一位为标识扩展（Identifier Extension，IDE）位，该位应是显性状态，用来指定标准帧。IDE 位的下一位为零保留位（r0），CAN 协议将其定义为显性位。控制段的其余 4 位为数据长度码（Data Length Code，DLC），代表发送数据的长度。CAN 协议规定数据长度不能超过 8 字节，因此 DLC 字段的取值范围是 0 ~ 8。

4）数据段：本帧数据所需要传达的信息，一帧信号可以传送 0 ~ 8bit 数据，每字节 8bit。

5）CRC 段：主要用来校验完整性。

6）ACK 段：用于表明信号是否被正确接收。

7）帧结束：由 7 个隐性位组成，表示该帧结束。

表 5-2　CAN 总线的帧类型

帧类型	帧用途
数据帧	用于发送单元向接收单元传输数据
远程帧	也称为遥控帧，用于请求其他节点发出与本远程帧具有相同 ID 的数据帧
错误帧	用于在检测出错误时向其他单元通知错误
过载帧	用于接收节点向总线上其他节点报告自身接收能力达到极限
帧间隔	用于将数据帧或远程帧和它们之前的帧分离开，但过载帧和错误帧前面不会插入帧间隔

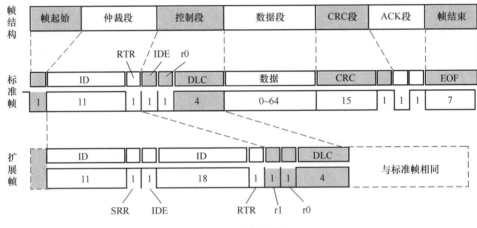

图 5-3　数据帧结构

远程帧与数据帧十分相似，但仲裁段中的 RTR 为隐性，而且没有数据段。错误帧由错误标志（Error Flag）和错误界定符（Error Delimiter）组成，在一个节点检测到故障时被传送，并将导致所有其他节点也检测到故障。过载帧与错误帧非常相似，但是过载帧并不常用，因为当今的 CAN 控制器会非常智能化地避免使用过载帧。帧间隔至少由 3 个隐性位构成，用于将数据帧或远程帧和它们之前的帧分隔开（但过载帧和错误帧前面不会插入帧间隔）。

2. 车载以太网

汽车以太网是现今发展最快的车载网络技术之一，推动了 ADAS、信息娱乐、远程信息处理、网关、计算平台、后视摄像头和环视摄像头等新应用的发展。以太网已被证明是一种安全可靠地传输大量数据的媒介，同时重量也比标准 CAN/LIN 线束轻 30%。

车载以太网和传统以太网的主要区别在于物理层；上层的链路层、网络层、传输层大多是常见的 MAC、IP、TCP/UDP 等；还有一组 AVB 协议簇，现在更名为时间敏感网络（Time Sensitive Networking，TSN）协议簇，它们代表了对实时性有高要求的传输协议，主要用于实时音视频、实时控制流等通信场景。在 IP 协议簇下，车载以太网主要在应用层的协议使用上与传统以太网稍有区别，链路层、网络层、传输层都没有变化。应用层主要为了方便车内多个控制器之间的沟通协作，采用了 SOME/IP、消息队列遥测传输（MQTT）协议等一系列车载应用协议。

　　基于 IP 的可扩展面向服务的中间件（Scalable service-Oriented MiddlewarE over IP，SOME/IP）实现了一种服务导向架构，允许车辆的各个电子控制单元（ECUs）以服务提供者或服务消费者的身份互动[5]。这种架构使得车辆内部的软件组件可以更加灵活地通信和交互。通过远程过程调用（Remote Procedure Call，RPC），SOME/IP 支持跨网络的函数或过程调用，实现不同 ECU 之间的紧密协作。每个 SOME/IP 消息包含一个头部（Header）和有效载荷（Payload）。头部包含了诸如消息 ID、长度、请求 ID 等关键信息，而有效载荷则携带具体的数据。当客户端发起 RPC 请求时，SOME/IP 将该请求转换为网络消息，并发送到服务端。服务端接收消息，执行相应的函数，然后将结果返回给客户端。

　　消息队列遥测传输协议（Message Queuing Telemetry Transport，MQTT）协议是一种基于发布/订阅（Publish/Subscribe）模式的"轻量级"通信协议，该协议构建于 TCP/IP 上。作为一种低开销、低带宽占用的即时通信协议，MQTT 可以以极少的代码和有限的带宽，为连接远程设备提供实时可靠的消息服务，MQTT 协议从而在物联网、小型设备、移动应用等方面有较广泛的应用。实现 MQTT 协议需要客户端和服务器端通信完成，在通信过程中，MQTT 协议中有三种身份：发布者（Publish）、代理（Broker）、订阅者（Subscribe）。其中，消息的发布者和订阅者都是客户端，消息代理是服务器，消息发布者可以同时是订阅者。在 MQTT 协议中，一个 MQTT 数据包由固定头（Fixed header）、可变头（Variable header）、消息体（payload）三部分构成。发布者发布其他客户端可能会订阅的信息，订阅者订阅其他客户端发布的消息，也可以退订或删除应用程序的消息，代理接受来自客户的网络连接，接受客户发布的应用信息，处理来自客户端的订阅和退订请求，向订阅的客户转发应用程序消息。

　　智能网联汽车通过车载网联通信终端（Telematics Box，T-Box）来实现数据的接收和发送。T-Box 将车辆产生的数据传输到车联网服务平台，集成了 MCU、数据存储模块、GNSS 模块、无线通信模块、CAN 收发模块、3G/4G、WiFi/蓝牙等模块，并预留接口支持外接设备，如娱乐屏和各类传感器等，如图 5-4 所示。T-Box 对内与车载 CAN 总线相连，实现指令和信息的传递，对外实现云平台与车端互联，是车内外信息交换的纽带。

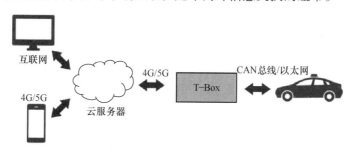

图 5-4　T-Box 系统框架示意图

5.2.3　车际网与车载移动互联网

　　车际网与车载移动互联网是基于智能交通系统和传感器网络技术发展的产物，通过在车辆上应用先进的无线通信技术，实现交通的高度信息化和智能化。由于汽车的快速移动性，车辆与外界的通信必须依赖无线的移动通信。

1. 车际网

车际网系统一般由车载通信平台、移动互联网络，以及各类服务中心构成。车际网主要基于专用短程通信（Dedicated Short Range Communications，DSRC）、调频（Frequency Modulation，FM）、蜂窝网络、全球微波接入互操作性（World Interoperability for Microwave Access，WiMAX）技术和无线局域网（WLAN）技术，也包括短距离的无线信号传输技术，如蓝牙等。

DSRC 技术是国际上专门开发适用于车际通信的技术。DSRC 适用于 ITS 领域车车之间、车路之间的通信，它可以实现小范围内图像、语音和数据的实时、准确和可靠的双向传输，将车辆和道路有机连接。DSRC 典型的应用包括不停车收费、出入控制、车队管理、车辆识别、信息服务等。

DSRC 技术的特点如下：①通信距离一般在数十米（10~30m）；②工作频段为 ISM5.8GHz、915MHz、2.45GHz；③通信速率为下行链路 500kbit/s，上行链路 250kbit/s，能承载大宽带的车载应用信息；④加密通信机制，支持 3DES、RSA 算法；高安全性数据传输机制，支持双向认证及加/解密；⑤具备统一的国家标准，各种产品之间的互换性和兼容性强。

FM 通信是通过高频无线电载波传输信息的技术。发送的信息经过调制，调制成可以发送的高频信号经过天线发送；接收方通过天线接收到高频信号时，经过解调的过程，信息从高频信号中分离出来。调频设备一般由发射部分、接收部分、调制信号和调制电路，以及操作界面构成。在车辆以及交通领域主要的应用是收音机和对讲机。对讲机通话距离一般为3~5km，当有网络支持时，对讲机的通话范围可达几十千米。

蜂窝网络或蜂窝移动通信（Cellular Mobile Communication）是一种移动通信硬件架构，分为模拟蜂窝网络和数字蜂窝网络，主要区别在于传输信息的方式。手机通信就是采用的这种技术。蜂窝网络主要由移动终端设备、通信基站及收发与传输设备、通信网络系统组成。常见的蜂窝网络类型有 GSM、CDMA、FDMA、TDMA、PDC、TACS、AMPS 等。汽车网络中一般将蜂窝通信网络称为蜂窝车联网（Cellular Vehicle to Everything，C-V2X），以便与基于 WLAN 的 V2X 区别开来。第三代合作伙伴计划（3rd Generation Partnership Project，3GPP）于 2014 年开始 C-V2X 的标准化工作，2017 年发布 C-V2X 规范。此时 C-V2X 功能基于 LTE，因此该网络也通常被称为 LTE-V2X。随着 5G 的发展，新的 C-V2X 规范于 2018 年发布，为了区别于底层技术，常称之为 5G-V2X。与 LTE-V2X 相比，5G-V2X 将支持更加多样化的场景，融合多种无线接入方式，并充分利用低频和高频等频谱资源。同时，5G 还将满足网络灵活部署和高效运营维护的需求，大幅提升频谱效率、能源效率和成本效率，实现车载移动通信网络的可持续发展。基于 5G 的 V2X 可以提供高吞吐量、宽带载波支持、超低时延和高可靠性，从而支持众多面向自动驾驶的技术需求。无论上述哪种情况，C-V2X 都是通用术语，指的是使用蜂窝技术的 V2X 技术，而与特定的技术无关。

WiMAX 是一项基于 IEEE 802.16 标准的无线宽带接入城域网技术，又称为广带无线接入（Broadband Wireless Access，BWA）标准，是针对微波和毫米波频段提出的一种新的空中接口标准。它可作为线缆和数字用户线（DSL）的无线扩展技术，从而实现无线宽带接入。

WiMAX 网络包括两个主要组件：一个基站和用户设备。WiMAX 基站广播无线信号，用户接收到信号，启动 WiMAX 功能实现连接。按照 IEEE 802.16 的目标，WiMAX 具有以下基本特征：支持高速移动接入，其可以同时支持固定和移动无线接入，支持车辆移动速度（通常认为可以达到 120km/h）下的网络连接；宽带接入，在不同的载波带宽和调制方式下可以获得不同的接入速率，IEEE 802.16 标准并未规定载波带宽，适用的载波带宽范围为 1.75 ~ 20MHz，其最大带宽 70Mbit/s 是在特定条件下才能实现的；城域覆盖范围，IEEE 802.16 覆盖范围在几千米量级，主要提供数据业务。

无线局域网（Wireless Local Area Network，WLAN）是短距离无线技术，该技术使用的是 2.4GHz 附近的频段，该频段目前尚属没有许可的无线频段。其目前可使用的标准有两个，分别是 IEEE 802.11a 和 IEEE 802.11b，最高带宽为 11Mbit/s，在信号较弱或有干扰的情况下，带宽可调整为 5.5Mbit/s、2Mbit/s 和 1Mbit/s，带宽的自动调整有效地保障了网络的稳定性和可靠性。其主要特性为速度快、可靠性高，在开放性区域，通信距离可达 305m，在封闭性区域，通信距离为 76 ~ 122m，可方便地与现有的有线以太网络整合。WLAN 是由接入点（Access Point，AP）和无线网卡组成的无线网络。AP 是有线局域网络与无线局域网络之间的桥梁，任何一台装有无线网卡的设备都可经过 AP 连接到有线局域网络甚至广域网络上，无线网卡是负责接收由 AP 所发射信号的客户端装置。WLAN 可方便地应用于网络媒体、手持设备、车载装置、客运列车等领域。

2. 车载移动互联网

车载移动互联网也称为车云网，是指车辆云端系统通信协议，主要包含超文本传输协议（Hypertext Transfer Protocol，HTTP）/消息队列遥测传输（MQTT）等协议。车载云端系统主要包括 ITS、物流、客货运、汽修汽配、汽车租赁、汽车制造商、移动互联网等。目前车载信息服务主要包括定位导航、车辆运行状态监控、车辆及交通状态数据动态获取与分析、车辆与路基系统动态数据交互、事故自动报警及周边车辆告知、道路交通状态检测及信息发布、基于网络的远程监测与故障诊断、网络车载信息终端等。一些更深层次的应用也在不断被开发出来，如远程控制、远程车辆状态数据获取分析及应用、远程软件以及数据更新、交通流数据获取与分析及应用。

5.3　信息安全标准法规与管理体系

5.3.1　信息安全法律法规

在智能网联汽车迅猛发展的背景下，全球各国和地区纷纷出台相应的法规和政策，以确保汽车信息安全和用户隐私保护。美国、欧洲、日本及联合国等在这一领域积极制定并实施了多项法规和标准，以应对日益复杂的网络安全威胁。这些法规涵盖了从数据收集、传输到存储和处理的各个环节，旨在为智能网联汽车构建一个安全的运营环境。

美国的相关法规主要由联邦贸易委员会（FTC）和国家公路交通安全管理局（NHTSA）等机构负责制定和执行。欧盟则通过《通用数据保护条例》（GDPR）等法律框架，对智能网联汽车数据保护提出了严格要求。日本的《道路交通法》和《个人信息保护法》同样涵盖了智能网联汽车的网络安全问题。此外，联合国欧洲经济委员会（UNECE）在 WP. 29 世界车辆法规协调论坛（WP. 29）上推出了一系列国际标准，推动全球范围内智能网联汽车的安全性和互操作性。

与此同时，我国也高度重视智能网联汽车的网络安全问题，陆续出台了多项政策和标准，如《中华人民共和国网络安全法》[6]和《汽车数据安全管理若干规定（试行）》[7]等，明确了对智能网联汽车信息安全的具体要求。这些政策不仅强化了对个人隐私和数据安全的保护，还为企业在数据安全管理方面提供了明确指引[8]。

1）美国智能网联汽车信息网络安全相关政策。在网络安全方面，美国通过加强立法工作提高了信息安全的保障能力。目前，美国各州政府已经颁布了 50 多部涉及网络空间安全的法律，这些法律内容复杂、覆盖面广，涵盖了国家战略、政府角色、信息安全共享与合作、违法行为等方面。其中，2015 年发布的《网络安全信息共享法案》是最重要的综合性网络安全法案之一，其建立了一个法律框架，鼓励私营公司与联邦政府自愿共享网络安全信息，从而增强联邦政府对网络攻击的防御能力。此外，还有一系列关于网络安全的综合立法提案，如《网络安全研发法》《国土安全法》《电子政务法》《联邦信息安全管理法》《确保 IT 安全法案》等。通过这些法律法规的发布，逐渐形成了较为完善的法律体系，清晰界定了政府各个机构在网络安全领域的角色与职责。在自动驾驶领域的信息安全问题上，美国众议院于 2017 年通过了《自动驾驶法案》。这一法案标志着美国首次出台全国性的针对自动驾驶汽车的法律。该法案要求 NHTSA 制定自动驾驶汽车各个零部件领域的安全标准，其中包括网络安全等关键要素，并定期审查和更新这些安全标准和范围，以确保自动驾驶汽车的安全性。在数据安全和隐私保护方面，美国国会通过了《汽车安全和隐私草案》，要求在美销售的汽车具备抵抗非法入侵的能力，汽车制造商必须保障汽车终端和用户数据的安全，并要求 NHTSA 制定机动车辆网络安全法规。此外，加州议会通过了《2018 加州消费者隐私法案》，该法案于 2020 年 1 月 1 日生效，是全美各州最严格的网络隐私保护法规。根据该法律规定，当一家公司拥有 5 万名以上用户的数据时，数据所有者有权了解该公司收集的数据范围、目的以及接收数据的第三方信息；数据所有者有权要求公司删除数据或拒绝将该数据出售给第三方；企业可以通过提供折扣来获得数据所有者的同意以出售这些数据。

2）欧洲智能网联汽车信息网络安全相关政策。欧洲在网络安全、信息安全和数据保护方面的法律体系在智能网联汽车领域有重要应用。2016 年 7 月，欧盟通过了历史性的网络安全法案《网络与信息系统安全指令》（NISD），旨在欧盟范围内建立一套统一且高水平的网络与信息系统安全标准。该法案的通过标志着欧盟对网络安全的高度重视，旨在保护其范围内的网络和信息系统免受威胁，确保数字空间的安全和稳定。该法案确立了国家层面的网络安全战略，强调多方合作与参与，并建立了网络安全事故与信息分享机制；2018 年 5 月，欧盟《一般数据保护条例》（GDPR）正式生效，定义了数据处理的基本原则和权利义务框架。由于现代智能网联汽车涉及大量数据处理，车联网产业链上的企业必须符合 GDPR 的要求，这是欧盟智能网联汽车数据保护的主要法律依据；2019 年 3 月，欧盟发布了《C-ITS 授权法案》，为在欧盟境内部署 C-ITS 服务提供了明确的法律依据；2019 年 6 月，欧盟《网络安全法案》（EU Cybersecurity Act）生效，确立了欧盟范围内的网络安全认证计划，将欧盟网络和信息安全署（ENISA）指定为永久性的网络安全机构，并要求 ENISA 建立欧盟层级的 ICT 产品和服务网络安全认证制度。此外，德国于 2017 年通过了针对智能网联汽车的法律规范《道路交通法第八修正案》，该法案明确了智能网联汽车信息存储、利用和保存的规则，详细说明了许可条件、责任归属、基本概念等问题，为智能网联汽车在德国的发展消除了障碍。此外，德国还成为全球首个发布自动驾驶道德准则的国家。这一准则旨在确立在自动驾驶领域的道路安全与出行便利、个人保护与功利主义、人身权益或财产权益等多方面的基本原则。通过这一举措，德国不仅在技术创新的前沿迈出了重要一步，还为自动驾驶技术的发展奠定了伦理和法律框架，以平衡科技进步与社会价值的关系。

3）日本智能网联汽车信息网络安全相关政策。作为高度重视人工智能应用和汽车产业发展的国家之一，日本在完善道路基础设施的基础上，通过推进智能交通系统和自动驾驶技术的商业化稳步前进。日本于 2014 年 11 月颁布了《网络安全基本法》[9]，将网络安全纳入基本国策明确了网络安全在日本法律中的地位。该法案首次从法律上对"网络安全"进行了定义。修订后的法案于 2018 年 12 月生效，指示建立日本网络安全协会，该协会由国家政府机构、地方政府、关键信息基础设施运营商、信息安全公司、教育/研究机构组成，并对作为关键基础设施的交通领域提出了详细的物联网安全、数据安全和 IT 基础设施安全的控制要求。在个人信息保护方面，日本于 2003 年 5 月颁布了《个人信息保护法》[10]，为保护个人身份信息提供了法律基础。2019 年 1 月，欧盟委员会批准了在满足有效保护要求的基础上，个人数据可在日本和欧盟两个经济体之间自由流动。针对自动驾驶领域，日本在 2019 年 3 月对《道路运输车辆法》进行了修订。这一修订明确了政府和相关部门对自动驾驶车辆进行信息安全监管的权力，并授予了第三方汽车技术综合服务机构监管的权限。该修订还引入了自动驾驶系统更新许可制度，允许汽车制造商通过 OTA 等方式对系统进行更新。同年 5 月，日本议会通过了新版《道路交通法》，允许 L3 级别的自动驾驶车辆上路行驶，并于 2020 年 4 月 1 日正式实施。国外智能网联汽车信息网络安全相关的政策见表 5-3。

表 5-3　国外智能网联汽车信息网络安全相关的政策

国家和地区	名称	时间	机构
美国	《网络安全信息共享法案》	2015 年 12 月	国会
	《自动驾驶法案》	2017 年 9 月	国会
欧洲	《一般数据保护条例》	2018 年 5 月	欧盟委员会
	《网络安全法案》	2019 年 6 月	欧盟委员会
	《C-ITS 授权法案》	2019 年 3 月	欧盟委员会
	德国《道路交通法第八修正案》	2017 年 5 月	德国联邦议会
日本	《网络安全基本法》	2014 年 11 月	国会
	《道路运输车辆法》（修订）	2019 年 3 月	国会
	《道路交通法》（新版）	2019 年 5 月	国会

4）汽车法规在联合国并不是一个新话题。自 20 世纪 50 年代初以来，联合国一直在参与制定车辆的安全和安保标准。然而，联合国直到 2018 年才开始制定汽车网络安全法规。UN-

ECE R155 法规[11]是重要的车辆网络安全技术法规，由联合国欧洲经济委员会（the United Nations Economic Commission for Europe，UNECE）世界车辆法规协调论坛（WP.29）负责制定。WP.29 是 UNECE 下的永久性工作组，主要负责开展国际范围内汽车技术法规和汽车产品认证的协调工作。WP.29 为协调全球汽车法规提供了唯一框架，在促进道路交通安全、环境保护和贸易互通方面发挥了重要作用。经过大约两年的准备和修改，2020 年 6 月 25 日，联合国正式通过了关于汽车网络安全的新法规 UNECE R155，该法规规定了汽车制造商需要满足网络安全要求。只有满足了这些要求，汽车制造商才能通过网络安全管理体系（Cyber Security Management Systems，CSMS）认证，它生产的车型才能获得型式认证（Vehicle Type Approval，VTA）。UNECE R155 法规框架如图 5-5 所示。

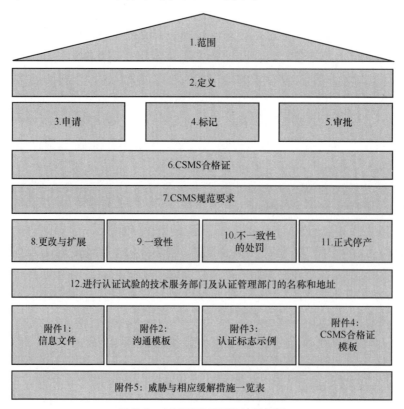

图 5-5　UNECE R155 法规框架

UNECE R155 在网络安全方面基本涵盖了乘用车和商用车的适用范围，适用于 M 类车型、N 类车型、至少装备了一个 ECU 的 O 类车型，以及具备 L3 级及以上自动驾驶功能的 L6 和 L7 类车型。

UNECE R155 要求，自 2022 年 7 月 1 日起，现有电子架构推出的新车系（即车辆类型）将需要获得网络安全系统型式认证，作为型式认证过程的一部分。不过，对于换前脸等小改款，如果电子电器没有变化，可以不用在这个时间点完成型式认证；但如果涉及车机、辅助驾驶等变化，则相当于是新车系，需要满足 UNECE R155。至 2024 年 7 月 1 日，旧车不满足的也要整改至满足标准。尚未停产的车型必须获得网络安全系统的型式认证，才可以在相关市场销售，这意味着之前车型可能需要通过修改或升级方案，以满足 UNECE R155。至 2025

年 1 月过渡期结束，要求所有架构所有车型通过认证（CSMS 认证 + 型式认证）。

UNECE R155 法规认证主要分为两部分：一是 CSMS 认证；二是车辆网络安全型式认证。CSMS 认证是完全面向汽车行业的，它不仅要求在组织层面建立信息安全管理体系，还要求在车辆或主要零部件产品的生命周期各个环节建立网络安全控制措施。因此，无论基于合规还是风险考虑，CSMS 既有企业端信息安全治理的管理特性，又有产品端网络安全要求的工程特性，类似于 IT 行业的安全软件开发和安全系统集成。车辆网络安全型式认证则针对汽车网络安全生命周期的工作项进行安全审查，旨在审查实施于车辆的网络安全防护技术能否保障车辆免于网络安全威胁。换言之，CSMS 认证是型式认证的前提。UNECE R155 认证的关键要素如图 5-6 所示。

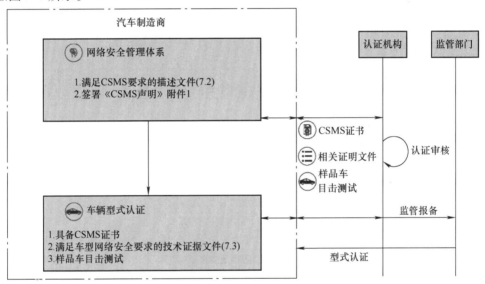

图 5-6　UNECE R155 认证的关键要素

5）我国智能网联汽车信息网络安全产业政策与法规。我国高度重视信息安全领域的发展，并从法律、标准和国家战略等多方面入手，致力于开展信息安全治理，以保障所有中国公民的信息安全。目前，我国已经颁布了一系列法律法规，形成了初步的保障我国公民信息安全的法律体系，包括《中华人民共和国网络安全法》[6]（简称《网络安全法》）、《中华人民共和国计算机信息系统安全保护条例》[12]（简称《计算机信息系统安全保护条例》）、《中华人民共和国电子签名法》[13]（简称《电子签名法》）等。我国于 2016 年颁布的《网络安全法》标志着我国首次在法律层面建立了个人信息保护的框架，进一步加强了网络安全的法律保障体系。2017 年，两会提交了《中华人民共和国个人信息保护法（草案）》[14]；2018 年，《中华人民共和国电子商务法》[15] 在《网络安全法》的基础上进一步细化了对个人信息保护的要求，要求电子商务经营者应当明示用户信息查询、更正、删除以及用户注销的方式、程序，不得对用户信息查询、更正、删除以及用户注销设置不合理条件。此外，《民法典人格权编（草案）》也面向全社会公开征求意见，其中包括隐私权和个人信息保护，为个人信息提供了保护机制。备受关注的《中华人民共和国数据安全法》[16]（简称《数据安全法》）于 2021 年 6 月 10 日第十三届全国人民代表大会常务委员会第二十九次会议通过，并在 2021 年

8月20日于第三十次会议表决通过了《中华人民共和国个人信息保护法》[17]（简称《个人信息保护法》）。虽然我国尚未颁布针对智能网联汽车信息安全的专门法律法规，但在现有的多部法律法规中对此已有详细规定，总体上实现了对汽车终端安全、云平台安全、网络安全和信息数据安全等方面的覆盖。国内智能网联汽车信息网络安全政策见表5-4。

表5-4 国内智能网联汽车信息网络安全政策

法律层级	法律法规名称	发布部门
法律	《中华人民共和国网络安全法》	全国人大
法律	《中华人民共和国电子签名法》	全国人大
法律	《中华人民共和国密码法》	全国人大
法律	《中华人民共和国数据安全法》	全国人大
法律	《中华人民共和国个人信息保护法》	全国人大
行政法规	《中华人民共和国计算机信息系统安全保护条例》	国务院
行政法规	《中华人民共和国电信条例》	国务院
行政法规	《中华人民共和国计算机信息网络国际联网管理暂行规定》	国务院
行政法规	《互联网信息服务管理办法》	国务院
行政法规	《商用密码管理条例》	国务院
部门规章	《电信设备进网管理办法》	工业和信息化部
部门规章	《电子认证服务管理办法》	工业和信息化部
部门规章	《智能网联汽车生产企业及产品准入管理指南（试行）》	工业和信息化部
部门规章	《汽车数据安全管理若干规定（征求意见稿）》	国家网信办
通知	《关于汽车远程升级（OTA）技术召回备案的补充通知》	市场监管总局
部门规章	《智能网联汽车道路测试与示范应用管理规范（试行）》	工业和信息化部
通知	《关于加强车联网网络安全和数据安全工作的通知》	工业和信息化部
通知	《关于加强车联网卡实名登记管理的通知》	工业和信息化部
通知	《关于开展汽车软件在线升级备案的通知》	工业和信息化部
通知	《关于开展智能网联汽车准入和上路通行试点工作的通知》	工业和信息化部等四部委
通知	《关于开展智能网联汽车"车路云一体化"应用试点的通知》	工业和信息化部等五部委

5.3.2 信息安全标准

随着智能网联汽车的普及，全球对其信息安全标准的需求也愈发迫切。ISO 21434作为国际通用的汽车信息安全标准，为智能网联汽车的网络安全提供了系统化的解决方案。该标准涵盖了汽车生命周期内的风险管理、设计和开发流程，确保汽车制造商和供应商能够识别并应对潜在的网络威胁。

我国在这一领域也积极构建本土化的标准体系，制定了一系列与ISO 21434相衔接的标准和规范，形成了独特的网联汽车信息安全标准体系。我国的相关标准不仅借鉴了国际经验，还结合了我国的实际需求，确保智能网联汽车在本地市场的合规性和安全性。

1. ISO/SAE 21434

2021年8月31日，由ISO和SAE共同制定的汽车网络安全领域首个国际标准ISO/SAE 21434《道路车辆 网络安全工程》（Road Vehicles-Cybersecurity Engineering）[18]正式发布。

作为道路车辆网络安全标准，ISO/SAE 21434 覆盖了车辆所有的生命周期，包括概念、开发、生产、运维、停运等所有过程，ISO/SAE 21434 的安全框架如图 5-7 所示。汽车行业还没有形成统一的网络安全术语，过去从业者曾使用不同的术语来解释什么是风险以及如何减轻这些风险。ISO/SAE 21434 提出了一些通用的网络安全术语，引入了网络安全保证级别，定义了在车辆生命周期中的各个阶段如何实现网络安全管理。ISO/SAE 21434 标准由 15 章组成，其中主体部分为第 4 ~ 15 章。第 4 章为总则：采用道路车辆网络安全工程方法的背景和总体信息。第 5 章为组织网络安全管理：组织网络安全管理的方针、规则和流程。第 6 章为项目网络安全管理：项目网络安全活动和管理要求。第 7 章为分布式网络安全活动：客户与供应商之间网络安全活动的责任要求。第 8 章为持续的网络安全活动：产品生命周期内需持续实施风险分析和漏洞管理。第 9 章为概念：确定某个项目的网络安全风险、网络安全目标和网络安全要求的活动。第 10 章为产品开发：定义网络安全规范以及实施和验证网络安全要求的活动。第 11 章为网络安全验证：车辆级别的项目网络安全验证。第 12 章为生产：产品或组件的制造和组装的网络安全相关方面。第 13 章为运营和维护：与网络安全事件响应相关的活动以及对项目或组件的更新。第 14 章为网络安全服务终止：对项目或组件的服务终止的网络安全考虑。第 15 章为威胁分析和风险评估方法：用于网络安全分析和评估的方法论，以确定网络安全风险的程度，以便进行处理。

总的来说，第 5 ~ 15 章有自己的目标、规定（即要求、建议、许可）和工作产品。工作产品是满足一项或多项相关要求的网络安全活动的结果。在 ISO/SAE 21434 中，网络安全的研究对象被称为 item，可翻译为"相关项"。相关项的定义为：实现整车特定功能的相关电子器件和软件，网络安全研究的范围涵盖车辆的全生命周期，因此也包括售后和服务环节。车辆外部的系统在标准中也会涉及，但不是该文件研究的重点。总结来说，ISO/SAE 21434 是一项针对车端的网络安全规范[19]。

风险管理是贯穿产品整个生命周期的持续性活动：需要建立针对产品的项目网络安全风险管理；在开发阶段，主要关注威胁分析和风险评估方法；在运营阶段，通过安全监测、漏洞管理和应急响应等持续的网络安全活动，应对不断变化的网络安全风险；与此同时，需要明确汽车制造商和供应商之间的网络安全职责。

2. 我国网联汽车信息安全标准体系

我国在《国家车联网产业标准体系建设指南（智能网联汽车）（2023 版）》整体框架基础上，结合车联网（智能网联汽车）网络安全工作实际需求，车联网（智能网联汽车）网络安全标准体系从车联网基本构成要素出发，针对车载联网设备、基础设施、网络通信、数据信息、平台应用、车联网服务等关键环节，提出覆盖终端与设施安全、网络通信安全、数据安全、应用服务安全、安全保障与支撑五个方面的技术架构，如图 5-8 所示。终端与设施安全标准包括车载设备安全、车端安全、路侧通信设备安全和测试场设施安全等四类；网络通信安全包括 V2X 通信网络安全、身份认证等两类；数据安全包括通用要求、分类分级、出境安全、个人信息保护、应用数据安全五类；应用服务安全包括平台安全、应用程序安全、业务服务安全等；安全保障与支撑类标准包括风险评估、安全监测与应急管理、安全能力评估等。我国已发布汽车信息安全相关标准见表 5-5。

图 5-7　ISO/SAE 21434 的安全框架[18]

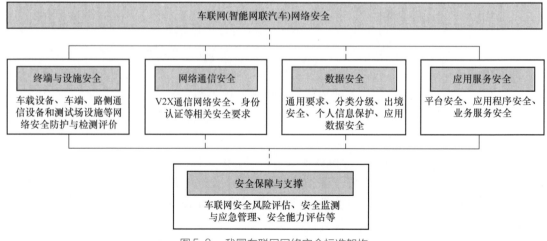

图 5-8　我国车联网网络安全标准架构

表 5-5 我国已发布汽车信息安全相关标准

标准号	标准名称	首次批准发布时间
GB/T 40861	《汽车信息安全通用技术要求》	2021 年
GB/T 40856	《车载信息交互系统信息安全技术要求及试验方法》	2021 年
GB/T 40857	《汽车网关信息安全技术要求及试验方法》	2021 年
GB/T 40855	《电动汽车远程服务与管理系统信息安全技术要求及试验方法》	2021 年
GB/T 41578	《电动汽车充电系统信息安全技术要求及试验方法》	2022 年

5.3.3 信息安全合规管理体系

汽车正在从"以硬件为主导"向"由软件来定义"转变，可能将原本两三年的汽车研发周期缩短至 12 个月，这更需要强大的安全机制保障，需要把安全嵌入整个车辆的安全研发流程当中，所以汽车网络安全管理体系（CSMS）框架（图 5-9）对保障汽车网络安全十分重

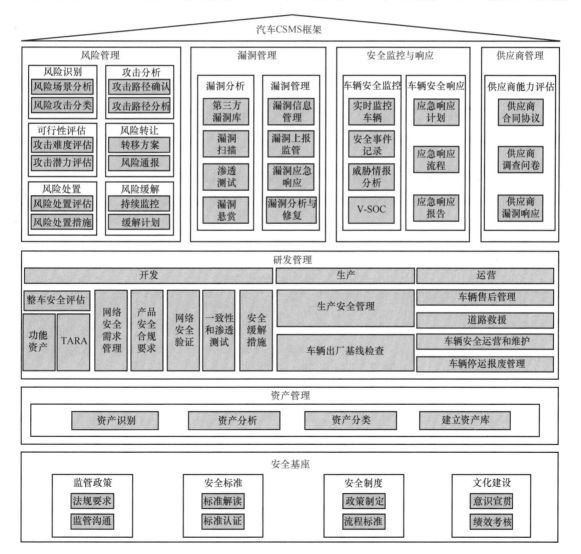

图 5-9 CSMS 框架[1]

要。UNECE R155 明确规定，必须采用符合认证的汽车 CSMS 来保障车辆网络安全。有效的车辆网络安全管理需要有标准、法规和框架 3 个部分：标准定义了管理良好的网络安全系统需要执行的特定方法；法规本质上定义了法律合规性，违规可能招致处罚、诉讼等；框架定义了有关实施网络风险管理与缓解的政策、指南、流程和程序，其有助于识别和优先考虑管理整体安全性的操作，以及为审计和合规性做好准备。

面向智能网联汽车行业，CSMS 不仅建立信息安全管理体系，还在车辆或主要零部件产品的全生命周期建立网络安全控制措施。因此，类似 IT 行业的安全软件开发和安全系统集成，CSMS 包含企业端信息安全治理的管理特性和产品端网络安全要求的工程特性。

目前汽车网络安全管理以 ISO/SAE 21434 的 CSMS 为标准建设，ISO/SAE 21434 第 4、5章规定了网络安全管理——组织网络安全管理和项目网络安全管理。在进行认证时，组织和项目应满足表 5-6 中的管理体系要求及表 5-7 中的型式要求。

表 5-6　网络安全管理体系要求

要求	说明
网络安全管理组织流程	需要建立网络安全的组织架构，明确网络安全管理职责
识别车辆网络安全风险的流程	网络安全风险应包括但不限于标准 UNECE R155 附件 5，风险识别来源可以是威胁情报、公共漏洞库等
评估、分类已经识别的网络安全风险的流程	该流程包含已识别风险的相关影响与潜在攻击路径，评估潜在攻击路径的可行性，同时风险评估需要与时俱进，不断更新
对已经识别风险的管理流程	制造商需要建立风险管理流程，着重于风险识别和评估后的处理，例如需要响应 UNECE R155 附件 5 中列出的缓解措施
车辆网络安全测试流程	制造商在车辆开发和生产阶段建立网络安全测试流程
车辆安全监测、漏洞管理流程	建立量产后车辆的网络安全威胁监测流程及漏洞管理流程
应急响应流程	建立安全事件应急响应流程

表 5-7　网络安全型式要求

要求	说明
体系基础	车辆进行 UNECE R155 型式认证时，需要制造商已经获取 CSMS 证书
风险识别	制造商识别并管理供应链的网络安全风险；基于车型的关键要求进行安全风险评估，参考标准 UNECE R155 附件 5-A 部分（超出范围可以参考其他）
缓解措施	制造商需要处理已识别的风险，对应的缓解措施包含标准 UNECE R155 附件 5-B、5-C 部分（超出范围可以参考其他）
目击测试	制造商对车型进行安全测试，证明采取的措施有效，这里需要把安全测试项与 TARA 内容进行映射
监控与响应	为了保障车辆的网络安全，制造商需要检测和防止网络攻击，并支持车辆制造商在检测威胁、漏洞和网络攻击方面进行监控。此外，制造商还需要每年至少报告一次与网络安全有关的监控活动以及任何检测到的网络攻击。根据制造商提供的信息，审核机构可能会要求制造商纠正安全报告中的问题或提供对网络攻击的响应措施
加密模块	加密模块需要符合行业通用标准

CSMS 的目标是预防性地识别和消除产品中的关键弱点。确保和维护网络安全是一个贯穿整个产品生命周期的过程，这包括根据网络安全标准进行产品的设计和开发。为了降低受到网络攻击的风险，必须尽量减少潜在的黑客入侵点，这是减少攻击入口的唯一有效方法。此外，还需要建立完善的安全应急响应机制，以应对黑客攻击。每家公司都应建立汽车 CSMS 体系，该体系主要涵盖预研阶段、商业定位、概念规划、研发、测试验证、生产、售后、安全运营以及产品停运等多个阶段，如图 5-10 所示。

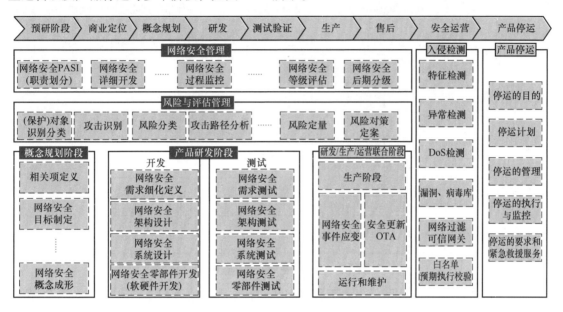

图 5-10　整车 CSMS 生命周期

建立 CSMS 体系应遵循以下 3 个原则：

1）方法原则：设计安全、风险分析及威胁管理，这意味着在整个开发过程中定期执行威胁分析。

2）组织原则：将所有供应商和服务提供商纳入网络安全管理，在公司的企业文化中跨所有组织建立网络安全意识，公司将建立安全事件应急响应流程。

3）技术原则：持续监控安全漏洞和未经授权的访问，并通过加密和严格的访问控制最大程度保护自己的网络。通过使用大数据和人工智能方法，可以及早发现数据流中的异常情况。

明确了 CSMS 的安全流程，下一步就必须建立 CSMS 组织。汽车制造商必须联合它们的供应商，覆盖不同的生态系统、信息系统、服务和产品以确保端到端的安全风险。角色、职责与活动之间可能的匹配关系示例见表 5-8。

构建 CSMS 的工作量非常庞大，体系管理者需要从整个公司为用户安全负责的角度出发，来指导汽车 CSMS 的建设。同时，企业的安全文化在这一过程中也起着至关重要的作用。

法规将网络安全的责任直接归于制造商，这与云计算服务提供商的责任共担模式有所不同。对于云计算服务商而言，责任共担意味着他们全面承担云平台的安全保障责任，并致力于维护客户的安全。然而，汽车制造商则需负责确保其车辆供应链的网络安全，所有网络安全责任均由汽车制造商承担。汽车行业的每个利益相关者（无论是内部还是外部）都应发挥重要作用，共同参与网络安全的建设，以保护汽车的网络安全，确保其安全性、可靠性和隐私性。同时，应明确汽车网络安全生产生命周期中每个利益相关者的责任，这将促进利益相关者之间的合作，提升整体网络安全能力。通过建立共同责任模式，才能实现真正的汽车网络安全。不同角色对应的安全职责示例见表5-9。

表5-8　角色、职责与活动的匹配关系示例

活动和角色的非详尽清单组织建议	治理与风险管理				审计和控制		安全防护		风险控制		检测和响应连续性	
	战略	项目风险管理	团队发展	网络安全专业支持	测试和SEC审查	合规性审计	安全开发和体系结构	SecOps操作	身份管理	访问/控制管理	事件监测和响应	危机管理与舆情应对
管理层	√	√	√		√	√						√
产品		√			√	√			√	√	√	√
研发					√	√	√	√	√	√	√	√
IT					√	√	√	√	√	√	√	√
安全				√	√	√	√	√	√	√	√	√
人力			√		√	√						
市场					√	√						
销售					√	√						
供应链/质量					√	√	√	√	√	√	√	√

表5-9　不同角色的安全职责示例

角色	监管机构	一级、二级和三级供应商	云服务提供商	通信服务提供商	汽车制造商
组织	国家、省和市政府	软件应用程序、ADAS、操作系统、电子模块等供应商	云端应用程序和云数据存储等提供商	通信运营商	汽车服务运营商
职责	1）实现安全可靠的交通基础设施 2）坚持共同责任模式（制定法规、发布标准、最佳实践） 3）进行合规审核，设置产品准入 4）通过完善立法，促进政府和行业之间的关系，兼顾安全的同时支持、促进行业发展	1）将国际安全标准集成到硬件/软件中 2）建立产品CSMS，保护产品端到端的网络安全 3）遵守跨境相关法规（数据保护和隐私） 4）采用标准密码算法（遥控钥匙、手机应用程序等） 5）建立应急响应流程，保障产品安全的持续性	1）确保云服务的安全性 2）云数据存储的安全性 3）防止因操纵数据或泄露代码以及非法后门进入而导致的漏洞利用 4）保护跨境车辆数据存储中的数据主权	1）确保通信网络的可用性 2）不同服务的安全通信通道（紧急和非紧急通信等） 3）确保非城市地区的连通性，如高速公路和跨省/国家 4）提供安全可靠的通信通道	1）监控内外部安全威胁，建立持续保障车辆安全的能力 2）内部部署和云基础设施之间的安全集成 3）建立应急响应流程 4）建立漏洞管理流程 5）对第三方软件进行安全风险评估

为了成功应对车辆网络安全领域所有风险的复杂性，未来每家汽车制造商都必须拥有一个汽车CSMS。重要的是在公司的组织和流程结构中使用正确的框架，并采取适当的安全措

施。公司的网络安全方法必须在整个产品生命周期内全面实施，需要协调整个汽车生态网络，以符合即将到来的网络安全要求。

UNECE R155 明确指出制造商负责供应链中的网络安全管理，但并未说明如何管理，规定了原始设备制造商可用于管理供应商相关风险的一些策略。例如，通过考虑供应商网络安全活动记录来评估供应商的能力，并与供应商签订合同协议，以在整个车辆生命周期内维护和开展网络安全活动。车辆型式认证申请人需要为自己的供应商提出相关安全要求，并且收集足够多的证据来证明供应商具备网络安全管理能力，汽车制造商在其整个车辆生命周期内保障汽车网络安全，如图 5-11 所示。

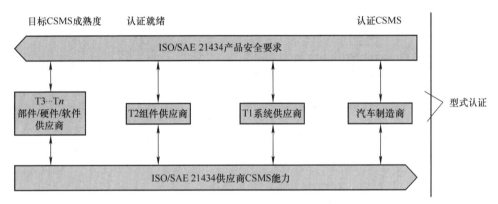

图 5-11　各级供应商 CSMS 要求

汽车制造商要求其供应商关注自身产品的网络安全能力，因此，汽车制造商需要做到以下几点：①汽车制造商必须定义相关的网络安全要求并传递给其供应商，以确保整个供应链的端到端安全；②汽车制造商负责对其供应商进行资格认证/准入，以提供符合安全标准的产品和服务；③汽车制造商负责确保供应商言行一致，通常通过合同协议约束。

总的来说，CSMS 是打造安全、可靠的智能网联汽车的支柱。汽车制造商与各级供应商必须紧密合作，建立有效的 CSMS，以确保智能网联汽车的各个方面都具备安全性。

5.4　网络安全保障技术

5.4.1　态势感知与入侵检测

1. 态势感知

态势感知（Situational Awareness or Situation Awareness，SA）是对一定时间和空间内的环境元素进行感知，并对这些元素的含义进行理解，最终预测这些元素在未来的发展状态。本书中的"态势感知"主要是指"网络安全态势感知"，即将态势感知的相关理论和方法应用到信息安全领域中。网络安全态势感知可以使信息安全人员宏观把握整个网络的安全状态，识别出当前网络中存在的问题和异常活动，并做出相应的反馈或改进。通过对一段时间内的网络安全状况进行分析和预测，为高层决策提供有力支撑和参考。

网络安全态势感知能力高低主要由核心态势感知和影响态势感知的要素决定，也与前端数据源密不可分。主流的网络安全态势感知系统架构如图5-12所示，包括：①各类前端数据源，如流量探针、服务器探针、监测平台等；②核心态势感知，包括数据采集、数据处理、数据存储、数据分析、监测预警、数据展示、数据服务接口和系统资源管理；③影响态势感知的要素，包括人工辅助、应急处置、安全决策和数据共享。

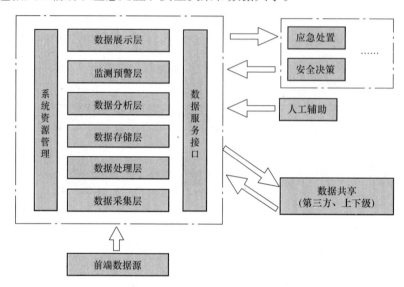

图5-12　主流的网络安全态势感知系统架构

数据采集主要关注采集什么数据，通过什么方式采集；数据处理主要关注如何处理采集到的数据，如何将采集到的数据进行有效融合；数据存储主要关注如何存储以及存储数据的类型；数据分析主要关注系统应具备何种数据分析能力，从而进行安全事件辨别、定级、关联分析等；监测预警主要关注监测内容和预警方式，甚至包括通过预警进行主动防御；数据展示主要关注如何进行安全态势展示、统计分析和安全告警等；数据服务接口主要关注支持的数据服务接口及格式；系统资源管理主要关注系统的安全管理要求。而在影响态势感知的要素中，可知利用系统结果进行决策和处置以及数据共享是构建网络安全态势感知能力的关键环节。此外，态势感知系统也要保证自身的安全，使其不成为网络中的安全风险点。

需要强调的是，图5-12展示了安全态势感知的总体架构。该架构有效地将数据能力、分析能力和应用能力进行解耦，便于应用单位接入多种前端数据，从而更好地利用多样化的分析模型。这种架构特别适合大型单位在网络安全态势感知能力建设的需求，此时，网络安全态势感知能力的形成可以依赖一个或多个系统的协同作用。

（1）前端数据源

前端数据源输出的数据是网络安全态势感知系统得以有效运行的基础。前端数据源有不同的类型，典型的包括流量探针、服务器探针、监测平台、第三方机构上报等。此外，由于工业互联网、云计算、移动互联网、物联网等新技术的应用，其前端数据源也需要重点考虑。不同的前端数据源有不同的业务处理能力及不同的数据输出格式，目前各前端数据源输出数据格式不一，导致每个网络安全态势感知系统都需要与前端数据源进行适配，另外对数据质量进行统一把控是要点、难点和痛点。

（2）核心态势感知

1）数据采集层。针对不同的网络环境和业务应用，网络安全态势感知系统的前端数据源会有所区别，前端数据源是大数据分析的基础与前提，准确、高质量的数据能保证安全分析效果。针对用户对态势感知的场景需求，依托数据采集对象和采集内容，定义分析场景和建模。采集包括：网络设备、主机、应用、安全设备等记录的日志数据和告警信息；异常流量数据和按规则匹配的网络流量数据；整个网络中所有的资产信息、相关的人员信息、账号信息以及与资产相关的漏洞信息、脆弱性信息和威胁情报信息等辅助信息数据，为进一步场景化的态势感知分析需求提供数据支撑。

2）数据处理层。数据处理层主要对多源、异构数据进行清洗和过滤、归一化、标识等操作，从而提高安全分析的可信度，降低误报率。其中数据清洗和过滤是将大量的重复数据进行归并，并将无效数据进行剔除；归一化是将原始数据转换为统一格式和内容的数据，为后续分析处理提供统一的标准化数据结构；数据标识是对海量数据环境下的不明数据流量进行识别，利用模式识别、深度学习、大数据分析技术和人工智能技术，识别和分离不明数据。

3）数据存储层。数据存储层主要是网络安全态势感知系统对采集的不同类型数据进行分级分类存储，以满足数据分析的要求。采用分级、分类、分层的模式，汇聚资源数据、网络运行数据、网络安全事件、威胁情报等重要数据，实现各类网络安全数据的统一融合，为数据分析、数据共享提供数据基础。该层需要实现对不同数据源同一类型的数据进行汇聚，并根据数据存储需求，对数据存储的类型、内容、方式和周期等进行约定。

4）数据分析层。网络安全态势感知的数据分析层是利用流量识别、协议分析、文件还原等手段，通过特征检测、规则分析、算法分析、行为分析等方法，结合人工智能、深度学习、行为建模、场景构建等技术，采用数据整理分类、对比统计、重点识别、趋势归纳、关联分析、挖掘预测的数据处置策略，从海量数据中自动挖掘出有价值的信息，最大地发挥数据的价值。数据分析是态势感知能力建设的核心，而分析模型、分析技术的正确使用是网络安全态势感知建设的关键。因此该层的重点在于数据分析模型的设计，从而实现风险、威胁和异常行为的分析，并给出其评价指标和方法。

5）监测预警层。网络安全态势感知的监测预警是数据分析的应用，是依据数据分析结果，实现网络安全事件告警、态势评估、安全预警、追踪溯源等应用。通过利用态势感知，实现对采集数据的统计分析、能力评估、关联分析、数据挖掘等操作，生成态势感知平台所需的安全运行态势、安全风险态势、网络威胁态势等基础态势信息。在基础态势分析基础上，充分结合态势关联、威胁情报等，并对其进行科学、合理的组合，得出网络安全指数，调用各类基础数据和知识库信息，提炼攻击手段，还原攻击过程，溯源攻击者，为事件预警和应急指挥提供参考依据，以全面支撑安全事件快速响应和应急处置工作。监测预警有利于更好、更快地发现网络中的风险，从而支撑安全决策。

6）数据展示层。网络安全态势感知的数据展示层主要通过展示界面展示网络运行状态、网络攻击行为、安全事件、整体安全态势等，并能够持续地、多维度地监测信息资产和相关的威胁、脆弱性、安全事件、安全风险等分类态势指标变化情况，同时展示告警信息。目前，各种产品和系统在安全展示方面各具特色，导致用户难以理解和把握重点，常常忽视重要信息。因此，这一层的关键在于展示内容的规范性和合理性，以便用户快速了解安全状况。

7）数据服务接口。数据服务接口主要为网络安全态势感知系统的数据交换、数据分析、威胁处置提供数据访问调用服务。能够支持数据的推送服务，如数据汇聚/下发、数据交换和推送；能够支持模型分析服务，该服务根据业务需要，对数据进行统计、分析、规律性探索、预测等，并返回结果，以支撑应用层业务场景复杂、多变的需求，包括数据集碰撞类服务、分析类服务和预测类服务等。将数据作为服务提供给分析模型、第三方应用和其他单位能提升平台的可扩展性和能力。

8）系统资源管理。为保证网络安全态势感知系统的正常运行，需要能够对各类系统资源进行管理、对各种过程进行控制，因此系统资源管理应该是通过人工或自动化的方式对各种安全策略、数据分析过程、数据质量、知识库、上下级部署等进行管理，以支撑系统的有效运转。合理、有效的系统资源管理将提升系统的运转效率和实际效果。

9）自身安全。网络安全态势感知系统需要接入到信息系统的网络中进行数据采集，因此其自身安全也非常重要，包括标识与鉴别、角色管理、远程管理、自身审计等。

（3）影响态势感知的要素

网络安全态势感知的能力建设除需要前端数据源及核心态势感知的支撑外，影响态势感知的要素，如人工辅助、应急处置、安全决策、数据共享等内容也需要重点关注和研究。比如，人工辅助需要考虑不同等级、不同能力的人员如何支撑网络安全态势感知的工作；应急处置是明确应对应急事件和安全事件的处置方法、处置流程、处置具体内容；安全决策基于网络安全态势感知系统的输出结果进行研判和决策，包括明确决策的组成要素和决策流程的统一；数据共享是实现网络安全态势感知协同防御的基础，主要实现安全事件及威胁情报等的共享。

2. 入侵检测

入侵检测是监视计算机网络系统中违背系统安全策略行为的过程，通常由数据源、分析引擎和响应3个部分组成，因此可以分别从这3个角度对入侵检测系统进行分类。

根据数据源的不同，入侵检测系统（Intrusion Detection System，IDS）通常可以分为基于主机的入侵检测系统、基于网络的入侵检测系统和分布式入侵检测系统3种。为了检测攻击，入侵检测系统必须能够发现攻击的证据。基于主机的入侵检测通常从主机的审计记录和日志文件中获得所需的主要数据，并辅之以主机上的其他信息，例如文件系统属性、进程状态等，在此基础上完成检测攻击行为的任务，早期的入侵检测系统都是基于主机的入侵检测系统。随着网络环境的普及，出现了大量基于网络的入侵检测系统，通过监听网络中的数据包来获得必要的数据来源，并通过协议分析、特征匹配、统计分析等手段发现当前发生的攻击行为。分布式入侵检测系统是能够同时分析来自主机系统审计日志和网络数据流的入侵检测系统。

根据分析引擎的不同，入侵检测可分为异常检测和误用检测两大类。在误用检测中，入侵过程模型及其在被观察系统中留下的踪迹是决策的核心依据。通过事先定义某些特征的行为是非法的，然后将观察对象与之进行比较以做出判别。误用检测依赖于已知的系统漏洞和入侵模式，能够有效识别特定特征的攻击。然而过度依赖预先设定的安全策略，误用检测无法识别系统中未知的攻击行为，因此可能会导致漏报现象。在异常检测中，观察到的不是已知的入侵行为，而是所研究的通信过程中的异常现象，它通过检测系统的行为或使用情况的变化来完成。通过建立正常轮廓，明确所观察对象的正常情况，然后决定在何种程度上将一个行为标为"异常"，并如何做出具体决策。异常检测可以识别出那些与正常过程有较大偏差的行为，但无法知道具体的入侵情况。由于对各种网络环境的适应性不强，且缺乏精确的判定准则，异常检测经常会出现虚警情况，但可以检测到系统未知的攻击行为。

响应大致分为 3 类：报警响应、手动响应和主动入侵响应。其中大部分系统采用的是报警响应，报警响应是当检测到入侵行为后，入侵检测系统向网络系统管理员或相关人员发出报警信息。手动响应是指系统提供一系列有限的、预先设好的响应程序，并能够帮助网络管理员选择合适的程序进行应对。与报警响应相比，这类系统具有明显的优势，但仍然可能会给攻击者留下较大的入侵时间窗口。而主动入侵响应系统不需要管理员手工干预，检测到入侵行为后，系统自动进行响应决策，自动执行响应措施。不论是从应对数量惊人的入侵事件考虑，还是从响应时间考虑，主动入侵响应系统都是目前较为理想的响应方法。

另外，根据检测速度，入侵检测系统可分为实时检测和离线检测。实时检测是指一个系统以在线的方式检测入侵，并且当入侵刚刚进入时即给出警告，这种类型的入侵需要很快的反应速度。基于网络的检测在实时环境中工作起来要容易些，因为在这种环境中可以监控网络流量包。

下面主要详细介绍异常检测和误用检测。

异常检测的特点在于能够通过识别系统的异常行为，发现未知的攻击模式。其关键在于建立正常使用模式（Normal Usage Profile），并利用该模式对当前的系统/用户的行为进行比较，以判断其与正常模式的偏离程度。模式（Profile）通常由一组系统的参量（Metrics）来定义。所谓参量，是指系统用户的行为在特定方面的衡量标准。每个参量都对应于一个门限值（Threshold）或对应于一个变化区间。就像生活中可以用"体温"这个参量来衡量人体是否异常一样。

异常检测的基础假设是无论是程序执行还是用户行为，系统特征之间都存在紧密的关联。例如，某些特权程序总是访问特定目录下的系统文件，而程序员则经常编辑和编译 C 语言程序，其正常活动与一个打字员的正常活动肯定不同。这样，根据各自不同的正常活动建立起来的模式便具有用户特性。入侵者即使使用正常用户的账号，其行为并不会与正常用户的行为相吻合，因而仍可以被检测出来。但事实上入侵活动集合并不等于异常活动集合，因此异常检测可能造成如下情况：将不是入侵的异常活动标识为入侵，称为假阳性（False Positives），会造成假报警；将入侵活动误以为正常活动，称为假阴性（False Negatives），会造成漏判，其严重性比第 1 种情况高得多。

常用的异常检测方法有统计异常检测、基于神经网络的异常检测、基于数据挖掘的异常检测等。

（1）统计异常检测

统计异常检测方法根据异常检测器观察主体的活动，利用统计分析技术基于历史数据建立模式，这些用在模式中的数据仅包括与正常活动相关的数据，然后模式被周期性地更新，以反映系统随时间的变化。统计方法的假定是模式能正确地反映系统的正常活动且数据是纯净的。模式反映了系统的长期的统计特征，如果训练数据被正确选择，这些特征则被认为是稳定的，这也意味着不需要频繁地进行模式更新。

设 $M_1, M_2, \cdots, M_n$ 为 Profile 的特征参量，这些参量可以是 CPU、I/O 和邮件的使用、文件访问数量以及网络会话时间等。用 $S_1, S_2, \cdots, S_n$ 分别表示轮中参量 $M_1, M_2, \cdots, M_n$ 的异常测量值。这些值表明了异常程度，若 S_i 的值越高，则表示 M_i 的异常性越大。将这些异常测量值平方后加权计算得出轮廓异常值。

$$a_1 S_1^2 + a_2 S_2^2 + \cdots + a_n S_n^2, a_i > 0 (i = 1, 2, \cdots, n) \tag{5-1}$$

式中，a_i 为轮廓与参量 M_i 相关的权重。一般而言，参量 $M_1, M_2, \cdots, M_n$ 不是相互独立的，需要有更复杂的函数处理其相关性。

如果 Profile 的异常值超过了一定的门限值（Threshold），就可认为是发现了异常，从而进行报警。

统计异常检测方法具有明显的优势。通过该方法，可以识别出一些值得关注的可疑活动，从而揭示违反安全策略的行为。此外，该方法在维护方面也较为方便，不像误用检测系统那样需要频繁更新和维护规则库。统计方法也存在一些明显的缺陷。首先，使用统计方法的大多数系统是以批处理的方式对审计记录进行分析的，它不能提供对入侵行为的实时检测和自动响应的功能。其次，统计方法的特性导致了它不能反映事件在时间顺序上的前后相关性，因此事件发生的顺序通常不作为分析引擎所考察的系统属性。然而，许多预示着入侵行为的系统异常都依赖于事件的发生顺序，在这种情况下，使用统计方法进行异常检测就有了很大的局限性。最后，如何确定合适的门限值也是统计方法所面临的棘手问题。门限值如果选择不恰当，就会导致系统出现大量的错误报警。

（2）基于神经网络的异常检测

人工神经网络（Neural Network，NN）模型主要是模仿生物神经系统，采用自适应学习技术来标记异常行为。人工神经网络通过接收外部输入的刺激，不断获得并积累知识，进而具有一定的判断预测能力。尽管神经网络模型的种类很多，但其基本模式都是由大量简单的计算单元（又称为结点或神经元）相互连接而构成的一种并行分布处理网络。基于神经信息传输的原理，结点之间以一定的权值进行连接，每个结点对 N 个加权的输入求和，当求和值超过某个阈值时，结点为"兴奋"状态，有信号输出。结点的特征由其阈值、非线性函数的类型所决定，而整个神经网络则由网络拓扑、结点特征以及对其进行训练所使用的规则决定。

利用神经网络进行异常检测的方法主要是通过训练网络，使其能够在接收到前 n 个动作或指令的基础上，预测出用户的下一个动作或指令。网络经过对用户常用的命令集进行一段时间的训练后便可以根据已存在网络中的用户特征文件来匹配真实的动作或命令。

神经网络有多种模型，在入侵检测系统中，一般采用前向神经网络，并采用逆向传播法（Back Propagation，BP）对检测模型进行训练。基于神经网络的入侵检测模型如图 5-13 所示。此模型有一个输入层，用于接受二进制输入信号。这些二进制输入信号对应于已经保存在信息库中的相关事件。神经网络的输出层用来指示可能的入侵。它根据问题相关事件的数量、规则数量、入侵行为的数量等，确定模型中需要多少个隐含层，隐含层神经元的数目则取决于训练用的样本数以及经验积累。神经网络的每一层由一个或者多个神经元组成，前一层的输出作为后一层的输入，每层神经元与其下一层的神经元相连，并被赋予合适的权值。

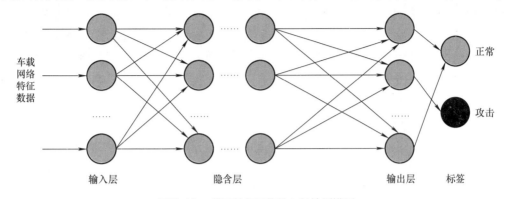

图 5-13　基于神经网络的入侵检测模型

神经网络的训练有两个过程：前向过程和反向过程。前向过程是指根据给定的输入和目前的权值来估计神经网络的输出值。在反向过程中，将求得的神经网络输出值与期望输出值相比较，并将比较所得差值作为误差输出反馈到神经网络中，以调整神经网络的权值[20]。

基于神经网络的异常检测系统的优点是：能够很好地处理噪声数据，对训练数据的统计分布不做任何假定，且不用考虑如何选择特征参量的问题，很容易适应新的用户群。

基于神经网络的异常检测存在如下问题：如果命令窗口（即 n 的大小）过小将造成假阳性，即造成假报警。反之，如果命令窗口过大则造成许多不相关的数据，同时增加假阴性的机会，即造成漏判；神经网络拓扑结构只有经过相当的训练后才能确定下来，不合适的训练数据还将导致建立匪夷所思的、不稳定的结构；入侵者可能在网络学习阶段训练该网络。

（3）基于数据挖掘的异常检测

基于数据挖掘的异常检测以数据为中心，把入侵检测看成一个数据分析过程，利用数据挖掘的方法从审计数据或数据流中提取出感兴趣的知识，这些知识是隐含的、事先未知的、潜在有价值的信息，提取的知识表示为概念、规则、规律、模式等形式，并用这些知识去检测异常入侵和已知的入侵。

数据挖掘从存储的大量数据中识别出有效的、新的、具有潜在用途及最终可以理解的知识。数据挖掘算法多种多样，目前主要有以下几种：

1）分类算法，它将一个数据集合映射成预先定义好的若干类别。这类算法的输出结果就是分类器，它可以用规则集或决策树的形式表示。利用该算法进行入侵检测的步骤是首先收集用户或应用程序的"正常"和"异常"的审计数据，然后应用分类算法生成规则集，最后利用这些规则集来判断新的审计数据是正常行为还是异常行为。

2）关联分析算法，它决定数据库记录中各数据项之间的关系，利用审计数据中各数据项之间的关系作为构造用户正常使用模式的基础。

3）序列分析算法，它获取数据库记录在事件窗口中的关系，试图发现审计数据中的一些经常以某种规律出现的事件序列模式，这些频繁发生的事件序列模式有助于在构造入侵检测模型时选择有效的统计特征。

其他的异常检测方法还包括基于贝叶斯网络的异常检测、基于模式预测的异常检测、基于机器学习的异常检测等。

误用检测（Misuse Detection）是指根据已知的入侵模式来检测入侵。入侵者常常利用系统和应用软件中的弱点进行攻击，误用检测是将这些弱点构成某些模式，如果入侵者攻击方式恰好与检测系统模式库中的模式匹配，则入侵者将被检测到。显然，误用检测依赖于模式库，如果没有构造好模式库，入侵检测系统就不能检测到入侵者。误用检测将所有攻击形式化存储在入侵模式库中。

（1）基于串匹配的误用检测

基于串匹配的入侵检测系统是最早使用误用检测技术的系统。入侵检测系统 Snort 采用的技术是基于串匹配技术的误用检测方法。基于串匹配的入侵检测方法具有原理简单、扩展性好、检测效率高、实时性好等优点，但只适用于比较简单的攻击方式，并且误报警率较高。

（2）基于专家系统的误用检测

基于专家系统的误用检测方法利用专家系统存储已有的知识（攻击模式），通常是以 if-then 的语法形式表示的一组规则和统计量，if 部分表示攻击发生的条件序列，当这些条件满足时，系统采取 then 部分所指明的动作。然后输入检测数据（审计事件记录），系统根据知识库中的内容对检测数据进行评估，判断是否存在入侵行为模式。

使用专家系统进行检测的优势在于其对环境的适应性较强，并且将推理控制过程与最终解答分开，这意味着用户无须理解或干预系统内部的推理过程。然而，在使用专家系统进行入侵检测时，也面临一些挑战：首先，在处理海量数据时效率可能不足；其次，缺乏对序列数据的处理能力，无法有效分析数据之间的相关性；然后，专家系统的性能完全依赖于设计者的知识和技能，且规则需要人工创建；最后，处理不确定性判断的能力有限，维护规则库也是一项复杂的任务，修改规则时必须考虑其对其他规则的影响。

（3）基于状态转换分析的误用检测

基于状态转换分析的误用检测工作的基础是状态转换图（State Transition Diagrams）或表，即使用状态转换图来表示和检测已知攻击模式。状态转换图用来表示一个事件序列，状态转换图中的结点（Node）表示系统的状态，弧线代表每一次状态的转变。该方法来源于一个事实，即所有入侵者都是从某一受限的特权程序开始逐步提升自身的权限来探测系统的脆弱性，以获得结果。

利用状态转换图进行入侵检测的过程如下：在任意时刻，当一定数量的入侵模式与审计日志的部分内容匹配时，特征动作会使检测系统进入状态转换图中的某些特定状态。如果某个状态转换图达到了终止状态，则表明该入侵模式已成功匹配。否则，当下一个特征动作到来时，推理引擎将当前状态转换为满足断言条件的下一个状态。如果当前状态无法满足断言条件，状态转换图将转移到最近的一个能够满足该条件的状态。基于状态转换分析的入侵检测方法的一个优势是状态转移图提供了一种直观的、高级别的、独立于审计数据格式的入侵表示，状态转换能够表达包含入侵模式特征动作的部分顺序，而且它采用特征动作的最小可能子集来检测入侵行为，这样同一入侵的多个不同变种也能被检测出来。

状态转换分析方法的一个缺陷在于状态声明和标签均需人工编码，这导致其无法识别标签库之外的攻击。

（4）基于着色 Petri 网的误用检测

着色 Petri 网也是一种基于状态的入侵检测方法，利用 Petri 网可以描述各种复杂的网络事件。在采用着色 Petri 网检测方法的入侵检测模型中，每个入侵标签被表达为一个模式，该模式描述事件及其的内容之间的关系。关系模式准确地表达了一个成功的入侵和入侵者的企图。着色 Petri 网图中的顶点表示系统状态。整个特征匹配过程由标记（Token）的动作构成，标记在审计记录的驱动下，从初始状态向最终状态（标识入侵发生的状态）逐步前进。处于不同状态时，标记的颜色用来代表事件所处的系统环境（Context）。当标记出现某种特定的颜色时，预示着目前的系统环境满足了特征匹配的条件，此时就可以采取相应的响应动作。

基于着色 Petri 网的误用检测方法的主要优点是模式独立于任何基础匹配的计算框架，并提供一个模型，其中分类中的所有策略都被表达和匹配，它可被快速和方便地设计，事件序列可被直接表达。

基于着色 Petri 网的入侵检测系统存在一个缺陷，即尽管在定义入侵特征时力求通用，但对于未知攻击的检测仍然有限。

当前研究中还有一些其他检测技术，比如基于生物免疫的入侵检测、遗传算法、基于代理的入侵检测、隐马尔可夫模型等。

5.4.2　加密与认证

1. 加密方法

一般，人们把用通用的表达方式表示的信息文本称为明文（plaintext），将明文通过变换后的文本称为密文（ciphertext），把明文变换成密文的过程叫加密（encipher），其逆过程，即把密文变换成明文的过程叫解密（decipher）。密钥（keyword）是用于加解密的特殊信息，控制明文与密文之间变换，可以是数字、单词汇或句子。密钥分为加密密钥（Encryption Key）和解密密钥（Decryption Key）。完成加密和解密的算法称为密码体制（Cipher System）。传统的密码体制所用的加密密钥和解密密钥相同，即所谓的对称式密钥加密技术；加密密钥和解密密钥不同称为非对称式密码加密技术。数据加密或解密的变换过程如图 5-14 所示。

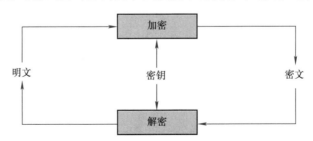

图 5-14　数据加密或解密的变换过程

实现数据加密的主要技术可以分为对称式密钥加密技术、公开密钥加密技术以及对称式加密与公开加密相结合的技术。

（1）对称式密钥加密

对称式密钥加密技术是指加密和解密均采用同一把秘密钥匙，通信双方必须都要获得这把钥匙，并保持钥匙的秘密。当给对方发信息时，用加密密钥进行加密，接收方收到数据后，用对方所给的密钥进行解密，故也称为秘密钥匙加密法。实现对称式密钥加密技术的加密算法主要有以下两种：

1）数据加密标准算法（Data Encryption Standard，DES）算法。DES 即数据加密标准，它综合运用了置换、代替、代数多种密码技术，是一种把信息分成 64 位大小的块，使用 56 位密钥，迭代轮数为 16 轮的加密算法。

2）国际数据加密算法（International Data Encryption Algorithm，IDEA）算法。IDEA 是一种国际数据加密算法，是一个分组大小为 64 位，密钥为 128 位，迭代轮数为 8 轮的迭代型密码体制。此算法使用长达 128 位的密钥，有效地消除了任何试图穷尽搜索密钥的可能性。

对称式密钥加密技术具有加密速度快、保密度高等优点，但也有以下几个缺点：

1）密钥是确保保密通信安全的关键，发信方必须以安全和妥善的方式将密钥传递给收信方，确保其内容不被泄露。如何安全地将密钥送达收信方是对称式密钥加密技术面临的主要挑战，这一过程十分复杂且成本较高。

2）多人通信时，密钥的组合数量会出现爆炸性的膨胀，使密钥分发更加复杂化，n 个人进行两两通信，总需要的密钥数为 $n(n-1)/2$。

3）通信双方必须统一密钥，才能发送保密的信息。

（2）公开密钥加密

公开密钥加密技术要求密钥成对使用，即加密和解密分别由两个密钥来实现。每个用户都有一对选定的密钥，一个可以公开，即公共密钥，用于加密；另一个由用户安全拥有，即秘密密钥，用于解密。公共密钥和秘密密钥之间有密切的关系。当给对方发信息时，用对方的公开密钥进行加密，而在接收方收到数据后，用自己的秘密密钥进行解密，故此技术也称为非对称式密码加密技术。

公开密钥加密算法主要是 RSA 加密算法。它是第一个成熟的、迄今为止理论上最为成功的公开密钥密码体制，RSA 加密/解密过程由密钥生成、加密过程和解密过程组成[9]。

公开密钥加密技术的优点如下：

1）密钥少，便于管理，网络中的每一用户只需保存自己的解密密钥，则 n 个用户仅需产生 n 对密钥。

2）密钥分配简单，加密密钥分发给用户，而解密密钥则由用户自己保管。

3）不需要秘密的通道和复杂的协议来传送密钥。

4）可以实现数字签名和数字鉴别。

公开密钥加密技术的缺点是加、解密速度慢。

（3）对称式密钥和公开密钥相结合的加密技术

鉴于对称式密钥和公开密钥加密技术的特点，在实际应用中将两种加密技术相结合，即结合使用 DES/IDEA 和 RSA，对于网络中传输的数据用 DES 或 IDEA 加密，而加密用的密钥则用 RSA 加密传送，此方法既保证了数据安全，又提高了加密和解密的速度。DES/IDEA 和

RSA 结合加密原理示意图如图 5-15 所示。

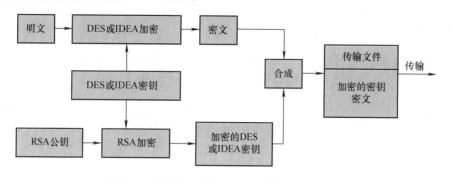

图 5-15　DES / IDEA 和 RSA 结合加密原理示意图

首先，发信者使用 DES/IDEA 算法用对称式密钥将明文原信息加密获得密文，然后使用接收者的 RSA 公开密钥将对称式密钥加密获得加密的 DES 或 IDEA 密钥，将密文和加密的密钥一起通过网络传送给接收者。接收方接收到密文信息后，首先用自己的密钥解密而获得 DES 或 IDEA 密钥，再用这个密钥将密文解密，最后获得明文原信息。由此，起到了对明文信息保密的作用。著名的 PGP（Pretty Good Privacy）软件就是使用 RSA 和 IDEA 相结合进行数据加密。另外，保密增强邮件（PRM）将 RSA 和 DES 结合起来，成为一种保密的 E-mail 通信标准。常用到的安全套层（Secure Sockets Layer，SSL）安全措施也是利用两种加密技术对客户机和服务器之间所传输的信息进行加密的。

2. 身份认证

身份认证是指计算机及网络系统确认操作者及信息访问者（包括人、系统、软件）身份的过程。在计算机系统和网络中，所有信息，包括用户的身份信息，都是通过特定的数据格式进行表示的，计算机只能识别用户的数字身份，所有对用户的授权也是基于这一数字身份进行的。因此，确保进行访问的确实是这个数字身份的合法拥有者，就成为一个至关重要的问题。身份认证就是为了解决这个问题。总的说来，身份认证的任务可以概括成以下 4 个方面：

1）会话参与方身份的认证：保证参与者不是经过伪装的潜在威胁者。

2）会话内容的完整性：保证会话内容在传输过程中不被篡改。

3）会话的机密性：保证会话内容（明文）不会被潜在威胁者所窃听。

4）会话抗抵赖性：保证在会话后双方无法抵赖自己所发出过的信息。

信息系统中，对用户的身份认证方法可以按照不同的标准进行分类。仅通过一个条件来证明身份称为单因子认证，通过组合两种不同条件来证明身份，称为双因子认证。按照身份认证技术是否使用硬件，又分为软件认证和硬件认证。从认证信息来看，可以分为静态认证和动态认证。身份认证技术的发展，经历了从软件认证到硬件认证，从单因子认证到双因子认证，从静态认证到动态认证的过程。现在计算机及网络系统中常用的身份认证方式主要有以下几种。

（1）静态口令方式

用户名/静态口令是最简单也是最常用的身份认证方法。每个用户的静态口令是由用户自己设定的，只要能够正确输入口令，计算机就认为是合法用户。这种方式有容易遗忘和泄露等缺点。另外，由于口令是静态的数据，在验证过程中需要在计算机内存中和网络中传输，每次验证过程使用的验证信息都是相同的，很容易被驻留在计算机内存中的木马程序或网络中的监听设备所截获。因此静态口令方式是一种极不安全的身份认证方式。

（2）动态口令方式

动态口令技术是一种让用户的密码按照时间或使用次数不断动态变化，每个密码只使用一次的技术。它采用一种称为动态令牌的专用硬件，内置电源、密码生成芯片和显示屏，密码生成芯片运行专门的密码算法，根据当前时间或使用次数生成当前密码并显示在显示屏上。认证服务器采用相同的算法计算当前的有效密码。用户使用时只需要将动态令牌上显示的当前密码输入客户端计算机，即可实现身份的确认。由于每次使用的密码必须由动态令牌来产生，只有合法用户才持有该硬件，所以只要密码验证通过就可以认为该用户的身份是可靠的。而用户每次使用的密码都不相同，即使黑客截获了一次密码，也无法利用这个密码来仿冒合法用户的身份。动态口令技术采用一次一密的方法，有效地保证了用户身份的安全性。但是如果客户端硬件与服务器端程序的时间或次数不能保持良好的同步，就可能发生合法用户无法登录的问题，并且用户每次登录时还需要通过键盘输入一长串无规律的密码，一旦看错或输错就要重新来过，用户的使用非常不方便。

（3）IC 卡方式

IC 卡是一种内置集成电路的卡片，卡片中存有与用户身份相关的数据，IC 卡由专门的厂商通过专门的设备生产，可以认为是不可复制的硬件。IC 卡由合法用户随身携带，登录时必须将 IC 卡插入专用的读卡器读取其中的信息，以验证用户的身份。通过 IC 卡硬件不可复制来保证用户身份不会被仿冒。由于每次从 IC 卡中读取的数据还是静态的，通过内存扫描或网络监听等技术还是很容易截取到用户的身份验证信息的。

（4）USB Key 认证

USB Key 认证是采用软硬件相结合、一次一密的强双因子认证模式。USB Key 是一种 USB 接口的硬件设备，它内置单片机或智能卡芯片，可以存储用户的密钥或数字证书，利用 USB Key 内置的密码算法实现对用户身份的认证。USB Key 是基于智能卡技术演变而来的新一代身份认证产品，融合了现代密码学技术、智能卡技术和 USB 技术。它是网络用户身份识别和数据保护的良好载体，而其 USB 通信方式则成为其最显著优势。USB Key 具有双重验证机制，即用户 PIN 码和 USB Key 硬件标识，用户丢了 USB Key，但只要 PIN 码没有被攻击者窃取，及时地将 USB 注销，攻击者窃得密钥但是没有 USB Key 硬件也无法进行认证。

（5）生物特征认证

生物特征认证是指采用每个人独一无二的生物特征来验证用户身份的技术。常见的有指纹识别、声音识别、虹膜识别等。从理论上讲，生物特征认证被认为是最为可靠的身份认证方式，因为它直接使用个体的物理特征来代表每个人的数字身份。由于不同个体拥有相同生物特征的可能性很小，因此几乎不可能被伪造。生物特征认证基于生物特征识别技术，受到现有的生物特征识别技术成熟度的影响，采用生物特征认证还具有较大的局限性。

5.4.3 其他防护技术

1. 防火墙技术

防火墙是组织实施其网络安全策略的主要技术手段之一。防火墙是一个网络安全设备或由多个硬件设备和相应软件组成的系统，位于不可信的外部网络和被保护的内部网络之间，目的是保护内部网络不遭受来自外部网络的攻击和执行规定的访问控制策略。防火墙通常具备以下特性：所有内网与外网之间的通信都必须经过它，只有符合内部访问控制策略的通信才能被允许通过。此外，防火墙本身具备较强的计算和通信处理能力。

防火墙的主要功能包括：过滤不安全的服务和通信，如禁止对外部 ping 的响应、禁止内部网络违规开设的信息服务或信息泄露；禁止未授权用户访问内部网络，如不允许来自特殊地址的通信、对外部连接进行认证等；控制对内网的访问方式，如只允许外部访问连接网内的 WWW、FTP 和邮件服务器，而不允许访问其他主机；记录相关的访问事件，提供信息统计、预警和审计功能。

随着防火墙技术的不断进步，其功能也在逐渐增加，现已包括防止内部信息泄露的能力。这类设备通常被称为"防水墙"，此处将这些功能视为防火墙的一部分。另外，防火墙也越来越多地和路由器、虚拟专用网（Virtual Private Network，VPN）等系统结合在一起。

防火墙的基本类型主要包括 4 类，下面在 TCP/IP 环境下介绍它们的基本原理。

（1）包过滤防火墙

包过滤防火墙工作在网络协议栈的网络层，包过滤防火墙的模块结构如图 5-16 所示，它检查每个流经的 IP 包，判断相关的通信是否满足既定的过滤规则，如果满足，则允许通过；否则进行阻断。IP 包的包头中包含 IP 子协议类型、源地址、目的地址、源端口和目的端口等信息，因此，包过滤防火墙可以实施以下功能：通过检查协议类型控制各个协议下的通信，通过 IP 地址控制来自特定源地址或发往特定目的地址的通信，由于 TCP/IP 网络的服务和端口是对应的，因此包过滤防火墙可以通过检查端口控制对外部服务的访问和内部服务的开设。包过滤防火墙的操作者负责制定这些规则，并且将它们配置到防火墙系统中去。

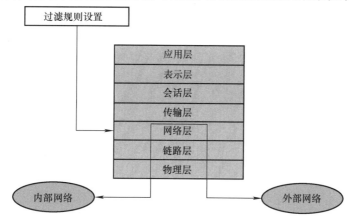

图 5-16　包过滤防火墙的模块结构

包过滤防火墙具有通用性强、效率高、价格低等性能优势，但其也存在比较明显的缺点，主要包括：仅仅能够执行较简单的安全策略，当需要完成一个特定的任务时，往往只靠检查分立的数据包显得较为困难，需要配置较复杂的过滤规则；仅仅通过端口管理服务和应用的通信不够合理，一些特定服务或应用的端口号不固定。

（2）代理网关

一般认为来自外部网络的连接请求是不可靠的，代理网关是执行连接代理程序的网关设备或系统，设置它的目的是为了保护内部网络，它按照一定的安全策略判断是否将外部网络对内部网络的访问请求提交给相应的内部服务器，如果可以提交，代理程序将代替外部用户与内部服务器进行连接，也代替内部服务器与外部用户连接。在以上过程中，代理程序对外部客户担当服务器的角色，对内部服务器担当外部客户的角色，因此，代理程序中既有服务器的部分，也有客户端的部分。

从代理程序的构造上看，可以根据在开放系统互连参考模型（Open System Interconnect Reference Model，OSI）网络分层结构中层次的不同，将它们分为回路层代理和应用层代理。

1）回路层代理。回路层代理（或称电路级代理）工作在 OSI 模型的传输层。它的主要功能是在两个通信的终点之间实现数据包的转换。其工作流程是先检查连接请求，满足安全策略则代理建立连接，并持续监控连接状态，并因数据传输需经代理上层处理后再转发，类似回路而得名。回路层代理在网络通信中仅起到一个中介或代理的作用，它负责处理传输层的数据流，确保数据能够在客户端和服务器之间安全、可靠地传输，它能提供复杂的访问控制策略，包括数据认证、身份认证、会话合法性判断等。

在系统结构上，回路层代理的重要特点是：回路层代理在 FTP 服务（服务器）与 FTP 客户、HTTP 服务（服务器）与 HTTP 客户之间的通信过程中充当中间人角色。具体来说，当 FTP 客户或 HTTP 客户发起连接请求时，回路层代理会首先检查这些请求是否符合预设的安全策略，如果请求通过检查，回路层代理就会代表客户端与相应的 FTP 服务或 HTTP 服务建立连接，并在整个连接过程中持续监控连接状态，确保通信内容符合安全策略要求，如果通信内容符合策略，回路层代理就会转发数据；如果不符合，则禁止相关的 IP 通信，因此，回路层代理在保障这些服务与客户之间安全、可控的通信方面发挥着重要作用。回路层代理的系统结构示意图如图 5-17 所示。

2）应用层代理。在应用层代理系统中，各项组件的关系清晰且紧密。应用层代理位于客户端与 FTP 或 HTTP 服务器之间，作为中间层来处理和转发请求与响应。当客户端希望访问 FTP 服务器上的文件或 HTTP 服务器上的网页等资源时，它会首先向应用层代理发送请求。代理服务器接收到请求后，会根据请求的内容（如目标服务器的地址、请求的资源类型等）以及自身的配置，将请求转发至相应的 FTP 或 HTTP 服务器。

服务器在接收到请求后，会进行相应的处理，如读取文件、生成网页内容等，并将处理结果以响应的形式返回给代理服务器。代理服务器在接收到服务器的响应后，会对其进行必要的处理（如格式转换、压缩等），然后将其转发给客户端，这样，客户端就能够通过代理服务器间接地访问到服务器上的资源。应用层代理的系统结构示意图如图 5-18 所示。

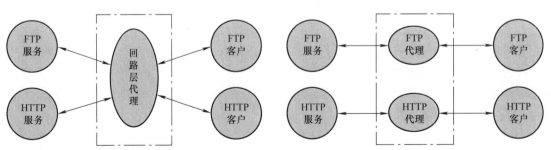

图 5-17　回路层代理的系统结构示意图　　　　图 5-18　应用层代理的系统结构示意图

（3）包检查型防火墙

包检查型防火墙不仅具备包过滤防火墙的功能，还能够超越对 IP 包头的检查，进一步分析 TCP 包头或 TCP 包的数据。这使得包检查型防火墙能够在一定的计算成本下，实施更为多样化和灵活的安全策略。包检查型防火墙增加了对连接状态的控制。连接状态是指一个连接的上下文情况，包检查型防火墙可以记录、监控连接状态，因此可以更准确地判断一个进入包或发出包的合法性，在一定程度上防止了一些潜在的网络攻击。由于连接状态是随着通信的进行不断变化的，因此基于连接状态的访问控制也被称为"动态过滤"。

（4）混合型防火墙

混合型防火墙集成了多种防火墙技术。其中，IP 包过滤防火墙可以用于在低层控制通信，包检查型防火墙可以用于增加可实施的安全策略，回路层代理用于保证建立连接时的安全，应用层代理用于保障应用的安全。

2. "蜜罐"技术

在网络安全技术中，"蜜罐"（Honeypot）技术是指一类对攻击、攻击者信息的收集技术，而"蜜罐"就是完成这类收集的设备或系统，它通过诱使攻击者入侵"蜜罐"系统搜集、分析相关的信息。"蜜罐"还有一些其他类似的称呼，这包括"鸟饵"（Decoys）、"鱼缸"（Fishbowls）等。从更高的层次上看，"蜜罐"技术是网络陷阱与诱捕技术的代表[22]。

为了引诱攻击者实施攻击，"蜜罐"系统一般包含一些对攻击者有诱惑力但实际并不重要的数据或应用程序。它一方面可以转移攻击者的注意力，另一方面通过监控入侵并收集相关的数据来了解攻击的基本类型或特征，以便做好进一步的防范工作。

（1）"蜜罐"类型

"蜜罐"有多种类型，它们的特性可以相互交融。

1）应用型和研究型。"蜜罐"可以按照目的分为应用型"蜜罐"和研究型"蜜罐"。前者的目的是转移潜在的攻击，减轻网络攻击对实际业务网络的影响，后者用于收集黑客、网络攻击情况。

2）低交互型和高交互型。"蜜罐"可以按照与攻击者的交互程度分为低交互型"蜜罐"和高交互型"蜜罐"。低交互型"蜜罐"只设置适当的虚假服务或应用，它不让攻击者获得对其主机的真正访问或控制权，用于探测、识别简单的攻击，由于与攻击者缺少交互，这类"蜜罐"系统暴露或被控制的风险较低。为了获得更多有关攻击和攻击者的信息，高交互型"蜜罐"设置具有真实弱点的真正服务或应用，但这样做的风险也更大。

3）真实型和虚拟型。"蜜罐"可以是真实的或虚拟的，真实"蜜罐"设置实际的服务和应用引诱攻击者发起攻击，而虚拟的"蜜罐"提供虚假的服务和应用引诱攻击者，前者设置的服务和应用是能够真正遭受攻击的，在遭受攻击后它们可能不能正常运行，在后者中，设置的服务和应用是伪装的，一般不会在实际意义上被攻破。"蜜罐"也可以按照以上设置的类型分为牺牲型（Sacrificial Lamb）、伪装型（Facade）和测量型（Instrumented System），前两个分别与真实型"蜜罐"和虚拟型"蜜罐"对应，测量型"蜜罐"将它们的特点综合在一起，目的是为了更灵活、更深入地构建"蜜罐"。

4）"蜜罐"网络。"蜜罐"网络（Honeynet）也被简单地称为"蜜网"，它不是一个单一系统，而是一个网络系统，设置了多个系统上的服务和应用供攻击者攻击。"蜜网"也可以是或部分是虚拟的。

（2）"蜜罐"采用的主要技术

为诱使潜在的攻击者发动攻击而又不被攻击者识破和利用，"蜜罐"主要需要采用以下技术。

1）伪装和引入。伪装和引入技术是指在系统中设置"蜜罐"服务、应用或网络，这些设置仅是为了引诱攻击者使用，而并不具备表面上所显示的实际功能。为了吸引黑客，"蜜罐"系统常在设置的服务、应用或网络中故意留下后门、漏洞或看似敏感的信息。

"蜜罐"系统还可以采用所谓的主动吸引技术，它利用网络中已有的安全设备建立相应的数据转发机制，将入侵者或可疑的连接主动引入"蜜罐"系统或"蜜网"中。

2）信息控制。一旦"蜜罐"或"蜜网"被攻破，攻击者完全可能利用被攻破的系统向其他网络发起攻击，因此，对"蜜罐"或"蜜网"中的信息需要进行全面控制，这类技术就是所谓的信息控制技术。信息控制不仅是控制攻击者利用被攻破的系统发出的操作和连接，还要保持这类控制的隐蔽性，这一般通过给予攻击者一定的操作权限并用防火墙等安全设备监管攻击者的通信实现，如图 5-19 所示。

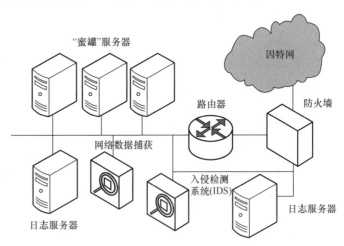

图 5-19　一个"蜜网"的系统结构

3）数据捕获和分析。数据捕获是指"蜜罐"或"蜜网"能够记录攻击者的行为，为分析和识别攻击做好准备。当前有 3 种数据捕获途径，第一种是在"蜜罐"中设置专门的信息、操作监控和记录程序，并设置日志服务器，第二种和第三种分别利用防火墙和 IDS 捕获，其中，防火墙和 IDS 也用于前面的信息控制。对捕获数据的分析类似在 IDS 设计中采取的方法，一般通过对攻击数据进行由一般到抽象的分析，不但能得到具体攻击和攻击者的信息，也能得到相应的攻击行为模式。

3. 紧急响应技术

网络和信息系统设施可能由于各种因素遭到破坏，因此需要在这种破坏到来的前后采取相应的预防、应对措施，这些被统称为应急响应。网络和信息系统设施遭到破坏的原因主要包括网络攻击、信息系统自身出现故障及非抗力因素，后者指出现自然灾害或战争破坏等。国内外的相关机构高度重视信息系统安全的应急响应，组建了一些计算机应急响应小组/协调中心（Computer Emergency Response Team/Coordination Center，CERT/CC），负责制定应急响应策略并协调它们的执行，这些机构主要包括美国卡内基梅隆大学在美国国防部等政府部门资助下组建的美国 CERT/CC、我国的国家计算机网络应急技术处理小组/协调中心（National

Computer Network Emergency Response Technical Team/Coordination Center of China，CNCERT/CC）等。

信息安全应急响应并非在网络或信息系统遭受损害后才启动，而是可以分为前期响应、中期响应和后期响应三个阶段，这些阶段涵盖了紧急安全事件发生和前后的应急响应过程。

（1）前期响应

为尽快恢复遭破坏系统的正常运行，需要提前准备并尽快启动准备的方案，这主要包括制定应急响应预案和计划、准备资源、系统和数据备份、保障业务的连续性等，它们构成了前期响应。预案是指在灾害发生前制定的应对计划，而应急响应计划一般指在发生灾害后，针对实际破坏情况根据预案制定的具体应对计划。应急响应需要准备或筹备的资源包括经费、人力资源和软硬件工具资源，其中，硬件工具包括数据存储和备份设备、业务备用设备、施工和调试设备等，软件资源包括数据备份、日志分析、系统检测和修复工具等。信息系统应该定时备份数据，在安全灾害发生后，尽快备份未损坏的数据甚至整个系统，以免遭受进一步的损失，也降低修复系统的风险，另外，这样也可以保留灾害的现场记录和痕迹。业务连续性保障是指能尽快恢复对外服务，主要的方法是启用准备好的备用设备和数据，或者临时用替代系统保持业务连续。

（2）中期响应

前期响应一般已经使系统恢复了基本的正常运行，但是，信息安全灾害的发生原因和引起的损害程度尚未完全摸清，中期响应的任务就是准确地查明信息系统遭受了何种程度的损害并摸清灾害发生的原因，认定灾害发生的责任，为制定下一步的安全策略和采取下一步的应对措施打下基础。中期响应的工作主要包括事件分析与处理、对事件的追踪、取证等。

（3）后期响应

后期响应的目的是确定新的安全策略并得到新的安全配置，主要包括提高系统的安全性、进行安全评估、制定并执行新的安全策略等。安全评估旨在对新提升的安全性进行评估，以确认其有效性和程度等性质。这一过程可以与系统安全性的提升相互循环进行。最后，通过综合各方面的因素，系统的安全管理者需要制定并实施新的安全策略。

|5.5| 数据安全技术

智能网联汽车正在成为车轮上的数据中心。根据英特尔的一项研究表明，在只考虑自动驾驶专用传感器的情况下，一辆自动驾驶汽车每天会产生大约 4000GB 的数据。汽车中的数据产生和采集并不是一个新现象。2014 年 9 月起，美国境内销售的所有汽车都要配备汽车事件数据记录系统（Event Data Recorder，EDR）。这些设备采集包括速度、制动踏板的使用、驾驶员的警觉性和车辆的其他数据，为事后调查提供数据支撑。这些数据应该采用一定技术来保障安全利用[23]。

与此同时，近年来的技术进步导致汽车收集的数据量和种类激增。汽车不再只是简单的交通工具，而是不亚于计算机或智能手机的智能机器人。搭载先进传感器的汽车行驶在道路上会引发一系列的隐私甚至生命财产安全问题。汽车不仅会收集驾驶员和乘客的信息，还会收集周围的车辆、行人和城市的信息以及国家测绘数据。一旦数据泄露，可能会危害国家安全。此外，这些数据与外部数据库连接，还将具有可推理性。

数据泄露带来的隐患是多层面的，从技术角度和法律角度了解安全定义可以更加合理地部署数据安全技术。从技术角度，根据国家标准 GB/T 37988—2019《信息安全技术 数据安全能力成熟度模型》[24]，数据安全是通过管理和技术措施，确保数据有效保护和合规使用的状态。从法律角度，根据《中华人民共和国数据安全法》[16]，数据安全是通过采取必要措施，确保数据处于有效保护和合法利用的状态，以及具备保障持续安全状态的能力。

数据具有全生命周期的特性，数据安全也应该涵盖数据全生命周期。具体而言，数据安全的范围包括数据采集、数据传输、数据存储、数据处理、数据交换、数据销毁等至少六个数据过程阶段的安全。

本节将数据资产盘点、数据分类分级、敏感数据脱敏和敏感数据销毁四种主要数据安全技术展开。

5.5.1 数据资产盘点

对数据资产进行盘点是数据安全的基础，以企业数据资产梳理为主。只有通过规范化、系统化的整理、归并和分类等操作，才能有效利用数据。然而，在实践中，对数据资产的盘点仍然处于摸索阶段，缺乏完整的方法支持。公司企业通常根据自身特点和主要用途，制定企业自身的数据资产梳理方法。数据资产盘点的成果是数据资产清单或数据资产目录，它能从全局层面直观地展现智能网联汽车拥有的数据资产情况，帮助汽车制造商进行更有效的数据利用和管理，明确数据保护目标，协助完成数据安全保护体系的构建。

数据资产盘点涵盖了数据的基本信息、应用场景以及存储状态。具体而言，数据基本信息包括数据的名称、格式、来源以及负责管理的责任部门等，同时，数据应用场景描述了数据在业务处理中的实际应用情况，包括数据的处理场景和共享范围。数据存储状态反映了数据在存储和管理方面的状态和要求，包括数据的存储量、存储期限以及备份策略等。这些数据存储信息对于确保数据的可靠性和可用性至关重要，通过数据资产盘点，组织可以全面梳理和记录内部的数据资源，确保数据的可追溯性和可管理性。

如图 5-20 所示，通过以下工作的数据资产盘点，分析人员对于本单位的数据资产有总体了解，为后续的数据管理和利用提供有力支持。

数据资产盘点的一个关键工作是进行数据流转分析，如图 5-21所示。车辆数据流转是指在车辆使用过程中，数据从产生、收集、传输、处理到应用的

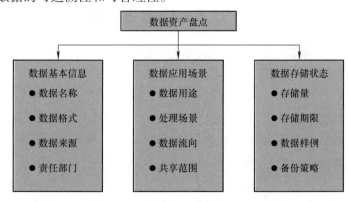

图 5-20　数据资产盘点工作内容

整个过程。这个概念涉及车辆的智能系统、网络连接、数据处理能力以及数据安全等多个方面。从数据采集开始，数据流程为从多个源头收集数据，这包括从交通流量、驾乘人员处收集的数据和人员数据，以及从车辆状态监测中获得的车辆状态数据，还有通过地理信息系统收集到的地理信息数据，这些数据可能来自于车端传感器、道路信号灯以及路侧传感器等多种设备。

完成数据采集后，这些数据将被用于支持后续的数据处理和分析工作。车辆数据可能将用于安全审计，通过细致监测交通流量、车辆实时状态、道路综合信息以及路侧传感器的数据，相关可用于审查企业业务开展的合规性；车辆数据也可能与其他部门或第三方企业共享。经过初步处理的数据被安全地传递给相关单位，如交管部门、自动驾驶企业、保险企业以及第三方服务平台。这些部门会利用这些数据开展车辆研究、道路建设等工作；车辆数据也可能用于生成新的数据。经过深度处理和分析的数据被转化为更具价值的信息，这可能包括利用云服务器和网络通信技术生成的高精度地图，或者基于大数据分析得出的市场运营报告等。

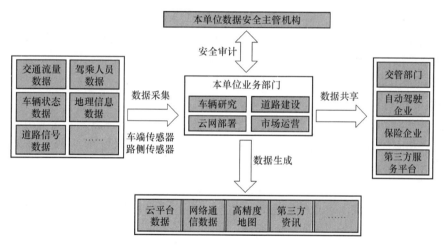

图 5-21　车辆数据流转

另一例数据资产盘点实践根据数据基本信息、应用/功能场景、传输方法和位置状态，对数据拥有者的数据资产进行盘点，需要形成数据资产识别清单。

通过数据项、格式、传输方法、位置 4 个维度针对数据基本信息进行梳理。

1）数据项：即信息本身。一个单独的数据项可以是单一的数据点（例如名称），也可以是相关数据的集合（一个数据主体的所有信息）。

2）格式：数据项存储的状态。虽然越来越多的组织会选择在云端存储数字信息，但仍需识别实际使用的数据格式（包括照片、U 盘等）。

3）传输方法：传输方法是指数据项从一个位置移动到另一个位置的明确方法，无论位置和传输方式是物理的还是电子的，都会产生新的数据项。

4）位置：存储数据项和进行处理的位置。根据数据量、存储周期、备份存储等维度确定几种不同"粒度"的位置。例如：可以将数据存储在硬件安全模块中，也可以存储在嵌入式多媒体卡中，存储周期过 30 天后，需要删除，不能备份。

5.5.2　数据分类分级

数据分类分级一般根据数据资产梳理的结果，结合数据安全目标，依照数据分类分级原则开展工作。本节将从定义、原则、方法等方面介绍，提供框架概念。

1. 数据分类分级定义

数据分类是指根据数据内容的属性或特征，将数据按一定的原则和方法进行区分和归类，并建立一定的分类体系和排列顺序。数据分类有分类对象和分类依据两个要素。分类对象由若干被分类的实体组成；分类依据取决于分类对象的属性或特征。数据内容属性的相同或相异，形成了各种不同的类（或类目）。

数据分级是指依照国家法律法规要求，根据数据重要程度、数据敏感程度、数据泄露造成风险程度等，将数据按一定的原则和方法进行定级的过程。一般地，可将目标数据分为第 1 级、第 2 级、……、第 n 级等，其中第 1 级最低，第 n 级最高。

在数据的整个生命周期中（涵盖数据的采集、传输、存储、使用、分享和销毁等环节），必须根据数据的分类和分级结果制定相应的安全管理要求，并实施相应的安全治理策略，以确保数据的安全和合理使用。同时，对于关系国家安全、国民经济、重要民生和重大公共利益的重要数据，以及涉及个人敏感信息的数据，需实施更加严格的管理制度。

2. 数据分类分级原则

（1）合法合规

数据分类分级方法应遵循有关法律法规要求，对国家和地方主管单位有明确管理要求的数据进行重点识别和管理，并配套相应的数据安全管理办法，满足合法合规要求。

（2）科学合理

应选择事物或概念（即分类分级对象）最稳定的本质属性或特征作为数据分类分级的基础和依据。分类分级的科学合理性就是要使数据类别的划分符合数据的内涵、性质及使用与管理要求。

（3）可扩展性

数据分类分级要有概括性和包容性，以保证将来对可能出现的新数据进行分类分级时，不打乱已建立的分类体系。同时，还应为下级数据管理系统在本分类分级体系的基础上进行拓展细化创造条件。

（4）简单实用

数据分类和分级方法应尽可能简洁明了，避免引入在实际运行场景和业务实践中不存在的数据项。数据类型的描述应简洁清晰，符合各部门的思维习惯和责任分工。

（5）优先保障

数据分类分级方法应优先保障较高级别数据安全，对于包含多个级别数据项的数据集，且在数据安全治理过程中不便进行拆解的，应整体按照数据项的最高级别对数据集进行安全治理。

3. 数据分类方法

数据分类方法是根据选定的分类维度，将数据类别以某种形式进行排列组合的逻辑方法。数据分类的基本方法主要有三种，即线分类法、面分类法和混合分类法。智能网联汽车企业实践中，以线分类法为主[25]。

（1）线分类法

线分类法也称层级分类法，是将分类对象（即被划分的事物或概念）按选定的若干属性或特征，逐次分为若干层级，每个层级又分为若干类目。同一分支的同层级类目之间构成并列关系，不同层级类目之间构成隶属关系。同层级类目互不重复，互不交叉。

在线分类体系中，某一类目相对于其直接划分出的下一层级类目被称为上位类；而由上位类直接划分出的下一层级类目则称为下位类。上位类与下位类之间存在从属关系，意味着下位类隶属于上位类。由一个类目直接区分出的各类目称为同位类，同位类之间为并列关系，彼此之间既不重复，也不交叉。

按线分类法建立的分类体系形成一个树结构。其中，A 为初始的分类对象，有 m 个属性/特征 A_1，A_2，$\cdots$，A_m 用于分类，按属性/特征 A_1 分类得到的同层级类目为 A_{11}，A_{12}，$\cdots$，A_{1n}，按属性/特征 A_2 分类得到的同层级类目为 A_{21}，A_{22}，$\cdots$，A_{2q}，一般地，按属性/特征分类得到的同层级类目为 A_{m1}，A_{m2}，$\cdots$，A_{mp}。

线分类法的基本要求具体如下：

1）由某上位类类目划分出的下位类类目的总范围应与该上位类类目范围相等。

2）当某一个上位类类目划分成若干下位类类目时，应选择同一种划分基准。

3）同位类类目之间不交叉、不重复，并且只对应于一个上位类类目。

4）分类要依次进行，不应有空层或加层。

线分类法的优点包括：①容量大。可容纳较多类目的数据。②结构清晰。采用树结构能较好地反映类目之间的逻辑关系。③使用方便。既符合手工处理数据的思维习惯，又便于计算机处理。

线分类法的缺点包括：①结构弹性较差。分类结构一经确定，不易改动。②效率较低。当分类层次较多时，编码的位数较长，影响数据处理速度。

《智能网联汽车数据分类分级实践指南》中采用了线分类法，将智能网联汽车数据和车联网汽车数据分为三级。第一层级根据数据来源主体分类为车、人、路、云。部分数据分类结果见表 5-10。

表 5-10　智能网联汽车数据分类结果（部分）

一级	二级	三级
车	基本数据	车辆基本数据
		车联网移动终端应用软件基础属性数据
	感知数据	激光雷达数据
		毫米波雷达数据
	决策数据	人类驾驶员操作数据
		自动驾驶系统决策数据
	运行数据	运行统计信息
		车辆状态数据
	车控类数据	智能决策车控类数据
		车辆远程监控类数据

（续）

一级	二级	三级
人	用户身份证明类信息	驾驶员/安全员个人直接标识
		驾驶员/安全员生物特征
	用户服务相关信息	用户服务使用信息
		用户车辆基本标识信息
	用户其他相关信息	用户状态检测
		人机交互操作记录
路	基本信息	路侧编号信息
		路侧设备属性数据
	感知数据	摄像头视频
		交通控制信号
	融合计算数据	融合计算感知目标物数据
		融合计算交通流数据
	应用服务数据	协同决策数据
		信息服务
	运行状态数据	系统运行状态
		部件运行状态
	地图数据	静态高精地图数据
		准静态高精地图数据
	交通大数据	交通流量
		平均行程速度
云	基本信息	云控平台建设基本信息
		展示信息
	控制数据	协同控制数据
		信号配时方案
	网络监测数据	网络状态监测数据
		流量监测数据
	生活服务	日常生活服务
		电商
	车辆服务	维保预约
		预约加油

（2）面分类法

面分类法是将所选定的分类对象的若干属性或特征视为若干"面"，每个"面"中又可分成彼此独立的若干类目。使用时，可根据需要将这些"面"中的类目组合在一起，形成一个复合类目。

面分类法的基本要求具体如下：根据需要选择分类对象本质的属性或特征作为分类对象的各个"面"；不同"面"内的类目不能相互交叉，也不能重复出现；每个"面"有严格的固定位置；对于"面"的选择及位置的确定，应根据实际需要而定。

面分类法的优势在于其高度的灵活性，一个面内的属性内容和数量的变化不会对其他面产生影响。此外，它具有良好的适应性，可以根据需求自由组合各种类别，便于机器处理，并且易于进行增删改操作。面分类法的缺点包括不能充分利用数据，在面分类法形成的分类体系中，可组成的类目很多，但有时实际应用的类别不多；手工组成数据类目比较困难。

（3）混合分类法

混合分类法是将线分类法和面分类法组合使用，以其中一种分类法为主、另一种做补充的数据分类方法。

混合分类法的优势在于能够根据实际需求灵活地结合两种分类方法，从而充分地利用它们各自的优点。这种方法特别适用于一些综合性较强、属性或特征不够明确的数据分类。

4. 数据分级方法

（1）数据分级的基本流程

数据分级主要包括数据资产梳理、数据分级准备、数据级别判定、数据级别审核、数据级别批准、数据分级保护等流程，如图 5-22 所示。

以下简要说明相关子流程的工作内容。

1）数据分级准备。明确数据分级的颗粒度（如库文件、表、字段等），识别数据安全分级关键要素。

2）数据级别判定。数据级别初步评定根据数据分级规则，结合国家及行业有关法律法规、部门规章，对数据安全等级进行初步判定。数据级别复核综合考虑数据规模、数据时效性、数据形态（如是否经汇总、加工、统计、脱敏或匿名化处理）等因素，对数据安全级别进行复核。最后，形成数据安全级别评定结果及分级清单。

3）数据级别审核。必要时重复数据级别判定及其后续工作，直至安全级别的划定与本机构数据安全保护目标一致。最后，形成数据资产定级清单。

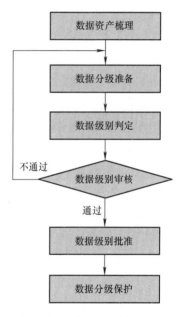

图 5-22　数据分级基本流程

最终由数据安全管理最高决策组织对数据安全分级结果进行审议批准。

依据数据分级结果进行保护，包括数据分级保护策略、个人权益数据安全合规、公共利益数据安全合规、国家数据安全合规、组织权益数据安全合规。

（2）数据分级的基本方法

数据分级涉及数据分级对象、数据分级要素和数据分级其他事项等工作内容，以下简要介绍开展这些工作的基本方法。

从数据分级的粒度上来说，可以对数据项进行分级，也可以对数据项集合进行整体分级，还可以在对数据项集合整体进行分级的同时对其中的数据项进行分级。其中，数据项既可以是单个非结构化数据，也可以是结构化数据中的单个数据字段。

数据分级是基于分级要素进行综合判定的，分级要素包括：数据发生泄露、篡改、丢失、滥用后（以下统称"数据产生风险"）的影响对象、影响程度和影响范围。

影响对象是指数据产生风险后受到影响的对象，包括国家安全、公共利益、个人权益、组织权益4个对象。①影响对象为国家安全的情况是指数据的安全性遭到破坏后，可能对国家政权稳固、领土主权、民族团结、社会和市场稳定等造成影响。②影响对象为公共利益的情况是指数据的安全性遭到破坏后，可能对生产经营、教学科研、医疗卫生、公共交通等社会秩序和公众的政治权利、人身自由、经济权益等造成影响。③影响对象为个人权益的情况是指数据的安全性遭到破坏后，可能对自然人主体的个人信息、私人活动和私有领域等造成影响。④影响对象为组织权益的情况是指数据的安全性遭到破坏后，可能对某汽车制造商的生产运营、声誉形象、公信力等造成影响。

影响程度是指数据产生风险后受到影响的程度，包括一般影响、严重影响、特别严重影响三种程度。①一般影响：数据的安全性遭到破坏后，对国家安全、公共利益、个人权益、组织权益等造成轻微损害或一般损害，且结果可以补救。②严重影响：数据的安全性遭到破坏后，对国家安全、公共利益、个人权益、组织权益等造成严重损害，且结果不可逆，但可以采取措施降低损失。③特别严重影响：数据的安全性遭到破坏后，对国家安全、公共利益、个人权益组织权益等造成严重损害，且结果不可逆。

影响范围是指数据产生风险后受到影响的范围。根据影响规模，影响范围可分为较大范围影响和较小范围影响。

1）较大范围影响：数据的安全性遭到破坏后，影响规模同时满足以下3种情形：①影响党政机关、公共服务机构的数量，超过1个；②影响其他机构的数量，超过3个（含3个）；③影响自然人的数量，超过50人（含50人）。

2）较小范围影响：数据的安全性遭到破坏后，影响规模满足以下3种情形之一：①影响党政机关、公共服务机构的数量，不超过1个；②影响其他机构的数量，不超过3个；③影响自然人的数量，不超过50人。

（3）数据分级实例

从影响对象和影响程度两个方面，确定智能网联汽车数据的重要性级别。其中影响对象是指数据一旦遭到泄露、篡改、破坏或者非法获取、非法利用、非法共享，可能影响的对象。数据安全风险涉及的影响对象包括国家安全、公共利益、组织权益、个人权益。影响程度是指数据一旦遭到泄露、篡改、破坏或者非法获取、非法利用、非法共享，可能造成的影响程度。影响程度从高到低可分为特别严重影响、严重影响、一般影响。数据分级方法实例见表5-11。

对不同影响对象进行影响程度判断时，采取的基准不同。如果影响对象是组织或个人权益，则以本单位或本人的总体利益作为判断影响程度的基准。如果影响对象是国家安全、经济运行、社会稳定或公共利益，则以国家、社会或行业领域的整体利益作为判断影响程度的基准。

根据上述内容，通过判断数据一旦被泄露、篡改、破坏或者非法获取、非法利用、非法共享，对国家安全、公共利益、组织权益、个体合法权益的影响程度，将数据等级分为如下4个级别：

1）一般数据一级（一般级）是指在车联网信息服务过程中，数据在被泄露、篡改、破坏或者非法获取、非法利用、非法共享后，对个人权益、组织权益公共利益造成一般危害的数据。

2）一般数据二级（重要级）是指在车联网信息服务过程中，数据在被泄露、篡改、破坏或者非法获取、非法利用、非法共享后，对个人权益、组织权益公共利益造成严重危害的数据。

3）一般数据三级（敏感级）是指在车联网信息服务过程中，数据在被泄露、篡改、破坏或者非法获取、非法利用、非法共享后，对个人权益、组织权益造成特别严重危害、对公共利益造成一般危害的数据。

4）重要数据四级（核心级）是指在车联网信息服务过程中，数据在被泄露、篡改、破坏或者非法获取、非法利用、非法共享后，对公共利益造成严重危害、对国家安全造成一般危害的数据。

表 5-11　数据分级方法实例

影响对象	影响等级		
	特别严重影响	严重影响	一般影响
国家安全	—	—	重要数据四级
公共利益	—	重要数据四级	一般数据一级
组织权益	一般数据三级	一般数据二级	一般数据一级
个人权益	一般数据三级	一般数据二级	一般数据一级

5.5.3　敏感数据脱敏

1. 数据脱敏定义及分类

数据脱敏（Data Masking）是指对敏感数据通过一定的规则对其进行数据变形、屏蔽或仿真处理，从而实现对其可靠保护。其中，敏感数据（Sensitive Data）是指组织、个人不适合公开发布的数据，包括组织（含政府机关及企事业单位）敏感数据、个人敏感数据等。在智能网联汽车中，常见的结构化敏感数据包括车主的身份证号、车辆识别号码（VIN）、轨迹数据等；常见的非结构化敏感数据包括人脸、车牌等图片及视频数据。

从数据脱敏对象的角度来看，数据脱敏总体可分为两大类：结构化数据脱敏、非结构化数据脱敏，如图 5-23 所示。其中，结构化数据脱敏包括数据库脱敏（含静态数据脱敏、动态数据脱敏）、结构化文本脱敏；非结构化数据脱敏包括图像数据脱敏、视频数据脱敏、非结构化文本脱敏。

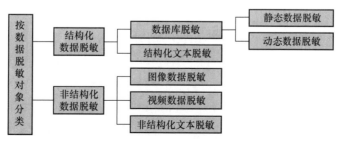

图 5-23　基于敏感对象的数据脱敏分类

从数据脱敏技术发展过程的角度来看，数据脱敏方法总体可分为经典的常规数据脱敏方法（简称经典数据脱敏方法）和现代的面向个人隐私保护的数据脱敏方法（简称现代隐私保护方法），如图 5-24 所示。其中，经典数据脱敏方法主要介绍结构化数据脱敏方法和非结构化数据脱敏方法[27]；现代隐私保护方法主要介绍 k 匿名、差分隐私和人脸去身份识别技术等方法。

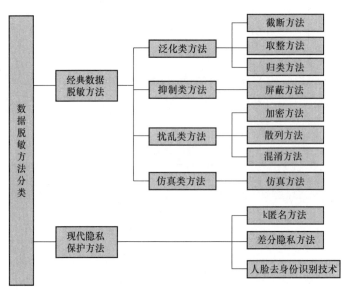

图 5-24　数据脱敏方法分类

2. 结构化数据脱敏方法

结构化数据也称行数据，是指由二维表结构来逻辑表达和实现的数据，它严格地遵循数据格式与长度规范。其中，二维表中的每行（条）记录对应一个数据主体，二维表中的每列（字段）对应一个属性。

结构化数据脱敏是指遵照一定的规则对上述二维表结构中的敏感字段数据进行数据变形、屏蔽或仿真处理，从而对其实现可靠保护。常用结构化数据脱敏方法介绍如下：

1）遮蔽脱敏。遮蔽脱敏方式是对数据的全部或者一部分用符号替换，例如原手机号为 18688888888，经过脱敏后改为 186＊＊＊＊8888。这种隐藏敏感数据的方法简单，但缺点是用户无法得知原数据的格式，如果想要获取完整信息，要让用户授权查询。车辆的 VIN 等数据适用于这类脱敏方式。

2）泛化脱敏。泛化脱敏方法是在保留原始数据局部特征的基础上，通过其他方式替代原始数据的一种手段。例如，可以将年龄信息处理为 11～20 岁、21～30 岁、31～40 岁等宽泛的区间，以适应不需要具体年龄的场景。这种方法在数据统计中应用广泛。它类似于缩小的放大镜，虽然隐藏了更为细致的细节，但依然保持了高准确性的分析能力。

3）伪匿名化。伪匿名化是从数据集中删除标识符并替换为伪名称的过程。这种匿名化技术的主要目标是确保特定数据除非与另一组信息相结合，否则无法与可识别的个人匹配。伪匿名化数据的简单方法是用假名（伪名）替换个人的姓名。例如，如果用户在注册时提交姓名"Jane",则主数据库可以简单地将其存储为"Person 2647"。可以将 Person 2647 与 Jane 的映射算法存储在另一个安全数据库中。

4)数据扰动。数据扰动是一种基于统计学原理的脱敏方法,通过在数据集中引入微小、随机的变化,使个体数据点难以被识别,但保持整体数据分布、相关性和趋势不变。常见的扰动技术包括差分隐私、加噪(如拉普拉斯噪声、高斯噪声)等。数据扰动适用于大规模数据分析、机器学习模型训练等场景,既能满足数据使用者对数据特性的需求,又能严格保护个体隐私。

5)取整法。取整法的基本思想是对数值型或时间型的原始数据,按一定的幅度进行向下或向上的偏移取整。例如,将时间数据 2021111801:01:09,按 10s 取整(只舍不入)的结果为 2021111801:01:00。再例如,将行驶里程数为 15849km,按 100 为单位进行取整(四舍五入)的结果为 15800km。在对数据精度要求不高的情况下,取整法是较好的脱敏方法。

6)归类法。归类法对数字型数据按照大小归类到预定义的多个档位。例如,把车辆在城市道路中的行驶速度分为快(≥50km/h)、中(<50km/h 且≥20km/h)、慢(<20km/h)3 个级别,则当某时刻车辆速度为 35km/h,其脱敏值为中。

3. 非结构化数据脱敏方法

非结构化数据是指没有明确结构约束(或数据结构不规则、不完整)、没有预定义的数据模型、不方便用二维逻辑表来表现的数据。非结构化数据主要包括图像数据、视频数据、非结构化文本数据等。智能网联汽车中以图像和视频的非结构化数据为主,非结构化文本数据较少。因此,本节简要介绍图像数据脱敏和视频数据脱敏。

1)图像数据脱敏。图像数据脱敏是指采用相关技术手段,对图像中的文字、图形进行去标识化、遮罩、添加噪声等处理,从而对其实现可靠保护。其中,图像脱敏的相关技术手段包括神经网络、差分隐私技术等;去标识化是指去掉图像中的敏感文字信息,如自然人隐私数据;遮罩是指对图像进行类似"打马赛克"处理;添加噪声是指使原图像变得"面目全非",以期实现脱敏目标。例如,用于疲劳驾驶检测的驾驶员检测系统中,往往会对驾驶员的人脸信息添加"马赛克"。

2)视频数据脱敏。视频数据是由一系列相关联的图像帧数据构成,其中的每一个图像帧是一个静态的图像数据。换言之,视频数据 = 图像数据 1 + 图像数据 2 + …… + 图像数据 N。视频数据脱敏是指采用相关技术手段,对图像数据 1 ~ N 中的文字、图形进行去标识化、遮罩、添加噪声等处理,从而实现对视频数据的可靠保护。

例如在智能网联汽车的"哨兵模式"中,车主可以远程查看车辆周围的情况,为保护行人与车辆的隐私安全,汽车制造商将视频中人脸、车牌信息去除。

4. 现代隐私保护方法

(1)k 匿名(K-anonymity)

k 匿名针对关系数据库的原始数据集,通过采用泛化和抑制等经典数据脱敏方法,对原始数据集进行脱敏,脱敏后的任意用户标识信息相同组合(简称等价数据集)都至少出现 k 次[28]。其中,等价数据集可以是一个敏感属性,也可以是两个甚至多个敏感属性组合;k 值越大,保护个人隐私的强度就越大。

例如，原始数据集见表5-12，含有4个字段，即序号、邮编、年龄、疾病，总共有10条记录。采用经典数据脱敏方法，脱敏后的数据集见表5-13。标识符组合 {邮编，年龄} 的等价数据集共有3类，即 {476＊＊＊，2＊}、{4790＊＊，≥40} 和 {476＊＊＊，3＊}。每一类数据集的记录数分别为：{476＊＊＊，2＊}，有3条记录；{4790＊＊，≥40}，有4条记录；{476＊＊＊，3＊}，有3条记录。对各类等价数据集的记录数求最小值，min {3，4，3} =3，即脱敏后的等价类组合 {邮编，年龄} 都至少出现3次。因此，脱敏后的数据集为：3-匿名化数据集。

表5-12　原始数据集

序号	邮编	年龄	疾病
1	476770	25	流感
2	476021	28	流感
3	476780	24	哮喘病
4	479020	42	肺癌
5	479051	43	流感
6	479053	46	肝癌
7	479091	50	哮喘病
8	476111	31	哮喘病
9	476222	35	心脏病
10	476333	36	流感

表5-13　脱敏后的数据集

序号	邮编	年龄	疾病
1	476＊＊＊	2＊	流感
2	476＊＊＊	2＊	流感
3	476＊＊＊	2＊	哮喘病
4	4790＊＊	≥40	肺癌
5	4790＊＊	≥40	流感
6	4790＊＊	≥40	肝癌
7	4790＊＊	≥40	哮喘病
8	476＊＊＊	3＊	哮喘病
9	476＊＊＊	3＊	心脏病
10	476＊＊＊	3＊	流感

（2）差分隐私

差分隐私（Differential Privacy）最早于2008年由Dwork提出，通过严格的数学证明，使用随机应答（Randomized Response）方法确保数据集在输出信息时受单条记录的影响始终低于某个阈值，从而使第三方无法根据输出的变化判断单条记录的更改或增删，被认为是目前基于扰动的隐私保护方法中安全级别最高的方法[29]。

差分隐私是一种定义，不是一种具体的技术。对于一个随机算法 M，P_M 为算法 M 可以输出的所有值的集合，如果对于任意的一对相邻数据集 X 和 X'，P_M 的任意子集 S，算法 M 满足：

$$\Pr\left[M(X)\right] \leqslant e^{\varepsilon}\Pr\left[M(X') \in S\right] \tag{5-2}$$

则称算法 M 满足 ε- 差分隐私，其中参数 ε 为隐私保护预算。ε 越小，隐私保护程度越高。当 $\varepsilon = 0$ 时，隐私保护程度达到最高。相邻数据集指的是两个数据集具有相同的记录个数且仅有一条记录不同。式（5-2）表明，对数据集中任意一个数据进行修改后，运行随机算法 M 得到的子集的概率变化很小。也就是说，修改一个数据不会对算法 M 输出结果的概率分布带来太大的影响。

差分隐私具有较好的数据效用和隐私保护平衡，愈发受到产业与学术界的关注。在智能网联汽车中，差分隐私广泛应用于轨迹数据、图像数据的隐私保护中。

（3）人脸去身份识别技术

近年来，生物识别技术的进步激发了去身份识别领域的研究。其中最为著名的例子是 k-same，k-same-Select 和 k-same-M 等一系列的方法。k-same 系列算法由 Newton 等人提出，旨在实现人脸图像的去身份识别。该算法对最近的 k 个人脸图像进行平均处理，并用计算得到的平均脸替换 k 个人脸图像。该系列算法的核心在于采用了 k 匿名隐私保护策略。其主要思路是将原始人脸图像库的图像按照最近邻规则划分为 n 组，每组有 k 个不同的人，在每组中计算平均图像，并用该平均图像去替换原始图像，从而确保识别率低于 $1/k$，以实现隐私保护。

这类方法在智能网联汽车领域有较高的应用前景。驾驶员的面部表情或状态往往能够显示驾驶员是否在安全驾驶。比如当驾驶员的眼睛处于闭合状态时，这个状态对于驾驶员来说是非常危险的，直接会危及生命，识别软件应能迅速识别此状态，并能及时采取措施提醒驾驶员安全驾驶。但在这个过程中，使用此软件的驾驶员并不希望此软件识别出他是谁，从而可能会实时跟踪他的行踪。

5.5.4　敏感数据销毁

数据安全能力成熟度模型（DSMM）是以 2019 年 8 月 30 日发布，2020 年 3 月 1 日实施的 GB/T 37988—2019《信息安全技术　数据安全能力成熟度模型》[24] 为依据的数据安全保护体系。

DSMM 将数据销毁安全定义为通过相应的手段操作数据及数据存储介质，使数据彻底删除且无法通过任何手段恢复。在该过程中，既包含对数据本身的逻辑销毁，又包含对数据存储介质的物理销毁，因此 DSMM 在该阶段包含两个过程域：数据销毁处理和存储介质销毁处理。换言之，数据销毁技术包含两个层面的内容，一个是逻辑层面的数据软销毁技术，另一个是物理层面的数据硬销毁技术。

（1）数据软销毁技术

数据软销毁技术包括本地数据销毁技术和网络数据销毁技术。在车联网的背景下，两者都应充分了解。

下面介绍本地数据销毁技术。删除和格式化操作是最常用的两种清除数据的方式，但其实它们并不是真正意义上的数据销毁方法。以 Windows 系统为例，硬盘数据以簇为基本单位存储，且存储位置以一种链式指针结构分布在整个磁盘中。删除操作就是在文件系统上新创建一个空的文件簇，然后将删除文件占用的其他簇都变为"空"，从而让文件系统"误以为"该文件已经被清除了。

数据存储在多种存储介质中，因此数据销毁的技术也各不相同。这是因为不同介质的数据写入原理存在差异。在这些介质中，数据销毁的基本方法是执行与数据写入相同或相反的操作。对于磁盘而言，数据写入是通过在磁盘扇区中有规律地存储信息来实现的，而销毁磁盘数据的思路则是向需要清除的数据所在的扇区反复写入无意义的随机数据，例如"0""1"bit，以覆盖并替换原有数据，从而使数据无法读取，最终实现数据的彻底销毁。GA/T 1143—2014《信息安全技术 数据销毁软件产品安全技术要求》中也对磁盘数据销毁技术进行了阐述，包括以下三类。

1）数据覆写：将非敏感数据写入以前存有敏感数据的存储位置，以达到清除数据的目的。

2）3 次数据销毁方法：对指定的目标磁盘以数据覆写的方式进行擦写，磁头经过各区段覆写 3 次，第 1 次通过固定字符覆写，第 2 次通过固定字符的补码覆写，第 3 次通过随机字符进行覆写。

3）7 次数据销毁方法：对指定的目标磁盘以数据覆写的方式进行擦写，磁头经过各区段覆写 7 次，第 1 次和第 2 次通过固定字符及其补码覆写，接下来分别用单字符、随机字符覆写，然后再分别用固定字符及其补码覆写，最后使用随机字符进行覆写。

针对像网络数据这种人工不可控的数据销毁需求，目前常用的有两种较为有效的数据销毁方式，一种是基于密钥销毁的数据不可用销毁方式，另外一种是基于时间过期机制的数据自销毁方式。

基于密钥销毁的数据不可用销毁方式并不直接销毁数据本身，而是通过销毁加密数据的密钥来实现数据不可访问的效果。这种方案最初旨在提高数据销毁的效率，将数据销毁的关注点转移至密钥的销毁上。在云计算时代，基于密钥销毁的数据不可用销毁方式也恰恰解决了数据销毁无法被确认的问题。基于这种销毁方式，组织机构可以将密钥存储在本地，当需要进行数据销毁操作时，首先对被销毁的数据使用密钥进行加密，然后进行数据销毁操作，最后再将本地存储的密钥进行销毁。这样，即使无法确认网络存储中的数据是否已被真正销毁，也会由于销毁前已经进行过数据加密操作，攻击者即使进行数据恢复，或者以其他途径得到了数据，也无法解密使用。同时，本地存储的密钥也会在数据销毁结束后被销毁，从而进一步确保了网络数据销毁的安全性。对于加密后的网络数据销毁，使用网络存储提供的一般销毁方式即可，如删除或格式化等。基于密钥销毁的网络数据销毁流程如图 5-25 所示。

基于时间过期机制的数据自销毁方法是一种在云存储环境中实现数据安全销毁的方式，其核心思想是通过使数据不可用来实现销毁的目的。在网络存储或其连接的其他环境中，可以安装一个数据自销毁程序。在数据被销毁之前，程序会为数据设置一个过期时间标记，并随后执行删除操作。当攻击者试图通过数据恢复或其他手段访问已销毁的数据时，一旦自销

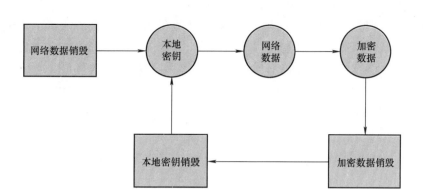

图 5-25　基于密钥销毁的网络数据销毁流程

毁程序检测到该数据的访问已过期，就会立即启动数据重写、覆写、再次删除等销毁操作。这样，攻击者便无法正常访问已被销毁的数据，从而确保了网络数据销毁的安全性。基于时间过期机制的网络数据销毁流程如图 5-26 所示。

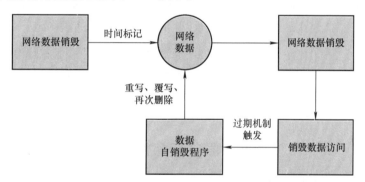

图 5-26　基于时间过期机制的网络数据销毁流程

以上两种网络存储（云存储）环境下的数据销毁方式，聚焦点都是将数据的有效性转移到数据的不可用状态当中，比较适合于网络存储环境下的不可控条件。在实际场景中时，两种方式既可以单独使用，也可以根据实际情况结合使用，从而进一步提升网络数据销毁的安全性。

（2）数据硬销毁技术

智能网联汽车中的 ECU 具备存储器[16]。根据存储介质的不同类型，常见的存储介质可以分为磁介质、半导体介质和光盘介质三大类，此处主要介绍磁介质。磁介质是一种磁记录介质材料，是利用磁特性和磁效应实现信息记录和存储功能的磁性材料。日常使用的硬盘其实全称为硬磁盘，就是利用磁记录技术来实现数据存储的。

在存储介质需要被替换掉或淘汰掉时，如果仅仅是删除存储介质中的文件，则攻击者仍然有可能通过技术手段对相关的数据进行恢复，因此需要对存储介质进行彻底的物理销毁，以保证数据无法复原，从而避免造成信息泄露，尤其是国家涉密数据，应防止因存储介质丢失、被窃或未授权的访问而导致存储介质中有数据泄露的安全风险。

介质销毁处理技术工具的目标是对存储介质（如闪存盘、硬盘、磁带和光盘等）进行物理销毁，以确保数据无法恢复。目前，主要采用物理和化学方法直接销毁存储介质。物理销毁可分为捣碎、焚毁、消磁等方法。

1) 捣碎法/剪碎法：是指借助外力将介质的存储部件损坏，使数据无法恢复。粉碎后残渣的颗粒度需要符合国家保密标准 BMB21—2007《涉及国家秘密载体销毁与信息消除安全保密要求》中规定的销毁标准：长度≤3mm，面积≤9mm，凹进上表面 0.2mm，破坏同心度使偏差达 10%。捣碎法/剪碎法一般适用于光盘、U 盘、IC 卡的销毁，不适用于硬盘销毁。

2) 焚毁法：是指利用微波加热或其他方法在炉内产生高温使存储介质焚烧，以达到彻底销毁数据的目的。一般情况下，光盘、软盘、磁带将在 150～300℃融化裂解；硬盘中最不易融化的铝制材料将在 700℃左右开始裂解。由于高温销毁炉会产生较高的热量排放，因此不宜放置在普通办公室内，需放置在空气流通良好的专业销毁场地使用。

3) 消磁法：消磁是磁介质被擦除的过程。硬盘盘面上的磁性颗粒沿磁道方向排列，不同的 N/S 极连接方向分别代表数据 0 或 1。对硬盘瞬间加强磁场，磁性颗粒就会沿磁场强的方向一致排列，变成清一色的 0 或 1，于是硬盘就失去了数据记录的功能。

化学销毁方法主要是滴盐酸法。利用酸性试剂对存储介质的盘面进行腐蚀，通过破坏盘面的方式来避免数据还原。这种方式在过去比较奏效，但随着电子技术的迅猛发展，生产厂家为了提高介质盘片的耐磨性，会在盘面镀合金薄膜，使盘片具有抗腐蚀性，这导致滴盐酸法的效果越来越差。

5.6 信息安全测试方法

相比传统汽车，汽车网络架构正发生巨大变化，汽车技术的发展趋势必然导致信息安全问题的发生。汽车的网联化、智能化、电动化都会对汽车信息安全造成相应的影响。而信息安全作为智能驾驶的重要支撑，也会随着信息的时效而不断变化。基于这两点，智能网联汽车信息安全的测试标准不是一成不变的。

在汽车网联化的进程中，所采用的计算机和网络系统延续了传统的计算机和网络架构，因此也不可避免地继承了这些系统固有的缺陷。与其他电子设备相比，智能网联汽车的运行系统规模更为庞大，至少有 100 个电子控制单元（ECU）运行着超过 6000 万行代码，内部网络结构极为复杂。此外，网联汽车与外部环境的数据交换方式多种多样，涵盖了本地与云端、有线与无线、近场与远程等多种通信形式，这为全面的信息安全测试带来了新的挑战。

本节基于现有的智能网联汽车发展现状提出智能网联汽车信息安全测试的 5 个原则，并介绍如何针对智能网联汽车进行测试方案设计，有助于读者开展智能网联汽车的信息安全测试工作。

5.6.1 信息安全测试原则与总流程

1. 测试原则

确保智能网联汽车的信息安全不仅需要严格的标准和规范，还需要科学、系统的测试方法。下面将重点介绍智能网联汽车信息安全测试的 5 项核心原则：全面性原则、针对性原则、可操作性原则、可复制性原则和可比性原则[31]。这些原则的应用能够确保信息安全测试的全面性和有效性，从而为智能网联汽车的安全运营提供坚实保障。

（1）全面性原则

不同于传统 IT 系统，智能网联汽车作为直接影响消费者生命财产安全的产品，应该保证每一个产品的信息安全可靠性，即应在质量控制环节中对产品进行严格全面的安全质量检测。因此，智能网联汽车信息安全的测试工作应当涵盖产品开发流程认证和产品功能测试两方面，前者包含对整车生命周期安全管理机制的认证，后者则包括对产品固件、软件、硬件安全威胁的分析和测试。

（2）针对性原则

考虑到汽车用途的不同（如家用轿车、公共汽车、货车等），其所面临的安全威胁也不同。因此，智能网联汽车信息安全的测试工作应该适用于所有不同用途的道路车辆，并充分考虑其可能存在的攻击面及各种威胁，使得测试方法可以覆盖车辆的不同功能和不同场景。

（3）可操作性原则

智能网联汽车信息安全的测试应当充分考虑到当前技术的发展，即测试项目应当是在现有技术框架下可以验证或者可能出现的威胁场景，而不宜将一些处于早期科研阶段的理论或者无法实施的安全威胁列入安全原则中（例如，将量子计算级别的安全要求加入安全原则当中）。同时，智能网联汽车信息安全测试方法中的测试用例应采用标准化的方式进行制定，并对测试方法和步骤提供清晰的说明，以便测试机构可以按照相关说明顺利进行测试，从而确保测试工作的可操作性。

（4）可复制性原则

智能网联汽车信息安全测试应当由满足一定资质的测试机构按照统一的标准流程开展，使得不同测试机构在针对同一车辆/零部件测试时能够得出相同或相近的结论，以保证测试工作的可复制性。

（5）可比性原则

考虑到各个厂商对于安全方案的实施和管理方法不同，应对智能网联汽车系统进行分级，对具有不同安全风险等级的系统采取不同的安全应对策略。同时考虑到汽车对于功能安全要求的特殊性，建议对于非功能安全的重要系统，采取打分的方式给予客户一定的选择权，让客户决定是否购买对应安全级别的产品。

2. 测试流程

信息安全测试流程（图 5-27）主要包括 4 个阶段：测试准备、方案编制、现场测试和报告编制。

（1）测试准备阶段

测试准备阶段主要是确定测试活动的目标，划定测试范围，收集系统信息。

1）确定目标。首先，需要明确智能网联汽车信息安全测试的目标与需求。信息安全需求是确保智能网联汽车正常和有效运行所必需的安全标准。通过分析组织需遵循的相关法律

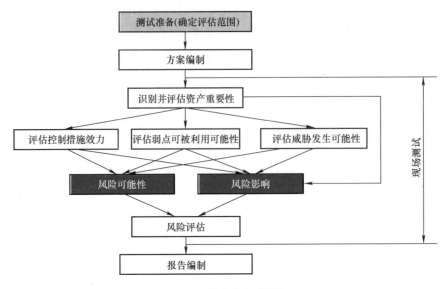

图5-27　信息安全测试流程

法规，以及在具体业务与功能运作中对信息安全的机密性、可用性、完整性等方面的要求，可以确定智能网联汽车信息安全测试的目标。

2）划定范围。在进行现场测试之前，需要确定测试的范围。测试范围包括智能网联汽车内部与信息处理相关的各类软硬件资产、智能网联汽车外部与信息处理相关的各类软硬件资产、外部的服务提供商等方面。

因为信息安全测试的范围根据目标与需求来确定，所以既可以对智能网联汽车生产商、智能网联汽车服务商以及相关软硬件资产进行全面的系统测试，也可以仅对智能网联汽车的关键业务或者关键功能进行测试。

3）系统调研。在确定了智能网联汽车信息安全测试的目标和范围之后，就需要专业人员来进行系统调研，并根据系统调研的结果决定将采用的测试方法等技术手段。其中，信息系统调研的内容包括：①智能网联汽车主要功能和相关安全要求；②车联网与智能网联汽车内部网络结构、网络环境（包括内部和外部连接）；③车联网系统边界；④主要的软硬件资产（包括智能网联汽车内部和外部资产）；⑤智能网联汽车系统和数据的敏感性；⑥智能网联汽车使用人员；⑦其他。

（2）方案编制阶段

以系统调研的结果为依据，根据被评估信息的具体情况来确定测试的依据和方法。依据相关信息安全标准、智能网联汽车信息系统安全要求、智能网联汽车系统本身的实时性和性能要求等，综合考虑测试的目的、范围、时间等因素，选择具体的风险计算方法，并且依据对智能网联汽车信息系统安全运行的需求，确定相关的测试依据，使智能网联汽车系统环境能够达到信息安全要求[32]。测试方案主要包含信息安全目标、测试对象、测试指标、测试方法、测试计划、测试工具以及测试内容等。

（3）现场测试阶段

测试方案编制工作完成之后，进一步确认测试活动的时间，开展现场测试活动。现场测试活动主要包括资产、威胁、脆弱性和现有控制措施的识别和评估、风险评估等步骤。

首先开展信息系统的资产梳理及重要性评估，包括数据、软件、硬件、文档、服务人员等，以资产的机密性、完整性、可用性三个方面的属性为基础进行重要性衡量。其次进行威胁分析及发生可能性评估，包括人为因素和环境因素带来的安全威胁，从威胁主体、资源、动机、途径等多种属性来描述，根据过去安全事件报告中威胁的出现频率、国际组织发布的对整个社会或者特定行业的威胁以及其频率的统计等确定威胁发生的可能性。然后进一步识别系统存在的安全弱点，针对每一项需要保护的资产，采用问卷调查、工具检测、人工核查、文档查阅、渗透性测试等方法，识别可能被威胁利用的弱点，并对弱点的严重程度进行评估。根据对资产的损害程度、技术实现的难易程度，采用等级方式对已经识别的弱点的严重程度进行赋值。接着确认已有安全措施，包括预防性安全措施和保护性安全措施。一般来说，安全措施的使用将减少系统技术或者管理上的弱点，预防性安全措施可以降低威胁利用弱点导致安全事件发生的可能性，保护性安全措施可以降低安全事件发生对系统造成的影响。对已经采取的安全措施的有效性进行检查，检查安全措施是否有效发挥作用，即是否真正降低系统脆弱性、抵御安全威胁。最后在完成资产识别、威胁识别、弱点识别以及对已有的安全措施确认后，考虑威胁出现的频率和弱点并综合攻击者技术能力、弱点被利用的难易程度和资产吸引力等因素来判断安全事件发生的可能性，根据资产价值以及弱点的严重性程度，计算安全事件一旦发生后的损失，并采用矩阵法或相乘法计算出风险值。

（4）报告编制阶段

在现场测试活动完成之后，将进行分析报告编制活动，在此阶段将会对资产配置文件、威胁分类文件、弱点分类文件等文档进行分析，得出威胁分析结果、弱点分析结果和风险分析结果。在风险分析结果中将会对风险评估的结果进行等级化处理。根据所采用的风险计算方法，计算每种资产面临的风险值，根据风险值的分布情况，为每个等级设定风险值范围，并对所有风险计算结果进行等级处理，每个等级代表了相应风险的严重程度。综合考虑风险控制成本与风险造成的影响，提出一个可接受的风险范围。如果风险评估值在可接受范围内，则该风险是可接受的，应保持已有的安全措施；如果风险的评估值在可接受范围外，即风险计算值高于可接受范围上限值，则需要采取安全措施以降低、控制风险。

5.6.2　信息安全测试对象与单元

根据智能网联汽车"云-管-端"整体逻辑架构[23]，可以将智能网联汽车信息安全测试的对象划分为 3 个层次，即服务层、传输层和物理层。其中，服务层指云端，功能是给下层提供相应服务，实现对海量涉车数据的存储、计算、管理、监控、分析、挖掘及应用，是系统互联与智能的核心；传输层指管道，负责信息的传输，包括云端与车端的通信、车端与用户端的通信、用户端与云端的通信；物理层指各种车载智能终端以及用户的使用终端（如手机和 PC 客户端等）。各个层次的具体测试对象如下：

1）服务层测试，即智能网联汽车整体逻辑架构中的云端，主要考虑云端服务的设备、系统以及其他相关方面的评估，确保云端服务可靠性，并且防止云端成为整个智能网联汽车架构中的薄弱环节。

2）传输层测试，即智能网联汽车整体逻辑架构中的管道，主要考虑传输协议及其相关机制的安全，确保智能网联汽车通信中的机密性、完整性与可靠性。

3）物理层测试，主要考虑智能网联汽车整体逻辑架构中的车载智能终端。在这一环节，需要测试车内设备安全以及车内设备的关联安全问题，确保攻击者不能控制汽车关键功能或潜在风险模块。

通过服务层、传输层和物理层三个层次的测试，可以对智能网联汽车的信息安全水平做出全面的评估，避免木桶效应导致的智能网联汽车安全难以保证。

基于"云-管-端"整体逻辑架构分层，划分出不同的智能网联汽车测试对象。针对汽车的不同产品和模块，可以根据其测试需求，开展具有针对性的扫描、检测、渗透、安全分析和评估。物理层是智能网联汽车的主体部分，包括智能网联汽车车身、车机和各种传感器，支撑智能网联汽车的车端功能和信息收集功能，使智能网联汽车具备传统汽车的功能以及支撑智能网联汽车通信与感知功能。感知功能主要由一系列电子元器件组成，对于物理层的信息安全测试主要就是针对电子元器件的相关测试。针对电子器件的测试技术，代码审计是要重要的测试方向。对于汽车内的电子元器件，利用元器件本身的漏洞是常用的攻击手段，而且往往能获得比较好的效果。对于汽车内电子元器件中的代码漏洞测试，主要有静态检测和动态检测两种检测技术。静态检测是指针对电子控制单元的源代码或者二进制类型的静态文件直接分析其程序的特征，只针对静态文件进行审查，分析推断程序中可能出现的漏洞；动态检测是运行电子控制单元的代码，通过对比运行结果和预期结果的差异来推断可能出现的漏洞，并分析运行效率和健壮性等性能。具体测试内容包括代码审计、固件漏洞、接口与数据存储安全性等。

传输层是智能网联汽车网联功能的基础，包括传输协议与通信模组，是智能网联汽车与路侧设备、基础设施和云端等设备进行通信的功能载体。近年来，通信模组成为攻击者攻击的焦点，因此针对传输层的主要测试方向就是车辆通信模组安全性和通信协议安全性。当前，传输层的大多数漏洞都与协议健壮性相关，而协议健壮性体现在可以正确处理未知协议数据单元、保持协议正常工作等方面。针对传输层的主要测试方法包括智能网联汽车通信协议漏洞测试、智能网联汽车通信协议随机测试和智能网联汽车协议异常数据注入测试。测试内容包括智能网联汽车传输层通信协议的安全测试、保密性测试、边界检测评估和设备标识检测。

服务层是智能网联汽车的服务提供部分，针对此部分的测试内容包括智能网联汽车信息服务智能终端数据传输、身份认证和云端服务安全，确保测试涵盖智能网联汽车应用运行全流程。云端服务安全即智能网联汽车远程服务提供商安全，该项测试的主要内容是远程服务器高危漏洞检测、服务器操作系统安全评估、服务器系统服务安全评估和其他服务器相关安全评估。智能网联汽车智能终端是与远程服务器直接通信的设备，其测试方法包括服务接口渗透、终端应用非法注入及检测等。

针对以上测试单元，可以建立基于产品大类的安全威胁模型，对整车或关键零部件进行缺陷分析、脆弱性分析。同时根据风险评估原则，对已知的安全隐患进行评估，并评定相应的信息系统安全等级，进而对产品可能存在的缺陷和弱点进行检测、挖掘与验证。

最后搭建模拟环境和实测环境，使用安全分析、检测、评估技术，根据服务层、传输层和物理层的智能网联汽车整体逻辑架构，对智能网联汽车开展全面的信息安全测试。

1. 按信息安全系统架构划分

站在智能网联汽车安全系统整体架构的角度，整个系统可分为 4 层：设备感知信源层、基站集群层、网络链路传输层和应用服务层。每个层面的保护对象不同，安全需求也不同，可依据不同保护对象的安全需求建立分层的防护体系。防护体系由感知信源层安全、基站集群层安全、网络链路传输层安全和应用服务层安全组成，为实现应用服务层细化安全防护，应用服务安全又分为服务环境安全、服务接入安全和服务平台安全。另外，在感知信源层和基站集群层之间还需要充分考虑信息交互安全需求。同时考虑到网联汽车运营安全性，把运营安全独立出来进行重点考虑。

通过分析智能网联汽车安全系统架构及各防护层，能够划分出与之对应的网联汽车测试技术对象。

1) 设备感知信源层安全：实现车辆电子标识、视频信息、路网环境和车辆等各种资源的安全保护。

2) 网络链路传输层安全：实现车与车、车与路、车与平台等各终端及数据中心的双向数据通信链路之间的传输安全。

3) 系统层安全：实现车载终端系统与智能网联汽车远程信息服务系统等的信息数据通信安全。

4) 应用服务层安全：包含服务环境安全、服务接入安全、服务平台安全。服务环境安全实现智能网联汽车（物理环境、网络系统、主机系统等）服务支撑以及基础环境的安全保护；服务接入安全实现行业用户、公网用户接入安全保护；服务平台安全实现智能网联汽车业务平台安全保护。

5) 运营安全管理：站在管理角度，利用技术和管理相结合的安全手段，保障整个智能网联汽车数据中心业务安全运营。

2. 按传统信息安全角度划分

依据传统信息安全，智能网联汽车信息安全测试对象划分为：物理安全、网络安全、主机安全、应用安全以及数据安全和备份[34]。

1) 物理安全：一是总线安全隔离，通过使用高速 CAN 总线及关联设备、低速 CAN 总线及关联设备和多媒体总线及关联设备来增加安全网关，实现物理隔离，保障汽车核心控制单元不受外部数据的负面影响。二是网络安全隔离，通过使用安全网关来实现外部网络与车载系统的物理隔离，保障汽车车载系统不受外部网络威胁。

2) 网络安全：包括通信安全、访问控制、安全审计、入侵防范、恶意代码防范、登录防护。

3) 主机安全：包括身份鉴别、访问控制、安全审计、总线安全、入侵防范、恶意代码防范、资源控制。

4) 应用安全：包括身份鉴别、访问控制、安全审计、通信安全、抗抵赖、软件容错、资源控制。

5) 数据安全和备份：包括数据完整性、数据保密性、数据可用性、备份和恢复。

5.6.3 信息安全测试工具

在智能网联汽车的测试中，可能用到的工具有漏洞扫描工具、渗透测试工具、性能测试工具和协议分析工具。漏洞扫描工具主要用于弱点的发现，渗透测试工具用于弱点的利用测试，性能测试工具用于测试软硬件的性能，协议分析工具用于分析测试协议的健壮性。

（1）Metasploit

Metasploit 是一款开源的安全漏洞检测工具，可以帮助安全人员识别安全问题，验证漏洞的缓解措施，并且驱动安全性评估。该框架已经将功能拓展到硬件设备和无线电设备上。因此在智能网联汽车的测试中，可以使用 Metasploit 来进行车载系统、无线电通信和 CAN 总线上的弱点识别工作。

（2）Caring Caribou

Caring Caribou 是一款应用于汽车安全领域的扫描工具，功能包括 CAN 总线扫描、收发 CAN 总线报文、模糊测试、发现和重置 CAN 总线上的 ECU。在智能网联汽车的测试过程，可以使用该工具进行资产识别、弱点识别等工作。

（3）Vehicle Spy

Vehicle Spy 是一款 CAN 设备的审计平台。这款工具主要对 CAN 总线漏洞进行测试，在智能网联汽车的测试过程中，可以使用该工具进行弱点识别工作。

（4）Burp Suite

Burp Suite 是一款数据包分析修改软件，包括一系列对网络请求数据包进行修改和重放测试的接口，进一步分析数据包中传输的数据是否存在安全风险。

（5）Nmap

Nmap 是一款网络探测和安全审核工具，可以使用该工具进行端口开放扫描、弱点识别、端口服务和系统信息探测等工作，作为前期信息收集的工具。

（6）IDA

IDA 是一款专业逆向分析工具，支持交互、可编程、扩展插件以及多种处理器，除了可以静态反汇编程序，还支持作为调试器对程序调试。

（7）JEB

JEB 是一款安卓（Android）应用反编译工具，拥有反编译、调试、分析代码等功能。其主要用于逆向工程或审计 APK 文件，可以提高效率，减少分析时间，且支持多种系统平台，具有灵活的交互性。

（8）Wireshark

Wireshark 是一款网络抓包工具，可以直接通过捕获网卡数据包来对数据流进行细致的分析，获取传输的数据信息，分析其中通信交互过程和传输字节流。

5.6.4 信息安全测试内容

通过研究信息安全共性安全技术，针对汽车不同产品、不同模块的信息安全测试需求，开展安全分析、检测、评估的技术研究。建立产品的安全威胁模型分析环境，对产品进行缺陷、弱点分析；建设产品的安全检测环境，对产品可能存在的缺陷和弱点进行安全检测，挖掘、验证其存在的安全隐患；建设产品的安全评估环境，对已验证的安全隐患进行整体的评估，评定相应信息系统的安全等级。

运用安全分析、检测、评估技术，搭建模拟、硬件在环、实物的平台测试评价环境，并从设备感知层、网络链路层、系统层、应用层、管理层、基站系统六大方面开展对智能网联汽车信息安全的测试。下面以设备感知层测试为例进行说明。

智能网联汽车的设备感知层是由一系列传感、控制、执行等关键电子单元组成的，故对智能网联汽车感知层信息安全的相关测试也就转接于对电子单元性能的相关测试，首选是对电子控制单元的代码漏洞测试。

电子控制单元代码漏洞测试主要有两种检测技术：静态检测技术和动态检测技术。静态检测技术用于对电子控制单元的源程序或者二进制代码进行扫描以及从语法、语义上理解程序的行为，直接分析被检测程序的特征，寻找可能导致错误的异常；动态检测技术是通过运行电子控制单元的被测程序，检查运行结果与预期结果的差异，并分析运行效率和健壮性等性能。

电子控制单元代码漏洞测试主要包括：静态检测技术、动态检测技术的研究和代码安全测试工具集的研发。

1）电子控制单元静态检测技术：①静态结构分析；②代码质量度量；③代码检查。

2）电子控制单元动态检测技术：①功能确认与接口测试；②函数执行性能测试；③动态内存分析。

3）代码安全测试工具集：①静态结构分析与质量度（Logiscope）；②代码检查（C++Test、CodeView、RuleChecker、QAC、Testbed）；③功能确认与接口测试（Cantata、Rational rtrt、VectorCAST、Testbed）；④覆盖率分析（Cantata、Rational PureCoverage、TrueCoverage、Code Test Testbed）；⑤性能分析（Rational Quantify、True Time、Code Test）；⑥内存分析（Rational Purify、CodeTest、Bounds Checker、PolySpace）；⑦代码安全分析（Forify）。

测试重点内容主要对电子控制单元的固件、代码、恶意代码防护、内存防护等进行安全检测，其测试内容及预期结果见表5-14。

表 5-14　测试内容及预期结果

测试项目	测试指标	测试内容	预期结果
固件测试	数据处理漏洞检测	测试是否有数据处理漏洞	具有合理、安全的数据处理机制
	应用程序接口（API）滥用数据漏洞	测试接口调用是否有漏洞	接口调用合理
	安全特性漏洞	测试是否有安全特性漏洞	安全特性合理
	时序状态漏洞	测试是否有时序状态漏洞	时序状态合理
	异常处理漏洞序列	测试是否有异常处理漏洞	具有合理的异常处理机制
代码测试	劣质代码漏洞检测	测试是否存在漏洞	不存在漏洞
	不恰当的处理程序漏洞检测	测试是否存在不恰当的处理机制	不存在不恰当的处理机制
	初始化和清理错误漏洞检测	测试是否存在初始化和清理错误	不存在初始化和清理错误
	封装不充分漏洞检测	测试是否存在封装不充分	不存在封装不充分

（续）

测试项目	测试指标	测试内容	预期结果
恶意代码防护测试	注入缺陷漏洞检测	能否抵御注入攻击机制	具有抵御注入攻击机制
	失效的身份认证和会话管理漏洞检测	是否存在身份认证和会话管理机制	具有存在身份认证和会话管理机制
	跨站脚本缺陷漏洞检测	是否存在跨站脚本防御机制	不存在跨站脚本防御机制
	功能级别访问控制缺失漏洞检测	是否存在功能级别访问控制漏洞	不存在功能级别访问控制漏洞
	跨站请求指令伪造漏洞检测	是否存在跨站请求指令漏洞	不存在跨站请求指令漏洞
内存防护测试	不安全的直接对象引用漏洞检测	是否存在不安全的直接对象引用机制	使用安全的对象引用机制
	安全配置错误漏洞检测	是否存在安全配置错误机制	不存在错误的安全配置
	已知易受攻击组件漏洞检测	是否使用已知易受攻击组件	不存在明显的易受攻击组件

5.6.5 信息安全测试依据

目前，信息安全的主要目标仍然是实现国家、行业和企业所设定的保密与隐私要求或规范。这些要求也是信息安全测试和用例设计的重要参考依据。本节将详细列出与智能网联汽车信息安全测试相关的国家标准，见表 5-15。这些标准明确了必须遵循的最低安全要求。

表 5-15 信息安全测试相关国家标准

所属范畴	标准名称
车辆电子安全技术类规范	GB/T 30038—2013《道路车辆 电气电子设备防护等级（IP 代码）》
	GB 12676—2014《商用车辆和挂车制动系统技术要求及试验方法》
车辆使用性能类测试规范	GB 7258—2017《机动车运行安全技术条件》
车辆使用性能类测试规范（智能网联汽车测试与评价技术）	GB 18384—2020《电动汽车安全要求》
	GB/T 18488—2024《电动汽车用驱动电机系统》
	GB/T 30513—2014《乘用车爆胎监测及控制系统技术要求和试验方法》
车辆数据信息类测试规范	GB/T 30290.1—2013《卫星定位车辆信息服务系统 第 1 部分：功能描述》
	GB/T 30290.2—2013《卫星定位车辆信息服务系统 第 2 部分：车载终端与服务中心信息交换协议》
	GB/T 30290.3—2013《卫星定位车辆信息服务系统 第 3 部分：信息安全规范》
	GB/T 30290.4—2013《卫星定位车辆信息服务系统 第 4 部分：车载终端通用规范》
传统信息安全测试规范	GB 17859—1999《计算机信息系统 安全保护等级划分准则》
	GB/T 9361—2011《计算机场地安全要求》
	GB/T 18336—2015《信息技术 安全技术 信息技术安全性评估准则》
	GB/T 22081—2016《信息技术 安全技术 信息安全控制实践指南》
	GB/T 20271—2006《信息安全技术 信息系统通用安全技术要求》
	GB/T 20984—2022《信息安全技术 信息安全风险评估方法》
	GB/T 22239—2019《信息安全技术 网络安全等级保护基本要求》
	GB/T 24364—2023《信息安全技术 信息安全风险管理实施指南》

习　题

一、选择题

1. 下列哪一个选项不属于"云-管-端"中"管系统"的涵盖内容？（　　　）

A. V2V 通信链路　　　B. 卫星通信链路　　　C. V2I 通信　　　D. 4/5G 网络

2. 下列哪一个选项不属于车载以太网的特征？（　　　）

A. 部分使用了传统以太网的技术　　　　　B. 可以发送 MQTT 报文

C. 需要通过仲裁决定报文的发送　　　　　D. 可以发送 UDP 报文

3. 下列哪项数据可能无法被分类至"车端数据"？（　　　）

A. 当前车道交通流量　　　　　　　　　　B. 驾驶员操作数据

C. 激光雷达点云　　　　　　　　　　　　D. 车辆当前电耗

二、填空题

1. 信息安全的基本特征有（　　　）性、（　　　）性、（　　　）性、（　　　）性、（　　　）性和（　　　）性。

2. UNECE R155 法规认证主要分为两部分：（　　　）与（　　　）。

3. 信息安全的测试原则包括：（　　　）原则、（　　　）原则、（　　　）原则、（　　　）性原则和（　　　）原则。

三、简答题

1. 什么是智能网联汽车信息安全？

2. 数据安全包含哪些重要的技术与方法？

3. 信息安全测试时会测试哪些项目？

四、综合实践题

在阅读 ISO/SAE 21434 标准基础上，收集相关资料，分析标准中所述的威胁风险和风险评估分析（TARA）与 EVITA、STRIDE 等信息安全分析方法之间的相似和有区别的部分。分析为实现完整的 TARA 流程，需要来自哪些职能、哪些领域的人员的协同参与。

参 考 文 献

［1］吴武飞，李仁发，曾刚，等．智能网联车网络安全研究综述［J］．通信学报，2020，41（6）：161-174.

［2］张风奇，胡晓松，许康辉，等．混合动力汽车模型预测能量管理研究现状与展望［J］．机械工程学报，2019，55（10）：86-108.

［3］关宇昕，冀浩杰，崔哲，等．智能网联汽车车载 CAN 网络入侵检测方法综述［J］．汽车工程，2023，45（6）：922-935.

［4］何智成，杜磊浩，周恩临，等．基于改进连续型 Hopfield 神经网络的 CAN 总线负载率优化［J］．汽车工程，2023，45（12）：2338-2347.

［5］MARCO I，MASSIMO R，FULVIO R，et al．Securing SOME/IP for in-vehicle service protection［J］．IEEE Transactions on Vehicular Technology，2020，69（11）：13450-13466.

[6] 全国人民代表大会常务委员会. 中华人民共和国网络安全法 [2016] 53 号 [A/OL]. (2016-11-07) [2024-12-28]. http//www. npc. gov. cn/npc/c2/c12435/c12488/201905/t20190521-270249. html.

[7] 国家互联网信息办公室, 中华人民共和国国家和发展改革委员会, 中华人民共和国工业和信息化部, 中华人民共和国公安部, 中华人民共和国交通运输部, 汽车数据安全管理若干规定 (试行). [2021] 7 号 [A/OL]. (2021-08-16) [2024-12-18]. http：//www. gov. cn/zhengce/zhengceku/2021-09/12/content_ 5640023. htm.

[8] 李若兰. 自动驾驶汽车网络安全的法律规制 [J]. 行政管理改革, 2019, (10)：43-49.

[9] 日本国会众议院. 网络安全基本法 [A]. (2014-11-06) [2024-12-18].

[10] Japan Ministry of Justice. Act on the protection of personal information [EB/OL]. (2003-5-30) [2024-12-18]. https：//www. japaneselawtranslation. go. jp/en/laws/view/4241/en.

[11] UN/WP. 29. UN cyber security and cyber security management system：UNECE R155 [S]. Geneva：UNECE, 2020.

[12] 中华人民共和国国务院. 中华人民共和国计算机信息系统安全保护条例 (国务院令第 147 号) [A/OL]. (2011-01-08) [2014-12-18]. http：//flk. npc. gov. cn/detail2. html? ZmY4MDgwODE2ZjNjYmIzYz Ax NmYOMTI4ZGVh NDFhNWI.

[13] 全国人民代表大会常务委员会. 中华人民共和国电子签名法 [A/OL]. (2019-05-07) [2024-12-18]. http：//npc. gov. cn/zgrdw/npc/xinwen/2019-05/07/content-2086835. htm.

[14] 全国人民代表大会常务委员会. 中华人民共和国个人信息保护法 (草案) [A/OL]. (2021-08-20) [2014-12-18]. http：//npc. gov. cn/npc/c2/c30834/202108/t20210820_313092. html.

[15] 全国人民代表大会常务委员会. 中华人民共和国电子商务法 [A/OL]. (2018-08-31) [2024-12-18]. http：//fgw. sh. gov. cn/cmsres/ce/ce74a72alad04cce 8836c8df813eaaed/5b6a5264c5 e80a6f ea8d8c171bef4f41. pdf.

[16] 全国人民代表大会常务委员会. 中华人民共和国数据安全法 [A/OL]. (2021-06-10) [2024-12-18]. http：//npc. gov. cn/npc/c2/c30834/202106/t20210610_311888. html.

[17] 全国人民代表大会常务委员会. 中华人民共和国个人信息保护法 [A/OL]. (2021-08-20) [2024-12-18]. http：//www. gov. cn/xinwen/2021-08/20/content-5632486. htm.

[18] ISO/SAE. Road vehicles-Cybersecurity engineering：21434 [S]. Geneva：ISO/SAE, 2021：71-78.

[19] TUDOR A, ADRIAN M, ALFRED A, et al. Blockchain integration for in-vehicle CAN bus intrusion detection systems with ISO/SAE 21434 compliant reporting [J]. Scientific Reports, 2024, 14 (1)：8169-8169.

[20] HAGHIGHAT H M, LI J. Intrusion detection system using voting-based neural network [J]. Tsinghua Science and Technology, 2021, 26 (4)：484-495.

[21] 陈宇, 易红旭, 王煜宇. 公钥加密综述 [J]. 密码学报 (中英文), 2024, 11 (1)：191-226.

[22] 田志宏, 方滨兴, 廖清, 等. 从自卫到护卫：新时期网络安全保障体系构建与发展建议 [J]. 中国工程科学, 2023, 25 (6)：96-105.

[23] 赵大伟, 景爱萍. 数据赋能视角下在线出行服务动态价值共创过程研究 [J]. 商业研究, 2019, (4)：22-30.

[24] 国家市场监督管理总局, 中国国家标准化管理委员会. 信息安全技术 数据安全能力成熟度模型：GB/T 37988—2019 [S]. 北京：中国标准出版社, 2019：6-7.

[25] 白紫秀, 王涛, 郭明多, 等. 交通运输政务数据分类分级方法研究 [J]. 信息安全研究, 2023, 9 (8)：808-813.

[26] 韩勇. 智能网联汽车数据分类分级实践指南 [R]. 北京：第二届数据安全治理峰会, 2023.

[27] 高志强, 王宇涛. 差分隐私技术研究进展 [J]. 通信学报, 2017, 38 (S1)：151-155.

［28］曹来成，后杨宁，冯涛，等．面向动态博弈的 k-匿名隐私保护数据共享方案［J］.西安电子科技大学学报，2023（3）：1-11.

［29］李瑞琴，胡晓雅，张倨源，等．车联网隐私保护技术研究［J］.信息安全学报，2024，9（2）：1-18.

［30］NAQVI A S S, JAMIL H, FASEEH M, et al. A comprehensive review on development strategies of integrated electronic control units in IoEVs for energy management［J］. Internet of Things, 2024, 25: 101085.

［31］刘迎龙，郭荣华，吴迪，等．基于本体的信息安全测试用例库模型研究［J］.信息安全研究，2023，9（10）：1008-1014.

［32］赵世佳，徐可，薛晓卿，等．智能网联汽车信息安全管理的实施对策［J］.中国工程科学，2019，21（3）：108-113.

［33］底晓强，曹金辉，魏心悦，等．车联网安全标准综述［J］.计算机应用研究，2024，41（4）：970-980.

［34］马力，祝国邦，陆磊．《网络安全等级保护基本要求》（GB/T 22239—2019）标准解读［J］.信息网络安全，2019，（2）：77-84.

第 6 章 智能网联汽车安全典型实践

本章导学

智能网联汽车面临着极其复杂的交通场景和安全挑战，这引起了学术界和工业界越来越多的关注。本章重点调研国内外自动驾驶汽车厂家以及行业专家在功能安全、预期功能安全和信息安全方面的典型实践案例，总结了智能网联汽车安全面临的挑战以及将来的发展趋势。

学习目标

1. 了解国内外自动驾驶汽车厂家为解决智能网联汽车安全问题进行的相关实践案例。
2. 了解智能网联汽车安全相关标准。
3. 掌握智能网联汽车在功能安全、预期功能安全、信息安全方面面临的挑战。

本章主要聚焦国内外厂家和行业专家在智能网联汽车在功能安全、预期功能安全和信息安全方面的实践。首先，阐述了功能安全典型实践，包括概念阶段开发实践、系统及软硬件阶段开发实践以及关键零部件安全开发实践。其次，介绍了预期功能安全典型实践，涵盖整车级和部件级的预期功能安全开发。最后，针对信息安全典型实践展开讨论，包括智能网联汽车数据安全实践和高级驾驶辅助系统的网络安全实践。本章通过系统地介绍这些典型实践，旨在更好地为读者掌握智能网联汽车的安全保障提供深入的指导，为将来在该领域的工作和研究打下坚实基础。

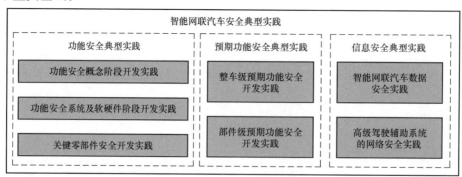

|6.1| 功能安全典型实践

本节将结合卓驭科技开发的高速公路巡航系统（Highway Pilot System，HWP）、禾赛科技开发的激光雷达，介绍功能安全开发的各个阶段，包括 HWP 的概念阶段功能安全开发，如相关项定义、HARA、SG 定义、ASIL 分解、FSC 等，以及 OEM 与主要 Tier1s 的交互方式等；HWP 的系统及软硬件阶段功能安全开发，如 FSC-TSC、TSC-HW/SW 阶段的安全需求分解、典型安全机制、功能安全测试验证示例等。智能网联汽车中核心零部件（激光雷达）的零部件级别功能安全开发，包括重要标准、基于 SEooC 的功能定义与安全概念假设、Tier1/2 与 OEM 的交互、激光雷达典型功能安全设计、测试验证方法与示例等。

6.1.1　功能安全概念阶段开发实践

1. 相关项的定义与要求

相关项是指实现整车层面功能或部分功能的系统或系统组合，相关项的定义指在整车层面对相关项进行定义和描述，主要包括功能及其与驾驶员、环境和其他相关项的依赖性和交互等。功能安全概念阶段的开发是从相关项定义开始的，并为 HARA 提供输入参数。相对完整的相关项定义，可为后续的功能安全活动提供有力支持，在进行相关项的定义时，需要考虑相关项的完整性、相关项之间的影响、相关项对整车的影响、影响相关项功能的运行场景等。

本小节以 HWP 系统为例，进行相关项定义示例。HWP 系统是一种由驾驶员负责启动和关闭，行驶速度不高于 130km/h，可通过控制车辆的横向和纵向运动，使车辆长时间保持在车道内，而不需要驾驶员进一步操控的系统。HWP 系统主要包括本车道内自适应巡航和主动换道等功能。HWP 系统仅允许在运行设计条件内激活，并执行全部的动态驾驶任务。在 HWP 系统激活后，能够识别是否即将超出运行设计条件和系统是否失效，并及时向驾驶员发出接管请求，同时保证驾驶员有适当的时间来接管车辆。HWP 系统在驾驶员未响应接管请求时，可执行最小风险策略，达到最小风险状态。

（1）HWP 系统的运行设计条件（Operational Design Conditions，ODC）定义

从运行设计域（ODD）、驾驶员状态和车辆运行状态三个方面，进行部分 ODC 的举例，见表 6-1。

表 6-1　HWP 系统的部分 ODC

ODD 元素要求				
ODD 分类			ODD 内明确允许的元素	明确超出 ODD 的元素
ODD	静态实体	道路类型	高速公路或具有分隔栏的快速路	—
		道路表面	道路表面：干燥或湿滑	—
		道路几何	平面：直线、曲线（曲率半径≥125m）	—
			纵断面：上坡、下坡、平面	
			横断面：分离，道路边缘屏障	
		车道特征	车道线清晰	模糊/遮挡等
		交通标志	固定标志	交通危险指示牌、信号灯
		道路边缘	屏障、边界线清晰	临时/无边界线
		道路设施	固定设施	临时设施

（续）

驾驶员状态元素要求		
驾驶员状态	驾驶员	驾驶员须持有驾照
		非疲劳
		注意力无分散，可脱手、脱眼
		驾驶姿态正常
		在驾驶位
		无极端异常状态
		安全带系上
车辆运行状态元素要求		
车辆运行状态	激活速度范围：0～130km/h	
	功能状态满足要求	

（2）HWP 系统的功能列表定义

HWP 系统为在 ODC 内执行 L3 级别的动态驾驶任务，考虑 HWP 系统的功能，定义 HWP 系统的部分关键功能列表，见表 6-2。

表 6-2　HWP 系统的关键功能列表

序号	功能	描　　述
1	自适应巡航	支持全速车距保持 支持高速堵车时全自动驾驶（能够处理加塞）
2	车道中心保持	通过控制转向系统，支持全速车道中心保持功能
3	智能避障	支持对于任意类型障碍物（驾驶员肉眼可见）触发减速、制动功能，必要时执行 AEB 功能
4	主动变道	支持主动变道（无须驾驶员确认）
5	主动超车	支持主动超车（无须驾驶员确认）
6	功能降级	自动功能降级
7	请求退出	请求接管

（3）HWP 系统的系统范围定义

根据定义的系统功能列表，为实现相关功能，完成整车层面的 HWP 系统架构设计，如图 6-1 所示。

根据 HWP 系统架构，定义部分的相关项和系统元素之间的功能分配，见表 6-3。

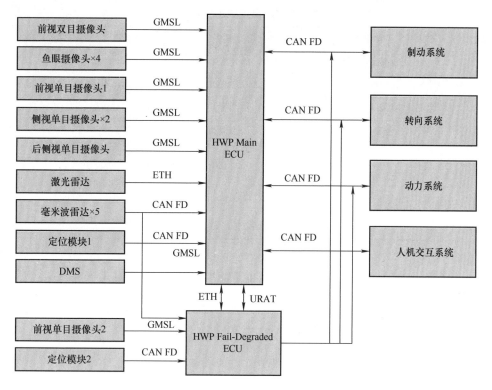

图 6-1　HWP 系统架构

表 6-3　HWP 系统部分系统元素功能分配

序号	系统元素	功 能 描 述
1	HWP Main ECU	执行 HWP 各项 ODD 功能的主要 ECU
2	HWP Fail-Degraded ECU	当检测到 Main ECU 失效，无法继续提供 HWP 功能时，Fail-Degraded ECU 执行系统功能降级/退出操作，以及在此情况下驾驶员如果没有及时接管，利用接入的毫米波雷达和单目摄像头完成最小风险操作
3	前视双目摄像头	它是一种有两个镜头的立体摄像头，每个镜头有一个单独的图像传感器，安装在一个刚性的立体平台上，并进行单独标定。该摄像头提供图像的原始数据给 HWP Main ECU
4	前视单目摄像头	用于 Fallback 场景下的车道线等感知探测，以及正常激活工作模式下的远距离物体探测
5	激光雷达	提供检测物体的点云信息给 HWP Main ECU
6	毫米波雷达	提供检测物体的 Object list 信息给 HWP Main ECU
7	转向系统	包含主转向系统 EPS1 及与其互为冗余的转向系统 EPS2，集成了各种转向相关模块，作为执行器提供转向信息并执行相应的横向控制命令

（4）HWP 系统的接口定义

根据 HWP 的系统范围，定义 HWP 系统的部分接口，见表 6-4。

表 6-4　HWP 系统的部分接口

类别	子类别	接口	信号/数据的描述
传感器数据	前视双目摄像头	GMSL	Image data
	前视单目摄像头	GMSL	Image data
	激光雷达	ETH	Cloud Point
	毫米波雷达	CAN FD	Object list
车辆数据	转向系统	CAN FD	Steering_Torque Steering_Angle Steering_Angle_Speed Active_Status
	制动系统	CAN FD	Brake_Request Brake_Pressure Active_Status

（5）HWP 系统的运行模式和状态定义

根据上述 HWP 系统的系统架构和功能定义，定义 HWP 系统的最小风险状态和最小风险策略，见表 6-5。

表 6-5　HWP 系统的最小风险状态和最小风险策略

最小风险状态	最小风险策略
HWP_MRC_1.1：驾驶员接管 1）驾驶员完全接管车辆控制，承担所有驾驶任务 2）自动驾驶系统功能完全退出	HWP_MRM_1.1：系统通过人机界面发出驾驶员介入请求
HWP_MRC_2.1：低速智能巡航 HWP 功能受限，仅具备类似 TJP 的低速智能巡航功能	HWP_MRM_2.1：从高速自动驾驶功能降级至智能巡航辅助功能，通过人机界面提醒驾驶员不再允许脱手、脱眼
HWP_MRC_3.1：路边停车 1）车辆在高速应急车道或路边停车 2）自动驾驶系统功能完全退出	HWP_MRM_3.1：控制车辆平缓减速，并完成跨车道的路边停车
HWP_MRC_3.2：本车道停车 1）车辆在本车道停车 2）自动驾驶系统完全退出	HWP_MRM_3.2：控制车辆在本车道内停车
—	HWP_RECOVERY_1：由于传感器视觉降低，在 HWP_MRC_2.1 达到后，如果恢复所有功能，例如在损坏的传感器被清洁后，系统可能会恢复正常运行

定义 HWP 系统的部分运行状态，见表 6-6。

表 6-6　HWP 系统部分运行状态

序号	运行状态	描　　　述
1	关闭	关闭状态下，自动驾驶系统不允许执行任何动态驾驶任务 1）当驾驶员故意关闭 HWP 时，HWP 应处于关闭状态 2）HWP 不能检测功能激活和关闭的任何相关状态
2	待机	待机状态下，自动驾驶系统应验证是否满足设计运行条件，以实现向激活状态的转换。待机状态包括准备和就绪两个子状态 1）车辆上电后，如果初始化和自检无误，则 HWP 处于"待机"状态 2）HWP 应连续检查 ODD 边界和激活条件，无车辆运动控制输出
3	准备中	准备状态下，自动驾驶系统设计运行条件验证暂不满足
4	就绪	就绪状态下，自动驾驶系统设计运行条件验证满足 1）当 ODD 边界和激活条件在一段时间内得到满足时，HWP 应处于"就绪"状态 2）HWP 将提醒驾驶员 HWP 准备被激活 3）HWP 应该向驾驶员显示相应的 HMI 界面
5	激活	1）如果驾驶员响应激活请求并激活该功能，例如按下激活按钮，则 HWP 应为"激活"状态 2）HWP 应提醒驾驶员将车辆运动控制移交给系统 3）HWP 系统应全面负责车辆的纵向和横向运动控制，监控道路环境，发现任何潜在的风险

2. 危害分析和风险评估

危害分析和风险评估以及 ASIL 的评定用于确定相关项的安全目标（Safety Goal）。为此，需要根据相关项的潜在危害事件，对相关项进行评估。通过对危害事件进行系统性的评估确定安全目标及分配给它们的 ASIL。ASIL 的确定需要考虑严重度、暴露概率和可控性。危害分析和风险评估的输出物为相关项潜在危害事件的 ASIL 和对应的安全目标。本小节以 HWP 系统相关项定义中的转向功能为例，进行危害分析和风险评估。

（1）基于 HAZOP 来识别 HWP 系统的转向系统的危害

HAZOP 引导词包括：

1）功能丢失，即在有需求时，不提供功能。

2）功能错误。多于/早于预期；少于/晚于预期；方向相反；在有需求时，提供错误的功能。

3）非预期功能激活，即在无需求时，提供功能。

4）输出卡滞，即功能不能按照需求更新。

因此，HWP 系统的车道中心保持功能潜在故障分析示例见表 6-7。

表 6-7　HWP 系统的车道中心保持功能潜在故障分析示例

功能描述	引导词					
	功能丢失	功能错误（多于/早于预期）	功能错误（少于/晚于预期）	功能错误（方向相反）	非预期功能激活	输出卡滞
HWP 系统通过控制转向系统，实现车道中心保持功能	丢失转向	过大的转向	过少的转向	相反的转向	非预期转向	转向卡滞

（2）分析整车的危害行为

由危害分析，得到整车的危害行为见表6-8。

表6-8　整车危害行为示例

系统状态	整车危害行为
非预期转向	车辆非预期横向运动
过大的转向	
相反的转向	
转向卡滞	
过少的转向	车辆非预期横向运动丢失
丢失转向	

（3）危害事件的风险评估

基于HWP的ODC考虑转向相关危害行为的场景，对相关场景下的危害行为导致的危害事件进行风险评估，得到每个危害行为的ASIL，见表6-9。

表6-9　危害事件风险评估

整车危害行为	严重度	暴露概率	可控性	ASIL
车辆非预期横向运动	S3	E4	C3	D
车辆非预期横向运动丢失	S3	E4	C3	D

（4）安全目标的确定

根据整车危害事件风险评估，确定HWP系统关键安全目标见表6-10，其中HWP_SG_001及HWP_SG_002为车道中心保持功能的安全目标。

表6-10　HWP系统关键安全目标

整车危害行为	安全目标	ASIL
车辆非预期横向运动	HWP_SG_001：应避免HWP系统运行过程中，车辆非预期横向运动，导致与其他交通参与者、道路基础设施、障碍物等发生碰撞	D
车辆非预期横向运动丢失	HWP_SG_002：应避免HWP系统运行过程中，非预期失去车辆侧向运动控制，导致与其他交通参与者、道路基础设施、障碍物等发生碰撞	D
车辆非预期减速能力丢失或降低	HWP_SG_003：应避免HWP系统运行过程中，非预期车辆减速能力丢失或降低，导致与其他交通参与者、道路基础设施、障碍物等发生碰撞	D
车辆非预期减速	HWP_SG_004：应避免HWP系统运行过程中，非预期车辆减速能力丢失或降低，导致与其他交通参与者、道路基础设施、障碍物等发生碰撞	C
车辆非预期加速	HWP_SG_005：应避免HWP系统运行过程中，非预期或过大的加速，导致与其他交通参与者、道路基础设施、障碍物等发生碰撞	D
非预期自动驾驶功能激活	HWP_SG_006：应避免HWP系统在非ODC区域被激活，或无法正确识别进入非ODC区域导致功能不退出，产生与其他交通参与者、道路基础设施、障碍物等发生碰撞的风险	B
人机提醒不足或丢失	HWP_SG_007：应避免HWP系统的异常导致人机提醒不足或丢失	B

3. HWP 功能安全概念

功能安全概念的目的是从安全目标中得出功能安全要求（FSR），并将其分配给初步架构要素或外部措施；将前述的 HWP 相关项定义、危害分析和风险评估及 HWP 安全目标作为输入，分析 HWP 功能安全概念。

本节以安全目标 HWP_SG_001 避免车辆非预期横向运动为例，采用 FTA 安全分析方法，推导 HWP 功能安全概念过程示例如下：

Step1：针对每个安全目标，确定与安全目标相关的系统边界、范围。

Step2：把安全目标对应的整车危害事件作为顶事件，建立故障树，分析导致危害的所有原因。

Step3：根据故障树的底事件，制定相应的安全需求或安全措施。

与安全目标 HWP_SG_001 相关的系统架构要素如图 6-2 所示。

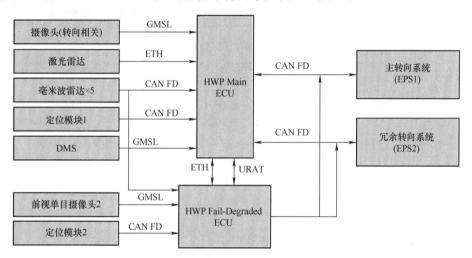

图 6-2　与安全目标 HWP_SG_001 相关的系统架构要素

基于 FTA 方法，推导安全需求过程示例如图 6-3 所示。

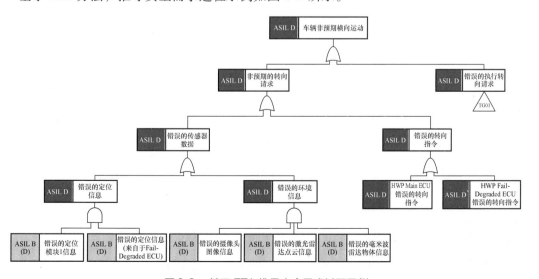

图 6-3　基于 FTA 推导安全需求过程示例

由以上 FTA 可知，基于该安全目标对应的危害分解，激光雷达应该满足 ASIL B，摄像头应该满足 ASIL B，毫米波雷达应该满足 ASIL B，HWP Main ECU 应该满足 ASIL D，HWP Fail-Degraded ECU 应该满足 ASIL D。基于安全分析结果，制定以下关键功能安全需求：

HWP_FSR_001：激光雷达应该提供正确的被观测物体的距离和位置的点云信息。

安全状态	发送故障标志位		
ASIL	ASIL B（D）	Allocated	激光雷达

HWP_FSR_002：激光雷达与 HWP Main ECU 之间应该进行通信保护。

安全状态	保持上一帧信息/丢弃		
ASIL	ASIL B（D）	Allocated	激光雷达/HWP Main ECU

HWP_FSR_003：摄像头应该提供正确的图像检测信息。

安全状态	发送故障标志位		
ASIL	ASIL B（D）	Allocated	摄像头

HWP_FSR_004：摄像头与 HWP Main ECU 之间应该进行通信保护。

安全状态	保持上一帧信息/丢弃		
ASIL	ASIL B（D）	Allocated	摄像头/HWP Main ECU

HWP_FSR_005：毫米波雷达应该提供正确的被观测物体的位置和速度信息。

安全状态	发送故障标志位		
ASIL	ASIL B（D）	Allocated	毫米波雷达

HWP_FSR_006：毫米波雷达与 HWP Main ECU 之间应该进行通信保护。

安全状态	保持上一帧信息/丢弃		
ASIL	ASIL B（D）	Allocated	毫米波雷达/HWP Main ECU

HWP_FSR_007：HWP Main ECU 应该发送正确的转向控制请求。

安全状态	发送故障标志位		
ASIL	ASIL D	Allocated	HWP Main ECU

HWP_FSR_008：HWP Main ECU 与 EPS1 之间应该进行通信保护。

安全状态	保持上一帧信息/丢弃		
ASIL	ASIL D	Allocated	HWP Main ECU/EPS1

HWP_FSR_009：EPS1 应该正确地执行 HWP Main ECU 转向请求。

安全状态	发送故障标志位		
ASIL	ASIL D	Allocated	EPS1

HWP_FSR_010：EPS1 应该正确地执行驾驶员转向请求。

安全状态	发送故障标志位		
ASIL	ASIL D	Allocated	EPS1

HWP_FSR_011：正常驾驶条件下，HWP 备份控制器不应该发送转向请求。

安全状态	丢弃		
ASIL	ASIL D	Allocated	HWP Fail – Degraded ECU

6.1.2　功能安全系统及软硬件阶段开发实践

本节主要介绍系统层及软、硬件层的功能安全开发。完成功能安全概念设计，需要在系统层面开展技术安全概念（TSC）开发，技术安全概念是技术安全要求及其对应的系统架构设计的集合，即将技术安全要求分配给系统的各要素或其他技术，技术安全要求规定了功能安全要求在其各自层级上的技术实现。在功能安全开发活动中，技术安全概念是确保系统安全的关键概念，在系统设计和开发过程中起着至关重要的作用，是实现功能安全目标和功能安全需求的技术基础。

HWP 功能安全概念、HWP 系统架构设计及其他影响 HWP 安全设计的要求，作为 HWP 技术安全概念分析的输入，并在软、硬件安全设计阶段，通过安全分析方法，分解 HWP 技术安全概念至软、硬件层面要求。

基于 HWP_FSR_007 拆解获得 TSR、HSR、SSR，以 HWP Main ECU 为例，简要的控制器层面架构如图 6-4 所示，包括传感器、传感器接口、主计算单元、存储单元、电源、通信接口等。

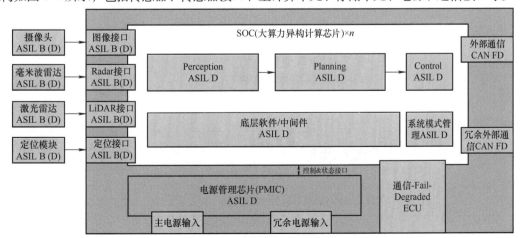

图 6-4　控制器层面架构

以上述 FTA 中"HWP Main ECU 错误的转向指令"为顶事件，逐级开展分析，故障树分析示例如图 6-5 所示。

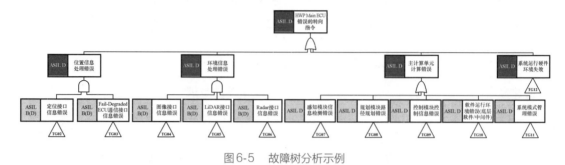

图 6-5　故障树分析示例

HWP_FSR_007 对应的部分关键 TSR、HSR、SSR 见表 6-11。

表 6-11　HWP_FSR_007 对应的部分关键 TSR、HSR、SSR

TSR			
ID	**描述**	**ASIL**	**分配对象**
HWP_TSR_001	图像接口模块应该监控图像信号，如果数据错误，应把故障标志传递给系统模式管理模块	ASIL B（D）	图像接口
HWP_TSR_002	图像接口接收到图像传感器的故障标志后，应该把故障标志传送给系统模式管理器模块	ASIL B（D）	图像接口
HWP_TSR_003	感知模块应该监控自身的工作状态，如果发现故障，应把故障标志传送给系统模式管理器模块	ASIL D	Perception
HWP_TSR_004	感知模块应该监控感知的输出结果，如果发现故障，应把故障标志传送给系统模式管理器模块	ASIL D	Perception
HWP_TSR_005	系统模式管理器模块接收到图像传感器故障标志后，应发送驾驶员接管请求，提醒驾驶员接管	ASIL D	系统模式管理器
HWP_TSR_006	系统模式管理器模块接收到图像传感器故障标志后，应通知感知模块不再使用图像传感器数据	ASIL D	系统模式管理器
......			

HSR			
ID	**描述**	**ASIL**	**分配对象**
HWP_HSR_001	HW 应提供 ASIL D 的硬件环境，支持感知、规划、控制、系统模式管理器、底层软件和中间件的运行	ASIL D	HW
HWP_HSR_002	HW 检测到输入主电源故障时，应切换到冗余电源供电	ASIL D	HW
HWP_HSR_003	HW 应提供图像传感器故障和诊断的硬件接口设计	ASIL D	HW
......			

SSR			
ID	**描述**	**ASIL**	**分配对象**
HWP_SSR_001	SW 应该检测鱼眼摄像头输出的道路边界的时序一致性，如果连续 3 帧，鱼眼摄像头输出的道路边界点的前一帧与当前帧的纵向位置和横向位置的平均绝对误差超过 50cm，则发送对应的故障码	ASIL D	SW
HWP_SSR_002	SW 应该检测每个跟踪物体的 ID，如果两个跟踪物体被分配了相同的 ID，并持续 3 帧，则发送对应的故障码	ASIL D	SW

（续）

SSR			
ID	描述	ASIL	分配对象
HWP_SSR_003	SW 应该检测跟踪车辆的宽度，如果跟踪车辆的宽度连续 3 帧小于 1m，则发送对应的故障码	ASIL D	SW
HWP_SSR_004	SW 应该检测车道线是否发生跳变，如果本车前方时距 1s 处的车道线的前一帧和当前帧的横向位置误差超过 10cm，并沿车道线持续 10m，则发送对应的故障码	ASIL D	SW
......			

　　针对图像传感器的故障注入测试示例如图 6-6 所示，从某个图像传感器的接口注入故障，注入的方法可以用断开硬件连接（模拟数据通信故障），或通过工具注入错误的图像数据（模拟数据通信故障），或通过工具软件模拟图像传感器发出了故障标志（模拟传感器内部故障），故障上报及故障响应链路如图 6-6 所示。

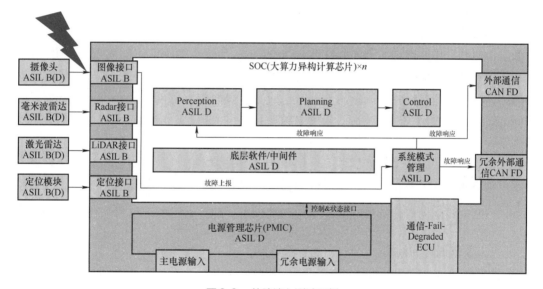

图 6-6　故障注入测试示例

具体测试用例见表 6-12。

表 6-12　测试用例

安全要求	场景	注入故障点	操作步骤	期望结果
图像接口模块应该监控图像信号，如果数据错误，应把故障标志传递给系统模式管理模块	HWP 车辆在车道内以 60km/h 直线行驶	图像接口信息错误	1. 测试前确保本车在 ODD 内可激活 HWP 功能，无相关故障 2. 激活 HWP 功能，使整车以 60km/h 车速在直道内匀速行驶 3. 稳定行驶过程中注入故障，即断开摄像头硬件连接 4. 观察车辆表现，在接管请求发出后，驾驶员不接管车辆 5. 待车辆完成测试后，清除故障 6. 全程监控相关信号：HWP 功能状态和警报信息	1. 系统通知驾驶员接管 2. 系统按照设计的故障响应方案继续安全运行，如降速行驶 3. 如果驾驶员未及时接管，系统执行最小风险操作，如靠边停车

因此，可以通过以上故障注入测试过程，在整车或者系统表现层面直接观察 HWP 系统是否进行了正确的响应，以确保安全机制有效性。

6.1.3 关键零部件安全开发实践

激光雷达作为智能驾驶系统的关键感知零部件，其产品设计与开发会遵循如下标准：

1）ISO 26262：2018《道路车辆 功能安全》[1]。

2）GB/T 7247.1—2024《激光产品的安全 第 1 部分：设备分类和要求》[2]。

3）IEC 60825《激光产品的安全》[3]。

4）IEC 61508《电气/电子/可编程电子安全相关系统的功能安全》[4]。

5）ISO 13849《机械安全 控制系统安全相关部件》[5]。

6）IEC 61496《机械安全 电敏保护设备》[6]。

7）UL 4700/UL 4740《*Standard for Safety for Lidar and Lidar Systems*》[7]。

1. 基于 SEooC 的功能定义与安全概念假设

（1）激光雷达预期功能假设

激光雷达的工作原理是飞行时间（Time of Flight，TOF）测距法，即激光器发射光脉冲，光脉冲照射到物体表面会反射回来，然后接收器接收反射回来的光脉冲，通过测量光脉冲飞行的时间，即可测量目标物体的距离。同时不同物体表面的反射能量大小不同，分析目标物体表面的反射能量大小、反射波谱的幅度、频率和相位等信息，输出点云数据，从而呈现出目标物精确的三维结构信息。

激光雷达作为助力增强智能驾驶安全保障能力的关键零部件，其可以有效补充多融合感知方案中摄像头、毫米波雷达与超声波传感器的场景局限。由此，整车智驾系统如感知系统对激光雷达产品提出的预期功能，至少包括：

1）探测周围环境或目标对象的三维数据（如距离、反射率、水平角）。

2）点云数据的时间同步。

3）输出激光雷达的基本状态及故障信息。

为实现上述预期功能，图 6-7 所示为激光雷达功能架构示例，由供电模块、控制与处理模块、发射模块、接收模块和扫描模块共 5 大功能模块构成。

供电模块给激光雷达内部各模块提供供电电压；控制与处理模块会设计激光发光时序与接收时序，控制扫描模块转动，并依据时序对接收的回波波形进行处理计算，得到点云数据；发射模块控制激光发射单元按照时序要求发出光脉冲；接收模块控制回波探测单元按照时序接收目标物体反射的光回波，并将光回波进行处理后反馈给控制与处理模块；扫描模块控制扫描执行单元工作。扫描执行单元一般安装在发射光学系统与接收光学系统之间的激光传递光路中，实现发射模块发出的激光在水平或/与垂直方向进行扫描。

（2）激光雷达的失效及其危害

激光雷达作为智驾系统的关键感知器件，对周围物体、环境进行探测并输出正确的点云数据，对感知系统准确感知周围环境具有重要作用。如果其内部发生故障导致输出点云数据发生错误、丢失等失效情况，会直接引起感知系统对周围环境、物体的识别出现错误，进而可能引发智驾系

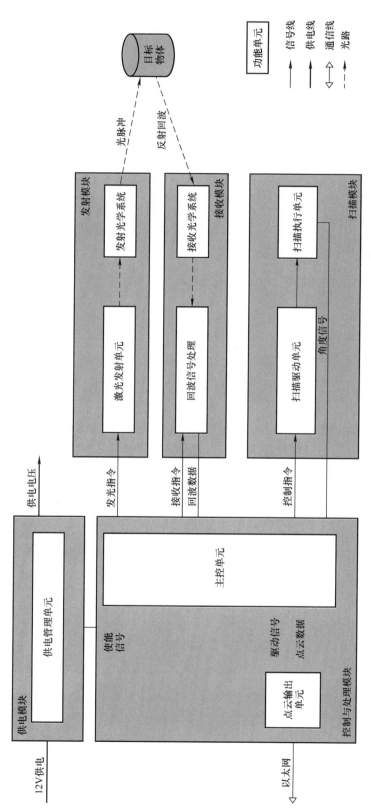

图6-7　激光雷达功能架构示例

统出现非预期制动、非预期转向等整车危害事件。激光雷达常见内部故障示例见表6-13。

表6-13 激光雷达常见内部故障示例

序号	激光雷达常见内部故障
1	以太网通信故障
2	入口电压异常
3	激光雷达内部电压异常
4	控制器故障
5	程序执行异常
6	发射与接收通道瞎线
7	接收信号处理故障
8	扫描转速异常
9	时间同步异常
10	激光雷达过温

激光雷达系统中的通道故障可能导致信号丢失，表现为类似"瞎线"的形式。通道瞎线故障定义为某个激光发射与接收通道中出现故障如激光器开路，导致该通道无法发射激光或无法接收到物体反射回波。激光雷达出现单通道瞎线故障时，会导致识别到的目标物体的点云数据在某个垂直角度方面全部丢失。当激光雷达出现多通道瞎线故障时，则目标物体的点云数据会大范围丢失，严重情况下会丢失对整个目标物体如车辆前侧人员的探测数据，进而引发车辆出现碰撞到周边行人的危害事件，如图6-8所示。

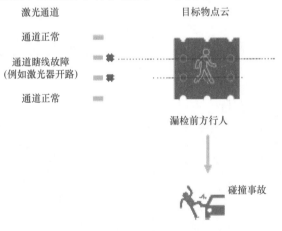

图6-8 通道瞎线故障的整车表现

（3）激光雷达安全目标假设

依据智能驾驶功能对激光雷达的安全要求分解，或自身失效的危害分析与风险评估过程，激光雷达典型安全目标示例见表6-14。

表 6-14 激光雷达典型安全目标示例

序号	安全目标描述	ASIL	FHTI	安全状态
1	避免非预期输出异常点云数据	QM ~ ASIL B	依赖于整车功能	1）故障警告。将激光雷达内部故障信息向整车智驾系统警告 2）关闭输出
2	避免非预期的产生对人眼有危害的激光	ASIL B/C	依赖于激光元器件性能	1）关闭激光发射 2）故障警告。将激光雷达内部故障信息向整车智驾系统警告

（4）激光雷达功能安全概念示例

为了避免激光雷达内部故障而引起整车危害事件的发生，激光雷达在系统设计过程需要增加功能安全的设计与诊断方案。图 6-9 所示为激光雷达功能安全概念架构示例，激光雷达的安全概念包括供电监控、控制器监控、程序执行监控、人眼安全监控、通道瞎线诊断、时序控制一致性校验、扫描状态监控、通信 E2E 保护等安全机制。

各项安全机制分配到激光雷达内部模块示例见表 6-15。

2. 激光雷达安全开发与 OEM 的交互

图 6-10 所示为激光雷达与整车系统的交互接口示例。激光雷达与整车智能驾驶系统通过以太网通信连接，并从整车获取 12V 供电。

由此可见，激光雷达的提供方作为 Tier1，与负责整车智能驾驶系统的 OEM 之间是需要通过定义分布式开发协议（Development Interface Aqreement，DIA）约定功能安全开发的职责分工。

3. 激光雷达典型功能安全设计

前述激光雷达功能安全概念示例中描述了很多激光雷达的安全机制，部分安全机制是比较通用化的，如供电监控，部分是激光雷达专有的，如瞎线诊断等。限于篇幅，下面选择 2 项激光雷达典型安全机制作为示例，介绍功能安全设计思路。

（1）通道瞎线诊断

目的：探测激光雷达中发射模块与接收模块中可能引起激光无法发射或无法接收到回波的故障，如激光器开路、探测单元短路等失效模式。

设计方案：通道瞎线诊断的设计可以使用 pattern test 方法。激光雷达实现目标对象的探测功能路径如图 6-11 所示。

在激光发射单元设计特定的激光脉冲，通过采集各探测通道对该特定激光脉冲的采样波形，并与预期脉冲波形进行对比。如果某个通道没有采集到回波脉冲或采集到回波脉冲参数与目标脉冲不一致，如回波幅值在预先设定的时长内持续低于阈值时，则认为该通道发现瞎线故障；如果同时出现多个通道瞎线，则认为发生了多通道瞎线故障。

安全动作：检测到单通道瞎线或多通道瞎线故障时，认为激光雷达点云数据错误并向整车系统进行故障警告。

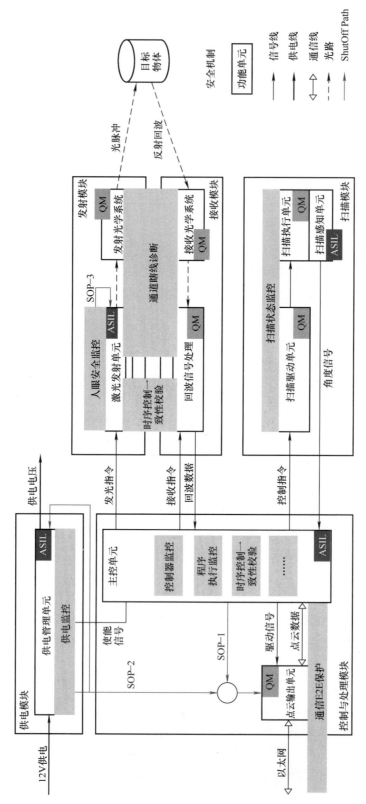

图6-9 激光雷达功能安全概念架构示例

表 6-15　安全机制分配到激光雷达内部模块示例

序号	安全机制示例	分配到内部模块
1	供电监控	供电管理单元、主控单元
2	控制器监控	主控单元
3	程序执行监控	主控单元
4	通信 E2E 保护	主控单元、外部系统
5	人眼安全监控	激光发射单元
6	通道瞎线诊断	主控单元
7	时序控制一致性校验	激光发射单元、主控单元
8	扫描状态监控	扫描感知单元、主控单元

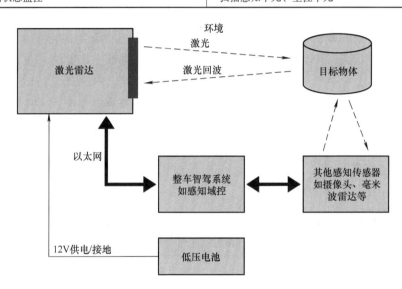

图6-10　激光雷达与整车系统的交互接口示例

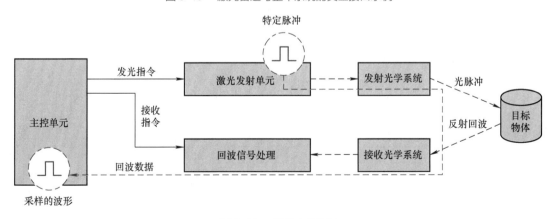

图6-11　探测功能路径

（2）人眼安全监控

目的：探测激光雷达中激光器发射的能量超过 IEC 60825-1：2014《激光产品的安全 第 1

部分：设备分类和要求》定义的激光雷达 class 阈值而引起人眼危害的情况。

设计方案：按照标准 IEC 60825-1：2014[3] 定义，违反人眼安全的失效模式包括：

1）单个激光脉冲照射到人眼的能量过大。激光发射端电压过高会导致激光发射的瞬时功率过高，激光器发光持续时间过长。

2）激光脉冲照射到人眼的频率过高。

因此激光雷达会针对每个激光器设计相应机制，以检测其激光发射端电压与发光持续时间。如果检测到激光发射端电压超过定义的人眼安全阈值，或某个激光器发光持续时间超过定义值，则认为发生了人眼安全故障。另外，为了避免相邻两次发光间隔过短引起的多次激光照射到相同位置而引起的能量过大情况，在制定发光时序中会限制发光最小间隔。

安全动作：检测到人眼安全故障时会立即切断全部激光器的驱动使能，并向整车系统进行故障警告。

4. 测试验证方法与示例

对于验证安全机制的有效性，比较常用的测试方法是故障注入方法，激光雷达的安全机制验证同样是采用故障注入的测试方法，即通过模拟激光雷达内部真实故障注入，观察激光雷达实际工作是否符合预期。激光雷达的故障注入测试方法需要考虑：①故障注入环境，如芯片、硬件、软件或系统；②故障模型，即要模拟注入的故障类型；③故障注入点与现象观测点。

这里选择通道瞎线诊断、人眼安全监控的安全机制，介绍故障注入测试方法。

（1）通道瞎线诊断的故障注入方法

激光雷达测试策略示例见表 6-16。

表 6-16　激光雷达测试策略示例

故障注入环境	系统、激光雷达整机
故障模型	无法发射激光、无法接收回波
故障注入点	激光器输入电压点、探测器信号输出点
现象观测点	标准靶的点云数据，激光雷达状态

依据测试策略得出的激光雷达测试用例见表 6-17。

表 6-17　激光雷达测试用例

测试编号	SMxx-FIT-TC-01	SMxx-FIT-TC-02
测试环境	激光雷达整机	激光雷达整机
测试前提	激光雷达上电，正常工作，无故障激光雷达放置于标准靶测试位置	激光雷达上电，正常工作，无故障激光雷达放置于标准靶测试位置
测试步骤	1）设计故障注入点，将某个或某几个激光器的电压输入短路到地，使某个或某几个激光器不发光 2）上位机读取点云数据，同时软件读取激光雷达状态 3）分析测试结果	1）设计故障注入点，将某个或某几个探测器的信号输出断线 2）上位机读取点云数据，同时软件读取激光雷达状态 3）分析测试结果
预期结果	点云数据显示注入的通道没有点云，同时激光雷达在 FHTI 时间内报出瞎线故障	点云数据显示注入的通道没有点云，同时激光雷达在 FHTI 时间内报出瞎线故障

（2）人眼安全监控的故障注入方法

人眼安全监控的故障注入测试策略示例见表 6-18。

表 6-18 人眼安全监控的故障注入测试策略示例

故障注入环境	系统、激光雷达整机
故障模型	激光器驱动电压偏大超过 $V\%$、激光器持续发光时间超过 $T\%$
故障注入点	激光器输入电压、激光发射时序
现象观测点	激光照射能量、激光雷达状态

依据测试策略得出的人眼安全监控的故障注入测试用例见表 6-19。

表 6-19 人眼安全监控的故障注入测试用例

测试编号	SMyy-FIT-TC-01	SMyy-FIT-TC-02
测试环境	激光雷达整机	激光雷达整机
测试前提	激光雷达上电，正常工作，无故障激光雷达放置于安全位置，避免激光扫射到人员眼睛	激光雷达上电，正常工作，无故障激光雷达放置于安全位置，避免激光扫射到人员眼睛
测试步骤	1）软件设计逻辑，在线调整激光驱动电压的目标电压，使其超过正常的 $V\%$ 2）通过设备测量激光雷达发射的激光能量，同时软件读取激光雷达状态 3）分析测试结果	1）软件设计逻辑，在线调整某个或某几个激光发光持续时间，使其超过正常的 $T\%$ 2）通过设备测量激光雷达发射的激光能量，同时软件读取激光雷达状态 3）分析测试结果
预期结果	在激光能量超过要求前，激光雷达关闭激光发射；同时激光雷达在 FHTI 时间内报出人眼安全故障	在激光能量超过要求前，激光雷达关闭激光发射；同时激光雷达在 FHTI 时间内报出人眼安全故障

6.2 预期功能安全典型实践

6.2.1 整车级预期功能安全开发实践

1. 车道保持和换道行为的 SOTIF 分析实践

NHTSA 针对 L3 级高速公路 Chauffeur 系统的车道保持和换道行为进行了 SOTIF 分析实践[8]，其将 SOTIF 关键步骤集成到了现有安全分析流程，包括项目定义、危害识别、分析评估、触发事件识别评估以及功能改进。

NHTSA 的 SOTIF 分析流程主要结果如下：

1）项目定义：明确分析对象，即 L3 级高速公路 Chauffeur 系统的车道保持和换道行为，确定分析范围及相关操作场景。

2）危害识别：利用 STPA 方法识别系统在车道保持和换道过程中可能存在的危害，包括传感器失效、算法错误等。

3）分析评估：对识别的危害进行详细分析，评估其对系统安全性的影响。

4）触发事件识别评估：识别和评估可能引发危害的触发事件，包括环境变化、系统故障等。

5）功能改进：根据分析结果，对系统进行功能改进，提出具体的安全措施和改进建议。

NHTSA 采用了 STPA 方法，最终报告总结了 4 个潜在整车级危险，见表 6-20，以及 5 个安全目标（表 6-21）、59 个与传感器、算法或其他系统局限相关的 I 型潜在触发事件、22 个与可预见误用相关的 II 型潜在触发事件和 126 个 SOTIF 改进措施，此外，该项目提出了一个包含 210 个变量的列表，涉及 41 个子类别，用于辅助确定 SOTIF 触发事件与场景。该项目将 SOTIF 流程应用于轻型车辆的 L3 级智能网联车辆，特别关注车道保持和换道行为，以保持与先前自动车道保持系统功能安全研究的范围一致。

表 6-20 潜在整车级危险示例

危险 ID	整车级危险类型
H1	车辆在高速公路上换道时无法被控制
H2	变道进入的目标车道被阻塞或占用
H3	车辆未完成换道或仅完成部分换道
H4	系统被更高级别安全系统干扰

表 6-21 安全目标示例

相关危险 ID	安全目标 ID	整车级危险类型
H1	SG1	系统失控时，防止车道偏离，并且执行在全 ODD 内的"车道居中"策略
H2	SG2	执行换道策略时，确保目标车道上没有车辆和其他障碍物靠近自车
H3	SG3	如果系统无法完成换道机动，则安全地将车辆返回原车道
H1 ~ H3	SG4	在脱离系统或退出 ODD 之前，保证有足够的接管时间（TBDs）提醒接管驾驶员
H4	SG5	确保自车关键算法的安全优先级

I 型潜在触发事件：该项目将 I 型潜在触发事件定义为超出系统和组件性能限制的条件，示例见表 6-22。这些触发事件特定于功能和系统规范中描述的技术。该项目考虑了两种主要的车载传感器——摄像头和雷达。这些传感器由 GPS 和地图辅助。项目识别了 59 个与传感器、算法或其他系统局限相关的 I 型潜在触发事件，如传感器数据丢失、算法计算错误等。

表 6-22 I 型潜在触发事件示例

触发事件 ID	触发事件	相关的潜在风险
CS-1	由于车道标记部分或全部被覆盖，摄像头传感器可能无法检测到车道边界	H1 ~ H3
CS-2	障碍物可能会阻挡摄像头对车道标记、车辆或其他物体的观察	H1 ~ H3
CS-3	在能见度降低的环境条件下，如天气或光线不足，摄像头的性能可能会下降	H1 ~ H3

（续）

触发事件 ID	触发事件	相关的潜在风险
CS-4	环境噪声因素，如光线反射或阴影，可能会影响摄像头检测车道标记、车辆或其他物体的能力	H1～H3
CS-5	如果路标与道路或其他环境特征之间的对比度较低，则摄像头可能无法检测到路边的地标	H1～H3
CS-6	如果车道标记与路面对比度较低，或者低于最低尺寸或质量，则摄像头可能无法检测到车道标记	H1，H3
CS-7	相邻车道上的车辆或物体可能在摄像头的视野之外	H2，H3
CS-8	如果在没有清晰车道标记的情况下采用跟随前车的策略，则前方车辆在运行过程中可能超出摄像头的可视范围	H1
CS-9	若多个目标物体位置接近且以相似的速度移动，摄像头可能无法单独识别	H2
CS-10	在黑冰等特殊路面情况下，摄像头无法检测道路状况	H1，H3

Ⅱ型潜在触发事件： Ⅱ型潜在触发事件包含人为因素限制，将其定义为SOTIF Type Ⅱ事件。Ⅱ型潜在触发事件与潜在的可预见的滥用情景有关。项目识别了22个与可预见误用相关的Ⅱ型潜在触发事件，如驾驶员误操作等，部分示例见表6-23。

表 6-23　Ⅱ型潜在触发事件示例

触发事件 ID	触发事件	相关的潜在风险
HM-1	无论驾驶员的注意力状态如何，高速公路自动驾驶系统都可能在控制结束时将自车控制权交还给驾驶员	H1～H3
HM-2	高速公路自动驾驶系统在驾驶员无法继续前行或不能及时响应环境的驾驶情况下将控制权交还给驾驶员	H1～H3
HM-3	高速公路自动驾驶系统由于对环境或道路状况做出错误判断而延迟驾驶员接管车辆，导致接管时间不足	H1～H3
HM-4	高速公路自动驾驶系统在将自车控制权交给驾驶员时，基础制动系统可能会响应来自其他系统的请求	H2
HM-5	高速公路自动驾驶系统在将自车控制权交给驾驶员时，基础动力总成系统可能会响应来自其他系统的请求	H2
HM-6	高速公路自动驾驶系统在将自车控制权交给驾驶员时，基础转向系统可能会响应来自其他系统的请求	H1～H3
HM-7	自车驾驶员注意力检测系统无法正确检测驾驶员注意力情况	H1～H3
HM-8	自车驾驶员注意力检测系统无法正确检测驾驶员注意力情况，导致系统无法正确提供充足的接管时间	H1～H3
HM-9	自动驾驶控制程序可能难以访问系统元件（例如，系统控件位于子菜单中）	H2，H3
HM-10	驾驶员可能会因为控制台界面的改变而失去对系统控制的访问权限（例如，乘客将人机交互界面切换到媒体界面）	H2，H3
HM-11	当系统状态发生变化时，功能控件可能不会向驾驶员提供任何反馈，从而影响驾驶员与元件的交互	H1～H3
HM-12	在从高速公路自动驾驶系统到驾驶员接管自车过程中，控制功能可能会发生变化或被禁用	H2，H3

SOTIF 改进措施：提出了 126 个 SOTIF 改进措施，包括系统冗余设计、数据校验机制、应急处理方案等。

具体应用过程中，在 L3 级高速公路 Chauffeur 系统的实际应用中，NHTSA 的 SOTIF 分析方法帮助识别了多个潜在的安全隐患，并提出了相应的改进措施。例如：

1）传感器数据融合：为了应对传感器可能失效的问题，提出了多传感器数据融合技术，以提高系统的整体可靠性和数据准确性。

2）算法优化：针对算法可能出现的计算错误，进行了算法优化，采用了冗余校验机制，确保算法计算的准确性。

3）应急处置策略：在车辆换道过程中出现紧急情况时，制定了详细的应急处置策略，如自动制动、紧急避让等措施，以保障车辆和乘客的安全。

这些措施有效提升了 L3 级高速公路 Chauffeur 系统的安全性，为其在实际道路条件下的应用提供了有力保障。

通过系统的 SOTIF 分析，NHTSA 成功识别并解决了 L3 级高速公路 Chauffeur 系统在车道保持和换道行为中可能面临的安全问题。其基于 STPA 的方法不仅提高了系统的安全性和可靠性，还为其他类似系统的安全分析和改进提供了宝贵的经验和参考。

项目开发了一个包含 210 个变量的清单，这些变量分为 41 个详细子类别，符合分类法。此外，该框架并不是不变的，而是可以随着新参数的识别及时间的推移不断发展。对于某些变量和情况，分析人员在应用框架时可能需要考虑适当的"反面案例"。例如，一个变量是"允许行人在道路上行走"。相应的"反面案例"是禁止非机动车使用道路。反面案例并未明确包含在框架中。在其他情况下，可以结合多个变量来构建更复杂的场景。表 6-24 提供了使用 FARS 中的道路类型变量扩展框架的示例。

表 6-24 道路类型变量扩展框架的示例

父级类别	子类别	细分类别	场景变量
物理设施	道路类型	功能类	洲际公路
			主干道（其他高速公路/高速公路）
			主干道（其他道路）
			次干道
			主要捕捉器信息
			次要捕捉器信息
			当地信息
			其他信息
		道路类	无保护分割线双向车道
			具有中央分隔带护栏的分割线双向车道
			无分割线双向车道
			具有连续左转弯车道的无分割线双车道
			单行道
			非交通通道或车道入口

2. 整车级车队的预期功能安全要求

由荷兰应用科学研究组织（TNO）牵头，沃尔沃等多家单位共同参与的 ENSEMBLE 项目分析了车队的 SOTIF 要求[9]。在 ENSEMBLE 项目中，分为两部分：SOTIF 危险识别和风险评估以及 SOTIF 安全要求[10]。SOTIF 危险识别和风险评估部分是项目的重要组成部分，旨在全面了解车队行驶技术中潜在的危险情况，并评估这些危险对系统安全性的影响。在这一部分的工作中，项目团队首先对不同类型的用例进行了全面的分析。这些用例涵盖了车队行驶过程中可能发生的各种情况，包括基础设施和其他外部因素、紧急制动、插入车队、驾驶员行为和误用、通信以及非 E/E 故障等多个方面。随后，项目团队对每种用例进行了详细的风险评估。在评估过程中，他们考虑了每种情况的严重度和可控性，以确定风险的等级和影响程度。严重度评估主要考虑了可能导致的伤害程度[11]，从 S0（无伤害）到 S3（危及生命或致命伤害）不等，如图 6-12 所示。而可控性评估则着重考虑了对风险的控制程度，从 C0（通常可控）到 C3（很难控制或不可控）不等，如图 6-13 所示。通过这样的评估，项目团队能够确定每种情况的风险水平，并为制定相应的应对措施提供了参考依据。

	严重度评估			
	S0	S1	S2	S3
描述	未受伤害	轻度和中度伤害	严重和危及生命的伤害(可能存活)	危及生命的伤害(不确定存活)，致命伤害
定义	AIS为0和AIS为1~6的概率小于10%	AIS为1~6的概率大于10%(并且不是S2或者S3)	AIS为3~6的概率大于10%(并且不是S3)	AIS为5~6的概率大于10%

图6-12　严重度评估等级图

	可控性评估			
	C0	C1	C2	C3
描述	一般可控	简单可控	一般不可控	很难控制或不可控制
定义	一般可控	99%或更多的驾驶员能够规避伤害	90%或更多的驾驶员能够规避伤害	小于90%的驾驶员能够规避伤害

图6-1　可控性评估等级图

在确定了风险等级之后，项目团队制定了针对每种情况的对策和应对措施。这些对策和措施旨在降低风险水平，提高车队行驶技术的安全性和可靠性。例如，在面对 GPS 信号丢失的情况下，货车应继续发送车队控制信息，以确保车队的纵向控制不受影响；对于机械故障，驾驶员负责检测和响应车辆中的故障，并在需要时采取相应的行动，以确保车辆安全行驶。

总的来说，SOTIF 危险识别和风险评估部分为 ENSEMBLE 项目的成功实施提供了重要支持。通过全面的用例分析、风险评估和应对措施制定，项目团队能够全面了解车队行驶技术中潜在的安全风险，并采取适当的措施加以应对，从而确保车队行驶技术的安全性和可靠性。

这一部分的工作为未来智能交通系统的发展提供了重要的指导和参考，为构建更加安全和高效的交通环境奠定了坚实的基础。

在 ENSEMBLE 项目中，SOTIF 危险识别和风险评估的重要情景是主体货车在车队行驶中遭遇机械故障（如爆胎或漏油），这种情况可能发生在任何道路环境下。项目团队详细分析了这种故障对车队行驶技术安全性和可靠性的影响，强调车辆系统必须具备及时发现故障并迅速向驾驶员报告的能力，以便驾驶员能立即采取应对措施。然而，由于驾驶员可能不了解具体故障情况，导致应对不充分，从而增加事故风险。风险评估显示，这种故障的严重度为 S3（危及生命或致命伤害），可控性为 C3（很难控制或不可控）。因此，这种情况被评估为高风险，风险值为 6。为了应对这种情况，项目团队提出了相应的对策和应对措施。首先，他们强调这种情况可能会在操作设计域中发生，因此对这种情况的反应不应自动进行，而应由驾驶员负责检测和响应车辆中的机械故障。其次，他们建议在制定制动性能算法时，应考虑可能导致对制动性能错误估计的故障，以便及时应对可能出现的危险情况。

在 ENSEMBLE 项目的 SOTIF 安全要求部分，项目团队着重关注了车队行驶技术的安全性和可靠性。这一部分的目标是根据危险识别和风险评估的结果，定义并细化出适用于车队行驶技术的安全要求，以确保车队系统能够在操作设计域内运行时保持预期功能的安全性。

这些安全要求涵盖了多个方面，包括应用需求、通信要求、人机界面要求以及驾驶员要求。每个方面的要求都旨在确保车队行驶技术在各种情况下都能够有效地识别风险并采取适当的措施，以最大程度地保障驾驶员和其他道路用户的安全。

第一，应用需求方面的要求涵盖了车队功能的需求。这包括确保车队系统能够准确地识别当前路线适用的区域策略，并根据这些策略进行相应的行驶控制。这样一来，车队系统就能够根据不同的路况和环境要求，自动调整车辆的行驶模式，从而最大程度地提高行驶的效率和安全性。

第二，通信要求方面的要求涉及车队车辆之间建立 V2V 通信的要求。这包括确保车队中的每辆车辆都能够及时地与其他车辆进行通信，以便实现信息共享和协同行驶。通过建立有效的 V2V 通信系统，车队系统能够更好地感知周围环境和其他车辆的行动，从而及时做出反应，减少事故的发生概率。

第三，人机界面要求方面的要求关注驾驶员与车队系统的交互要求。这包括确保车队系统的用户界面能够清晰地向驾驶员传递必要的信息和指示，以便驾驶员能够准确理解当前的行驶情况和系统状态，并采取适当的行动。通过设计直观友好的用户界面，可以降低驾驶员操作失误的可能性，提高车队系统的易用性和安全性。

第四，驾驶员要求方面的要求涉及驾驶员的需求。这包括确保驾驶员在任何时候都能够对车辆的行驶情况和系统状态进行监控，并在必要时采取控制行动。这意味着车队系统需要为驾驶员提供清晰的状态提示和警告信息，以便驾驶员能够及时发现并应对任何潜在的危险情况。

ENSEMBLE 项目通过采用 SOTIF 分析评估方法，对多品牌车队进行全面的安全性评估，为车队设计和开发提供了重要的指导，并确保其在实际运行中符合 SOTIF 标准。通过对不同场景和用例的分析，该项目团队能够识别潜在的风险，并提出相应的解决方案和要求，以更好地考虑车队的安全性，并采取相应的措施来应对潜在的风险和挑战。利用 SOTIF 分析评估方法，通过对车队系统在预期功能之外的情况下的安全性进行评估，强调了对无法被功能安全标准（如 ISO 26262）涵盖的潜在危险的关注。这种方法不仅关注车队系统的功能安全，还关注其在未来可能出现的各种情况下的安全性，从而提供了更全面、更细致的安全性分析。通过 SOTIF 分析评估方法，ENSEMBLE 项目团队能够深入研究车队系统的各种用例和场景，识别潜在的风险因素。这可能包括复杂的交通环境、不确定的道路状况、其他车辆和行人的行为变化等。通过对这些风险因素的分析，团队能够提出相应的解决方案和要求，以降低风险，并确保车队系统在各种情况下的安全性。

此外，ENSEMBLE 项目的成果对于促进车辆安全性和推动自动化驾驶技术的发展具有重要意义。随着自动化驾驶技术的不断进步，安全性成为了实现可靠自动驾驶的关键要素。通过对车队的全面安全性评估，项目为车辆制造商、技术供应商和利益相关者提供了重要的参考和指导，帮助他们更好地理解和应对自动化驾驶系统的安全性挑战。

在未来的研究和发展中，可以进一步探索和改进 SOTIF 分析评估方法，以更好地适应不断变化的交通环境和技术发展。此外，还可以加强国际合作，制定更统一的 SOTIF 标准和法规要求，以推动全球自动化驾驶技术的安全性和可靠性。

3. 基于自监控的整车级安全保障系统

自监控的安全保障系统重点关注对系统"自我意识"的提升和利用。系统"自我意识"是指系统识别自身状态、可能行为以及这些行为对系统自身和环境的影响，并进行安全应对的能力[12]。智能网联汽车是一个复杂的安全关键系统，如感知、决策和控制等不同层间"自我意识"的冲突可能导致灾难性的后果，因此必须考虑跨层的解决方案，确保来自不同层次的指标能够聚合成系统的一致性自我表示，以实现整体安全监控。

（1）自监控安全系统架构

自监控安全系统通常以安全模块的形式集成在智能网联汽车系统中，一种典型的自监控安全系统架构如图 6-14 所示，布伦瑞克工业大学将相关安全模块（蓝色框显示）集成在其自动驾驶汽车 Leonie 的导航控制系统（Guidance and Control System，GCS）中。系统的数据采集部分获取环境、交通参与者、车辆状态和自身位置等信息，并输入安全监控模块，进而根据监测到的系统状态进行自适应安全控制。

安全监控模块从功能模块和传感器收集数据，计算性能指标并判断执行降级动作，其核心元素是控制看门狗和安全单元。控制看门狗可监控横纵向控制器等模块，并从关联的硬件中收集心跳等信号，以计算位置精度、可见区域、系统运行状态、反应时间等性能指标。安全单元结合来自智能网联汽车传感器和 GPS/INS 的动力学数据，根据道路和天气状况估计抓地性指标，动态调整驾驶策略，以防止在恶劣道路天气条件下的事故。

看门狗网关和自动驾驶模式模块共同负责自动驾驶模式的激活和停止。看门狗网关是智能网联汽车系统与车辆之间的接口，其任务包括：监视车辆 CAN 信号，以提供有关重要车辆参数的信息；验证车辆执行器的控制值，以确保安全的执行器控制；限制车辆在当前速度下的转向角度；此外，其在测试智能网联汽车系统时可监测驾驶员干扰。自动驾驶模式模块接收来自车辆、HMI 和控制看门狗的输入，只有当所有车门都关闭、车身电子稳定系统（ESP）

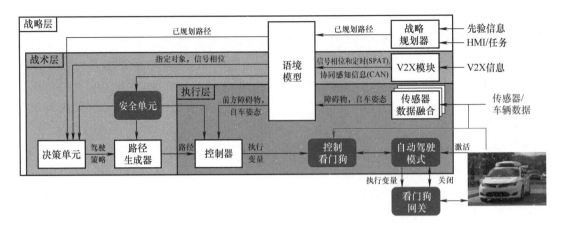

图6-14 自监控安全系统架构[13]

被激活、看门狗网关和控制看门狗发出信号、系统和车辆状况良好且驾驶员请求激活自动驾驶时，该模块才向看门狗网关请求激活。

（2）自监控安全策略

系统安全自监控的实现需要与系统安全设计阶段的活动紧密结合，具体可采用能力图和技能图进行辅助[14]，如图6-15所示。能力指实现驾驶任务某一部分所必需的全部条件，在系统安全设计的概念阶段，能力图设计可与项目定义并行，并用于支持进一步的安全开发，其主要组成包括能力节点和质量需求边；技能被定义为对特定任务相关活动的描述，如性能水平等，技能图是能力图中的抽象概念实例化后的具体技术解决方案，其主要组成包括技能节点、性能影响边，此外，在技能图中需要强调冗余机制的实现。技能图是系统安全自监控的重要依据，如果可以衡量每个技能的性能水平，并且有足够完备的数学模型表达上述性能水平在整个图中的传播，技能图则可为在线监控系统安全提供重要支持。

实际安全自监控过程主要包含性能监测和问题处理两个阶段，前者可依托具体的性能指标，表征系统可能出现的功能安全或预期功能安全问题，后者可通过功能降级等方式保障系统安全。图6-16所示为一种典型的自监控安全系统策略，该策略通过监控系统参数实现对性能指标的度量。其中，系统反应时间是从外部事件发生到智能网联汽车做出反应之间的等待时间；系统运行状态包含所涉及的所有软硬件模块的信号跳动和周期信息；可视区域表示智能网联汽车周围被传感器所覆盖的空间；抓地性反映车辆动力学性能，并根据道路、天气等环境条件动态变化；位置精度则是对当前智能网联汽车位置估计准确性的评估。根据性能指标计算结果，可进一步采取适当的功能降级，如修改驾驶参数（如减小车速、增加安全时距）、修改驾驶策略（如变道、转弯）、强制执行安全策略或禁止驾驶策略（如禁用失效的传感器或执行器部件）等。

以车辆附着性能（抓地性）为例[6]，可通过对此类指标的监控以适应变化的道路和天气条件，从而依据系统性能限制实时调整合适的安全策略。具体而言，通过IMU（提供当前侧滑角）、激光雷达、数字地图（存储交通信号灯信息）、雨量传感器、温度传感器、轮速传感器以及部分功能［如ESP、牵引力自动控制（Automatic Traction Control，ATC）和ABS］的状态监测器可收集系统状态数据，进而计算对应的性能指标，计算方式如图6-17所示。

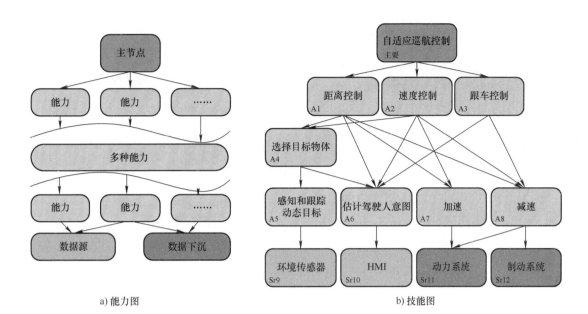

a) 能力图　　　　　　　　　　　　　b) 技能图

图 6-15　能力图和技能图示例[14]

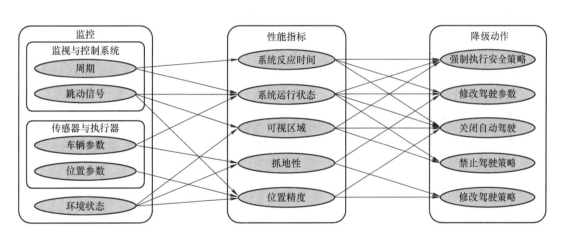

图 6-16　一种典型的自监控安全系统策略[13]

其中，初始附着性能指标g_{n-1}依次根据传感器识别出的 ESP、ATC 和 ABS 等功能受干扰情况、前后轮速度平均值之差δ_v、侧滑角s_c、降雨量r、温度等参数进行条件判断和修正，最终获取当前附着性能指标g_n。图 6-17 中，x_i为针对功能干扰情况改变的附着性能指标；t_v、t_s、T_{max}为判断阈值；c_v、c_s、c_t为比例系数。

性能指标值可进一步与车辆纵向控制策略结合，以智能驾驶员模型为例，其通过输出纵向期望加速度$\dot{v}$来实现安全稳定的跟车行为：

$$\dot{v} = a\left[1 - \left(\frac{v}{v_0} \right)^d - \left(\frac{s^*}{s_a} \right)^2 \right] \tag{6-1}$$

式中，v为当前车速；v_0为期望速度；s_a为前后车间距；a为最大加速度；d为加速度指数；s^*为安全距离。

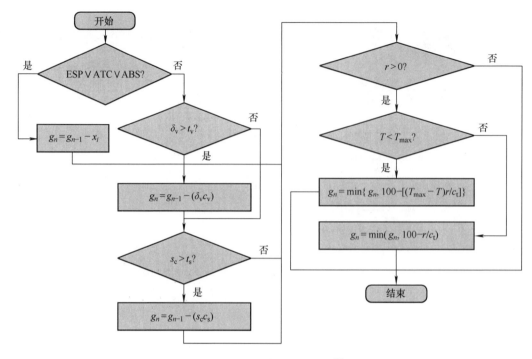

图6-17　附着性能指标计算[6]

s^* 与拥堵间距 s_0、安全车头时距 T、自车与前车速度差 Δv、期望减速度 b 等参数的计算关系如下：

$$s^* = s_0 + Tv + \frac{v\Delta v}{2\sqrt{ab}} \tag{6-2}$$

通过降低期望速度 v_0，可使车辆行驶更保守，从而在恶劣的道路和天气条件下更加安全，具体可通过附着指标与纵向控制器融合的速度系数 c_{vf} 来实现：

$$v_0' = v_0\left[(1 - c_{vf}) + \left(\frac{g_n c_{vf}}{100}\right)\right] \tag{6-3}$$

式中，v_0 和 v_0' 分别为调整前后的期望速度。

如果附着指标值低于100，则可适当延长安全车头时距 T，从而通过更早制动来保证在跟车时的安全性，同时在遇到障碍物和交通灯时也更加安全：

$$T' = T\left[2 - \left(\frac{g_n}{100}\right)\right] \tag{6-4}$$

式中，T 和 T' 分别为调整前后的安全车头时距。

此外，可通过直接降低加速度值 a_n 以实现对附着性能的自适应安全策略。

$$a_n' = \min\left[a_n, c_f + a_n g_n \frac{\left(1 - \frac{c_f}{100}\right)}{100}\right] \tag{6-5}$$

式中，参数 c_f 用于确定下界以及 g_n 的影响因子；a_n 和 a_n' 分别为调整前后的加速度值。

4. 自车非预期制动的预期功能安全诊断方案

城市道路低速跟车场景下，自车非预期制动会导致自车与后车发生追尾的预期功能安全事故。地平线公司针对此类场景下预期功能安全事故，选择典型场景建立场景模型，基于运动公式获得 SOTIF 安全区间，基于危害矩阵进行 Bad case 分析自车非预期制动的预期功能安全诊断方案，具体如图 6-18 所示。

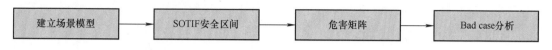

图 6-18　自车非预期制动的预期功能安全诊断方案

（1）建立场景模型

首先，根据对驾驶员跟车行为特征的统计数据（如跟车距离分布、跟车速度分布等）进行分析，选取了前后车车速相等的场景进行研究。在这些场景中，两车处于平均最小时间间隔为 0.3s，远低于低速跟车时的人类平均反应时间 2.3s。具体而言，两车的速度（V_t 和 V_f）均在 20 ~ 30km/h 之间，且两车之间的距离（D）在 1.6 ~ 2.5m 之间。其中，V_f 是指自车的速度，V_t 是指后车跟随的速度。在这样的条件下，后车没有足够的反应时间进行制动，如果前车发生非预期的制动行为，后车极易发生追尾事故。通过这种精确的数据选取和场景设定，能够更好地理解和分析真实的低速跟车场景中的潜在安全风险，并为进一步的安全措施制定提供科学依据。

（2）SOTIF 安全区间

根据运动公式的计算，在自车发生非预期制动时，为了避免碰撞，必须满足以下条件，如图 6-19 所示：当减速度（a）小于或等于 0.2g 时，车辆不会发生碰撞，此时仅会带来舒适度问题，而不会导致安全事故。这意味着，在这种减速度条件下，虽然乘客可能会感到一些不适或者对功能设计不满，但不会有实质性的碰撞风险。这一结论为车辆在低速跟车场景中的制动控制提供了重要参考，有助于在实际操作中优化车辆的制动控制系统，确保在突发情况下能够有效避免追尾事故的发生。

$$\begin{cases} M_s = D + s_f - s_t = D - \dfrac{1}{2}\bar{a}t^2 \geqslant 0 \\ a \leqslant 0.2g \end{cases} \tag{6-6}$$

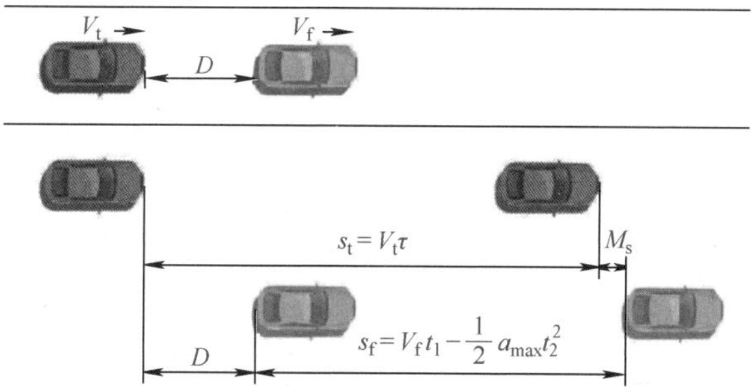

图 6-19　场景示意图

（3）危害矩阵（减速度 vs 持续时间）

根据式（6-6），绘制了减速度在 0 ~ 10m/s² 之间、持续时间在 0 ~ 5s 之间的 SOTIF 危害矩阵，如图 6-20 所示。该矩阵详细展示了不同减速度和持续时间组合下的潜在危害情况。这种分析方法有助于系统地评估和理解在不同制动条件下车辆的功能安全风险，确保在设计和实际应用中能够有效预防安全事故的发生。通过这种精细化的危害矩阵分析，可以更准确地识别和应对潜在的危险场景，进而优化车辆控制策略，提高整体行驶安全性。

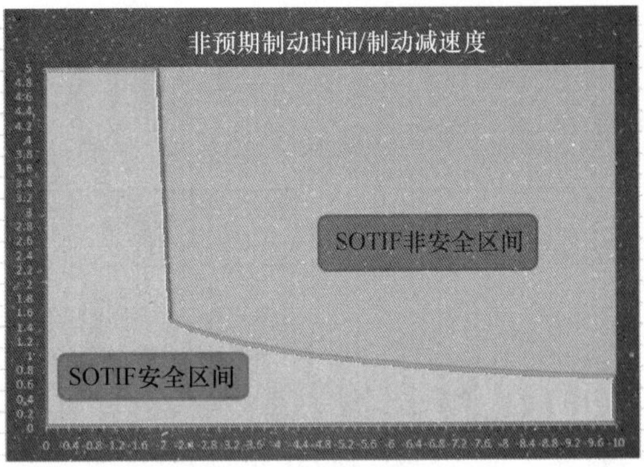

图 6-20　危害矩阵

（4）Bad case 分析

首先，根据自车行驶的具体场景，选择对应的危害定量矩阵。接着，计算非预期制动的平均减速度 $a = \Delta V / \Delta t$，其中 Δt 表示自车车速的变化值，Δt 表示非预期制动的持续时间。然后，对照危害矩阵，查找对应平均减速度的 SOTIF 安全最大持续时间 $\Delta t\text{max}$，并将其与实际持续时间 Δt 进行比较。

如果非预期制动实际持续时间 Δt 大于允许的 SOTIF 安全最大持续时间 $\Delta t\text{max}$，则说明制动控制逻辑不在 SOTIF 安全区间内，需要进行软件优化。相反，如果非预期制动实际持续时间 Δt 小于或等于允许的 SOTIF 安全最大持续时间 $\Delta t\text{max}$，则说明制动控制逻辑在 SOTIF 安全区间内，不需要进行软件优化。

例如，假设非预期制动的持续时间 Δt 为 3s，车速变化值 ΔV 为 -28km/h。这时，计算得出的平均减速度 a 为 -0.25g。对照危害矩阵，当平均减速度 a 为 -0.25g 时，安全允许的最大持续时间 $\Delta t\text{max}$ 为 1.4s，而实际的制动持续时间 Δt 为 3s。因此，Δt 大于 $\Delta t\text{max}$，表明存在 SOTIF 危害，需要进行软件迭代优化。

这种方法有助于系统地评估和应对非预期制动带来的功能安全风险，确保车辆在实际运行中保持在安全区间内，避免潜在的危害。通过不断优化和调整，可以提升车辆控制系统的可靠性和安全性。

6.2.2　部件级预期功能安全开发实践

1. 关键（感知）零部件级预期功能安全诊断方案

车载激光雷达的测量原理是依赖于本身发射的激光能量，照射到物体表面，物体表面反射回激光信号，然后通过测量激光信号的飞行时间来计算物体距离。如果车载激光雷达应用的环境有重大限制时，例如光罩脏污或光罩遮挡时，也会导致车载激光雷达输出错误的数据，进而可能引发智驾系统出现非预期制动、非预期转向等整车危害事件。这种受到应用环境限制或本身性能不足（而非故障）情况而引发的安全风险，则属于预期功能安全研究的范围。

车载激光雷达的光罩表面存在如水、尘土等脏污或遮挡情况，导致车载激光雷达的激光脉冲无法照射到目标物体，或照射到目标物体的能量减少，进而无法输出或输出部分目标物体的点云数据，如图 6-21 所示。

当光罩表面存在遮挡如灰尘、泥土、树叶、鸟粪、虫尸等，会导致光罩的透光性变差，

光罩洁净

a) 光罩洁净下点云

光罩遮挡

b) 光罩遮挡下点云

图 6-21　不同情况下车载激光雷达点云分布

导致本身反射的光束变大，透射后照射到物体表面的激光变小。因此，为了避免上述情况发生，上海禾赛科技有限公司利用光罩本身反射到激光雷达内部的光回波大小设计了车载激光雷达预期功能安全的诊断方案。该方案将光罩划分为不同区域，通过测量不同光罩区域的反射回波情况，即可以判断光罩的遮挡区域信息。

2. 关键（定位）零部件级预期功能安全典型实践

车辆运动和位置传感器（Vehicle Motion and Position Sensor，VMPS）是一种应用传感器融合算法实现厘米级绝对定位的精确且安全的车辆定位系统。它已经被开发用于支持自动驾驶/高级驾驶辅助系统（Automated Driving/Advanced Driver Assistance Systems，AD/ADAS）中的功能，如激活或停用 AD 功能、安全停车操作或 L3 及以上的车道保持功能。VMPS 包括全球导航卫星系统（Global Navigation Satellite System，GNSS）接收器和轮速传感器（Wheel Speed Sensors，WSS）。

图 6-22 所示为 SOTIF 相关的 VMPS 输出信号的级联。总共有三个指标来反映定位的可信度：位置精度、保护级别和 SOTIF/完整性有效性标志。

SOTIF 活动旨在获取由于预期功能或其实施的功能不足而产生的危害导致不合理风险的证据。对于 VMPS 来说，这适用于传感器融合定位。这意味着安全相关的属性是传感器融合的定位精度。危险或不安全的行为是未被检测到的定位误差超过了指定的安全临界阈值，即所谓的警戒限制（Alert Limit，AL）。警戒限制在很大程度上取决于用例和客户需求。VMPS 的典型和基本 SOTIF 要求的最小集合可以总结为：警戒限制、警戒时间、目标完整性风险和

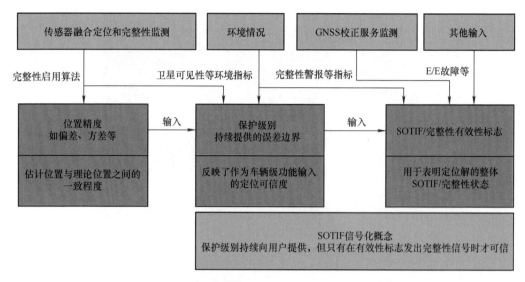

图 6-22　SOTIF 相关的 VMPS 输出信号的级联[16]

完整性可用性。

这些参数的规范取决于许多与 SOTIF 相关的条件、约束和限制，例如定义的操作设计域、VMPS 位置的客户用例以及车辆级别的功能设计。对于需要车道精确定位的高速公路应用，客户（通常是负责车辆级别功能设计的汽车制造商）定义的示例参数集可能为警戒限制为 $2 \sim 4m$，警戒时间为 $5 \sim 10s$，目标完整性风险在 $10^{-4}h \sim 10^{-6}h$ 的数量级。这样的参数集定义了所有进一步 SOTIF 活动的基础，例如触发条件的分析和 SOTIF 概念与策略的制定。

博世针对 VMPS 提出了三支柱的 SOTIF 验证策略，如图 6-23 所示，包括基于正常事件/场景的测试驾驶验证、基于正常/异常事件基于蒙特卡洛模拟的模型在环或硬件在环验证和基于异常事件/场景的 SOTIF 故障树分析。每个验证支柱都包含与 SOTIF 分析相关的区域 2（已知不安全场景）和区域 3（未知不安全场景）方面，并且没有明确的分隔。每个验证支柱涵盖的方面包括：在大型多样化数据集中的统计验证；场景、事件和边缘情况导向的验证；传感器性能变化的验证；系统设计验证和敏感性测试等。

（1）基于正常事件/场景的测试驾驶验证

测试驾驶验证的目的是发布完整性要求。理论上，指定的完整性要求需要比产品开发阶段实际可收集到的数据量高得多，例如，要经验性地验证 $10^{-5}/h$ 的完整性指标，可能需要请求超过 $100000h$ 的测试驾驶数据来应用常见的描述性方法。为了克服这个问题，可以应用统计预测方法并基于有限的数据集预测传感器的行为。但是要考虑三个关键点：有限的测试驾驶数据集代表了传感器的统计行为、所选择的统计预测方法与系统行为相容和任何剩余的次临界事件，即未超出警戒值在统计上表现为异常值的位置误差，都会被彻底分析，并可以据此认为在定义的完整性要求下是安全的。测试驾驶完整性验证侧重于初始已知或在项目开发周期中已经确定的正常条件和极端情况。

基于正常事件/场景的测试驾驶验证包含 3 个主要步骤：驾驶场景和驾驶策略的选择、数据评估和危险性误导信息（Hazardously Misleading Information，HMI）统计学概率预测。选择测试

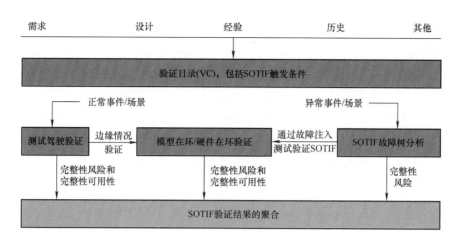

图 6-23 SOTIF 验证策略及验证支柱的关键步骤流程图

驾驶验证的另一个标准是技术可行性。为了进行适当的操作规划和测试覆盖，测试驾驶场景可以从特殊场景数据库和统计代表性数据库中选择；数据评估重点关注传感器融合位置误差和保护级别行为；HMI 统计学概率预测主要考虑像警戒值和警戒时间这样的指定完整性参数。

（2）基于正常/异常事件基于蒙特卡洛模拟的模型在环或硬件在环验证

进行基于蒙特卡洛模拟的在环验证的目的是验证覆盖 GNSS 和/或校正数据丢失 GNSS 受限挑战性环境和校正数据质量变化场景的完整性。

模型在环仿真环境如图 6-24 所示。通过车辆动力学仿真环境模拟最坏情况下的驾驶场景。为了模拟与 GNSS 相关的挑战性环境条件，可以通过所谓的 GNSS 漫游器模拟器对可配置的合成观测进行建模。基于车辆动力学仿真环境和 GNSS 漫游器模拟器的输出，可以向 IMU 信号、校正数据和 GNSS 信号注入基于蒙特卡洛方法的缺陷。模拟数据使用基于待发布软件

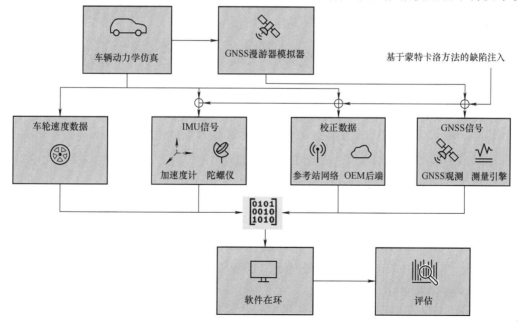

图 6-24 模型在环仿真环境

的软件在环环境处理。最终对测试软件的输出进行评估，例如，分析位置误差的变化和完整性参数的灵敏度。

测试软件的输入以复杂方式影响测试软件的输出，无法提前预测哪种组合的测量输入中的缺陷会对算法构成最大挑战。因此，选择了基于蒙特卡洛方法的模拟方法，将不同的缺陷应用到算法的输入上。这种方法确保复杂系统完整性的想法是选择足够多的模拟运行次数，每次运行都有不同的修改输入参数集合，以便确定并以高概率覆盖输入中缺陷的最坏组合。因此，系统的响应可以在不提前完全了解其详细情况时，在最具挑战性的条件下进行调查。输入中不同缺陷的范围可以根据对各个输入系统进行表征时测得的统计分布来获取。

对被测试软件输出影响最大的三个组件是 IMU、GNSS 校正数据以及作为 GNSS 接收器输出的原始 GNSS 观测值，所有这些都与相应的质量信息相结合。利用蒙特卡洛方法的缺陷注入，将各种最坏情况的驾驶场景和具有挑战性的环境条件与大量的缺陷变化相结合。对于每组模拟，系统的行为及其灵敏度都会根据 SOTIF 要求进行验证。最终，对完整性风险和完整性可用性做出结论。

（3）基于异常事件/场景的 SOTIF 故障树分析

故障树分析，即 FTA 方法被视为一种自顶向下的演绎方法，用于分析信号误差在 VMPS 系统中的传播，支持功能开发，并且是分析异常事件对系统影响的关键要素。该方法根据 VMPS 的 SOTIF 需求进行了调整，并简写为 SOTIF-FTA。该方法的关键步骤如图6-25 所示，包含效应链建模、触发条件评估、检测概率评估、SOTIF-FTA 及 SOTIF-FTA 验证和确认。

效应链建模：起点是将 SOTIF-FTA 顶层事件定义为 VMPS 传感器融合位置的危险性误导信息。面向功能信号效应链，SOTIF-FTA 将其分解为不同的分支，例如 GNSS 接收丢失（失效估算）以及单个、多个和星座范围的 GNSS 故障。

触发条件评估：SOTIF 触发条件评估包含对异常触发条件进行评估和定量评定。一个重要的输入来源是验证目录。触发条件评估包含验证目录的子集，尽管两个文档的范围有很大不同：验证目录旨在将触发条件合理映射到验证平台，而触发条件评估旨在定量评估每个触发条件造成的潜在风险。触发条件评估侧重于功能安全方法。例如，为每个触发条件应用暴露概率评级和严重度评级。此外，引入了一个置信度评级，以反映信息和评级的可信度。例如，电离层不规则性高度依赖于太阳活动，已通过分析地磁指数的时间序列和历史事件推导出其发生率。由于该触发条件背后的复杂地球物理过程和现象，可靠的暴露概率评级几乎不可能，因此置信度评级可能设置较低，增加了进一步验证措施的需求。触发条件评估的结果最终是一份异常事件的列表，例如，包括暴露概率评级和置信度评级。

检测概率评估：所谓检测概率评估的目标是确定监视器集群，并为每个集群分配一个检测概率值，以便针对触发条件进行评估。集群描述了一组完整性监测机制或针对担心事件的对策，旨在防止特定的触发条件导致输出不足，从而潜在地导致 HMI。使用功能性监控集群的方法有助于估计每个集群针对特定触发条件的错误预防概率。

SOTIF-FTA：前述活动的输出被视为创建和设计实际 SOTIF-FTA 的输入。效应链模型定义了树结构，基本事件是用暴露概率信息定量描述的触发条件，并为每个触发条件分配了一个检测概率评估输出的检测概率。SOTIF-FTA 输出结果是一个可以用于 SOTIF 触发条件影

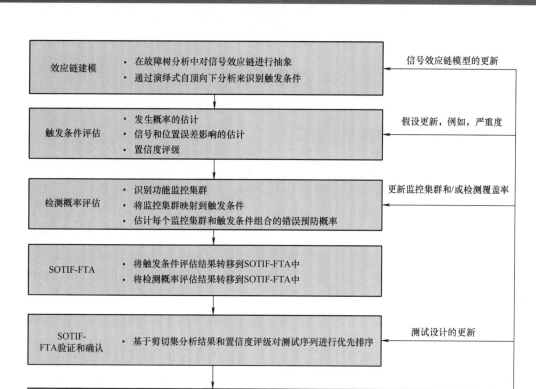

图6-25　迭代式 SOTIF-FTA 方法中的关键步骤

响分析的定量结论。

SOTIF-FTA 验证和确认：SOTIF-FTA 的基本事件是异常触发条件，其中大多数信息来源于专家评分、文献或者借鉴其他与 GNSS 相关的领域，如航空电子学或使用历史数据。对于许多识别的触发条件，纯粹的分析评估被认为不足够。还需要进行剪切集分析以识别最关键的路径，即主要影响顶层事件并可能导致传感器融合位置出现危险性误导信息的事件。基于触发条件评估的置信度评级和 SOTIF-FTA 剪切集分析结果，确定并优先考虑了最关键的触发条件，以便通过模拟故障注入测试进一步验证。故障注入测试的目标是通过注入单一或组合的触发条件来刺激功能不足。记录 VMPS 的行为响应，并在之后进行评估，以确认或修改 SOTIF-FTA 的假设。

测试过程进一步分为系统鉴定测试和软件鉴定测试两部分。软件鉴定测试包含黑盒测试和白盒测试，黑盒测试是指其通过客户或系统需求导出的通过/失败标准进行评估，白盒测试是指其通过预期的系统检测和错误预防能力来确定通过/失败标准。然后对结果进行评估，这些结果可以包括但不限于：

1）故障注入刺激和功能响应。

2）故障发生、功能不足、检测和响应时间的序列。

3）触发条件和检测概率评估中初始假设的有效性。

4）错误的症状和特征，如幅度和随时间变化。

结果由专家评定和讨论，并可能导致确认或调整 SOTIF-FTA 的假设。图 6-25 中描述的步骤是迭代执行的，最终导致定量的危险性误导信息概率估计，反映在 SOTIF-FTA 顶层事件中，被视为 SOTIF 发布的另一个输入。

| 6.3 | 信息安全典型实践

6.3.1 智能网联汽车数据安全实践

1. 智能网联汽车数据分类分级实践

我国相继出台了汽车数据安全管理的相关规定，如《车联网信息服务数据安全技术要求》《汽车数据安全管理若干规定（试行)》《工业数据分类分级指南（试行)》《车联网网络安全和数据安全标准体系建设指南》、GB/T 35273—2020《信息安全技术 个人信息安全规范》、GB/T 38667—2020《信息技术 大数据 数据分类指南》[17-18]等。前述规定主要规制如下车联网相关系统产生的数据：①座舱车内相关系统；②自动驾驶相关系统；③云端车后端相关系统；④车辆运营平台相关系统；⑤销售、线索相关系统；⑥售后服务相关系统；⑦充电服务相关系统；⑧汽车生态，如供应链、制造质量、IT 等系统。

针对智能网联汽车中存在的数据，中国汽车工程学会标准（China Society of Automotive Engineering，CSAE）T/CSAE 313—2023《车路云一体化系统数据分类分级指南》要求数据分类、数据保密、数据共享，建立统一规范的数据格式，对汽车静态数据、环境数据、汽车行驶数据等进行分类分级，并指导各车企进行科学规范的数据处理。

结合 CSAE 数据分类分级标准，车联网企业会根据自身情况梳理汽车数据分类分级表，并设定不同的分级标准，数据分类分级示意见表 6-25。

表 6-25 数据分类分级示意

一级分类	二级分类	数据字段	敏感等级
P 个人信息	车辆基本资料	001 车辆 VIN	D
		……	E
	用户基本资料	001 车主手机号	A
		……	D
	售后基本资料	001 通话唯一标识	G
		……	D
	金融基本资料	001 贷款详情	B
		……	D
	交易服务资料	001 整车订单号	B
		……	D
	涉车服务信息	001 上次保养里程	G
		……	D
	设备服务平台信息	001 车联网卡号	E
		……	D
	地理位置信息	001 经纬度	Z
		……	D

（续）

一级分类	二级分类	数据字段	敏感等级
Z 重要数据	地图数据	001 地图测绘	Z
		……	D
	充电桩的数据	001 充电桩编码信息	E
		……	D
	汽车的车内数据	001 车内应用采集信息	F
		……	D
	汽车的自动驾驶数据	001 驾驶员接管监测	A
		……	D

针对前述不同级别的汽车数据，数据合规团队首先会通过业务访谈，识别并确定数据资产类别。其次，通过部署数据库监控设备，对结构化数据进行数据分类分级打标，通过工具标识敏感信息。此外，通过流量监控工具可以有效排查云服务的数据库传输流量大小，校验是否有数据库遗漏[19]。最后，对公司核心数据进行数据采集、数据传输、数据处理等全周期的安全防护。

2. 智能网联汽车数据安全防护

车联网企业对于已识别出来的核心数据一般会采用严格的安全防护措施。而在数据全生命周期管理中，最为重要的就是数据评估及数据交换。为了进一步促进整个车联网行业信息互换和信任，减少不同主机厂、供应商之间的频繁审核。德国汽车工业协会（VDA）多年前就推动成员企业符合信息安全防护标准，建立信息安全评估（ISA）标准 VDA-ISA，而后在 2017 年联合欧洲汽车工业安全数据交换协会（ENX）推出新的可信信息安全评估交换（Trusted Information Security Assessment eXchange，TISAX）机制，该机制是基于 ISO 27001：2013《信息技术 安全技术 信息安全管理体系 要求》而建立的汽车行业专用信息安全审核要求。根据 TISAX 机制要求，数据安全访问控制关系如图 6-26 所示，具体应符合如下要求：

1）精细权限：具有针对用户和组的精细权限（查看、编辑、打印、复制和粘贴等）的动态策略。

2）高级控制：通过水印、IP 控制、日期等对数据访问进行高级控制。

3）最小权限：通过最小权限访问，仅向需要它们的人而不是其他人提供最低必要的权限。

4）撤销：对文档、用户、组或策略的撤销权限。

5）加密：通过硬件安全模块（HSM）进行密钥管理来保护信息。

6）策略管理：可自定义数据安全策略，一般将策略委派给数据管理员。

7）监控和审计：对数据访问进行监控和审计，做到可追溯。

8）机密数据：根据管理员规则自动保护机密数据。

9）云数据安全：保护存储在云端的数据。

10）数据泄露防护（DLP）：由 DLP 发现或检测到信息的泄露。

11）安全信息管理系统（SIEM）：可以将日志发送到 SIEM 以获取用于访问机密信息的安全事件。

TISAX 数据安全访问控制			安全、数据保护和控制					管理和审计		自动保护和集成					
---	---	---	---	---	---	---	---	---	---	自动保护				集成	
			精细权限	高级控制	最小权限	撤销	加密	策略管理	监控与审计	机密数据	云数据安全	数据泄露防护	安全信息管理系统	移动设备管理	活动目录域
基础安全	政策和组织	组织信息安全(t.2-1.2.1, 1.2.2.1.2.31)	×			×		×	×	×	×				
		资产管理(1.3-1.3.2)	×	×						×					
		信息安全风险管理(1.4-1.4.1)	×			×			×						
		评估(1.5-1.5.1)	×						×						
		事件管理(1.6-1.6.1)	×						×			×			
	人力资源	人力资源(2-2.1.3.2.1.4)	×	×											
	物理安全性和连续性	物理安全和业务连续性(3-3.1.2.3.1.4)	×	×										×	
	身份和访问管理	身份管理(4.1-4.1.1, 4.1.2, 4.1.3)				×			×						×
		访问管理(4.2, 4.2.1)	×	×	×	×									
	IT安全/网络安全	密码学(5.1-5.1.1, 5.1.2)	×												
		安全运营(5.2-5.2.1, 5.2.2. 5.2.3, 5.2.4.5.2.5.5.2.7)	×	×									×		
		系统采购、需求管理和开发(5.3-5.3.3, 5.3.4)	×												
	与供应商的关系	与供应商的关系(6-6.1.1, 6.1.2)	×												
	法规	法规(7-7.1.1, 7.1.2)	×	×					×			×			
数据保护	数据保护	数据保护(9-9.2 9, 3, 9, 4)	×		×			×							

图 6-26　数据安全访问控制关系

12）移动设备管理（MDM）：与 MDM 集成，用于移动设备控制和保护移动设备上的数据。

13）活动目录（AD）域（单点登录、多因素身份验证）：与 AD、轻量目录访问协议（LDAP）、多因素身份验证和单点登录等系统集成，确定数据访问的身份。

6.3.2　高级驾驶辅助系统的网络安全实践

1. ADAS 网络安全威胁分析

设计 ADAS 车辆的安全功能时，需要保证即使车辆核心功能失效或在最坏情况下，也能保护驾驶员和其他人员的安全。从整车 ADAS 安全能力分析上看，主要的分析过程包括如下 3 个方面：系统理论分析（STPA）、失效模式与影响分析（FMEA）、故障树分析（FTA）[20]。三类分析方法流程示意如图 6-27 所示。

基于上述三种分析方法的主要分析流程为：

1）明确目标与范围。定义分析目标：明确 ADAS 网络安全威胁分析的目的，例如识别潜

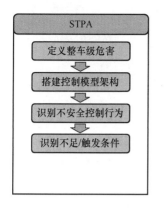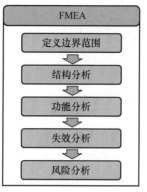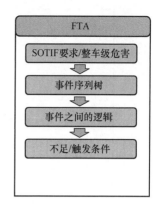

图 6-27　三类分析方法流程示意

在的安全风险、评估现有安全措施的有效性、制定针对性的防护措施等。界定分析范围：确定 ADAS 中需要分析的具体组件、功能、数据流等。这通常包括传感器、控制器、执行器、通信系统以及与 ADAS 相关的软件和数据。

2）收集信息。系统架构图：获取 ADAS 的整体架构图，了解系统的主要组件、连接方式和数据流。功能需求：收集 ADAS 的功能需求文档，了解系统需要实现的具体功能和性能指标。数据流图：绘制 ADAS 的数据流图，明确数据在系统各组件之间的传输路径和方式。安全策略：了解企业现有的网络安全策略和规章制度，确保威胁分析符合企业的安全要求。

3）资产识别与评估。资产分类：将 ADAS 中的资产分为硬件、软件、数据等类别，并列出详细的资产清单。价值评估：评估每个资产的价值，包括功能价值、财务价值、隐私价值等。对于 ADAS 来说，传感器数据、控制器固件等可能具有较高的价值。安全属性分析：分析每个资产的安全属性，如可用性、完整性、保密性等。对于 ADAS 来说，数据的完整性和保密性尤为重要。

4）威胁识别与评估。威胁来源识别：识别可能针对 ADAS 发起攻击的威胁来源，包括外部攻击者（如黑客、恶意软件等）和内部人员（如员工、承包商等）。威胁类型分析：分析各种威胁类型的攻击方式、手段和可能造成的后果。对于 ADAS 来说，常见的威胁类型包括拒绝服务攻击、数据篡改、隐私泄露等。威胁评级：根据威胁的严重性、可能性等因素对威胁进行评级，以便后续制定针对性的防护措施。

5）风险分析与评估。风险识别：结合资产和威胁的分析结果，识别 ADAS 中可能存在的风险点。风险评级：对风险进行评级，评估风险发生的可能性和对系统安全的影响程度。可以使用风险矩阵等工具进行评级。风险处理策略：根据风险评级结果，制定相应的风险处理策略，包括降低风险、转移风险、接受风险等。

2. ADAS 网络安全研发流程

由于高级驾驶辅助系统与驾驶员的安全密切相关，因此，在整车网络安全研发流程，从概念阶段、研发阶段、制造阶段、运营阶段到停运阶段，都应该考虑网络安全，这样才能达到 ASIL 的要求，其示意图如图 6-28 所示。

由于自动驾驶系统高可靠度和高安全性的要求，自动驾驶设计需要充分考虑冗余设计，以确保单一传感器故障时，功能整体可用。因此，自动驾驶安全设计通常包含可配置的任务

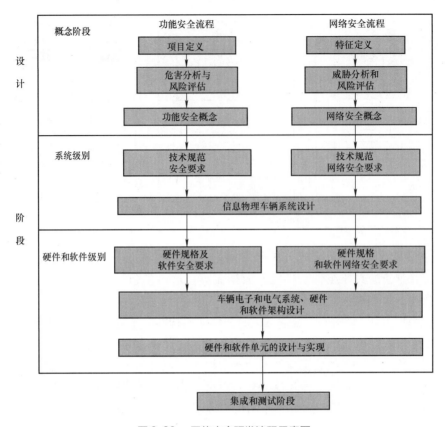

图6-28　网络安全研发流程示意图

级容错方案。例如，需要适配车辆上的传感器，并通过融合来自多个子系统传感器的数据来防止传感器单点故障。

　　ADAS硬件架构的核心是传感器和动力控制系统。车辆动力控制系统冗余架构非常关键，如果ADAS汽车要获得消费者的信任，就必须证明它们即使在信号传输中断或子系统出现故障时也能保持机动性。通常，冗余控制系统设计会在以下两种模式之一中发生故障：①故障安全模式，例如，在电动助力转向系统中，电气故障只会导致控制恢复为手动转向；②无法操作模式，例如，解决方案是添加第二个转向电机。

　　此外，还可以通过如下手段，不断提高安全攻击的门槛，从而提高ADAS的安全性：①硬件加固。传感器硬件安全加固，防止代码被逆向分析；②身份认证，例如，车载单元或路侧单元为车联网中的注册车辆建立本地证书，以抵御假身份的女巫攻击（Sybil Attack）；③通信安全。为通信数据添加时间戳签名，防止数据被重放或重用。

习　题

一、选择题

1. 下面哪项活动旨在获取由于预期功能或其实施的功能不足而产生的危害导致不合理风险的证据？（　　）

A. 功能安全　　　　　　B. 预期功能安全　　　　　C. 信息安全　　　　　D. 融合安全

2. 下列哪个不属于 NHTSA 的 SOTIF 分析流程？（　　　）

A. 测试验证　　　　　B. 项目定义　　　　　C. 危害识别　　　　D. 风险评估

3. 根据 TISAX 机制要求，数据安全访问控制应符合哪个选项的要求？（　　　）

A. 云数据安全　　　　B. 车端数据安全　　　　C. 路网数据安全　　D. 数据库安全

4. 从整车 ADAS 安全能力分析上看，主要的分析过程不包括哪个方面？（　　　）

A. 系统理论分析　　　B. 失效模式与影响分析　　C. 故障树分析　　　D. 故障检测分析

5. 针对不同级别的汽车数据，数据合规团队首先会通过什么，识别并确定数据资产类别？
（　　　）

A. 知识图谱　　　　　B. 专家经验　　　　　C. 业务访谈　　　　D. 国家规定

二、判断题

1. 由于自动化系统和影响风险条件的复杂性，不可以连续进行多个 MRC 和 MRM。

（　　　）

2. 故障树分析方法被视为一种自顶向下的演绎方法。　　　　　　　　　　　（　　　）

3. 与人类驾驶员相比，自动驾驶在大多数情况下都能提供更好的表现。自动驾驶也并不
能完全消除事故或碰撞风险。　　　　　　　　　　　　　　　　　　　　　　（　　　）

4. 实践中，通过身份认证提高安全攻击的门槛，进而提高 ADAS 的安全性。　（　　　）

5. 在整车网络安全研发流程中只需要在概念阶段、研发阶段和制造阶段考虑网络安全。

（　　　）

6. 为通信数据添加时间戳签名可以防止数据被重放或重用。　　　　　　　　（　　　）

三、填空题

1. ADAS 网络安全威胁分析中失效模式与影响分析（FMEA）主要流程为定义边界范围、
结构分析、（　　　　　）、（　　　　　）、（　　　　　）。

2. ADAS 网络安全威胁分析中系统理论分析（　　　　　）主要流程为定义整车级危害、
（　　　　　　　）、识别不安全控制行为、（　　　　　　　）。

3. 针对智能网联汽车中存在的数据，中国汽车工程学会标准对（　　　　　　）、
（　　　　）、（　　　　　）进行分类分级，并指导各车企进行科学规范的数据处理。

四、问答题

1. 禾赛科技车载激光雷达预期功能安全诊断方案的依据原理是什么？

2. 博世针对车辆运动和位置传感器提出了基于三支柱的 SOTIF 验证策略，请问这三支柱
具体是指哪三支柱？

3. 请简述迭代式 SOTIF-FTA 方法中的关键步骤。

4. 智能网联汽车数据分类分级实践中，主要将数据分为哪几类一级分类，每种一级分类
对应数据分别有哪些？

5. 根据 TISAX 机制要求，数据安全访问控制应符合哪些要求？

6. ADAS 网络安全研发流程中，从整车 ADAS 安全能力分析上看，主要的分析过程包括
哪几个方面？

五、综合实践题

拓展阅读 1：欧盟 DENSE 项目（二维码 1 ~ 3）

由于当前的驾驶辅助系统并非全天候可用，它们只能在良好的环境条件下提供舒适和安

全性。当面临恶劣的天气条件，易出现故障甚至失效。由奔驰公司主导的欧盟 DENSE 项目于 2016 年启动，DENSE 是一个由欧盟资助的研究项目，旨在改善驾驶辅助系统在各种恶劣天气条件下的性能。该项目的目标是提供一种在任何天气条件下都能够可靠运行的环境感知系统。这种系统将使车辆能够在恶劣天气条件下自主驾驶，降低交通事故的风险，并提高驾驶员和乘客的安全性。为了实现这一目标，DENSE 项目团队采用了一系列先进的传感器技术，并将它们整合到一个统一的系统中。

该项目的核心创新点在于将三种不同的传感器技术整合到一个系统中，以实现全天候的环境感知能力。这些传感器包括：

1）闸门式摄像头：与传统的被动摄像头不同，闸门式摄像头是一种主动式传感器，它通过与激光照明同步来记录不同深度区域的图像，从而在各种恶劣天气条件下提供清晰的图像。

2）短波红外激光雷达：与传统的激光雷达相比，短波红外激光雷达工作在安全范围内的红外波长，提高了对环境的感知能力，并降低了眼睛受损的风险。

3）高分辨率多输入多输出雷达：利用多输入多输出技术，DENSE 项目结合了雷达与其他传感器的数据，提高了环境感知的可靠性和准确性。

该项目的目标是提供一种在任何天气条件下都能够可靠运行的环境感知系统。这种系统将使车辆能够在恶劣天气条件下自主驾驶，减少交通事故的风险，并提高驾驶员和乘客的安全性。为了实现这一目标，DENSE 项目团队采用了一系列先进的传感器技术，并将它们整合到一个统一的系统中。

DENSE 项目不仅仅简单地整合了这些传感器技术，更是通过深度学习算法对感知数据进行处理和分析，从而进一步提高了系统的性能。在项目进行过程中，DENSE 团队进行了一系列的试验和测试，研究了恶劣天气条件对传感器性能的影响。这些试验包括模拟雨雪、雾气、低光照等恶劣天气条件下的传感器性能测试，以评估传感器在不同环境下的可靠性和准确性。请详细阅读 DENSE 项目相关资料（二维码 1~3），总结这个项目：①在模拟雨雪、雾气、低光照等恶劣天气条件下的传感器性能测试结果；②为了确保系统在各种情况下都能够安全可靠地运行，提出的相应安全性要求；③在将深度学习功能集成到安全关键车辆中时，可能会面临的一系列挑战和问题。

阅读材料6-1：DENSE_D2.1_ Characteristics_of_Adverse_ Weather_Conditions.pdf

阅读材料6-2：DENSE_ D2.2_System_Needs_and_ Benchmarking.pdf

阅读材料6-3：DENSE_ D2.3_Overall_system_ requirements.pdf

拓展阅读2：《自动驾驶安全第一》白皮书（二维码4）

自动驾驶技术是现代交通领域的一项革命性创新。随着技术的不断进步，自动驾驶车辆在不同级别的应用中逐渐展现出其潜力和挑战。为了确保自动驾驶车辆的安全性，行业内制定了多项标准和规范，涵盖了功能安全、信息安全、预期功能安全等多个方面。《自动驾驶安全第一》白皮书详细阐述了实现和验证自动驾驶系统安全的方法，并提出了 12 条自动驾驶的指导原则。

《自动驾驶安全第一》白皮书总结了 SAE L3 和 L4 自动驾驶通过设计实现安全以及验证和确认（V&V）的方法。其目的是最大化地论证自动驾驶方案相对于人类平均驾驶水平具有正风险平衡。白皮书基于主机厂、各层级供应商和关键技术供应商的输入，对自动驾驶的安全相关主题进行了综合说明，并系统性地将安全原则分解为设计安全能力、各种要素和架构，然后对验证与确认方法进行汇总以证实实现了正风险平衡。

自动驾驶技术不仅在技术层面带来了一系列创新，同时也在社会层面引发了广泛讨论。为了让自动驾驶技术能够安全可靠地融入日常生活，需要应对一系列挑战：请结合《自动驾驶安全第一》白皮书中的内容，从技术、安全、法规和伦理四个方面进行简要分析自动驾驶技术在实现安全性和社会接受度方面所面临的挑战和机遇。

阅读材料 6-4《自动驾驶安全第一》白皮书

参 考 文 献

[1] International Organization for Standardization. Road vehicles- Functional safety：ISO 262621-12［S］. Geneva：ISO，2018.

[2] 全国光辐射安全和激光设备标准化技术委员会. 激光产品的安全 第 1 部分：设备分类和要求：GB/T 7247.1—2024［S］. 北京：中国标准出版社，2024.

[3] International Electrotechnical Commission. Safety of laser products：IEC 60825［S］. Geneva：IEC，2014.

[4] International Electrotechnical Commission. Functional safety of electrical/electronic/programmable electronic safety- related systems：IEC 61508 1-7：2010［S］. Geneva：IEC，2010.

[5] ISO. Safety of machinery—Safety- related parts of control systems：ISO 13849［S］. Geneva：ISO，2023.

[6] IEC. Safety of machinery—Electro- sensitive protective equipment：EN/IEC 61496/UL61496［S］. Geneva：IEC，2020.

[7] UL. Standard for Safety for Lidar and Lidar Systems：UL 4700/UL 4740［S］. Northbrook：UL，2023.

[8] BECKER C，BREWER J C，YOUNT L，et al. Safety of the intended functionality of lane- centering and lane- changing maneuvers of a generic level 3 highway chauffeur system：DOT HS 812 879［R/OL］.（2020-11-01）［2024-06-23］. https：//rosap. ntl. bts. gov/view/dot/53628.

[9] ENSEMBLE. ENabling SafE Multi-Brand pLatooning for Europe［EB/OL］//Vrije Universiteit Brussel.［2024-06-23］. https：//researchportal. vub. be/en/projects/ensemble-enabling-safe-multi-brand-platooning-for-europe/fingerprints/.

[10] ENSEMBLE- D2. 14- Final version hazard analysis and risk assessment and functional safety concept FINAL［EB/OL］.（2023-03-10）［2024-06-23］. https：//platooningensemble. eu/storage/uploads/documents/2023/03/10/ENSEMBLE- D2. 14- Final _ version _ Hazard _ Analysis _ and _ Risk _ Assessment _ and _ Functional _ Safety _ Concept _ FINAL. pdf.

[11] ENSEMBLE- D2. 13- SOTIF safety concept［EB/OL］.（2023-03-13）［2024-06-23］. https：//www. platooningensemble. eu/storage/uploads/documents/2023/03/13/ENSEMBLE- D6. 13- FutureRecommendations _ FINAL. pdf.

［12］SCHLATOW J, MOOSTL M, ERNST R, et al. Self-awareness in autonomous automotive systems ［C］//Design, Automation & Test in Europe Conference & Exhibition（DATE）. New York：IEEE, 2017：1050-1055.

［13］RESCHKA A, BÖHMER J R, NOTHDURFT T, et al. A surveillance and safety system based on performance criteria and functional degradation for an autonomous vehicle ［C/OL］//2012 15th International IEEE Conference on Intelligent Transportation Systems. New York：IEEE, 2012：237-242 ［2024-04-15］. https：//ieee-explore. ieee. org/document/6338682.

［14］RESCHKA A, BAGSCHIK G, ULBRICH S, et al. Ability and skill graphs for system modeling, online monitoring, and decision support for vehicle guidance systems ［C/OL］//2015 IEEE Intelligent Vehicles Symposium（IV）. New York：IEEE, 2015：933-939 ［2024-04-15］. https：//ieeexplore. ieee. org/document/7225804.

［15］RESCHKA A, BÖHMER J R, SAUST F, et al. Safe, dynamic and comfortable longitudinal control for an autonomous vehicle ［C/OL］//2012 IEEE Intelligent Vehicles Symposium. New York：IEEE, 2012：346-351 ［2024-04-15］. https：//ieeexplore. ieee. org/document/6232159.

［16］sBOSCH. SOTIF strategy for the validation of a GNSS based vehicle localization sensor ［EB/OL］. ［2024-02-29］. https：//www. zotero. org/styles? q = GB%2FT%207714-2015.

［17］北京车网科技发展有限公司, 国汽（北京）智能网联汽车研究院有限公司. 2023 北京市高级别自动驾驶示范区数据分类分级白皮书2.0 ［R］. 北京：北京车网科技发展有限公司, 国汽（北京）智能网联汽车研究院有限公司, 2022.

［18］秦志媛, 黎宇科, 刘宇, 等. 2021 年智能汽车网络安全与数据安全政策法规综述 ［J］. 汽车与配件, 2021（18）：29-33.

［19］吴思睿. 智能网联汽车数据安全风险与法律应对 ［D］. 成都：西华大学, 2023. DOI：10. 27411/d. cnki. gscgc. 2023. 000785.

［20］李文婷. 基于安全性的智能网联汽车测试研究 ［J］. 时代汽车, 2024（7）：190-192.

第7章 智能网联汽车安全技术展望

✎ 本章导学

　　智能网联汽车集成了多种新兴技术，如传感器技术、人工智能、车联网以及高性能计算芯片等，这不仅为汽车产业带来了新的机遇，也带来了前所未有的安全挑战。相应地，学术界和企业界也针对这些问题提出了一些前沿的解决方案。本章将深入探讨智能网联汽车在功能安全、预期功能安全和信息安全方面所面临的挑战和应用的前沿技术。

✎ 学习目标

　　1. 了解智能网联汽车在功能安全、预期功能安全和信息安全方面所面临的主要挑战。

　　2. 掌握针对这些安全挑战的前沿技术和研究进展。

　　3. 认识到智能网联汽车安全技术对未来交通系统的重大意义，并为进一步研究和解决相关安全问题打下基础。

　　近年来，随着汽车智能化、网联化的发展，车辆引入大量新的硬件模块，包括各种传感器、算力芯片等，为智能网联汽车功能安全带来新的需求与挑战。而智能网联汽车引入的大量人工智能算法、场景的复杂性等，为智能网联汽车预期功能安全带来新的需求与挑战。此外，随着自动驾驶技术与车联网技术的发展，智能网联汽车信息物理系统的功能模块越来越多，攻击面越来越大，恶意网络攻击更有可能乘虚而入。同时，传统网络攻击工具可以很方便地直接应用于车联网中，对智能网联汽车系统的信息安全威胁极大。除此以外，大规模通信的高性能、高可靠性，以及通信在各种工况条件下的性能一致性等均有待研究。智能网联汽车在功能安全、预期功能安全以及信息安全方面面临不同的挑战。

7.1 智能网联汽车安全技术的发展与挑战

7.1.1 功能安全面临的挑战

　　功能安全经过多年的发展已经形成了相对成熟的解决思路，针对汽车中的传统 E/E 架构，功能安全标准及行业实践已经给出了较为系统的解决方案，但智能网联汽车又给功能安全带来了一些新的挑战。

（1）智能网联汽车核心传感器缺乏功能安全设计

传感器在智能网联汽车中起到眼睛和耳朵的作用，尤其是 L3 级及以上级别智能网联汽车，驾驶的责任主体为系统，传感器在满足车规级器件的质量及可靠性要求的基础上，还需要具备自检功能、故障诊断及提醒警告等安全功能，当前摄像头、毫米波雷达、超声波传感器及激光雷达等自动驾驶主要传感器仍然缺乏功能安全设计，这成为智能网联汽车安全的一大障碍。

（2）智能网联汽车对主控芯片的算力多样性及安全要求

智能网联汽车核心传感器输出的多样且大规模的数据进一步要求主控芯片具备较高的算力及强大的并行计算能力，当前自动驾驶主控芯片广泛采用 CPU、GPU、FPGA 等多种处理器结构，导致芯片的复杂性大大提高，进而增加了功能安全设计的难度和挑战性。

（3）开源操作系统的引入及安全设计挑战

传统汽车电子软件多使用 OSEK 及 AUTOSAR 等操作系统架构，受到开发效率、任务调度、对新算法及传感器的支持等众多限制，智能网联汽车领域广泛引入了开源操作系统（如 Linux），而开源系统无法进行全面的安全分析、控制流和数据流分析，也很难进行满足高功能安全等级的覆盖度测试，进而给智能网联汽车的整体安全带来挑战。

（4）机器学习算法的黑箱特性和不确定性

自动驾驶算法中广泛采用了基于神经网络的机器学习算法，甚至是基于端到端的自动驾驶模型，它基于训练数据建立概率模型，进而直接做出预测或决策，这对于车道线及交通参与者等安全强相关的目标识别来说具有高度的不确定性，难以进行充分的安全分析和软件测试，无法保障高安全等级要求的安全目标的实现。

7.1.2 预期功能安全面临的挑战

当前针对智能网联汽车预期功能安全风险的产生、量化和防护的研究还远远不足。具体而言，预期功能安全问题涉及人－车－路间的复杂交互，场景的复杂性、动态性、不确定性和多变性等特点对智能网联汽车安全运行造成了重要挑战，而系统的复杂性、耦合性、多样性和黑箱特性导致难以深入探究其功能不足产生机理。当前智能网联汽车的预期功能安全面临的几个主要挑战如下。

（1）预期功能安全理论和标准、流程有待完善

未来高度复杂的系统和开放场景中，特别是随着 AI 技术的大量应用，现有预期功能安全标准和开发流程难以全面覆盖，需要进一步明确其研究范畴并推动流程的系统化和标准化。同时，风险分析和防控的基础理论研究仍显薄弱，亟须深入探讨风险的触发、传播与动态演化机制，以及不同功能模块和层级间的关联影响。此外，需借助多学科交叉方法，开发全面的风险量化模型，为风险评估、设计改进及在线防控提供理论依据和技术支撑。

（2）复杂场景下的预期功能安全风险认知、量化与防护问题

复杂环境的动态性、不确定性和多变性对智能网联汽车的安全运行带来了显著挑战。具体而言，环境中多样化的场景和复杂的外部因素增加了系统识别与处理的难度，使得难以准确评估由环境因素引发的潜在风险。同时，缺乏有效的方法对环境变化与系统功能不足的交互作用进行全面表征和风险量化，进一步加剧了预期功能安全风险的识别与防护难度。此外，

现有监测与降级策略较为简单，难以应对复杂场景和系统条件下的风险。

（3）深度学习算法的不确定性与可解释性挑战

随着近年来深度学习算法在智能网联汽车上的应用愈加广泛，深度学习算法自身结果的不确定性给自动驾驶车辆带来了安全隐患，尤其在未见过或分布外的数据环境中表现尤为不稳定。此外，由于深度学习模型的高维非线性特征，其决策机制难以直观理解和验证，难以对算法内部进行安全分析，缺乏透明性和解释性。

（4）针对预期功能安全的测试验证方法和准则有待研究

现有里程测试方法在智能网联汽车测试中暴露出周期长、成本高的问题，难以适应其快速更新和复杂设计的特点。基于场景的测试验证被认为是有效应对这些难题的重要方向，但场景库建设需要满足多样性、合理性和关键性的标准，以在有限的场景中选择和开发最具价值的测试案例。同时，测试工具链中的各类模型（如传感器、车辆、虚拟世界和自主驾驶模型）的建模精度直接影响测试的可信度，尤其是感知系统的预期功能安全依赖高精度传感器模型。此外，安全认证的缺乏是智能网联汽车商业化的主要障碍，包括不可避免碰撞场景的定义、责任归属、合理场景覆盖的高验证成本以及软件更新后的重新验证成本，这些都亟需明确的技术方案和标准化准则支持。

7.1.3　信息安全面临的挑战

智能网联汽车可以和其他车、路、云、人连接并传输信息，并根据采集和传输而来的信息来进行判断和执行决策。然而，在带来更便利和更好体验的同时，也引入了信息安全隐患，如网络攻击、敏感数据窃取等。确保汽车网络通信过程正常，保证数据处于有效保护和合法利用的状态是智能网联汽车信息安全的目标。

作为信息安全中的一部分，数据安全的问题也不能被忽视。汽车本身的软硬件信息、驾驶员和乘客的个人隐私、汽车外部环境中的敏感数据都有可能成为攻击者的窃取目标。此外，汽车云平台也存在数据安全问题。由于云平台蕴含的数据价值较大，其往往可能成为窃取车辆数据、突破车辆控制的第一道防线。信息安全的重要性不仅体现在个体层面，更在于其对国家安全和社会稳定的深远影响。然而，近年来涌现的各种数据泄露和非法利用事件，显著降低了公众对网联车数据安全的信心，严重阻碍了智能网联汽车的发展。

结合以上智能网联汽车信息安全发展背景，下面介绍四个智能网联汽车面临的新型挑战。

（1）低轨道卫星通信技术引起的信息安全隐患

通信方式的增加丰富了汽车的功能。例如，低轨道（LEO）卫星通信技术为汽车网络通信带来了新的可能性，特别是在提高遥远或偏远地区的连接性方面。然而，这种技术的融合也引入了一系列新的信息安全隐患。因为它增加了汽车系统与外部世界交互的途径，从而放大了潜在的攻击面。现在车载卫星互联网有关标准尚不完善，一些车载卫星通信系统缺乏必要的信息安全防护方法，数据传输未经过充分加密。攻击者可能会截取低轨道卫星通信过程中的敏感数据，也可能通过低轨道卫星通信将恶意信息注入智能网联汽车中。除了上述风险，由于低轨道卫星通信本身难以发现和管理，攻击者可能通过低轨道卫星入侵汽车自动驾驶系统，从而导致汽车失控。进一步地，通过低轨道卫星可能同时控制大量汽车，这将造成更大的安全事故。

（2）人工智能技术的不可解释性引起的信息安全隐患

近年来，人工智能技术开始逐渐应用在智能网联汽车、车联网及云平台上。包括自动驾驶在内的许多新兴功能都会应用到一些人工智能方法。然而，人工智能本身存在一些信息安全隐患，因此基于人工智能开发的一些智能网联汽车及云平台的功能也会存在信息安全漏洞，带来了新的挑战。

首先，部分人工智能模型的可解释性较差，所以人们可能无法理解模型内部的决策过程。基于这类人工智能模型建立的系统在做出预测或决策时难以被人追踪，使用深度神经网络提取特征时人们也无法理解特征的敏感性。在这种情况下，当模型出现错误、偏见或异常行为时，人们将难以发现其根本原因，这影响了系统的安全性。不可解释的人工智能模型内部是否符合安全要求很难被探查。例如，一个黑盒模型可能会在输入中包含敏感信息，但我们无法知道它是如何利用这些信息的。此外，一些标准法规会要求模型具备一定的可解释性，便于审查和判别其是否合规。

其次，一些人工智能模型的训练依赖于数据集，而一些汽车制造商用于训练模型的数据是不公开的。因此在对模型进行评价过程中，仅通过有限的测试集去测试评估不够客观。另外，基于一些被污染的数据集训练的模型存在后门，这将极大地影响这些模型后续使用过程中的安全性。

最后，一些具有强大数据分析能力的人工智能大模型可能被黑客恶意利用来推测汽车信息、破译加密内容等。而且人工智能大模型还在高速的发展，未来大模型可能具备更强的推理能力。现有的防护和管理方法可能被攻破。

（3）适用于智能网联环境下的数据合规性检测方法欠缺

智能网联场景下的数据采集与销毁涉及用户隐私与敏感数据，需要对数据进行合规性检测，传统的合规性检测方法多为静态策略，难以适配网联环境下动态变化的数据。智能网联汽车涉及大量的数据存储，需要对数据的安全性存储性能进行检测与评估。但当前的数据存储技术无法确保数据的完整性。因此，对数据集合使用敏感数据的发现与保护（Sensitive Data Discovery and Protection，SDPP）算法，实现对敏感数据合规性的智能识别；使用基于迁移学习的方法，通过利用先验知识，即现有的数据安全领域的法律、标准、条例以及数据合法合规性检测标准，快速泛化到数据分类分级检测存储中；使用多维度场景下关键数据分级销毁评估技术，确保关键数据销毁的可靠性、及时性、准确性，是数据合规性检测需要解决的重大问题。

（4）现有数据处理存在安全性问题及敏感信息泄露风险

对抗训练技术现有算法针对未知攻击的防御效果仍然无法达到理想效果，并且缺少针对未知对抗样本攻击的对抗防御，难以解决数据处理算法模型自身的安全性问题；传统的敏感信息泄露风险应对方案，如 k 匿名、L-多样性、T-保密等，主要集中在文本或数据库类型的数据。而智能网联汽车传输数据包括音视频等大量非文本和数据库数据，这些方法需要进行改进，以进一步适应车联网多样数据安全性的需求。因此，结合多种安全检测算法对数据处理过程中使用大量人工智能算法所造成的安全问题进行检测评估，并搭建检测平台是数据处理的研究重点。

此外，信息安全与预期功能安全、功能安全相互耦合，增加了孤立技术对信息安全的防护和管理难度。新型技术的发展和多样化功能的部署将会为智能网联自动驾驶汽车（CAV）与云平台增加攻击面，引发新的安全漏洞。系统在合规和安全的基础上，还应具有扩展性。

7.2　智能网联汽车安全技术的发展趋势

7.2.1　功能安全前沿技术

汽车系统安全技术的发展需要以上述目标为导向，并兼顾智能网联汽车行业发展的总体趋势和实际需求，聚焦关键问题的研究和解决。为构建针对智能网联汽车特点的功能安全解决方案，功能安全领域发展趋势主要包括以下内容：

1）在现有仅包含汽车电子软硬件的功能安全技术范畴基础上，智能网联汽车整车及核心器件（如传感器及主控芯片）将涵盖更多技术领域，如机械、电化学、光学等，以适应智能网联汽车的整体综合安全要求。

2）从系统层面考虑纳入开源操作系统及不确定性算法后，智能网联汽车的功能安全设计、测试、评价及安全论证策略及体系。

3）引入 IT 领域的面向服务架构（Service-Oriented Architecture，SOA）设计理念，进而适应智能网联汽车供应链复杂且交叉耦合的特点，并形成多维度模块化复用与架构多因素权衡设计准则。

4）突破现行功能安全标准仅适用于单车系统的局限，构建考虑智能网联汽车多车及车路云网一体化体系的功能安全分析、风险评估、安全设计及测试评价体系。

针对上述发展趋势，需要对人-车-路系统及其内外部作用导致的系统安全问题进行更加全面、深入的研究。智能网联汽车是一个包含各种软硬件在内的高度综合系统，涉及多种类型的潜在故障、功能不足和信息安全漏洞，且系统自身复杂多样、环境条件动态多变，因此，应以系统思维为导向，结合统计、电子、机械、人工智能等多学科交叉研究。其中，在功能安全领域，存在以下典型的前沿技术。

（1）智能网联汽车核心器件的车规化及功能安全设计技术

提升摄像头、毫米波雷达、超声波传感器及激光雷达等智能网联汽车主要传感器的车规级元器件质量及可靠性，在此基础上，完善单一传感器级别及传感链路级别的自检、故障诊断及提醒警告等安全功能。为满足智能网联汽车对主控芯片的算力多样性及安全要求，在提供并行计算能力的同时，增强多处理器架构芯片的综合安全设计和制程工艺，实现高复杂性主控芯片的功能安全等级要求。

（2）大规模复杂软件及系统的功能安全保障技术

在系统性思维、规范开发流程及安全文化建设的基础上，通过开源系统白盒化、算法可解释性设计、对抗性训练、增加独立保底冗余通路、建立全面的测试评价体系等多种技术手段，提升高复杂性的自动驾驶软件的综合安全性。

（3）多维度模块化复用与架构多因素权衡技术

为满足智能网联汽车供应链复杂且交叉耦合的特点，构建适用于面向服务架构 SOA 理念的模块化复用安全架构拓扑设计方案，使所得出的备选逻辑功能架构满足"重用-抽象-封装-粒度-协调"等服务设计原则，进而基于上述拓扑设计得到多种备选架构，选取权衡元素维度包括 ECU 数目、域内带宽、功能安全、增量开发、系统成本及软件开发难度等，进而开展多因素权衡及架构择优，支撑智能网联汽车与路云网一体化体系工程的功能安全概念。

7.2.2 预期功能安全前沿技术

1. 预期功能安全活动流程前沿技术

在设计阶段，如何规范正确使用系统过程理论分析方法进行车辆危害分析，如何准确量化预期功能安全风险，并建立预期功能安全风险接受准则依然是智能网联汽车设计阶段的重要难题。车辆危害分析方面，当前业界常用系统过程理论分析（STPA）方法进行车辆危害分析，但仍需要证明该方法在高级别（L3 +）智能网联车辆安全分析中的有效性。预期功能安全风险量化方面，ISO 26262 标准将风险表示为暴露概率、可控性和严重度的函数，并基于此确定智能网联车辆的安全等级。然而，不论是整车级还是部件级的预期功能安全风险，业界均缺乏通用的方法对其进行量化。预期功能安全风险接受准则方面，目前的智能网联汽车安全评价主要依赖于里程测试。然而，业界对需要开展的道路验证总里程缺少统一定义方法，且测试道路和场景的选取方法缺乏理论支撑。

在测试与确认阶段，面向预期功能安全的场景库建设、高精度测试技术与测试结果的安全认证准则是业界面临的重要难题。面向预期功能安全的场景库，需要在有限的场景中开发或挑选更有价值的案例来测试，遵循现实世界的原则，并具有保真度。场景库建设需要对场景的结构进行分析，选取关键场景。高精度测试技术方面，要求智能网联汽车测试技术能够精确建立测试中所需要的模型，如传感器模型、车辆模型、虚拟世界模型和自主驾驶模型等。智能网联车辆的安全认证准则方面难题主要包括不可避免的碰撞场景的确定、责任的界定、合理场景覆盖的验证成本、自动驾驶软件更新后进行重新验证的额外成本等，还包括使用深度强化学习方法，提升关键测试场景测试效率，以提高测试速度和降低测试成本等。

2. 预期功能安全保障前沿技术

人工智能算法的监测与防护方面，车载人工智能模型的异常监测、不确定性估计与风险防护等技术是智能网联汽车的关键前沿问题。当前常用方法包括使用蒙特卡洛失活、深度集成或证据回归等技术，估计人工智能算法的不确定性。然而，这类方法大多缺乏在车端实时运行的能力。此外，这类方法大多依赖于对人工智能算法进行结构修改和重新训练，考虑到工业界的数据和模型隐私问题，需要一种能够应对黑盒人工智能模型的异常监测和不确定性估计算法。针对黑盒模型的算法中，包括引入对抗性训练、衡量特征共现的 SHAP 方法、基于狄利克雷分布建模等。此外，也有学者致力于构建可解释的人工智能模型。然而，这些方法目前仍属于研究阶段，缺乏学界和业界公认的黑盒人工智能算法的监测与防护方法。

运行设计域的监测与防护方面，学术界和企业界已经开展了对路况、天气等的在线监测技术的研究，并结合传感器融合技术，实时动态监测周边环境，判断当前场景是否在运行设计域内。然而，目前的运行设计域定义大多基于某些特定的变量描述，如车速、道路结构、能见度等，通过场景的组成架构构建运行设计域的边界。例如，美国 NHTSA 提供了六大要素构建运行设计域的分类标准，包括基础设施、驾驶操作限制、周边物体、互联、环境条件和区域。然而，真实世界的大量因素都可能影响自动驾驶车辆的安全性。有学者尝试使用更多的维度来描述运行设计域，但这些方法仍然无法对场景进行全面描述，且存在维度灾难的问题。

道路法规符合性的监测与防护方面，当前学术界已经对道路交通法规的数字化方法、实时违规在线监测方法等进行了研究。常用的方法是使用线性时序逻辑来描述道路法规的逻辑关系。然而，法规中包含大量面对人类驾驶员设计的阈值，这些阈值的选取具备一定的模糊性。当前的数字化法规大多基于确定的阈值，通常是通过专家经验或真实驾驶数据提取的方法确定。确定的阈值在某些情形下与人类的认知会出现偏差，尤其是"安全距离""安全速度""不干扰"等主观性较强的阈值。因此，需要实现更加合理、符合人类认知的道路交通法规数字化过程。

自动驾驶的场景风险认知方面，传统的场景风险描述大多通过建立风险模型来建模某种特定形式的风险，例如责任敏感安全（Responsibility Sensitive Safety，RSS）模型描述了碰撞前车、横向碰撞、路权、视觉盲区等风险形式。然而，随着自动驾驶的发展和运行里程数的增长，当前自动驾驶的风险评估面临着巨大的挑战，因为自动驾驶风险不仅来源于可观测到的环境和交通参与者要素，还受到未检测到的实体或实体间的逻辑关系的影响。近年来，基于知识图谱和图网络的推理和风险认知技术得到了广泛的关注。例如，博世公司通过数据集提取驾驶场景知识，结合常识知识库，构建庞大的自动驾驶知识图谱，并基于图的方法进行推理，取得了一定的成果。此外，随着生成式预训练（GPT）等大语言模型的发展，基于大模型的风险认知也是一个值得关注的新方向。

随着大语言模型技术的发展，目前已经出现了大量应用大语言模型代替自动驾驶感知、预测、决策等模块完成自动驾驶任务的系统，也出现了一些完全依赖大语言模型的端到端自动驾驶系统。然而，类似传统的人工智能模型，大模型同样可能出现错误，其中包括典型的"幻觉"问题。在传统的人工智能预期功能安全风险的基础上，如何应对大语言模型带来的预期功能安全风险，缓解幻觉等问题带来的潜在风险，是自动驾驶预期功能安全的全新挑战。

除单车的预期功能安全问题外，V2X 的预期功能安全问题同样是当前预期功能安全领域的关键前沿问题。一方面，如何利用他车、路端、云端等信息源对自车进行赋能，降低自车的预期功能安全风险，是目前 V2X 领域仍在探索和优化的先进技术。另一方面，多源的信息本身也带来了额外的预期功能安全风险，例如时空同步误差导致的错误信息输入等。如何在利用多源信息降低风险的同时，避免或缓解信息错误、异常等带来的额外风险，则是预期功能安全领域的另一前沿技术。

7.2.3　信息安全前沿技术

由于汽车电动化、智能化和网联化的发展趋势，以及特殊的多场景使用状态和研发、生产、使用、维修、报废全生命周期的现状，相较于传统的信息安全体系，智能网联汽车的信息安全研究方向需要解决以下问题：如何进行高可靠的入侵检测和防护，防止对车辆控制单元的直接控制造成生命财产方面的损失；如何保障复杂通信环境信息安全，提升车辆的防护能力；如何采取高效可靠的响应和回复方案等。强调构建以"检测-保护-响应-恢复"为体系的全生命周期智能网联汽车信息安全体系以及针对智能网联汽车的不同安全等级的响应机制和恢复策略是未来智能网联汽车信息安全的主要发展方向。

（1）车载入侵检测系统开发

CAN 总线入侵检测和通信服务提供商（Telematics Service Provider，TSP）入侵检测是当今汽车安全领域的热门话题。车载入侵检测系统（In-Vehicle Intrusion Detection System，IVIDS）具有占用带宽资源小、便于现有车辆部署的特点，更适合资源和成本受限的车载网络。现有的车载网络入侵检测技术包括基于特征观察的检测、基于信息理论和统计分析的检测、基于机器学习的检测，如图 7-1 所示。

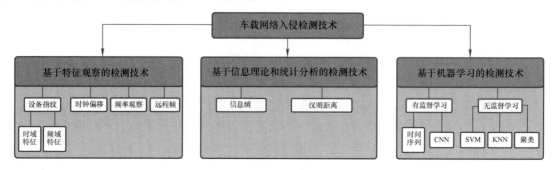

图 7-1 车载网络入侵检测技术

1）第一类，基于特征观察的检测技术。通过对车载网络体系结构及网络协议的分析发现，可用于入侵检测观察的网络特征主要有设备指纹（通过时域和频域特征提取）、时钟偏移、频率观察、远程帧等。基于特征观察的检测技术针对特定攻击模型往往能够取得高的检测精度，具有响应时间短、网络带宽开销小的特点。然而考虑到汽车长生命周期、网络环境动态变化的特点，现有研究主要存在 3 个方面的问题：①检测技术往往对应特定的攻击模型；②检测效果的鲁棒性不强（有诸多前提条件，缺乏对汽车状态的感知）；③缺乏对检测响应时间评估及对功能安全保障的影响。

2）第二类，基于信息理论和统计分析的检测技术。近年来，利用信息理论的方法针对车载网络异常检测有一系列研究工作。通过理论分析及实验表明了使用信息熵的车载 CAN 总线网络异常检测方法对重放、泛洪等攻击检测的有效性。在此基础上还提出一种基于随机森林模型的 CAN 报文异常检测方法。

3）第三类，基于机器学习的检测技术。机器学习、神经网络等理论也已成为研究车载网络入侵检测技术的热门方向。实验结果表明，机器学习对于车载网络未知攻击模型的入侵检测具有较好的效果。然而在车载网络中，由于计算、存储和通信带宽资源的限制，现有基于机器学习的入侵检测方法在如何降低计算复杂度和对车载网络通信带宽的消耗上是有待进一步解决的问题。

（2）智能网联汽车网络安全量化风险

通过风险评估预判智能网联汽车的风险，可以提前采取应对措施，极大地降低智能网联汽车的风险。智能网联汽车的风险评估，可以从对其功能的拆解开始。功能是指实现一个整车功能的系统或系统的组合，例如，自动泊车功能是由感知系统、决策系统、执行系统等联合工作而实现的。风险评估主要分为两个步骤：综合负面影响评估和攻击可行性评估。

首先是综合负面影响评估。识别实现功能所涉及的资产，包括功能模块、部件、数据、交互流程、协议、人员、系统组件等。根据资产的安全属性受到损害后的影响，对整车的负面影响进行评估。

然后是攻击可行性评估。基于功能实现所涉及的资产识别结果，进行威胁场景识别和攻击路径分析。威胁场景识别主要是指识别智能网联汽车所面临的威胁有哪些，以及威胁源可以通过怎样的攻击方法对车辆实施攻击。攻击路径分析的目的是识别具体实施一个威胁场景能够采取的攻击方法，并分析实施攻击所涉及的每一个步骤以及相关的资产。攻击路径分析完成后，结合对当前智能网联汽车所采取的安全措施的分析得出车辆每个资产的脆弱性结果，即可完成攻击可行性评估。

通过综合负面影响评估和攻击可行性评估，即可形成智能网联汽车风险评估定级。结合风险定级的结果进行风险的处置决策，实现对智能网联汽车的风险管理。

（3）数据隐私保护技术

智能网联汽车数据若想发挥价值，就要进行共享计算使用，使其支撑交通决策和智慧交通。在数据使用中，数据隐私保护计算成为当前数据安全的研究热点，通过隐私保护计算，数据可以在受保护、不泄露的情况下完成计算使用，达到保护隐私安全的要求。

当前数据隐私计算主要有三条技术路径：

1）可信执行环境（Trusted Execution Environment，TEE），该技术基于密码技术构建可信根，保证在计算平台加载的代码和数据安全可信，目前 Intel、ARM 等主流计算平台厂商都提出了自身的解决方案。

2）联邦学习（Federated Learning，FL），该技术采用了分布式机器学习架构，使得计算参与方共享计算模型而不是共享数据，从而保证数据不出本地完成联合计算。由于该计算模式能够做到数据不发生转移和对外交换，因此不会泄露数据隐私或影响数据使用。但该技术目前还存在适用范围受限、计算模型安全性等方面的问题需要突破。

3）多方安全计算（Secure Multi-Party Computation，SMC），该技术起源于姚期智院士提出的百万富翁问题，主要解决在互不信任的参与方之间联合计算一个函数的问题，能够使多个数据所有者在缺乏可信第三方，在彼此不信任的情况下共同计算某个函数，得到各自该得到的输出结果。在计算过程中，各参与方除了自己的数据和计算结果，不能获得任何额外的信息。

习　题

一、选择题

1.（多选）智能网联汽车功能安全面临的挑战包括下列哪几项？（　　　）

A. 智能网联汽车核心传感器缺乏功能安全设计

B. 智能网联汽车对主控芯片的算力多样性及安全要求

C. 开源操作系统的引入及安全设计挑战

D. 机器学习算法的黑箱特性和不确定性

2.（多选）智能网联汽车预期功能安全面临的挑战包括下列哪几项？（　　　）

A. 难以全面深入揭示复杂系统预期功能安全风险的产生及传播机理

B. 难以客观、准确地表征和评估由外界环境因素和系统功能不足共同导致的综合风险

C. 难以在复杂场景下及时、高效地预测系统预期功能安全风险

D. 一些系统监测和降级技术采用的监测指标和降级策略较为简单

3.（多选）智能网联汽车信息安全面临的挑战包括下列哪几项？（　　　）

A. 低轨道卫星通信技术引起的信息安全隐患

B. 人工智能技术的不可解释性引起的信息安全隐患

C. 适用于智能网联环境下的数据合规性检测方法欠缺

D. 现有数据处理存在安全性问题及敏感信息泄露风险

二、判断题

1. 引入更多核心器件（如传感器及主控芯片）后的智能网联汽车相比传统汽车对汽车功能安全整体综合安全要求不变。　　　　　　　　　　　　　　　　　　　　　　（　　　）

2. 预期功能安全高精度测试技术要求对智能网联汽车传感器、车辆及其运行环境等进行精确建模。　　　　　　　　　　　　　　　　　　　　　　　　　　　　　　　　（　　　）

3. 现有的车载网络入侵检测技术包括基于特征观察的检测技术、基于信息理论和统计分析的检测技术、基于机器学习的检测技术等。　　　　　　　　　　　　　　　　（　　　）

4. 智能网联汽车无须考虑数据隐私保护。　　　　　　　　　　　　　　　　（　　　）

三、简答题

针对智能网联汽车某类安全的某项挑战，通过查找资料等方式，阐述其挑战产生的原因、当前研究现状和主流解决方案。

四、拓展阅读

主题：大模型助力智能网联汽车智能化，也带来安全担忧

大模型是基于深度学习的人工智能模型，其特征是大量的参数量，通过大量的数据进行训练。根据其训练数据和应用领域的不同，大模型可以大致分为大语言模型、视觉大模型、多模态大模型等多种类别。这些模型在相关任务中表现出色，包括大语言模型进行文本生成、翻译和问答，或视觉大模型进行视频、图像理解等任务。国外代表性的模型有 OpenAI 的 GPT 系列和 Google 的 BERT 等，国内的大模型包括百度的文心一言等。

在智能网联车辆中，大模型的应用十分广泛。目前，基于大模型的自动驾驶感知、决策等算法已经得到了广泛的研究。例如，基于视觉大模型来增强自动驾驶感知，基于大语言模型和对场景的语义描述辅助自动驾驶决策，或基于多模态大模型完成端到端的自动驾驶任务。另外，大模型，尤其是大语言模型具有对自然语言优秀的处理能力，也被应用于智能网联汽车人机交互任务。例如，驾驶员可以通过语音助手实现自然语言交互、操作导航系统、播放音乐或拨打电话。此外，大模型还可以解析驾驶员的语音指令和车内对话，结合车外环境信息提供符合驾驶员要求的决策行为，提升驾驶体验和行车安全。

然而，尽管大模型在智能网联车辆中具有广泛的应用前景，其带来的安全问题也不容忽

视。①大模型需要处理大量用户数据，这其中存在数据隐私泄露的风险。如果这些数据被恶意利用，可能会对用户造成重大损害。②大模型有时可能会误解用户的意图，导致错误的指令执行。这在驾驶场景中尤为危险，可能引发交通事故。此外，攻击者可能利用大模型生成的伪造指令或信息，干扰车辆的正常运行，甚至控制车辆。③大模型存在一定的幻觉问题，有时会产生错误输出，并对输入数据的敏感性较高，如果输入数据质量不高或被篡改，可能影响车辆安全。④大模型对算力要求非常高。大算力器件不仅带来了车端部署难度，其计算的发热、安全性也带来了一定的功能安全问题。

因此，在享受大模型给智能网联车辆带来的便利和高效的同时，也必须高度重视其安全隐患。

想一想1：大模型在智能网联汽车上还有哪些应用？这些应用可能带来哪些安全问题？

想一想2：现有的智能网联汽车安全防护技术能否应对大模型带来的上述智能网联汽车安全新问题？

想一想3：在智能网联汽车安全保障中，同样可以利用大模型。例如，在预期功能安全方面，可以使用大模型进行轨迹校验、感知错漏检的预警等。还有哪些可能的大模型保障智能网联汽车安全的应用路线？